Winfried Frey · Walter Raitz ·

Einführung in die deutsche Lit

Band 1: Adel und Hof – 12./1

C000155713

Überreicht von
W. Frey
7. 3. 86

Grundkurs Literaturgeschichte

Westdeutscher Verlag

Winfried Frey · Walter Raitz · Dieter Seitz
zusammen mit Helmut Brackert, Peter Czerwinski,
Alois Kircher, Hartmut Kokott, Hans Herbert S. Räkel

Einführung
in die deutsche Literatur
des 12. bis 16. Jahrhunderts

Band 1: Adel und Hof –
12./13. Jahrhundert

Westdeutscher Verlag

CIP-Kurztitelaufnahme der Deutschen Bibliothek

Frey, Winfried:
Einführung in die deutsche Literatur des 12. bis
16. Jahrhunderts / Winfried Frey; Walter Raitz;
Dieter Seitz. — Opladen: Westdeutscher Verlag
    (Grundkurs Literaturgeschichte)

NE: Raitz, Walter:; Seitz, Dieter:

Bd. 1. Adel und Hof — 12./13. Jahrhundert /
zusammen mit Helmut Brackert ... — Durchges.
Nachdr. — 1985.
    ISBN 3-531-11483-2

Durchgesehener Nachdruck 1985

© 1985 Westdeutscher Verlag GmbH, Opladen
Satz: Steinberger, Mainz
Druck und buchbinderische Verarbeitung: W. Langelüddecke, Braunschweig
Printed in Germany

ISBN 3-531-11483-2

Inhalt

Vorbemerkung

Wer heute eine literaturgeschichtliche Einführung veröffentlicht, darf sich schon fast wieder von einem Trend getragen fühlen. Denn nach der zum Teil radikalen Kritik in den vergangenen Jahren an der Dominanz der historischen Stoffe und Fragestellungen u.a. im Literaturunterricht — einer Kritik, die sich formalistisch verkürzt fortsetzt in den „Entrümpelungs"-programmen der staatlichen Bildungsplaner – wird heute von vielen Seiten wieder das Festhalten an der historischen Dimension des Denkens und der Analyse geradezu beschworen. Dennoch wird keiner behaupten wollen, daß diese allgemeine Zuwendung zur Geschichte einem Konsens darüber entspränge, was denn das Wesentliche an der Geschichte sei, mit welchem Interesse man sich ihr nähern soll, welche Schwerpunkte dabei zu setzen sind, was schließlich an ihr „zu lernen" wäre. Zu unterschiedlich stellt sich das Spektrum der Meinungen dar, das reicht vom Interesse an der kommerziellen Verwertung nostalgisch-eskapistischer Tendenzen über den Versuch, durch Rückbesinnung auf traditionelle Werte historisch vermittelte Kritikfähigkeit zu neutralisieren, bis zur Reformulierung des Kanons des literarisch und geschichtlich „Denkwürdigen", wie der Überprüfung der Begründungsproblematik historischer Sinnfragen.

In einer solchen Situation einfach zur alten, selbstgenügsamen philologischen Praxis zurückzukehren, käme allerdings einem Eingeständnis der Irrelevanz der historischen Wissenschaften gleich. Denn die Frage, wie eine Beschäftigung mit Geschichte aussehen muß, die weder als Identifikation mit dem überlieferten Geschehen und Denken propagiert noch als neutrales Erarbeiten von ins Belieben der Interpretation gestellten „Fakten" ausgegeben wird, ist nicht vom Tisch, sie ist auch in keiner Weise überflüssig geworden.

Wer sich mit Schülern oder Studenten über historische Texte auseinandersetzt, dem wird schnell klar, daß er zu wählen hat zwischen der Installierung eines unmotivierten Faktenvermittlungsrituals und dem Versuch, einen spezifischen historischen Erkenntniswert dadurch zu erschließen, daß er — trotz aller Schwierigkeiten, die sich aus dem punktuellen Wissensstand der Lernenden ergeben — die Verbindungen zwischen dem historischen Problemzusammenhang und dem, womit der gegenwärtige Rezipient zu tun hat, aufnimmt und das differenzierte Ausarbeiten des Gegensätzlichen zum Gegenstand historischer Methode macht.

Der vorliegende literaturgeschichtliche Grundkurs kann weder von seinem Umfang noch seinem einführenden Charakter her ein ausgeführtes didaktisches Konzept oder gar eine generelle Antwort auf die Frage nach der Bedeutung geschichtlicher Texte geben. Er will aber Vorarbeit dazu leisten, daß über solche Fragen im einzelnen und inhaltlich konkret gesprochen werden kann. Daraus ergibt sich ein Konsens im methodischen Vorgehen der einzelnen Beiträge, wie unterschiedlich sie in der Akzentuierung, in der Begrifflichkeit oder auch in der Form der Darstellung sein mögen. Hier um jeden Preis zu vereinheitlichen hätte bedeutet, begründete Unterschiede in der Methode verwischen zu wollen. Dagegen erschien es sinnvoller, verschiedene Realisationsmöglichkeiten im Rahmen einer gemeinsamen Intention zu dokumentieren. Die einzelnen Abschnitte konzentrieren sich also auf die einführende Funktion: als Grundkurs setzen sie weder spezielle historische Kenntnisse noch die Lektüre des Textes voraus vielmehr wollen sie eine sinnvolle Lektüre erst möglich machen. Deshalb werden die Texte in der Regel nacherzählt, die zitierten Stellen übersetzt und aus der Paraphrase eine Interpretation der Erzählweisen, Strukturen, Inhalte entwickelt, die Bedeutungsdimensionen entfaltet und damit eine Aufforderung zur überprüfenden eigenen Lektüre werden kann. Aus diesem Grund konnte auch nicht vollständige Präsentationen des Vorhandenen intendiert werden. Daß die Auswahl sich am etablierten Kanon orientiert, halten wir für den gegebenen Zeitraum, der den Anfang und zugleich ersten Höhepunkt einer genuin nicht-kirchlichen Literatur in deutscher Sprache umfaßt, deshalb für sinnvoll, weil dieser Kanon die entscheidenden Werke enthält, auf die es in einem Grundkurs zunächst einmal ankommt.

Es konnte schließlich nicht der Sinn der Darstellung sein, einen möglichst vollständigen Überblick über das Spektrum der jeweiligen wissenschaftlichen Fragenkomplexe zu geben bzw. eine umfassende Auseinandersetzung mit den divergierenden Forschungspositionen zu leisten. Vorgestellt werden sollen Interpretationen der wichtigsten Texte vom Ende des 12. und Anfang des 13. Jahrhunderts, in denen der literarische Text als ästhetische Form der Auseinandersetzung mit der Wirklichkeit gelesen wird.

Aus Gründen einer besseren Übersicht ist der Anmerkungsapparat so knapp wie möglich gehalten. Die Literaturangaben sind zu verstehen als Hinweise auf neuere Literatur, die Voraussetzung bzw.

Anregung für die Interpretationen sind, von denen aus aber auch der Einstieg in die allgemeine Forschungsdiskussion leicht zu finden ist.

Die einzelnen Beiträge sind aus einführenden Vorlesungen hervorgegangen. Die Autoren haben versucht, noch etwas spüren zu lassen vom Charakter des mündlichen, durch Fragen und Diskussion unterbrochenen Vortrags, obwohl vor allem der Zwang zur Kürze regulierend wirkte im Sinne einer Anpassung an den „schriftlichen" Abhandlungsstil. Wenn dennoch der Versuch, sich dem Duktus prätentiöser Wissenschaftssprache zu entziehen, noch spürbar wäre, entspräche es der Absicht der Autoren.

1. „Frühhöfische" Dichtung

Die Aristokratisierung der Literatur

Literarhistorische Ortung

Um die Mitte des 12. Jh. beginnt für die deutsche Literaturgeschichte ein neuer Abschnitt. Die Texte der vorhergehenden 100
Jahre hatten überwiegend religiöse Themen behandelt und waren fast
ausschließlich von einer Tendenz der Weltabgewandtheit geprägt gewesen. Jetzt aber findet man in der schriftlichen Überlieferung erstmals wieder weltliche Sujets umfangreich dargestellt. In manchen
Fällen bilden sie sogar den Hauptinhalt eines Werkes.

Die ersten dieser neuartigen, wenn auch nicht traditionslosen
Texte werden allgemein zur vor- bzw. frühhöfischen Literatur
zusammengefaßt. Angeblich „dokumentieren [sie] das Vorberei-
tungsstadium der höfisch-ritterlichen Kultur und Dichtung, die um
1200 sich voll entfaltet."[1] Doch gerade die beiden Attribute *höfisch*
und *ritterlich* als Gattungsmerkmale mhd. Literatur werfen mehr
Probleme auf als sie klären. Das Rittertum als Träger der deutschen
Kultur um 1200 verflüchtigt sich dem kritischen Betrachter immer
mehr ins Nebulöse ideologischer Entwürfe. Auch das Merkmal
höfisch weist große Unschärfen auf. Zum einen soll es sich auf den
konkreten Adelshof des 12. und 13. Jh. als den Ort beziehen, wo
diese Texte entstanden und rezipiert wurden. Zum anderen ist damit
der Inhalt gemeint, insofern *höfisches Leben* par excellence hier dargestellt werde. Aber auch die sogenannte *vor-* bzw. *früh*höfische
Literatur hätte ohne den realen Adelshof nicht existieren können.
Selbst wenn *höfisch* sich nur auf Inhalt und Art der Darstellung beziehen soll, wird damit sicher nicht das entscheidende Charakteristi-
kum dieser Werke erfaßt. In einigen von ihnen spielt das *höfische*
Leben kaum eine Rolle, in anderen wird es von sonstigen Merkmalen
so überlagert, daß diese eher zu einer Charakteristik heranzuziehen
wären.

Doch möchten auch wir die mhd. Texte zwischen etwa 1150 und
1180 als eigene Formation auffassen. Obwohl recht unterschiedliche
Werke in dieser Zeit entstehen, stellt sich dennoch ein Zusammenhang her über die Funktion, die diese Texte für bestimmte Gruppen

der damaligen Gesellschaft haben. Die Zeit „um 1180" gilt uns deshalb als Einschnitt, weil danach mit den Artusepen *Hartmanns von Aue* (siehe unten) wieder etwas Neues beginnt, das zwar in der Tradition der vorhergehenden Epoche steht, gleichzeitig aber qualitativ und funktional Anderes repräsentiert.

Angesichts der großen Zahl der in Frage kommenden Werke können wir nur exemplarisch vorgehen. Die Auswahl wird dabei einmal von der Überlieferungslage bestimmt. Eine ganze Anzahl sicherlich wichtiger Werke, wie z. B. der *Graf Rudolf*, der *Herzog Ernst* oder der *Tristrant Eilharts von Oberge* ist nur in spärlichen Fragmenten oder so späten Bearbeitungen erhalten, daß sie nur bedingt einen fundierten Eindruck von Bestand und Funktion der mhd. Literatur der 2. Hälfte des 12. Jh. geben können. Zum anderen sollen die auszuwählenden Texte geeignet sein, über ihre Heterogenität hinaus die Gemeinsamkeiten der literarischen Formation demonstrieren zu können. Dazu ist ein Minimalbestand an symptomatischen Merkmalen erforderlich, denen in den einzelnen Werken gleichsam wie an Leitlinien nachgespürt werden kann. Unter diesem Gesichtspunkt muß z. B. auf das *Moralium dogma „deutsch" Wernhers von Elmendorf* verzichtet werden.

Neben ihrer Darstellung ist unser Hauptanliegen, die besondere historische und gesellschaftliche Funktion der Werke aufzuzeigen. Allerdings werden wir dabei nicht immer zu endgültigen und abgesicherten Ergebnissen vorstoßen können. Häufig nämlich fehlen selbst die einfachsten materiellen Grundlagen einer solchen Interpretation. Person der Autors, Abfassungszeit, Entstehungsort, Auftraggeber, Publikum und Verbreitung sind bei den meisten Texten kaum bekannt. Selbst eine relative Chronologie der einzelnen Werke zueinander ist nur mit Vorbehalten herzustellen, da Entstehungszeiten und mögliche Verbindungen oft nur vage aus textimmanenten Hinweisen erschlossen werden können. Schon aus diesem Grunde verbietet sich der Versuch, eine stringente Linie der literarischen Entwicklung für diese Zeit aufzeigen zu wollen. Mit den ausgewählten Texten wird deshalb die literarische Landschaft gleichsam nur schlaglichtartig ausgeleuchtet. So wird zwar kein geschlossenes, gar organisches Bild, trotzdem aber ein umfassender Eindruck dieser Literatur vermittelt.

Wir beginnen mit der *Kaiserchronik*, die wohl auch zeitlich mit an den Anfang der Epoche gehört. Der Überlieferungshäufigkeit nach steht sie sicher an erster Stelle. Immer wieder wurde die *Kaiserchronik* abgeschrieben, erfuhr Bearbeitungen, gar Fortsetzungen. Von ihrer ersten, wohl um oder kurz nach 1152 in Regensburg entstandenen Fassung kennen wir außer den Fragmenten 7 mehr oder weniger vollständige Abschriften. Für einen deutschen Text aus der Mitte des 12. Jh. ist dies außergewöhnlich viel. Und doch wissen wir weder, wer die *Kaiserchronik* verfaßt hat, noch für wen sie entstand.

Was ist dies für ein Werk, für das das 12. und 13. Jh. so großes Interesse hegten? Die *Kaiserchronik* bezeichnet sich selbst als *crônica* (17). Eine Chronik will eine Aufzeichnung geschichtlicher Ereignisse in ihrer zeitlichen Abfolge geben. Selektives Vorgehen zur Strukturierung der unübersehbaren Fülle des historischen Materials ist dabei selbstverständlich. So nennt auch die *Kaiserchronik* in einem Prolog (1−42) ihr Auswahlprinzip, dem sie explizit ein didaktisches Anliegen hinzufügt. Unter dem abschreckenden Verweis auf die *tumben* (Dummen/Törichten; 6), die sich gegen jegliche auch nur mit der geringsten Mühe verbundene Unterweisung sträubten, wird ein unmittelbarer Nutzeffekt proklamiert. Den Aufmerksamen nämlich erschließe der Text einen solchen Sinn,

12   *dannen sie mahtent haben*
        wîstuom unt êre;
        und wære iedoch frum der sêle.
        (wovon sie Weisheit und Ehre erlangen könnten; und dennoch nütze
        es auch dem Seelenheil.)

Das Material der Belehrung soll die Geschichte der Päpste und Könige sein, die *Rômisces rîches phlâgen* (das römische Reich lenkten; 22). Diesem Konzept entspricht das Konstruktionsprinzip, das dem Werk den Namen „*Kaiser*chronik" eingetragen hat: die aggregatartige Aneinanderreihung von Kaiserviten. Diese beginnen mit *Julius Caesar* und enden (mitten im Satz) nach 17283 Versen im Dezember 1147 mit der Notiz, daß der Staufer *Konrad III.* sich zum Kreuzzug entschlossen habe.

Doch darf der heutige Leser sich keine falschen Vorstellungen über die historische Authentizität des Berichtes machen. „Es gibt in der gesamten mittelalterlichen Chronistik bis zum 13. Jh. kein Werk, in dem die Chronologie auch nur annähernd so vernachlässigt wäre, wie in der Kaiserchronik. (. . .) Bei 32 historischen (. . .) römischen Kaisern stimmen nur in sechs Fällen die Regierungszeiten mit der Tradition überein, bei 14 Kaisern sind die Regierungsjahre völlig falsch mit Abweichungen bis zu 32 Jahren angegeben. Ebenso einmalig (. . .) ist die Tatsache, daß aus der Gesamtreihe der römischen Kaiser nur eine Auswahl getroffen wurde, und daß (. . .) die chronologische Reihenfolge (. . .) stark verwirrt wurde. Von den 68 bis zu Karl dem Großen regierenden römischen Kaisern sind (. . .) nur 32 behandelt, vier unhistorische Kaiser (. . .) wurden unbedenklich (. . .) eingeschoben, so daß sich die Zahl der Vorläufer Karls (. . .) nur auf 36 beläuft."[2] Die Zahl der deutschen Kaiser bzw. Könige jedoch ist nahezu richtig wiedergegeben, d. h. in relativer Übereinstimmung mit der mittelalterlichen Chronistik. 36 römischen stehen so 18 deutsche Herrscher gegenüber. Dieses Zahlenverhältnis von 2:1 verweist auf einen Formwillen, der den sonst so großzügigen Umgang mit der Überlieferung überlagert. Schon die Vorstellung, daß der historische Prozeß von Päpsten und Kaisern gleichermaßen getragen werde, und deren Scheidung nach den moralischen Kategorien *ubel* und *guot* (20) sind Indiz dafür, daß die *Kaiserchronik* eine ihr eigene Interpretation des historischen Materials vermitteln will. Die sprachliche Form, mittelhochdeutsche, d. h. „volks"sprachige vierhebige Reimpaarverse und die Selbstkennzeichnung als *liet* (Dichtung in metrisch gebundener Form; 42 und öfter) machen deutlich, daß dabei anderes vorliegt als traditionelle (lateinische) Chronistik. Bewußt entfernt sich die *Kaiserchronik* aus dem Bereich der Geschichtsschreibung im engeren Sinne und versteht sich als Dichtung — allerdings mit dem Wahrheitsanspruch der Historie.

Auf den Prolog folgt eine Charakteristik des antiken *heidnischen* Roms (43—208) als der geographischen und ideellen Mitte der Epoche, mit der sich die *Kaiserchronik* beschäftigen will. Dann beginnt mit fast nahtlosem Übergang die Vita Julius Caesars (247 bis 602). Bereits seine Einführung in die Erzählung verweist auf das, was an Caesar demonstriert werden soll. Wegen seiner offenkundigen militärischen und kriegerischen Tüchtigkeit beauftragt ihn der römische Senat damit, einen Aufstand der Deutschen zu unterwerfen. Entsprechend dieser Disposition folgen Berichte von den Heldentaten Caesars, der nicht nur erfolgreicher Heerführer ist, sondern auch persönliche Tapferkeit und exzellentes Kämpfertum entfaltet (vgl. den Zweikampf gegen *Prenne*, 273ff.).

Doch will Caesar die deutschen Stämme (Schwaben, Baiern, Sachsen und Franken) nicht nur unterwerfen. Symptomatisch ist seine Behandlung von Trier (435—451). Trotz der vierjährigen harten Belagerung, die seinem Einzug in die Stadt vorausgeht, übt Caesar nicht die erwartete Rache des Siegers. Stattdessen schont er die Besiegten, ja verbindet sich sogar mit ihnen. Dabei geht es um „die Ersetzung des Kriegszustandes durch den Vertragszustand, die Anerkennung der mühsam Unterworfenen als freie Vasallen".[3] Caesars Ziel, das sein ganzes Handeln bestimmt, ist die Etablierung eines eigenen Herrschaftsbereiches. Dazu dient hier die Einbeziehung der ehedem Herrschenden in die eigene, übergeordnete Herrschaftsorganisation. *vil michel was sin sin* (sehr groß war seine Klugheit; 451) heißt das Lob, das diesem Verhalten gezollt wird. Caesar bleibt so lange in Deutschland, *unz im alle Dûtiske hêrren / willic wâren ze sînen êren* (bis ihn alle deutschen Herren bereitwillig bei seiner Herrschaft förderten; 453f.). Erwünscht ist die aus der Überzeugung, nicht eine aus Zwang erwachsende Unterstützung des Herrschers.

Das Bündnis mit den Deutschen besteht seine Bewährungsprobe, als Caesar wegen seiner Eigenmächtigkeit (Aufbau eigener Herrschaft) dem Senat Rechenschaft geben soll. Er zieht gen Rom und erringt mit Hilfe *Tûtisker rîterscephte* (der deutschen Reiterkrieger; 480) den Sieg über Senat und *Pompejus*, wird Alleinherrscher und eröffnet so die Reihe der Kaiser des römischen Reiches. Über die dann noch immerhin einige Jahre dauernde eigentliche Herrschaft werden nur wenige Zeilen verloren (597—599). Etablierung, nicht Praxis von Herrschaft wird so an der Figur Caesars exemplifiziert.

Typisch für die Darstellungsweise der *Kaiserchronik* ist die manchmal offene, meist nur implizite, insgesamt aber an vielen Stellen erkennbare Orientierung des Erzählten auf die Gegenwart des 12. Jh. Selbstverständlich denken und handeln ihre Protagonisten gemäß den Normen und Verhaltensweisen des 12. Jh. So sind Bewaffnung und Kampfart die des feudalen Reiterkriegers (Ritters). So ist es feudalherrscherliches Kalkül, das Caesar zur Schonung Triers bewegt: *diu burch dûht in veste und scône* (die Stadt erschien ihm fest und prächtig; 438), und deshalb ist es nützlich, sie dem eigenen Herrschaftsbereich einzugliedern. Das bedeutet, sie in der Hand ihrer bisherigen Herren zu lassen, wenn diese nur bereitwillig den neuen Herrscher anerkennen. Denn durch den langjährigen Besitz einer solchen Stadt haben sie ihre Qualifikation hinlänglich bewiesen. Deshalb ist es sinnvoller, sie als tüchtige regionale Herrschaftsfunktionäre (= Vasallen) zu benutzen, als sie auszurotten.

Immer wieder wird auch im Text eine enge Verbindung zwischen den deutschen Städten, Stämmen, Fürsten und Caesar schon während der Unterwerfungszüge konstruiert. Die Franken, die später mit

15

Karl dem Großen den ersten deutschen Kaiser stellen (14282 ff.), haben mit Caesar sogar die Trojaner als Ahnen gemeinsam (343 ff.). Mehr noch, die Deutschen sind direkt an der Etablierung des römischen Reiches beteiligt: Auf ihnen beruht Caesars militärische Überlegenheit bei seiner Eroberung Italiens (vgl. 479 ff., 497 ff.). Es wird so ein bis in die Gründungszeit zurückreichendes Band zwischen dem römischen Reich und den Deutschen als dessen aktuellen Trägern geknüpft.

Den theoretischen Rahmen für die Sonderstellung Caesars und die relativ ausführliche Beschäftigung mit ihm liefert eine Passage, die auf den ersten Blick in einer Herrschervita befremdet. In 75 Versen (526–590) wird von einer Vision *Daniels* erzählt, die auf das Alte Testament zurückgeht, von der *Kaiserchronik* aber für ihre Zwecke umgemodelt wurde.[4] Vier wilden Tieren (Leopard, Bär, Eber, Löwin) werden vier Reiche zugeordnet. Der Eber repräsentiert dabei Julius Caesar als den Begründer des vorletzten, des römischen Weltreiches, das im 12. Jh. noch andauert. Einst wird es vom vierten, dem durch die Löwin gekennzeichneten Reich des Antichrist abgelöst werden.

Verwendung und Deutung dieses allegorischen Einschubs sind Ausdruck des Geschichtsbildes der *Kaiserchronik*. Weltgeschichte gilt als Heilsgeschichte, wie dies in *De civitate Dei* des Hl. *Augustinus* auf den für das Mittelalter gültigen Begriff gebracht wurde. Der Ablauf der Geschichte wird bestimmt vom Mit- und Gegeneinander von *civitas terrena* und *civitas divina*. Die von der *Kaiserchronik* behandelte welthistorische Epoche zeichnet sich für sie durch die Möglichkeit aus, ,,die metaphysische Idee der nach göttlichem Heilsplan geschehenden universalen Ausbreitung des Gottesstaates"[5] im immer enger werdenden Zusammenwirken von Papst und Kaiser gestalten zu können. Die Wertschätzung des immerhin noch heidnischen Caesars rührt dann eben aus seiner Funktion als Gründer des römisch-deutschen Reiches.

So wird die Darstellung der Welt- als Heilsgeschichte der übergeordnete Rahmen für alles, was die *Kaiserchronik* erzählt, auch wenn sie das augustinische Geschichtstheorem nicht als Ganzes nachschreibt. Die einzelnen Kaiserviten bilden dabei in der Regel kaum mehr als das formale Gerüst, an dem sich das göttliche Walten innerhalb der *historia terrena* zeigen läßt. Diese Intention bestimmt die Gestaltung und unterschiedliche Gewichtung der Herrscherviten. Schon die Behandlung des *Augustus*, des nächsten Kaisers, kann dies illustrieren. Obwohl er nach Auskunft des Textes 56 Jahre und 3 Monate regierte (666 f.), sind ihm nur 68 Verse (603–670) gewidmet. Außer einer knappen Charakterisierung als Friedenskaiser[6] gab es für den Dichter über Augustus nichts weiter zu berichten, auch wenn in seiner Regierungszeit *Christus* geboren wurde (vgl. 639 ff.).

Dieses willkürlich anmutende Verfahren findet sich überall in der *Kaiserchronik*. Mal scheint ein Herrscher äußerst knapp nur wegzukommen, mal wird die Vita eines (historisch) unbedeutenden Kaisers über die Maßen aufgebauscht. Eine Herrscherbiographie wird so als chronologischer Fixpunkt Aufhänger für Einschübe mit besonderem Verweischarakter. In diesen enthüllt sich die eigentliche Wahrheit, transzendiert sich die nackte Faktizität der historischen Überlieferung zur höheren, weil wesentlicheren Wirklichkeit des Gottesreiches. Einerseits wird so der historische Bericht in der *Kaiserchronik* immer wieder unterbrochen, andererseits aber sind diese Unterbrechungen konstitutiv für ihre Präsentation von Geschichte. Unterschiedlichste literarische Traditionen wie Chroniken, Legenden, volkstümliche Sagen, geistliche Dichtungen, Predigtsammlungen, gelehrte Traktate usw. liefern dazu das Material, über das die *Kaiserchronik* frei verfügt.

Ein typischer Fall ist die Vita des *Claudius* (1219−4082). Er hat zwar seinen Platz im numerischen Herrscherschema der *Kaiserchronik*, tritt seine Biographie de facto aber an seinen kaiserlichen Bruder *Faustinianus* ab. Erzählt wird eine „Faustinianlegende", in deren Geschichte vom Verlust und Wiederfinden von Weib und Kindern auch noch das Schicksal des Hl. *Clemens* eingeflochten ist. Sogar der Apostel *Petrus* tritt persönlich auf und beweist in langen Disputationen (gegen *Simon Magus*, 2058−2598; über die *wîlsælde*[7], 3029−3930) und in einem Zauberwettkampf die Überlegenheit seines Gottes. Dieser Sieg über das Heidentum aber gilt als Meilenstein auf dem Vormarsch des Gottesreiches. Wenn auch heutigen Lesern die Lektüre solcher Passagen schwer fällt, dem mittelalterlichen Autor waren sie ihre Ausführlichkeit wert.

Aber nicht nur religiöse bzw. theologisch bestimmte Digressionen finden sich in der *Kaiserchronik*. Längere Einschübe transportieren auch primär weltlich orientierte Stoffe und Probleme. Einer der signifikantesten ist die *Lukretia*sage, die in die Vita des tyrannischen Kaisers *Tarquinius* (4031−4834) eingebettet ist. Tarquinius selbst bleibt als Figur blaß und gibt nur die Folie ab, vor der sich die eigentlichen Protagonisten profilieren. Der wegen Totschlag flüchtige Trierer (!) Fürst *Conlatinus* kommt nach Rom, wo er wegen seines Heldentums und unerschütterlicher Treue in die Gefolgschaft der Römer aufgenommen wird. Nach weiterer Bewährung darf er Lukretia, eine edle und schöne Römerin heiraten. Während die Römer seinetwegen die Nachbarstadt Viterbo belagern, kommt es im

Feldlager vor versammelter Gefolgschaft zwischen Conlatinus und Tarquinius zu einer Wette über die Qualität ihrer Frauen. Sofort wird die Probe aufs Exempel gemacht. Noch in der Nacht kehren beide nach Rom zurück und konfrontieren ihre Frauen mit einer Situation, in der sie sich bewähren sollen: dem überraschenden Empfang von Gast und Gatten. Trotz provozierender Ungerechtigkeiten und Demütigungen erweist sich Lukretia als vorbildliche Gastgeberin. Die Königin hingegen versagt in gleicher Situation kläglich.

Im Eingeständnis ihrer Niederlage stachelt die Königin aus Rache ihren Mann auf, Lukretia durch perfid erzwungene Vergewaltigung zu schänden und herabzusetzen. Hinterhältiges Kalkül bei der Ausführung sind Position und moralischer Kredit des Königtums, die es Lukretia verwehren, Rechenschaft für das an ihr begangene Verbrechen zu erlangen. Wer wird schon ihre Beschuldigungen dem Wort des Königs vorziehen wollen, zumal sie keine Zeugen nennen kann? Der Weg zur Rechtfertigung geht deshalb für Lukretia nur über die totale Aufgabe ihrer selbst. Auf einem Bankett, d. h. in der Öffentlichkeit herrscherlicher Repräsentation, eröffnet sie das Verbrechen des Königs und bringt sich zum Ausdruck ihrer Verzweiflung und Ausweglosigkeit um. Ihr Tod wird so zum Beweis für ihre Tugend und das Verbrechen des Königs. Tarquinius wird dann folgerichtig von Conlatinus getötet.

In der Lukretiasage geht es also um die Stellung und das richtige Verhalten der hohen Herrin. Die Aufgabe der Fürstengattin ist es, durch Repräsentation, die auch die Repräsentation ihrer selbst einbegreift, die Reputation ihres Mannes zu fördern. In einer „öffentlichen" Szene (Empfang und Bewirtung des Gastes) war dies zu beweisen. Der Selbstmord Lukretias ist dann die äußerste Steigerung eines solchen Engagements. Ihre Schändung nämlich bedeutet, auch wenn dieser nichts davon weiß, gleichzeitig eine Minderung der Ehre des Mannes. Ihre persönliche Existenz wird zum Preis für ihre Tugend, ohne die sie doch nichts mehr hätte für den Herrscher-Gatten tun können. Durch ihren Tod aber erhöht sie sich selbst und so auch ihren Mann. Die Königin, im Gegenbild, bringt durch ihr Versagen und ihren niederträchtigen Plan ihrem Mann den Tod.

So wie hier in der Tarquiniusvita bzw. der Lukretiasage werden immer wieder in der *Kaiserchronik* „äußere Lebensläufe zu politisch-didaktischen Exempeln".[8] In der Regel geht es dabei auf der weltlich-profanen Ebene um die Gestaltung vorbildlicher Handhabung hoher Feudalherrschaft. Dazu werden in den einzelnen Viten unterschiedliche Schwerpunkte gesetzt, die insgesamt aber ein abgerundetes Bild ergeben. Bei Caesar ging es um die Errichtung von Herrschaft, bei Tarquinius in erster Linie um die Qualität der *domina*, der Herrin von Haus und Hof. In der Vita *Justinians* (12813–13066) wird eine Lektion darüber erteilt, wie ein Herrscher sich gegenüber seinen Fürsten zu verhalten habe. Wie selbstverständlich kommt dabei ein Anspruch der Fürsten auf würdige Sonderbehandlung in Anerkennung ihrer Exzeptionalität ins Spiel.

Das Exemplum eines Protagonisten ist weitgehend davon unabhängig, ob er schon Christ ist oder noch nicht. So wird z. B. der Kaiser *Trajan* (5839–6096) durch seine außergewöhnliche Gerechtigkeit zum einzigartigen Vorbild gestaltet. Er kommt sogar, obwohl er Heide ist, auf Fürbitte des Hl. *Gregorjus* in den Himmel. Auf der anderen Seite gilt der christliche deutsche Kaiser *Heinrich IV.* (16532–16847) als negatives Beispiel, an dem sich richtiges Verhalten ex negativo ablesen läßt. Bezeichnenderweise versagt er aber auf der profanen Ebene konkreter Herrschaft, und nicht als Christ. Über den Investiturstreit, die große historische Auseinandersetzung Heinrichs mit dem Papsttum, wird kein Wort verloren. Dies erklärt sich aus der konzeptuellen Vorgabe, daß die Welt- als Heilsgeschichte sich in ihrer idealen Form als enge Gemeinschaft von weltlicher und kirchlicher Macht darstellt. Thematisiert wird deshalb schon im Verlauf des „römischen" Kaisertums, wie weltliche und kirchliche Organisation immer näher aufeinander zu rücken.

Ein Höhepunkt auf diesem Wege ist die Vita *Constantins* (7806 bis 10510), der das Christentum als Staatsreligion einführt. Eng verbunden mit der Constantin-Biographie ist die *Silvester*legende, die längste in eine Vita eingebettete Einzelgeschichte. Durch sie wird erzähltechnisch die theoretische bzw. theologische Begründung dieser epochalen Wende eingeleitet. Auf dem *sent* (Versammlung) von *Tûraz* (8488), der Konzil und Reichsversammlung zugleich ist, wird in langatmigen Disputationen die Überlegenheit des Christentums gegenüber Juden- und Heidentum demonstriert (8488–10372). Der Bericht gipfelt in einem „Bild kaiserlich-päpstlicher Eintracht, wie sie zu keiner Epoche des Mittelalters in dieser Weise Realität gewesen ist. Hand in Hand gehen die Häupter von Reich und Kirche täglich nach der Messe zum Richterstuhl, sitzen dort nebeneinander, und auf das Geheiß und unter dem Segen des Papstes entsteht die Rechtsordnung der Christenheit."[9]

Allerdings folgen auf diese „Periode engster kaiserlich-päpstlicher Gemeinsamkeit"[10] auch wieder Rückschläge, so z B. schon durch *Julian* (*Apostata*, 10634–11137). Erst unter Karl dem Großen (14282–15091) wird dieses Maß von Gemeinsamkeit zwischen *imperium* und *sacerdotium* wieder erreicht, ja übertroffen. Kaiser (Karl) und Papst (Leo) werden als leibliche Brüder ausgegeben, die Seite an Seite die Geschicke des römischen Reiches lenken. Allerdings hat Karl als *rihtære unt voget* (Richter und Schutzherr; 14533) der Christenheit ein deutliches Übergewicht.

Vor allem zeichnet er sich aus durch eine Religiosität, die nicht nur privaten Charakter hat, sondern unmittelbar in den politischen Bereich hineinragt. Sein Glaube läßt Karl zum Verteidiger der Kirche und zum aktiven Heidenbekehrer werden. Es wird von mehreren Heidenzügen berichtet, die aber, entkleidet man sie ihrer religiösen Verbrämung, nichts anderes als feudale Eroberungspolitik sind. Dieser Mechanismus, weltlich-profane Tatbestände durch die Verbindung mit religiöser Argumentation abzusichern, fand sich bereits bei der Reichsneuordnung Constantins. Auch Karls Gesetzgebung wird dadurch, daß ein Engel sie ihm vorsagt (14757ff.), über jede Kritik erhaben. Dabei werden bei Karls Gesetzen *umbe aigen unt umbe lêhen, / umbe man unt umbe hêrren* (über Allod und Lehen, über Vasall und Herren; 14829f.) ganz offensichtlich Merkmale der zeitgenössischen Rechts- und Gesellschaftsordnung in die Vergangenheit zurückprojiziert. Ehrwürdige Tradition soll sie als vorbildlich und unerschütterlich legitimieren. Dies gilt in besonderem Maße für die diskriminierenden Bestimmungen über die Bauern, denen Waffenlosigkeit und eine restriktive Kleiderordnung auferlegt werden (14791–14814).

Karls Sonderstellung entspricht jedoch nicht nur seiner überragenden Rolle in der mittelalterlichen Tradition überhaupt (vgl. seine Heiligsprechung im Jahre 1165). Durch die Vorstellung von der *translatio imperii*, d. h. dem Übergang der Trägerschaft des Römischen Reiches auf die Deutschen, nimmt er auch in der *Kaiserchronik* eine Schlüsselposition ein. Über den christlich-religiösen Gehalt hinaus ist es nämlich die Geschichte dieses Reiches, worum es der *Kaiserchronik* geht. Dies wird besonders deutlich in den auf Karl folgenden Viten der deutschen Kaiser/Könige, in denen wegen der relativen Nähe des Verfassers zum Geschehen manchmal besondere (auch emotionale) Anteilnahme spürbar ist. In gedrängter, oft skizzenhafter Kürze, kaum unterbrochen von religiösen Digressionen wird in ihnen das *rîche* (Reich) zum ideellen Mittelpunkt des Geschehens. Das Reich wird aber nicht nur in seiner monarchischen Spitze, dem Kaiser/König allein repräsentiert, sondern auch die Fürsten sind gleichermaßen seine Träger, wie besonders der „deutsche" Teil der *Kaiserchronik* deutlich macht. „Dem maßgeblichen Einfluß

dieser Gruppe als Königswähler, als Berater des Königs und als Mit-
träger der Rechtssprechung, Gesetzgebung und Regierung auf den
Hoftagen, als Kämpfer und Führer in Schlachten, ggf. auch als
Wahrer des Reichsinteresses gegenüber einem schlechten Herrscher,
entspricht ihr nicht minder großer Einfluß als Widersacher des Königs,
als Friedebrecher, treubrüchige Vasallen oder böswillige Berater
des Königs, sei es als einzelne oder als oppositionelle Gruppe."[11]

Gerade diese Ebene bringt in die *Kaiserchronik* Momente hinein,
die sie mehr sein läßt als nur ein geistliches Werk. Neben Heiligen
und Märtyrern werden so durch und durch weltliche Figuren zu
Protagonisten der Welt- als Heilsgeschichte. Die Gestaltung auch
ihrer Welt wird als ernsthafte dichterische Aufgabe angenommen,
selbst wenn sie durch die höhere Wahrheit des Gottesreiches letztlich in einen religiös-ethischen Zusammenhang eingebunden sind.
Diese weltlichen Aspekte sind es auch, die auf Funktion und Rezipienten der *Kaiserchronik* zu verweisen in der Lage sind.

Vorauer und *Straßburger Alexander*

Auch die nächste Dichtung ist in den Zusammenhang der Welt- als
Heilsgeschichte eingebunden. Diesmal geht es um das 1. Weltreich,
das Reich *Alexanders des Großen*, der dem Text auch seinen Namen
gibt: *Alexanderlied*. Zwei Versionen dieses Stoffes, der auf den
antiken Pseudokallistenes zurückgeht, wollen wir kurz vorstellen.
Der *Vorauer Alexander*, benannt nach dem berühmten Vorauer
Kodex Nr. 276, der auch das älteste vollständige Exemplar der
Kaiserchronik enthält, wurde von einem (sonst anonymen) *Pfaffen
Lamprecht* gegen 1150 verfaßt. Hauptvorlage war eine französische
Alexanderdichtung, von der nur 105 Verse enthalten sind. Der Text
Lamprechts bietet aber keine sklavische Übersetzung, sondern ver-
folgt eine eigene Konzeption. Obwohl als Ganzes geplant, enthält
der *Vorauer Alexander* nur den ersten Teil einer Alexanderbiogra-
phie und endet überraschend nach 1153 Versen. Die „Fortsetzung"
gibt der um 1160/70 entstandene *Straßburger Alexander*.

Der *Vorauer Alexander* beginnt mit einem Prolog (1—34), in dem
Lamprecht sein Werk anpreist, sich selbst nennt, seinen Protagonisten vorstellt, auf seine französische Quelle verweist und schließlich sein Anliegen darlegt. In einer Reminiszenz an den biblischen
König *Salomon* wird die Überwindung von Müßiggang als Motiv
seines Dichtens genannt. Der dabei verwendete Topos von der

vanitatum vanitas (22), der Nichtigkeit aller Eitelkeiten, war vielfach Anlaß für eine Deutung, nach der der *Vorauer Alexander* am Beispiel der *superbia* (Übermut) Alexanders Weltabkehr predige.

Schaut man sich aber den Text genau an, so ist weltliche Herrschaft, zumal ihre Erringung, der erzählerische Kern des *Vorauer Alexander*, so wie eine vorausdeutende Würdigung Alexanders (35—88) es ankündigt. Dieses Bild vom bewundernswürdigen Helden und Herrscher wird ergänzt durch einen zweiten Aspekt, der schon bei der Beschreibung des Kleinkindes (115—154) auftaucht. So wächst Alexander z. B. in drei Tagen mehr als andere Kinder in drei Monaten und besitzt Augen unterschiedlicher Farbe. Solche Momente entstammen einer Alexanderkonzeption, der er u. a. als Geißel Gottes gilt. Sie verleiht ihm furchteinflößende Züge, die ihn gleichzeitig aber auch in die Nähe des Wunderbaren und Seltsamen stellen. Beide Ebenen, das Skurrile und Furchtbare, wie auch das Vorbildlich-Herrscherliche sind im *Vorauer Alexander* ineinander verschränkt, wobei letzteres überwiegt. Der prägnante Ausdruck für beides ist das Attribut *wunderlich* (bewundernswert/wunderbar; z. B. 45), das Alexander trägt.

Die Handlung des *Vorauer Alexander* ist rasch erzählt. Auf den Prolog und die einleitende Vorstellung Alexanders folgt der Bericht von seiner Kindheit, Erziehung und den Jugendtaten. Den meisten Raum nimmt dabei der militärische Bereich ein, in dem er als exzellenter Kämpfer und gewiefter Feldherr agiert. Gekrönt aber werden seine Eigenschaften von einem unbedingten Willen zur Herrschaft, durch den die Zinsforderung des *Darius* (467ff.), die sich anschließend wie ein roter Faden durch den *Vorauer Alexander* zieht, zum entscheidenden Anstoß für sein weiteres Handeln wird. Sie wird von Alexander als Ausdruck von Herrschaft bzw. Abhängigkeit erkannt und vehement zurückgewiesen. Als er nach dem Tod seines Vaters *Philipp* bald danach die Herrschaft antritt, leitet er sofort den Zug gen Persien ein, der seinen welthistorischen Ruhm begründet. In raschem Siegeszug wird zunächst der westliche Mittelmeerraum unterworfen. Nach der Gründung Alexandriens geht es in Kleinasien weiter. Hier stellt sich die Stadt Tyrus dem Vormarsch entgegen, wird aber nach langwieriger Belagerung (703—1009) erobert. Jetzt nimmt auch Darius die Bedrohung ernst. Doch eine Unterwerfungsforderung bleibt ohne Wirkung und ein Heer, das ihm entgegengesandt wird, wird von Alexander geschlagen (1216—1384). Nun erst stellt sich Darius persönlich an die Spitze seiner ganzen Heeresmacht dem Makedonen entgegen (1415—1496). Wurde bisher in stetigem Fortgang erzählt, so kommt der *Vorauer Alexander* nun plötzlich und unorganisch zum Schluß. Mit dem Beginn der Schlacht treffen Darius und Alexander sofort aufeinander und — im Unterschied zur sonstigen Tradition — wird der Perser von Alexander getötet (1523ff.). Sechs Zeilen später endet der Text.

Kein Anhaltspunkt bot sich dafür, daß im *Vorauer Alexander* Alexanders *superbia*, sein eitles Ringen um weltlichen Erfolg vorgeführt werden sollte. Trotz einiger eingestreuter Vorbehalte gegen sein Heidentum auf die wir nicht näher eingegangen sind, wurde Alexander durchaus als vorbildlicher Held und Herrscher ausgegeben.

Die Fortsetzung bis zum Tode Alexanders bietet der *Straßburger Alexander*. Auf das allgemeine Aufgebot des Darius folgt hier noch nicht die Entscheidungsschlacht, sondern wird durch retardierende Einschübe hinausgezögert. Auch Alexander verstärkt zunächst sein Heer, wozu er sogar noch einmal nach Griechenland zurückkehrt, kämpft mit persischen Unterführern, überlebt ein Attentat, erobert Batra, nimmt dabei Frau und Tochter des Darius gefangen, und begibt sich sogar heimlich an den Hof des Darius. Dann erst findet in der Strage-Ebene die Entscheidungsschlacht statt, die selbstverständlich die Griechen gewinnen. Darius flieht, Alexander zerstört den persischen Königshof und organisiert, nach einer ausgiebigen Trauerfeier, seine Herrschaft über das persische Reich. Als Darius dann von zwei Gefolgsleuten ermordet wird, kommt Alexander gerade noch zu dessen Sterbeszene zurecht. Dabei empfängt er das herrscherliche Vermächtnis des Persers, der ihm auch noch seine Tochter *Roxane* anempfiehlt. Alexander bestraft die Mörder und heiratet Roxane. Auch eroberte Herrschaft kann auf Kontinuitätsmomente nicht verzichten.

Nach dem Ende der 30tägigen prächtigen Hochzeitsfeier leitet die Ankunft des indischen Königs *Porus*, den noch Darius um Hilfe gebeten hatte, neue Aktionen ein. Alexander zieht den Indern zum Kaspischen Tore entgegen. Zusammen mit dem indischen Heere werden dessen Elefanten als Fabeltiere und fürchterliche Kriegsmaschinen beschrieben (4377ff.). Solche Momente einer wundersamen Naturgeschichte werden im folgenden dann weite Strecken des *Straßburger Alexander* bestimmen. Zunächst aber siegen in einer langen und verlustreichen Schlacht (4410—4739) die Griechen, aber erst, nachdem Alexander den indischen König im Zweikampf getötet hat. Nachdem die Toten beklagt und begraben wurden, ziehen die Inder ab.

Alexanders Herrschaft über Persien ist nun nicht mehr gefährdet. Jetzt beginnt ein dritter Abschnitt des Werkes. In übersteigertem Willen nach Weltherrschaft zieht Alexander nämlich noch weiter, durch nie vorher beschriebene Regionen. Seine Motivation nennt er bei der Begegnung mit den anspruchslosen und glücklichen *Okzidraten*: *ih mûz beginnen / ettewaz daz mir wol tût* (ich muß etwas unternehmen, das mich befriedigt; 4885f.). Rastloses, unermüdliches Tätigsein, das bereits Merkmale von *superbia* (im Sinne von Übermut, Unbedingtheit) trägt, klingt hier als primäre Motivation für Alexanders Handeln an. Das Alexanderbild beginnt sich, entsprechend einer neuen Konzeption, zu wenden.

In einem fiktiven Brief, den Alexander seiner Mutter schreibt, werden nun die nächsten Erlebnisse geschildert. Durch dieses Mittel scheint der Autor sich gleichsam aus der Verantwortung für den Inhalt stehlen zu wollen. Zu ungewöhnlich, wunderbar und seltsam ist das auch, was Alexander jetzt erlebt. Wilde Tiere, Fabelwesen, Naturwunder, seltsame Menschen und Völker, alles Elemente einer phantastischen Naturgeschichte, sollen äußerst plastisch Exotik und Gefährlichkeit des Vorstoßes illustrieren, gleichzeitig aber auch den Unterhaltungswert des Textes erhöhen. Erst das unüberwindliche Meer an der Weltnabe hält den Vormarsch auf. Eine besondere, in sich gerundete Episode, der Aufenthalt Alexanders am Hof der Königin *Candacis* (5833–6461), bringt einen ruhenden Pol in das Geschehen. Statt um kriegerische Taten und gefährliche Abenteuer geht es hier um Pracht, Reichtum, Freude, Festlichkeiten und Liebe. Doch auch eine solche Lebensweise kann Alexander zu diesem Zeitpunkt nicht zum Verweilen bewegen. Weitere Abenteuer, darunter eine kampflose Begegnung mit den *Amazonen*, folgen noch, ehe der Brief nach rund 1670 Versen endet (6588).

Eine erneute Charakteristik Alexanders, die seinen Ruhm und seine Macht betont, leitet über zum von den antiken Vorlagen abweichenden Zug zum Paradies. In höchster Hybris will er sich den Himmel unterwerfen und die Engelchöre zinspflichtig machen. Doch als Alexander mit seinen jungen und ungestümen Kriegern nach großen Mühen und Gefahren endlich das Paradies erreicht, und eine Abordnung am Tor Einlaß und Unterwerfung fordert, werden sie von einem alten Mann gelassen abgewiesen. Gleichzeitig gibt er ihnen einen kostbaren Stein, dessen Bedeutung Alexander enträtseln solle. Gelänge ihm dies, werde er auch sein Leben verändern. Kleinlaut, in Anerkennung der Macht Gottes, kehrt Alexander in sein Reich zurück.

Nach vielen vergeblichen Deutungsversuchen entschlüsselt ein alter Jude das Rätsel in einem Experiment (7072ff.). Der Stein vermag auf einer Waage jede noch so große Menge Goldes aufzuwiegen. Eine leichte Feder aber, zu der etwas Erde gegeben wurde, hebt ihrerseits den Stein in die Höhe. Der Sinn dieses Wunders sei die Mahnung, von aller irdischen Gier und Unersättlichkeit Abstand zu nehmen. Einst nämlich werde jeder Mensch, auch Alexander, so wie die mit Erde vermischte Feder niedersinken. Die Demonstration endet mit einem eindringlichen *memento mori*-Appell und der Aufforderung, den Lebenswandel auf die Erlangung der ewigen Seligkeit auszurichten.

Nachdem es seit der Paradiesfahrt als *unmâze* (Maßlosigkeit; 6915), als *nâch ungenâden streben* (Weg in die Verdammnis; 6908) und als *giricheit* (Unersättlichkeit; 7164) gebrandmarkt wurde, wird in dieser Szene Alexanders Verhalten noch einmal zusammenfassend auf den Begriff der *superbia* gebracht. Wird dabei zunächst christlich-religiös argumentiert, indem der Angriff auf das Paradies als Hybris gegen Gott gilt, so bleibt die formulierte Handlungsalternative jedoch im weltlichen Bereich. Sie läßt sich ablesen an zwei signifikanten Charakteristiken Alexanders. In der ersten, die seine Boten vor dem Paradiestor geben (6881—6893), wird Alexander als der hybride, unbekehrte bzw. heidnische Welteroberer und Herrscher auf dem Zenit seiner Macht vorgestellt. Die zweite findet sich nach der Deutung des Paradiessteines, als seine verbleibenden 12 Regierungsjahre beschrieben werden (7255—7269). Mäßigung, Barmherzigkeit, Abkehr von Krieg und Eroberungssucht sind die Merkmale der nun friedlichen Herrschaft Alexanders. In einem Bild richtiger Herrschaftsausübung endet so die Alexanderhandlung.

Nach dem Gifttod Alexanders wird noch einmal die Mahnung von der Vergänglichkeit alles Irdischen aufgegriffen (7274ff.). Mehr noch, in einem kurzen Epilog (7279—7302) richtet sie der Dichter in aller Eindringlichkeit auch an das Publikum. Alle Begier solle aufgegeben werden und das Streben sich auf den Erwerb des ewigen Lebens und der himmlischen Freuden richten.

Wie eine Klammer wird der *Straßburger Alexander*, nimmt man seinen gegenüber dem *Vorauer Alexander* veränderten Prolog und den Epilog zusammen, vom *vanitas*-Motiv umschlossen. Inhaltlich entspricht dem natürlich die Hybris und die Verurteilung der Paradiesfahrt. Und doch wird im *Straßburger Alexander* Weltflucht nicht als einziger Weg zum Heil und als Lebensalternative propagiert. Auch nach der Paradiesfahrt und dem Schluß bleibt der Eindruck, daß Alexander ein großer Held und in weiten Bereichen vorbildlicher Herrscher ist. Leben in der Welt und damit auch weltliche Werte werden auch im *Straßburger Alexander*, für den *Vorauer Alexander* steht das wohl außer Frage, durchaus anerkannt. Allerdings spielt dabei nur ein bestimmter Ausschnitt von Welt eine Rolle. Es geht letztlich um hohe und höchste Feudalherrschaft, deren Merkmale die Zeichnung Alexanders bestimmen. Trotz der gegen Ende des *Straßburger Alexander* stärker hervortretenden christlich-religiösen Optik ist das Alexanderlied des 12. Jahrhunderts in erster Linie ein weltlicher Text. Anlagen, die in der antiken Alexandersage vorhanden waren, wurden dabei dazu benutzt, um zeitgenössische Anschauungen formulieren zu können.

Rolandslied

Dem *Rolandslied*, das wahrscheinlich um 1170 in Regensburg entstand, liegt ebenfalls ein historischer Kern zugrunde. Von seinem Verfasser wissen wir außer dem Namen *Konrad* und der Berufsbezeichnung *phaffe* = Geistlicher (9079) nichts. Als Vorlage diente ihm die französische *Chanson de Roland*, doch ist das *Rolandslied* darüber hinaus durchaus ein selbständiges Werk.

In einem Prolog (1–30) werden Thema, Inhalt und Hauptperson genannt. Es geht um den edlen Kaiser *Karl (den Großen)*, wie er viele heidnische Reiche erobert und so das Christentum gefördert hat. Demonstriert wird dies an seinem Feldzug gegen Spanien.

Aufschlußreich ist dessen Motivierung. Als Karl, heißt es, vom unzüchtigen und gottlosen Leben der spanischen Heiden hört, kann er deren Unglück und die Provokation Gottes nicht länger ertragen. In seiner Not wendet er sich direkt an Gott und erhält durch einen Engel den Auftrag, Spanien zu missionieren und dessen Bewohner so vor dem Höllenfeuer zu bewahren (55ff.). Der historische Grenz- und Eroberungszug Karls (im Jahre 778)[12] wird so zur Heidenbekehrung, zum gottgefälligen Kreuzzugsunternehmen. Diese Argumentation wird fortgesetzt in der anschließenden Beratung Karls mit seinen 12 engsten Vertrauten, den sogenannten Pairs, zu denen u. a. *Roland, Olivier* und *Turpin* gehören. Voller Glaubenskampfbegeisterung und mit Märtyrerbereitschaft stimmen sie für den Zug nach Spanien (67–156). Auf der allgemeinen Heeresversammlung vor dem endgültigen Aufbruch müssen zur Motivation für den Heereszug jedoch zusätzlich Übergriffe und Greueltaten der Heiden im Grenzgebiet genannt werden (199ff.). Die Begründung des Kriegszuges schwenkt hier ein auf die Ebene des Verteidigungskrieges, des traditionellen *bellum justum* gegen Angriffe von außen. Erst im Schlußwort des Erzbischofs Turpin rückt das Motiv der Heidenbekehrung wieder an die erste Stelle (245–272).

Nach dieser letzten Einstimmung auf die besondere Mission des Glaubensstreiters nimmt der Krieg seinen Lauf. Selbstverständlich vermögen die Heiden dem fränkischen Heere nicht standzuhalten. Nordspanien wird reibungslos erobert. Wurde bisher der Kriegsverlauf zügig und äußerst komprimiert erzählt (273—376), so verändert Konrad nun seine Optik gleichsam zur Zeitlupe und berichtet den weiteren Handlungsablauf minutiös und in Einzelheiten.

Als die Franken vor Saragossa stehen, erkennen die Heiden unter ihrem König *Marsilie* die Aussichtslosigkeit weiterer militärischen Widerstandes. In ausführlichen Beratungen (397—624) erarbeiten sie einen Plan, wie sie Karl mit List wieder los werden können. Eine scheinbare Kapitulation soll ihn mit der Masse seines Heeres zum Rückzug veranlassen. Anschließend soll ein Aufstand die fränkischen Besatzungstruppen vernichten. Geiseln, die zur Glaubwürdigkeit des Angebots gestellt werden müssen, sollen gegen gefangene fränkische Führer wieder ausgetauscht werden. Unterhändler werden ins fränkische Feldlager geschickt, um die Unterwerfung und Taufe anzubieten. In über 700 Versen (709—1438) werden nun auch die fränkischen Beratungen geschildert. Die Großen des Reiches, an ihrer Spitze Roland und die Pairs, plädieren für die Fortsetzung des Krieges bis zur völligen Unterwerfung ganz Spaniens. *Genelun* hingegen, ein mächtiger Fürst und Schwager Karls, tritt unter dem Verweis auf die großen bisherigen Mühen und das Schicksal der Seinen zu Hause für die Beendigung des Krieges ein (1196—1221). Schließlich empfiehlt Turpin erst einmal die Prüfung der Glaubwürdigkeit des Angebots durch einen Gesandten. Roland und andere erklären sich sofort freiwillig zu dieser Aufgabe bereit. Doch Karl will sie nicht der Gefahr aussetzen, schon einmal nämlich hatten die Heiden fränkische Unterhändler heimtückisch getötet. Doch als Roland Genelun vorschlägt, stimmt Karl zu.

Genelun jedoch weigert sich! Mehr noch, er wirft Roland vor, ihn vernichten zu wollen, um sich dann später in Frankreich seinen Besitz aneignen zu können. Weltliche Machtpolitik wird dem Motiv der lauteren Erfüllung eines göttlichen Auftrages unterstellt. Indem er so die Glaubenskriegsargumentation kritisiert, ja sogar negiert, kündigt Genelun den Konsens der Glaubenskriegsgemeinschaft auf und stellt sich außerhalb der christlichen Solidargemeinschaft. Diese Diskrepanz zwischen weltlicher Machtpolitik, die Genelun allein gelten läßt, und der Kreuzzugsgesinnung als Handlungslegitimation, wie sie Karl und die anderen Christen in Anspruch nehmen, bildet den Anstoß für das weitere Geschehen im *Rolandslied*.

Selbstverständlich muß Genelun trotz seiner Einwände den Auftrag ausführen. Fatalistisch, doch voller Groll und noch immer jeder Zoll ein stolzer und mächtiger Fürst, begibt er sich zu den Heiden. Diese erkennen rasch in ihm ein Werkzeug, mit dessen Hilfe sie ihren Plan verwirklichen können. Gemeinsam arbeiten sie eine Möglichkeit aus, die Spanien befreien und zugleich Roland mitsamt den Pairs vernichten soll. Geneluns Prädisposition und die Intention der Heiden treffen sich in beider Haß gegen Roland und die Pairs, die ihnen lediglich als Kriegstreiber ohne höhere Motivation gelten.

Genelun kehrt mit der Auskunft zurück, daß das heidnische Angebot ehrlich gemeint sei. Geiseln und Geschenke sollen dies bekräftigen. Der Krieg scheint beendet, Karl will mit dem Hauptheer abziehen. In Spanien soll ein Statthalter zurückbleiben, wofür diesmal Genelun Roland vorschlägt. Wenn auch unter bösen Vorahnungen geht Karl darauf ein und belehnt Roland mit Spanien, das als Mark, d. h. als erobertes und besonders zu sicherndes Grenzland behandelt wird. Mit Roland bleiben die Pairs und 20 000 auserwählte Krieger zurück. Sie sollen die verabredete Bekehrung der Heiden durchführen oder, wenn nötig, erzwingen.

Jetzt beginnt der Teil des *Rolandsliedes*, nach dessen Held Roland es seinen Namen hat, obwohl es eigentlich Karlsdichtung ist: die Vernichtungsschlacht der Heiden gegen die zurückgebliebenen Christen im Tal von Ronceval (3241—6949). Noch während der Planungen mit Genelun hatte Marsilie ein riesiges Heer gesammelt (2585—2704), das nun angreift. Die Schlacht beginnt mit einer ausführlichen Schilderung beider Gegner. Zuerst wird das christliche Heer in seiner siegesgewissen Kampftüchtigkeit und makellosen Glaubenskriegsgesinnung beschrieben, die auch vor einem (kämpferischen) Martyrium nicht zurückschreckt (3241—3464). Im Gegenzug werden die Heiden als Kinder des Teufels vorgestellt (3465—3844). Hoffart mit Tanz und Saitenspiel, Götzendienst und prahlerische Reden heben sie vom Beten, Beichten und der ernsten Entschlossenheit der Franken ab.

Als die Unvermeidbarkeit des Kampfes und die Übermacht der Heiden offenbar wird, fordert Olivier, Roland solle Karl mit seinem Horn *Olivant* zurückrufen. Roland jedoch lehnt siegesgewiß ab. Außerdem sei nichts zu befürchten, läge ihr Heil doch in Gottes Hand. Im Falle des Todes erwarte sie als Märtyrer das Paradies, wohingegen die Heiden von vornherein verworfen seien.

Umsichtig und gekonnt bereiten nun beide Seiten ihre Schlachtordnung vor. Dann wird in nahzu 3000 Versen die eigentliche Schlacht geschildert (4017—6949). Eingeleitet wird sie durch den Zweikampf zwischen Roland und dem heidnischen Fürsten *Adalroth*.

Nach einer herausfordernden Schmährede des Heiden und einer entsprechenden Erwiderung durch Roland folgt ein nur kurzer Kampf (4055ff.), in dem der Heide erschlagen wird. Danach wird in einem allgemeinen Gefecht die heidnische Abteilung vernichtet. Der Schlachtbericht besteht aus einer fortwährenden Folge solcher fast immer gleichen Abläufe. Diese Aneinanderreihung immer neuer, sich an Schmähungen, Heldentum und Furchtbarkeit überbietender Zweikämpfe und Massengefechte wirkt auf den heutigen Leser leicht ermüdend, macht aber ein wesentliches Merkmal des *Rolandsliedes* aus.

Doch geht es nicht um Kampf allein. Die Opposition zwischen Christen und Heiden ist im *Rolandslied* auch als geistiger Gegensatz gestaltet. Auf den Begriff gebracht wird dies in folgenden Versen:

4719 *Targis vacht umbe ere,*
      Anseis umbe die sele,
      Targis umbe ertriche,
      Anseis umbe das himilriche.
      (Targis kämpfte um irdischen Ruhm, Anseis um das Seelenheil,
      Targis um irdische Herrschaft, Anseis um das Himmelreich.)

Predigthafte Reden voll biblischer Zitate und theologischer Deklamationen begleiten und unterbrechen die Kämpfe, in denen die Gegner nach der Devise *cum deo aut contra deum* (mit oder gegen Gott) beurteilt und die Franken als *milites christi* (Kämpfer Christi) definiert werden. Gesinnungsmangel, nicht etwa Feigheit oder kämpferische Schwäche, ist es, was die Heiden diskreditiert. Dreimal endet ihr Angriff mit der völligen Vernichtung ihrer zahlenmäßig haushoch überlegenen Scharen (5190, 5423, 5630). Obwohl dabei auch das christliche Heer zusammenschmilzt und schon einige der Pairs gefallen sind, haben die Franken noch nichts von ihrer Siegeszuversicht eingebüßt. Erst der erneute Ansturm eines riesigen heidnischen Heeres, das diesmal Marsilie selbst führt, bringt die Wende. Zwar können die ermüdeten und dezimierten Christen, die sich noch einmal ihres Heldenmutes und ihrer Märtyrergesinnung versichert haben, eine erste Angriffswelle noch zurückschlagen. Doch jetzt erkennt auch Roland, daß sie die Schlacht nicht überleben werden. Er bläst sein Horn, doch nicht, damit Karl noch letzte Hilfe bringen möge, sondern damit er den Gefallenen ein christliches Begräbnis bereite.

Ein kurzer Szenenwechsel (6069—6167) legt dar, daß Karl das Signal hört. Er interpretiert es sofort als Hilferuf aus auswegloser Situation und kehrt in Gewaltritten mit seinem Heer um. Er will

Roland wenigstens die letzte Ehre geben und den heidnischen Verrat rächen.

Währenddessen werden in einer Schlacht apokalyptischen Ausmaßes die Heiden wieder einmal aufgerieben, wobei Roland, Olivier und Turpin unübertreffliche Heldentaten vollbringen. Marsilie flieht, nachdem Roland ihm einen Arm abhieb. 72 Christen behaupten schließlich noch das Feld, in Blut watend und über Berge von Leichen steigend, als 50 000 frisch angelandete Äthiopier einen letzten Angriff führen. Als nur noch Roland und Turpin Widerstand leisten, kündigen Hörner die Rückkunft Karls an. In einem letzten, verzweifelten Aufbäumen versuchen die Heiden auch noch Roland und Turpin zu töten, bevor sie in panischem Schrecken vor den Heldentaten der beiden und dem nahenden fränkischen Heer fliehen.

Die Schlacht neigt sich ihrem Ende zu. Roland trägt die gefallenen Pairs zusammen. Turpin stirbt, und auch Roland ist zu Tode erschöpft. Einen letzten Heiden, der ihn hinterrücks töten will, erschlägt er mit seinem Horn Olifant, das dabei zerspringt. Sein Schwert *Durndart*, das nicht in heidnische Hände fallen soll, widersteht einem Zerstörungsversuch. Endlich stirbt unter himmlischen Zeichen auch Roland: Engel erscheinen, Sturm, Erdbeben und Sonnenfinsternis verbreiten Schrecken.

Karl, der bei seiner Ankunft nur noch Tote findet, vernichtet die letzten fliehenden Heiden beim Ebroübergang. Doch ein seltsamer Traum (7078–7125) deutet an, daß die Kämpfe noch nicht endgültig überstanden sind. Inzwischen nämlich ist der heidnische Kaiser (!) *Paligan* mit einem unermeßlichen Heer in Saragossa eingetroffen, wo er von Marsilie über die Ereignisse unterrichtet wird. Der Spanienzug weitet sich nun zu einer gleichsam welthistorischen Auseinandersetzung zwischen Heidentum und Christentum aus (vgl. die Reden Paligans, 7196 ff.). Noch aber glauben die Franken, alle Heiden in Spanien vernichtet zu haben. Unter tiefer Trauer und mit kirchlichem Zeremoniell begraben sie in Ronceval ihre Gefallenen und bereiten Roland, Turpin und Olivier als heilige Märtyrer zur Überführung ins Frankenreich zu. Beim Aufbruch zum Rückmarsch ereilt Karl die Herausforderung Paligans. Die neue Schlacht beginnt wie schon die von Ronceval mit einer ausführlichen Schilderung beider Heere, ihrer Führer, Schlachtordnung und Motivationen (7677 bis 8185). Auch sie ist aufgelöst in Einzelkämpfe und Massengefechte (8186 ff.). Allerdings strebt sie mit dem Aufeinandertreffen von Karl und Paligan rasch ihrem Ende zu. In einem langen und erbitterten Zweikampf siegt schließlich Karl durch direktes göttliches Eingreifen und erschlägt Paligan (8436–8570). Nach dem Tod ihres

Führers fliehen die Heiden und werden völlig aufgerieben. Angesichts dieser Hiobsbotschaft stirbt Marsilie, seine Gattin *Brechmuda* jedoch erkennt die Macht des christlichen Gottes und läßt sich taufen. Jetzt bekehren sich auch die anderen Heiden, und Karl kehrt mit dem Heer in die Heimat zurück.

Hier bleibt noch eine Rechnung zu begleichen. Auf einem Hoftag zu Aachen (8673 ff.) soll der offensichtliche Verrat Geneluns gesühnt werden. Doch stellt sich, obwohl Karl von dessen Schuld überzeugt ist, einer Verurteilung zunächst das Ansehen und die Macht der Sippe Geneluns entgegen. Deshalb muß ein Gerichtskampf den Schuldbeweis erbringen. Dabei besiegt der junge *Tirrich*, Rolands Verwandter, den starken und erfahrenen *Binabel*, der Genelun vertritt — wie einst David den Goliath. Daraufhin müssen die 30 Geiseln aus Geneluns Sippe sterben. Er selbst wird von wilden Pferden gevierteilt. *So wart di untriuwe geschendet: / da mit si das liet verendet* (so wurde der Verrat gerächt. Damit ist das Gedicht aus; 9015 f.).

Dieser Verrat aber hat mindestens zwei Aspekte. Einmal ist Genelun natürlich mit verantwortlich für die Vernichtung des fränkischen Heeres in Ronceval. Zum anderen aber hat er sich gegen Gott gestellt. Dies ist jedoch nur eine Art Stellvertreterargument. Tatsächlich nämlich hat die Glaubenskampf- und Märtyrergesinnung im *Rolandslied* die Funktion eines neuen Legitimationsmomentes für Kriegertum und feudale Eroberungspolitik. Indem Genelun und die Heiden diese weiterhin bei ihrem Namen nennen und sich so der Ideologie verweigern, negieren sie den Legitimationsmechanismus. Dieser aber reagiert mit der Eliminierung (oder „Bekehrung") seiner radikalen Kritiker bzw. der ihm gegenüber Verstockten. Die Ideologie hat sich selbst gegen ihre Kritik abgedichtet.

Das *Rolandslied* schließt mit einem Epilog (9017—9094). Eingebettet in Fürbitten für beider Seelenheil werden hier Dichter (*der phaffe Chunrat*; 9079) und Auftraggeber (ein Herzog *Hainrich*, 9018 und 9042) genannt. In einer großen Laudatio wird dieser Fürst in Funktion und Eigenschaften dem großen Kaiser Karl des Epos selbst verglichen. Wie jener ist er mächtig, fromm, in jeder Beziehung ein vorbildlicher Feudalherrscher und hat auch erfolgreich die Heiden bekehrt. Momente der literarischen Darstellung korrespondieren durch ihre symbolisch-typologische Form hindurch mit dem realen Verhalten eines Feudalfürsten. Ein kurzer Hinweis mag dies noch verdeutlichen: „Im ersten Teil des Davidsvergleiches [sc. im Epilog 9039ff.] wird *Heinrich* als ‚Heidenbekehrer' gepriesen. Er tritt damit zum Kaiser Karl und zum Roland des Epos in typologische Beziehung."[13]

Dieser Herzog Heinrich wird inzwischen überwiegend und mit guten Gründen mit dem Welfenherzog *Heinrich dem Löwen* identifiziert, das *Rolandslied* dadurch auf etwa 1170 datiert. Die umfangreichen Kriege des Welfen zur Ostkolonisation bzw. zur Ausweitung seiner Herrschaft östlich der Elbe laufen durchaus unter dem Etikett des Kreuzzuges, der gottgewollten Heidenbekehrung. Auch der historische Zug Karls im *Rolandslied* gilt als Kreuzzugsunternehmen zur Verbreitung des christlichen Glaubens und Verherrlichung Gottes. Diese Aufwertung bzw. Neu-Legitimation feudaler Aggressivität durch deren Verbrämung mit christlich-religiöser Argumentation ist sicher ein nicht zu unterschätzendes Moment für die Attraktivität des *Rolandsliedes* auf Heinrich den Löwen. Wenn „Heidenbekehrung" darüberhinaus dem Werk auch noch als „typischer Kaiserauftrag"[14] gilt, kann Heinrich der Löwe auch dieses Moment auf sich beziehen. Nur widrige Umstände, nicht zuletzt die „Mißgunst" seiner fürstlichen Standesgenossen, haben verhindert, daß der Welfe nicht auf dem deutschen Kaiserthron sitzt. Dem Staufer *Friedrich I.* dünkt er sich allemal gleichwertig, wenn nicht gar ebenrangig.

Von einer solchen Warte aus fügt sich das *Rolandslied* nahtlos in die von Bertau beschriebene „Repräsentationskunst Heinrichs des Löwen"[15] ein. Dieser aber schätzt nicht nur opferbereites Kriegertum *(militia Christi)*, sondern auch Reichtum, Pracht, feudalherrscherliche Repräsentation, wie sie überall im *Rolandslied* gestaltet wird, nicht zuletzt sogar im Feldlager (!) Karls des Großen (634 bis 674). Der weltliche Bereich wird so im *Rolandslied* nicht abgewertet, wie manche seiner Interpreten glauben, sondern durchaus anerkannt, wenn nicht gar aufgewertet.

In dieser Beziehung befindet sich das *Rolandslied* auf einer Ebene mit *Kaiserchronik* und *Alexanderlied*. Wiedererkennen eigener Problematik und Verhaltensweisen, wie sie in den strukturellen, manchmal sogar expliziten Aussagen der Texte enthalten sind, erleichtert ohne Zweifel die Rezeption dieser Texte für die hohen und höchsten deutschen Feudalherren.

Wer und was aber sind diese hohen und höchsten Feudalherren. Wir wollen hier nur kurz einige Aspekte anreißen.[16] Ausgangspunkt kann dabei der von Norbert Elias herausgearbeitete „Monopolisierungsmechanismus"[17] sein, der ein wesentliches Moment der Entwicklung der feudalen Gesellschaft ist. Er besagt u. a., daß die Akkumulation gesellschaftlicher Stärke, d. h. der (im umfassenden Sinne) Verfügungsgewalt über Grund und Boden in der Hand des einen Feudalherren bzw. Großgrundbesitzers, (unter den damals gegebenen Umständen) eine direkte und existentielle Bedrohung des anderen (benachbarten) Feudalherren ist. Um überleben, d. h. seinen Status erhalten zu können und nicht (in Abhängigkeit) herabgedrückt zu werden, ist unter diesen Umständen jeder Feudalherr prinzipiell gezwungen, seine gesellschaftliche Stärke, d. h. die Verfügungsgewalt über Grund und Boden zu vermehren. Dieser Konkurrenzkampf führt automatisch, und das ist das dynamische Moment des Monopolisierungsmechanismus, zu einem Differenzierungsprozeß unter den Feudalherren. In diesem in der feudalen Gesellschaft allgegenwärtigen Kampf konkurrierender oder rivalisierender Adelshäuser setzt sich in einem bestimmten Gebiet jeweils eine Sippe durch und drückt andere in Abhängigkeit. Offene militärische Gewalt ist dabei das meistgebrauchte Mittel.

In Deutschland bildet sich so — bis zum Ende des 12. Jh. — der sogenannte Reichsfürstenstand, die Gruppe der angehenden Territorialherren als eigene soziale Größe heraus. Aus ihrer Mitte geht (und das war schon so seit dem frühen Mittelalter) u. a. jeweils die Adelssippe hervor, die gerade den König/Kaiser stellt. Gleichrangigkeit mit dem Herrscherhaus ist deshalb eines ihrer herausragenden Merkmale. Wie *reguli* (kleine Könige) sitzen diese Dynasten (oder die, die sich im 12. Jh. noch dazu rechnen) in ihren Herrschaftsgebieten, relativ autark und unmittelbar nur durch ihresgleichen gefährdet. Grundlage ihrer Position ist die übermächtige Verfügungsgewalt über Grund und Boden, primäres Herrschaftsmittel das Lehnswesen, eine Hofhaltung das politische, militärische, ökonomische und kulturelle Zentrum ihrer Herrschaft.

Dieser Gruppe der Dynasten und den ihnen sich noch gleich dünkenden Feudalherren sind, soweit sich das überhaupt ausmachen läßt, die Auftraggeber und Primärrezipienten der von uns bisher (und auch im folgenden) vorgestellten Texte zuzurechnen.

König Rother

In der Redaktion der (bis auf wenige Verse) vollständigen Handschrift H wird der *König Rother* um 1150/60 datiert. Vom Autor ist nicht einmal der Name bekannt, möglicher Entstehungsort und Auftraggeber sind nur unter Vorbehalt aus dem Text selbst zu erschließen.

Sein Held ist *Rother, der aller heriste man. / der da zv rome* (.) / *[ie] intfinc die cronen* (der vorzüglichste Mann, der dort in Rom je die Krone erhielt; 10 ff.). Er residiert in Bari und herrscht über 72 Könige. Seine Fähigkeiten als exemplarischer Herrscher werden somit das eine Thema des Textes sein. Hinzu kommt als Movens des epischen Geschehens die Gewinnung einer würdigen Gattin als Mutter eines Stammhalters (17 ff.). Insgesamt geht es so im *König Rother* von vornherein um primär politische Probleme. Denn auch die projektierte Heirat zielt nicht auf eine individuelle Liebesgeschichte, sind es doch die jungen Adligen, die an Rothers Hof aufwachsen und erzogen werden, die nach einer Heirat ihres Herren verlangen. Ihnen geht es um die Kontinuität des Herrscherhauses, damit auch ihr eigenes Erbe, ihre zukünftige Herrschaft gesichert sei (vgl. 29 ff.).

Selbstverständlich folgt Rother bereitwillig diesem Ansinnen seiner Vasallen. In einer gemeinsamen Beratung wird die edle und schöne Tochter des byzantinischen Kaisers *Konstantin* als geeignete Braut erkoren. Allerdings hat ihr Vater bisher noch jeden Heiratsbewerber umbringen lassen. Deshalb soll eine Gesandtschaft um ihre Hand anhalten, denn diese wäre — so ist das Kalkül — als Befehlsausführer weniger gefährdet als Rother selbst.

Vor der Abreise verabredet Rother mit den prächtig ausstaffierten Boten für alle Fälle drei Lieder als Erkennungsmelodie. In Konstantinopel erregen die Gesandten zwar großes Aufsehen, doch als sie die Werbung vorbringen, werden sie eingekerkert. Nachdem Rother längere Zeit vergebens auf die Rückkehr seiner Getreuen gewartet hat, entschließt er sich, persönlich nach ihnen zu forschen. Ein Heereszug wird jedoch verworfen, um die möglicherweise als Geiseln festgehaltenen Boten nicht zu gefährden. Man einigt sich darauf, *in reckewis* (als Recken, d. h. vertriebene Helden; 554) nach Konstantinopel zu fahren. Sorgfältig wird die Expedition vorbereitet. Mit einem kleinen, aber auserlesenen Gefolge, darunter der weise *Berchter* und der Riesenkönig *Asprian*, bricht Rother auf. Sie verabreden für Rother das Pseudonym *Dietrich* und die Geschichte, von Rother verbannt worden zu sein. In Konstantinopel erregen sie durch ihre Pracht und das in den Riesen verkörperte militärische und Schreckenspotential großes Aufsehen. Als Dietrich sich als von Rother vertriebener Held ausgibt, kommt sogar noch Bestürzung hinzu. Denn wenn Rother, dessen Werbung man abwies und dessen Boten man einkerkerte, sogar einen Mann wie Dietrich vertreiben konnte, wie mächtig und furchtbar muß er dann selbst sein.

Über die Zeichnung Dietrichs, der alle Qualitäten eines Herrschers und Helden in sich vereint, wird im folgenden dann Rothers Exzeptionalität gestaltet. Gleichzeitig wird Konstantin als negativ projektierter Herrscher dem durch Dietrich/Rother verkörperten idealen Herrschertyp konfrontiert. Der Aufenthalt am byzantinischen Hof

ist die Gelegenheit, feudale Herrschaftspraxis par excellence vorzu-
führen. Reichtum, Freigebigkeit *(milte)*, Pracht und höfisches Zeremoniell sind dabei die wesentlichen Merkmale. Selbstverständlich
erringen Dietrich und sein Gefolge dabei den ersten Preis. Vor allem
seine Freigebigkeit, die gegen den Geiz Konstantins gestellt wird,
wird immer wieder als besonderer Vorzug hervorgehoben (1282 ff.).

Gleichzeitig werden diese Momente auch in ihrer gesellschaftlichen Funktion vorgeführt. Äußere Erscheinung und das Verhalten
lassen auf Adel und Rang des Protagonisten schließen. Beispielhaft
ist dafür das Handeln der Königstochter. Dietrichs Auftreten und
seine Repräsentation erwecken ihr Interesse für seine Person. Wer so
reich und mächtig ist, wie er es zu sein scheint, der ist auch der
Bekanntschaft einer byzantinischen Prinzessin würdig.

Ein erster Versuch, auf einem Fest mit Dietrich Kontakt aufzu-
nehmen, scheitert (1515—1870). Mit Hilfe eines listigen Ablenkungs-
manövers kommt es dann aber doch zu einem Treffen zwischen
Dietrich und der Königstochter. Dabei gerät diese in einen bezeich-
nenden Konflikt. Der prächtige, männliche Dietrich beeindruckt sie
tief; andererseits würde sie aber den fernen Rother vorziehen, der
bereits um sie geworben hat. Er scheint ihr noch mächtiger und
damit begehrenswerter als Dietrich zu sein, hatte er diesen doch vertreiben können. In der Szene mit der berühmten Schuhprobe (2169
bis 2308) kommt es zur Auflösung des Konfliktes, indem Dietrich
sich als Rother zu erkennen gibt. Subjektiver Eindruck (Dietrich)
und objektive Gegebenheit (Rother) fallen in einer Person zusammen, persönliches Interesse (Liebe der Prinzessin) und gesellschaftliche Norm (Herrscherqualität Rothers) kommen zur Deckung.

Doch geht es nicht nur um die Braut, sondern (für Rother) auch
noch um die Befreiung der Boten. Das noch bestehende Mißtrauen
der Prinzessin, ob Dietrich wirklich Rother sei, wird dazu benutzt,
die Getreuen aus dem Kerker zu holen. Sie sollen als „objektive"
Zeugen Dietrich als Rother identifizieren. Eine List der Königstochter läßt die Gefangenen an einem Gastmahl teilnehmen, wobei eine
der verabredeten Melodien den Boten die Anwesenheit ihres Herrschers und der Prinzessin die Identität Dietrichs mit Rother zu erkennen gibt.

Nun geht es nur noch darum, mit Boten und Braut nach Bari zu
entkommen. Unerwartete Gelegenheit dazu ergibt sich, als der
Heidenkönig *Ymelot* ins Land einfällt. Konstantin erweist sich
(natürlich) als unfähig, die Abwehr durchzuführen; selbstverständlich
organisiert nun Dietrich Heeresaufgebot und Feldzug. Da jeder
Kämpfer benötigt wird, reiht er auch die gefangenen Boten ins Heer

ein. Statt durch eine verlustreiche Schlacht beendet Rother/Dietrich den Krieg allein durch seinen persönlichen Einsatz. Aus der Mitte des feindlichen Heeres heraus nimmt er Ymelot gefangen und erzwingt so den Rückzug der Angreifer. Noch bevor die Nachricht von diesem glücklichen Ausgang nach Konstantinopel gelangt, ist Rother mit seinen Mannen dem Haupttheer vorausgeeilt. Unter Vorspiegelung einer Niederlage verursacht er in Konstantinopel eine Panik und lockt so die Prinzessin unter dem Vorwand, sie retten zu wollen, auf sein Schiff. Beim Ablegen gibt Rother sich triumphierend zu erkennen. Das Ziel ist erreicht: Die Getreuen sind gerettet, die erwählte Frau wird heimgeführt, sogar ein Erbe ist schon unterwegs.

Doch der geprellte Konstantin findet sich nicht mit seinem Verlust ab. Als ein Spielmann sich anbietet, gegen entsprechenden Lohn die Tochter wieder herbeizuschaffen, geht er sofort darauf ein. Während Rother unterwegs ist, um einen in seiner Abwesenheit ausgebrochenen Aufstand der Barone zu befrieden, gelingt es dem als Kaufmann verkleideten Spielmann, die Königin auf sein Schiff zu locken und nach Konstantinopel zurückzubringen.

Damit ist die Handlung wieder an ihren Ausgangspunkt zurückgekehrt. Alles kann von vorne beginnen. Diesmal aber zieht Rother mit einem mächtigen Heer nach Konstantinopel, wobei das Aufgebot dazu Gelegenheit ist, seine Macht und die Treue seiner Vasallen zu demonstrieren (3346—3630). In Kleinasien angekommen beginnt Rother erneut ein Versteckspiel. Während sein Heer sich verbirgt, geht er mit *Luppolt* als Pilger verkleidet auf Kundschaft. Sie erfahren, daß Ymelot entfliehen konnte und inzwischen mit Heeresmacht Konstantinopel besetzt hat. Darüberhinaus habe er Konstantin gezwungen, die Prinzessin seinem Sohn zur Frau zu geben. Rother und Luppolt kommen gerade zurecht, um sich in den Saal des Hochzeitsbanketts zu schleichen und unter der Tafel zu verbergen. Als Rother seine Frau von seiner Anwesenheit in Kenntnis setzt, werden sie entdeckt und gefangen. Sie sollen sofort getötet werden. Listig erbittet sich Rother einen Hügel in der Nähe seines versteckten Heeres als Hinrichtungsort. Gerade als sie gehängt werden sollen, zahlt sich eine frühere gute Tat Rothers aus. Ein Graf *Arnolt*, den Dietrich (Rother) aus großem Elend erlöst und wieder standesgemäß ausgestattet hatte (1385—1454), will seine Schuld abtragen. Mit 5000 Mannen und Freunden greift er todesmutig und in einem Anflug von Kreuzzugsgesinnung die um den Galgen versammelten Heiden an und kann Rother und Luppolt vorübergehend befreien. Auf ein Hornsignal hin bricht Rothers Heer aus dem Versteck und vernichtet in einer kurzen, aber blutigen Schlacht die Heiden (4190 bis 4284). Als Triumphator zieht Rother in Konstantinopel ein. Konstantin, der seine Verbohrtheit und sein unherrscherliches Gebahren als Fehler erkennt, findet schließlich auch vor dem Zorn der Mannen Rothers Gnade. Arnold wird wegen seiner Verdienste König von Griechenland. Rother aber erhält jetzt ganz formell und höchst offiziell die Hand seiner Frau.

Als Sieger kehrt Rother mit Heer und Gattin heim. Am Tage der Ankunft wird auch schon ein Sohn, *Pippin*, geboren. Dieser Pippin, heißt es in einer Vorausdeutung, werde später der Vater *Karls (des Großen)* sein (4782 ff.). Zunächst aber werden in einer großen Leihezene die Vasallen für ihre Treue und ihren Einsatz mit umfangreichen Herrschaftsgebieten belohnt. Das Thema von Brautwerbung und idealer Herrschaft scheint beendet zu sein.

Doch nach einem großen Zeitsprung wird die Geschichte Rothers noch einmal aufgenommen (4991 ff.). Pippin ist inzwischen herangewachsen und aufs Beste zum Herrscher erzogen worden. Auf einem großen Hoftag in Aachen, auf dem sich die Getreuen wiedertreffen, leitet er, inzwischen 24 Jahre alt, das Schwert, wird als Rothers Nachfolger designiert und erweist sofort auch durch vorbildliche Rechtspflege seine Eignung.

Als das Fest beendet ist, erscheint der inzwischen ergraute und noch weiser gewordene Berchter. Er rät Rother, der Macht und der Welt zu entsagen. Und tatsächlich, Rother, die Königin und Berchter selbst gehen ins Kloster. Der Kreis hat sich endgültig geschlossen: geordnet geht die Herrschaft auf den Nachfolger über, auf Pippin, der der Stammvater eines großen Herrschergeschlechtes, der Karolinger, sein wird. Die Geschichte, die so weltlich begann und so weltliche Inhalte hatte, endet als Legende. So bleibt nichts offen, was einen Makel auf Rother und die in ihm verkörperte Herrschaftsweise werfen könnte.

Doch wenn auch im *König Rother*, wie vor allem der Schluß zeigt, christliche Normen letztlich allem übergeordnet und ihm auch religiöse Passagen nicht fremd sind, so bleibt er trotzdem ein weltliches Werk. Als „eine Art falsche Karolinger-Gründungssage"[18] führt der *König Rother* in Rother einen vorbildlichen Ahnherren vor, der in erster Linie Herrscher ist, sonst nichts. Unter diesem Aspekt ist die Verschmelzung von Brautwerbungsfabel und Dienstmannesage, die das Werk vorgenommen hat, ein gelungener Kunstgriff. Für die Gestaltung personaler Herrschaftslegitimation bietet sich die Brautwerbungsfabel geradezu an: Denn der Heiratskandidat (Rother) soll und kann zeigen, wer und was er ist, das nicht nur der Braut und ihren Eltern, sondern auch den Rezipienten des Textes. Gleichzeitig kann durch eine *translatio per nuptias* (Übertragung durch Heirat) das neue Herrscherhaus mit besonderem Heil versehen werden — wie es im *König Rother* die Braut als Mitglied der byzantinischen, der adligsten und höchst geschätzten abendländischen Dynastie mitbringt. Die Dienstmannensage ihrerseits birgt weitere Elemente vorbildlicher Herrschaftspraxis, die aufgegriffen werden können (z. B. die *triuwe* als oberste Norm für das Verhältnis zwischen Herrscher und Vasall, oder auch *milte* als probates Mittel, feudale Herrschaftsorganisation von manifester Gewalt zu entlasten).

Die sogenannten *Tengelinger*-Passagen im *König Rother* (z. B. 736 ff., 3558 ff., 3664 ff., 4329 ff., 4861 ff., 5021 ff.), in denen ein bairisches Adelsgeschlecht des 12. Jh. auftritt, ermöglichen Schlüsse auf die Rezipienten und Auftraggeber des Werkes. Urbanek hat mit ihrer Hilfe die „zeitgeschichtliche und topographische Fixierung des *König Rother* im Hoheitsgebiet der ehemaligen Grafen von Tengelingen" vornehmen können. „Als Auftraggeber kristallisierte sich" ihm „der mächtige Hallgraf Konrad I. von Peilstein" nebst zwei weiteren Mitgliedern dieser Sippe heraus. Konrad kann als „einer der einflußreichsten Männer seiner Zeit im Bairisch-Österreichischen"[19] gelten, seine Sippe als einer der mächtigsten Clans dieses Gebietes. Was nun konkret der Anlaß zum Auftrag des *König Rother* gewesen sein könnte, läßt sich nicht mehr sagen. Sicherlich spielte aber eine Affinität zu den im *König Rother* formulierten Problemen und zu seiner Weltsicht (z. B. die Heiratsthematik) eine Rolle. Nicht an letzter Stelle steht dabei der Aspekt, den man allgemeine Zelebration feudaler Herrschaft nennen könnte.

Eneide

Auch unser letzter Text kreist um einen einzigen Protagonisten, um den Trojaner *Eneas*, von dessen Name sich der Titel *Eneide* ableitet. Der Autor ist *Heinrich von Veldeke*, der Stoff die über eine französische Vorlage vermittelte antike *Aeneis Vergils*.

Die *Eneide* beginnt recht unvermittelt mit der Eroberung Trojas durch die Griechen. Eneas, ein mächtiger Fürst und Schwager des *Priamus*, wird von den Göttern aufgefordert, sich nicht in aussichtslosem Widerstand gegen die eindringenden Griechen zu opfern. Stattdessen habe er nach Italien, dem Land seiner Ahnen zu gehen. Folgsam flieht Eneas mit Vater, Sohn, Habe und 3000 wohlausgerüsteten Gefolgsleuten übers Meer. Seine Frau, heißt es lapidar, kam ihm dabei irgendwie abhanden (20,40 ff.). Nach siebenjähriger Irrfahrt

wirft ein Sturm die Trojaner an die lybische Küste. Eine Erkundungs-
expedition findet hier das prächtige Karthago, dessen Königin *Dido*
den Trojanern Asyl anbietet. Als Eneas mit prachtvollem Gefolge in
die Stadt einzieht, fügt es seine Mutter *Venus*, daß sich Dido hoff-
nungslos in ihn verliebt.

Diese für Dido verhängnisvolle Liebe (vgl. die Vorausdeutung 35,
37 ff.) wird nun Inhalt einer eigenen Episode. Ausführlich und minutiös, teilweise fast schon mit psychologischem Einfühlungsvermögen
schildert Veldeke Entstehung und Progreß der Liebe zwischen Dido
und Eneas. Auf einem Jagdausflug, als ein Unwetter die Gesellschaft
zerstreut und Dido und Eneas sich allein in einer Höhle wiederfinden,
kommt es zur ersten Liebesbegegnung zwischen beiden. Doch beginnt damit erst der eigentliche Konflikt. Dido ist nämlich nicht nur
liebende Frau, sondern auch Herrscherin. Nach dem Tode ihres
ersten Mannes hatte sie bisher jeden Heiratsbewerber abgewiesen,
obwohl das Land unbedingt wieder einen männlichen Krieger-Herr-
scher zur Erfüllung der Schutzfunktionen benötigt hätte. Damit aber
ist die Liebesaffäre der Königin, die wegen ihres bisherigen Verhaltens schon scharf von ihren Fürsten getadelt wurde, nicht zuletzt
auch Staatsaktion. Und deshalb soll sie zunächst auch geheim gehalten werden. Als sie nicht mehr länger zu verbergen ist, gibt Dido den
Eneas offiziell als ihren künftigen Gemahl aus. Dabei hat sie aber vergessen, was sie bereits weiß: nämlich daß auch Eneas nicht nur Mann
und Geliebter, sondern als Werkzeug der Götter ebenfalls in übergeordnete Normen eingebunden ist. Als Eneas selbst nicht abgeneigt
ist, sich in Karthago niederzulassen, wird er energisch an seinen Auftrag erinnert. In einem dramatischen Dialog eröffnet er dann der
Königin, daß er weiterziehen werde (67,9–73,4). Nachdem er dann
unbeirrt aufgebrochen ist, begeht die verzweifelte Dido aus Liebes-
leid und Angst vor Schmach Selbstmord.

Eneas aber kommt rechtzeitig zum Jahrestag des Todes wieder an
die Grabstätte seines Vaters *Anchises*. Dieser bestärkt ihn im Traum
in dem Auftrag, nach Italien zu gehen und stellt ihm in Aussicht, daß
er dort auch Fuß fassen werde. Außerdem soll Eneas – *wandez
wellent die gote* (denn die Götter wollen es; 82, 11) – der Unterwelt
einen Besuch abstatten, um dort mehr über seine Zukunft zu erfahren. Mit Hilfe und in Begleitung der (legendären) Seherin *Sibille*
steigt er in die Unterwelt hinab, die von Veldeke ausführlich beschrieben wird (89, 15–110, 30). Hier begegnet er u. a. alten Kampf-
gefährten und auch Dido, von deren Tod er erst jetzt erfährt. Anchises prophezeit ihm nun, daß er in Italien Begründer eines großen
Geschlechtes sein werde, dessen Sproß *Romulus* einst das weltbe-

herrschende Rom erbauen werde. Auf die Erde zurückgekehrt setzt Eneas zuversichtlich die Fahrt fort und landet bald im vorbestimmten Land Italien. Eine Gesandtschaft kündigt dem einheimischen König *Latîn* ihre Ankunft und ihre Absicht zu bleiben an. Diesem ist Eneas bereits in einem Götterspruch avisiert worden. Dementsprechend will er ihm auch sofort seine Tochter *Lavine* zur Frau geben und ihn so zu seinem legitimen Nachfolger machen (115, 31–117,35). Allerdings, und hier bahnt sich wieder ein Konflikt an, ist Lavine bereits dem latinischen Fürsten *Turnus* versprochen. Turnus sieht sich deshalb auch schon als legitimen Thronfolger und in Eneas eine persönliche Bedrohung, als Latîn sich über das Heiratsversprechen hinwegsetzen will.

In der Zwischenzeit haben die Trojaner in Erwartung künftiger Kämpfe auf einer Bergnase an der Tibermündung nach allen Regeln der Befestigungskunst die Burg Montalbane errichtet. Ihrer Freude über das Wohlwollen des Latîn kontrastiert Veldeke die Auseinandersetzungen am Hof des Königs über die Brüskierung des Turnus. Sogar die Königin wirft ihrem Mann Vertragsbruch vor und diffamiert Eneas als Feigling, der seine Freunde in Troja und Dido in Karthago verraten habe. Bei dieser Kontroverse werden die beiden unterschiedlichen Positionen deutlich herausgearbeitet. Latîn beruft sich auf den Befehl der Götter, d. h. eine transzendente Instanz als Grundlage seines (und auch des Eneas') Handelns, während die Königin für sich (und auch für Turnus) weltlich-profane Normen und Rechtspositionen in Anspruch nimmt.

Turnus will nun nicht kampflos zurücktreten und bereitet einen Krieg vor. Die Kämpfe brechen aber schon ohne sein Zutun aus. Auf einem Jagdzug haben die Trojaner den örtlichen Jagdbann verletzt. Als sie einen (zahmen) Hirsch verwunden, der noch zur Burg seines (Jagd-)herren zurückkehren kann, kommt es hier zu einem Kampf, der sich ausweitet und mit der Zerstörung der Burg und dem Tod ihrer Bewohner endet. Im Wissen um ihre Schuld bereiten sich die Trojaner auf einen Angriff vor. Tatsächlich ist dieser Bruch des Landfriedens für Turnus der willkommene Anlaß, in Vorwegnahme königlicher Funktionen das allgemeine Heeresaufgebot der italischen Fürsten zur Abwehr des trojanischen Aggressors aufzubieten. Er bringt ein großes Heer zusammen (138,3 ff.), zu dem sogar die Amazonen unter ihrer Königin *Camille* stoßen (145,31 ff.). Auch die Trojaner bereiten sich nach Kräften auf den Krieg vor. Venus besorgt ihrem Sohn herrliche Waffen, die der Gott *Vulkan* eigens für ihn schmiedete. Ferner reist Eneas auf ihren Rat zum König

Evander, der ihm freundlicherweise ein Hilfskontingent unter seinem Sohn *Pallas* mitgibt.

Inzwischen beginnen die Kämpfe. Ein erster Sturm auf Montalbane wird abgeschlagen und es entwickelt sich eine langwierige Belagerung, die Veldeke anschaulich in militärischen und technischen Einzelheiten beschreibt (174,37–198,34). Auch Eneas wird sofort angegriffen, als er mit seinen Hilfstruppen zurückkehrt. In einem Zweikampf tötet Turnus den jugendlichen Pallas. Dabei begeht er den Frevel, der ihn später das Leben kosten wird (vgl. die Vorausdeutung 207,27 ff.): Er zieht dem Toten einen kostbaren Ring, ein Geschenk des Eneas, vom Finger. Vor dem vor Schmerz über den Tod des Pallas rasenden Eneas verbirgt sich Turnus dann auf einem Schiff, das mit ihm (für 3 Tage!) aufs Meer hinaus treibt. Ohne ihren Anführer müssen die Italer das Feld räumen. Mehr noch, sie willigen in einen 14tägigen Waffenstillstand ein, nach dessen Ende sie, falls Turnus nicht wieder auftaucht, Eneas als legitimen Bräutigam anerkennen wollen.

Pallas wird in seine Heimat überführt, als Held gewürdigt und in einem kostbaren Grabmal beigesetzt. Gleichzeitig versucht Latîn einen endgültigen Frieden zu vermitteln. In den ausführlichen Beratungsszenen am Königshof tritt der inzwischen zurückgekehrte Turnus vehement für die Fortsetzung des Krieges und die endgültige Vernichtung der Trojaner ein. Schließlich aber erklärt er sich bereit, die Entscheidung einem Zweikampf mit Eneas zu überlassen. Bevor es aber dazu kommt, brechen wieder allgemeine Kämpfe aus, in deren Mittelpunkt die Heltentaten der Amazonen und ihrer Königin stehen. Camille fällt, als sie dem von ihr erschlagenen *Chores* einen prächtigen Helm nehmen will. Als die Nacht die Kämpfe beendet, sind Turnus und Eneas noch immer nicht aufeinandergetroffen. Diesmal aber schlagen die Trojaner vor der Königsstadt Laurente ein Feldlager auf, darunter ein riesiges Zelt, das wie eine Burg aussieht. Da die Laurenter am nächsten Morgen glauben, Eneas habe mit übernatürlicher Kraft über Nacht eine Festung errichtet, willigen sie in einen neuen Waffenstillstand ein, den diesmal Latîn vorschlägt. Auch Camille erhält nun, analog zu Pallas, ein prächtiges Begräbnis und Grabmal. Vor Ablauf des Kampfpause wird endgültig der Zweikampf verabredet, der in 14 Tagen stattfinden soll.

An dieser Stelle flicht Veldeke eine weitere Liebesgeschichte in die Handlung ein. In Anbetracht des absehbaren Endes versucht die Königin in einem Gespräch über *minne*, ihre Tochter Lavine für Turnus einzunehmen. Doch diese erweist sich noch als unwissendes

Mädchen, das nichts versteht. Das ändert sich aber schlagartig, als sie zum erstenmal Eneas sieht, in den sie sich sofort verliebt. In einem zweiten Gespräch muß die Königin entsetzt erfahren, daß der Trojaner die *minne* ihrer Tochter besitzt. Lavine versucht nun, Eneas von ihrer Liebe in Kenntnis zu setzen, um zu erfahren, ob er sie auch liebe. Eine per Pfeil übermittelte Liebesbotschaft klärt jedoch nichts, sondern stürzt auch den Trojaner in Liebesqualen. Erneut ist diese Episode für Veldeke eine Gelegenheit, sein großes Können bei der Gestaltung psychologisierender Liebeskasuistik zu beweisen.

Am festgesetzten Tage zögert ein sich zu einem allgemeinen Kampf ausweitender Streit zwischen einem Trojaner und einem Italer erneut die Entscheidung hinaus. Als dabei der noch unbewaffnete Eneas von einem Pfeil verwundet das Feld räumen muß, versucht Turnus ein letztes Mal, die Trojaner zu vernichten. Doch als deren Reihen weichen, erscheint, dank einer Wundersalbe wieder genesen, Eneas in voller Rüstung auf dem Schlachtfeld. Vor dem Kampfesfuror des Trojaners zieht sich Turnus zurück und reißt seine Männer in wilde Flucht. Nun bestürmen die Trojaner sogar die Stadt Laurente. Als sie deren Vorburg verbrennen, stellt sich Turnus endgültig zum Zweikampf.

Vor den Toren der Stadt treffen beide wohlgerüstet aufeinander, ein Anlaß, auf die Angst Lavines um Eneas einzugehen. Lange Zeit erweisen sich Turnus und Eneas als gleichwertige Gegner, bis schließlich die Entscheidung fällt, indem das (irdische!) Schwert des Italers zerbricht. Nicht die persönliche Kämpferqualität, sondern die auch in seinen Waffen verkörperte gottgewollte Überlegenheit hat dem Trojaner den Sieg gebracht. Eneas ist gewillt, den schwerverwundeten Turnus am Leben zu lassen, nachdem dieser allen Ansprüchen auf Frau und Land entsagt hat. Doch da bringt eine frühere Verfehlung dem Italer den Tod: Eneas erkennt an dessen Finger den Ring, den er einst Pallas geschenkt hatte. Diese *bôsiu girheit* (niedere Habsucht; 331,31) erscheint ihm eines Fürsten so unwürdig, daß er den Turnus unbarmherzig erschlägt. Trotz allem jedoch wird der Italer anschließend als großer Gegner und Fürst beklagt. Veldeke kommentiert, daß Turnus nur deshalb unterlag, weil sein Tod von den Göttern vorherbestimmt worden sei.

Dem Frieden, der Heirat und der Herrschaft in Italien steht nun nichts mehr im Wege. In 14 Tagen soll die Hochzeit gefeiert werden. Da zwischen Eneas und Lavine aber noch immer keine Begegnung stattgefunden hat, die Ungewißheit der Liebe aber unerträglich geworden ist, erzwingt Eneas — gegen die Etikette! — ein Treffen mit Lavinia. In einem prachtvollen „höfischen" Ereignis vergewissern sich beide endlich ihrer großen Liebe. Die Hochzeit selbst wird dann zur repräsentativen Demonstration feudaler Pracht und Herrlichkeit. In einem Märchenglück endet so das Schicksal des aus seiner Herrschaft vertriebenen trojanischen Fürsten Eneas, dem von den Göttern in Italien ein neuer, größerer Herrschaftsbereich zugewiesen wurde.

Ist die *Eneide* bisher (mit einer kurzen Ausnahme, 226,16 ff.) mit ihrer Handlung konsequent im durch die *Aeneis* vorgegebenen antiken Rahmen geblieben, so schließt sich nun an die Hochzeit eine Reminiszenz an die Gegenwart des 12. Jh. an. Das Fest wird verglichen mit dem Mainzer Hoffest *Friedrich Barbarossas* von 1184, das den Zeitgenossen ebenfalls als unübertreffliche Repräsentation feudaler Herrschaft galt (247,13—248,4). Doch nicht nur dieser Einschub verbindet die Geschichte des Eneas mit der Wirklichkeit des 12. Jh. Als Abschluß eines kurzen Ausblicks auf die vorbildliche Ehe und Herrschaft des Eneas bis zu seinem Tode folgt eine fiktive Genealogie. Sie gibt den Trojaner als den Großvater von Romulus und Remus aus, die ihrerseits Rom erbauten und Vorfahren Julius Caesars gewesen seien, der — (vgl. auch die *Kaiserchronik*!) — das römische Reich begründete. Unter der Friedensherrschaft seines Nachfolgers Augustus sei dann Christus geboren worden. Mit dieser Passage ist auch die Geschichte des Eneas in ihren heilsgeschichtlichen Zusammenhang eingeordnet worden, ohne jedoch die *Eneide* zu einer religiösen oder auch nur religiös orientierten Dichtung zu machen.

Mit einem Epilog, an dessen Echtheit, nicht aber an dessen Wahrheitsgehalt gezweifelt werden kann, schließt das Werk. Nach seinen Informationen ergibt sich, daß die *Eneide* wohl um oder kurz nach 1170 nach einer französischen Vorlage von dem Flamen Heinrich von Veldeke begonnen wurde. Als das Werk zu 4/5 fertig war, wurde es im Jahre 1174 zur Hochzeit einer Gräfin (wohl *Margarete von Kleve*) mit dem Landgrafen *Ludwig III.* von Thüringen ausgeliehen. Dabei entführte einer der Gäste, Graf *Heinrich Raspe III.* von Thüringen, der Bruder des Bräutigams, die *Eneide* nach Thüringen. Erst 9 Jahre später stellten zwei andere Brüder des Diebes — der eine war *Hermann* von der Neuenburg (an der Unstrut), Pfalzgraf von Sachsen und später Landgraf von Thüringen — Veldeke den Text wieder zur Verfügung. Sie erbaten dessen Vollendung und förderten (frühestens ab 1183) diese Arbeit am Thüringer Hof, wo die *Eneide* wohl spätestens um 1190 fertig war.

Für die Thüringer Adligen, Angehörige einer mächtigen deutschen Adelssippe (vgl. S. 199 f.), war die Handlung der *Eneide* sicherlich ein eminent politischer Vorgang. Ein von seinem Land in seiner Heimat

(Troja) vertriebener Fürst (Eneas) eignet sich mit Gewalt (Krieg) einen neuen Herrschaftsbereich (Italien) an. Da Eneas dabei zunächst (auch nach den Rechtsvorstellungen des 12. Jh.) im Unrecht ist, wird durch den dauernden Verweis auf den Willen der Götter sein Anspruch auf *wîp und lant* neuartig und zugleich hochwertig legitimiert. Durch ein transzendentes Prinzip (ähnlich dem christlichen Gott in *Kaiserchronik* und *Rolandslied*) wird feudalherrscherliche Praxis, hier eine Landnahme, prinzipiell gerechtfertigt. Rein weltlich-profane, allein machtpolitische Handlungsmotivation und -rechtfertigung, wie sie Turnus verkörpert, der bis zum bitteren Ende auf Ehevertrag und militärische Stärke vertraut, wird so relativiert und damit letztlich überwunden.

Einem ähnlichen Legitimationskonflikt waren, wie alle hohen deutschen Feudalherrscher, auch die Thüringer ausgesetzt. Der Monopolisierungsmechanismus der feudalen Praxis stellte prinzipiell gleichwertige (adlige) Grundherren in einen unerbittlichen Konkurrenzkampf. In einem bestimmten Gebiet konnte letztlich immer nur einer seine Position behaupten und dann auch gegenüber seinesgleichen ausbauen. Der Sieger kann aber seinen Erfolg und seine Überlegenheit nicht immer nur auf Zufälle oder sein materielles und militärisches Potential zurückführen. Neben seine manifeste Gewalt stellt er somit ganz unmittelbar das ideelle Moment seiner Auserwähltheit durch Gott. Nichts anderes findet sich, anhand eines durch und durch weltlich-profanen, d. h. nicht-christlichen Sujets in der *Eneide* dargestellt. Nichts anderes aber benötigte kaum eine Feudalsippe des 12. Jh. mehr als die Thüringer, die fortwährend in Monopolisierungskämpfe, sprich Fehden mit ihren Nachbarn und Vasallen verwickelt waren. Einen ähnlichen Mechanismus, den wir hier nur kurz andeuten wollen, zeigt auch die *minne*-Handlung der *Eneide*. Durch die Instanz *Liebe* wird die *Vernunftehe* des Eneas, um die es sich zur Erlangung der Herrschaft zunächst dreht, qualitativ verändert. Wenn für Turnus allein der Land- und Herrschaftsaspekt der *wîp*-Beziehung eine Rolle spielt, so verharrt er vor den Normen der *Eneide* auf einer niedrigeren Stufe. Man kann deshalb in der *Eneide* durchaus von einer positiven herrscherlichen Teleologie sprechen, die auf Eneas angewendet wird, während sie dem Turnus fehlt. Der Typus der reinen Kampflegitimation reicht in der *Eneide* offenbar nicht mehr aus, um feudales Handeln, konkret den Erwerb von Herrschaft, zu rechtfertigen.

Ausblick

Sollen jetzt die möglichen Verbindungslinien der Texte zu ihrem Publikum bzw. zu ihren Primärrezipienten ausgezogen werden und Thesen zu ihrer Funktion aufgestellt werden, darf man nicht in den Fehler verfallen, in ihnen die Formulierung real verbindlicher Verhaltensnormen zu sehen. Das Werk, und so z. B. auch die *Eneide* mit ihrem Versuch, neue Legitimationsmöglichkeiten für aggressive Landnahme und feudale Heiratspraxis zu formulieren, gibt zunächst sicher nicht mehr als Problematisierungen und Diskussionsvorlagen für feudalherrscherliches Verhalten. Man könnte sagen, in den Werken werden Argumentations- bzw. Legitimationsmuster durchgespielt, und es entsteht so ein Kommunikationsangebot für eine bestimmte soziale Gruppe, nämlich die deutschen Hochadelsgeschlechter. Dabei bieten die Texte ihnen eine Diskussionsgrundlage für die Herausbildung eines eigenen, dezidierten Selbstverständnisses. In diesem Zusammenhang gehören dabei nicht nur so globale und abstrakte Legitimationsaspekte wie die transzendent abgesicherte Landnahme in der *Eneide* oder die Interpretation von Eroberungspolitik als Glaubenskrieg im *Rolandslied*. Auch andere Momente der Texte, wie z. B. die Beschreibung herrscherlicher Repräsentation, die Zelebration von Kampf und Kriegertum oder die Darstellung bestimmter Herrschaftsmittel (z. B. *milte, triuwe*, Gerechtigkeit usw.) gehören hierher. Dabei wird aber keineswegs konkrete historische Realität abgeschildert. Bei den eben angesprochenen Inhalten übersteigen die Texte die reale Praxis und Erfahrung der Rezipienten. Denn z. B. ein so *höfisches Leben* wie es im *Alexanderlied*, im *Rolandslied* oder in der *Eneide* in weiten Textpartien geschildert wird, gab es in der 2. Hälfte des 12. Jh. im deutschen Bereich sicher nicht.

Deshalb sind solche Aspekte eher zu verstehen als Projektionen und Diskussionsmuster feudalherrscherlichen Verhaltens. Diese sind in der Regel dadurch so attraktiv und rezipierbar, daß sie sich innerhalb der *vision du monde* des Publikums bewegen — dem sie allerdings auch Umdeutungen, Prononcierungen und Horizonterweiterung des so eigentlich immer schon Gewollten und Gewußten anbieten. Die Texte bieten ein Forum, zumindest aber eine Diskussionsgrundlage an, das bzw. die geeignet ist, bei der Herausbildung eines eigenen, dezidierten Selbstverständnisses der hohen und höchsten deutschen Feudalherren mitzuwirken.

Eine historische Notwendigkeit für diese Schicht, ein solches Bewußtsein ihrer selbst und ihrer gesellschaftlichen Position und

Funktion zu entwickeln, ließe sich für diese Epoche durchaus aufzeigen. Hingewiesen sei nur kurz auf die Entstehung konkurrierender gesellschaftlicher Größen wie z. B. die Stadt und die Ministerialität oder auch auf die (nach dem Investiturstreit) Hinfälligkeit der traditionellen *kirchlich*-religiösen Legitimationsgrundlagen von weltlicher Herrschaft.

Die dargestellten Texte können in einem solchen Kontext gelten als Elemente eines generellen feudalherrscherlichen Bestrebens, zu eigenen, wenn auch noch von christlich-religiösen Momenten durchsetzten, so doch im Grunde weltlich-profan ausgerichteten Selbstverständigungskonzepten zu kommen. Das jeweilige Werk bietet dabei u. a. den Entwurf eines Selbstverständigungsmodells bzw. einer Grundlage für dahingehende Diskussionen an — wobei jeweils bestimmte Aspekte feudaler Herrschaft je nach Text mehr oder weniger prononciert gestaltet werden. Das Medium volkssprachige Literatur wird so im 12. Jh. zu einem Medium gruppenspezifischer Selbstverständigung. Das scheint mir den Kern dieser literarischen Formation auszumachen. Konservativ gerichtete, kirchlich-religiöse Unterweisung, die Emanzipationsbestrebungen des Adels aufhalten bzw. kanalisieren soll, scheint mir nicht das Hauptmerkmal der dargestellten Texte zu sein.

Der Unterhaltungsaspekt der Werke, d. h. die Freude an der seltsamen, künstlerischen und interessanten Erzählung stand bei der Rezeption sicher nicht an letzter Stelle. Literarische Unterhaltung, der am feudalen Fürstenhof immer auch ein Moment von Repräsentation eigen ist, war vor dem Bildungshintergrund der deutschen adligen, auch hochadligen Gesellschaft nur innerhalb der Volkssprache möglich. Das Interesse für einen solchen Kommunikationszusammenhang aber drückt sich nicht zuletzt für uns konkret aus im Mäzenatentum angehender Reichsfürsten bzw. Dynasten, wofür bei *Rolandslied, Eneide* und *König Rother* sichere Belege bürgen.

(Hartmut Kokott)

Anmerkungen

1 Ewald Erb: Geschichte der deutschen Literatur von den Anfängen bis 1160. 2. Halbbd., Berlin 1964, S. 708

2 Ernst Friedrich Ohly: Sage und Legende in der Kaiserchronik. Untersuchungen über Quellen und Aufbau der Dichtung. Münster 1940 (Neudruck Darmstadt 1968), S. 17 f.

3 Manfred W. Hellmann: Fürst, Herrscher und Fürstengemeinschaft. Untersuchungen zu ihrer Bedeutung als politische Elemente in mittelhochdeutschen Epen, Annolied, Kaiserchronik, Rolandslied, Herzog Ernst, Wolframs Willehalm. Bonn 1969, S. 66

4 Vgl. Ohly, a. a. O., S. 42 ff.
5 Erb, a. a. O., S. 718
6 Vgl. Ohly, a. a. O., S. 51 f.
7 *wîlsælde* = das von der *wîle* (Zeit, Zeitpunkt) abhängige, durch die Zeit der Geburt bestimmte Schicksal
8 Christian Gellinek: Die deutsche Kaiserchronik. Erzähltechnik und Kritik. Frankfurt 1971, S. 39
9 Eberhard Nellmann: Die Reichsidee in deutschen Dichtungen der Salier- und frühen Stauferzeit. Annolied, Kaiserchronik, Rolandslied, Eraclius. Berlin 1963, S. 98
10 Ibid., S. 95
11 Hellmann, a. a. O., S. 77
12 Vgl. zur historischen Realität des Spanienzuges die Ausführungen bei Kartschoke im Nachwort seiner *Rolandslied*-Ausgabe (siehe unten), S. 396 f.
13 Karl Bertau: Deutsche Literatur im europäischen Mittelalter. Bd. 1. München 1972, S. 461
14 Ibid.
15 Karl Bertau: Das deutsche Rolandslied und die Repräsentationskunst Heinrichs des Löwen (Vortr.). In: Deutschunterricht 20 (1968) H. 2, S. 4—30
16 Vgl. dazu die Ausführungen bei Hartmut Kokott: Literatur und Herrschaftsbewußtsein. Wertstrukturen der vor- und frühhöfischen Literatur. Vorstudien zur Interpretation mittelhochdeutscher Texte. Frankfurt/Bern/Las Vegas 1978, S. 179 ff.
17 Norbert Elias: Über den Prozeß der Zivilisation. Soziogenetische und psychogenetische Untersuchungen. 2., um eine Einleitung vermehrte Auflage. 2 Bde. Bern/München 1969, vor allem Bd. 2
18 Christian Gellinek: König Rother. Studien zur literarischen Deutung. Bern/München 1968, S. 79
19 Ferdinand Urbanek: Kaiser, Grafen und Mäzene im „König Rother". Berlin 1976, S. 218

Literaturhinweise

Die Kaiserchronik eines Regensburger Geistlichen. Hrsg. von Eduard Schröder. (= MGH, Deutsche Chroniken 1,1) Hannover 1892. Neudruck Dublin/Zürich 1969
Das Alexanderlied des Pfaffen Lamprecht. Das Rolandslied des Pfaffen Konrad. Hrsg. von Friedrich Maurer. Leipzig 1940. Neudruck Darmstadt 1964
Das Alexanderlied des Pfaffen Lamprecht (Straßburger Alexander). Text, Nacherzählung, Worterklärungen. Hrsg. von Irene Ruttmann, Darmstadt 1974
Das Rolandslied des Pfaffen Konrad. Mittelhochdeutscher Text und Übertragung. Hrsg., übersetzt und mit einem Nachwort von Dieter Kartschoke. (Fischer Bücherei 6004), Frankfurt 1970
König Rother. Nach der Ausgabe von Theodor Frings und Joachim Kuhnt. 3. Aufl. hrsg. von Ingeborg Köppe-Benath. Halle 1968
König Rother. Geschichte einer Brautwerbung aus alter Zeit. Übertragen und eingeleitet von Günter Kramer. Berlin (DDR) 1961
Heinrich von Veldeke. Hrsg. von Ludwig Ettmüller. Leipzig 1852. Neudruck Hildesheim/New York 1970

Henric van Veldeken. Eneide. 1. Einleitung, Text. Hrsg. von Theodor Frings und Gabriele Schieb. Berlin 1964

Karl Bertau: Das deutsche Rolandslied und die Repräsentationskunst Heinrichs des Löwen (Vortr.). In: Deutschunterricht 20, 1968, Heft 2, S. 4–30

Karl Bertau: Deutsche Literatur im europäischen Mittelalter. Bd. 1, München 1972

Marie Luise Dittrich: Die ‚Eneide‘ Heinrichs von Veldeke. 1. Teil. Quellenkritischer Vergleich mit dem Roman d'Eneas und Vergils Aeneis. Wiesbaden 1966

Norbert Elias: Über den Prozeß der Zivilisation. Soziogenetische und psychogenetische Untersuchungen. 2., um eine Einleitung vermehrte Auflage, 2 Bde., Bern/München 1969

Ewald Erb: Geschichte der deutschen Literatur von den Anfängen bis 1160. 2. Halbband, Berlin 1964

Christian Gellinek: Die deutsche Kaiserchronik. Erzähltechnik und Kritik. Frankfurt 1971

Manfred W. Hellmann: Fürst, Herrscher und Fürstengemeinschaft. Untersuchungen zu ihrer Bedeutung als politische Elemente in mittelhochdeutschen Epen, Annolied, Kaiserchronik, Rolandslied, Herzog Ernst, Wolframs Willehalm. Bonn 1969

Hartmut Kokott: Literatur und Herrschaftsbewußtsein. Wertstrukturen der vor- und frühhöfischen Literatur. Vorstudien zur Interpretation mittelhochdeutscher Texte. Frankfurt/Bern/Las Vegas 1978

Eberhard Nellmann: Die Reichsidee in deutschen Dichtungen der Salier- und frühen Stauferzeit. Annolied, Kaiserchronik, Rolandslied, Eraclius. Berlin 1963

Ernst Friedrich Ohly: Sage und Legende in der Kaiserchronik. Untersuchungen über Quellen und Aufbau der Dichtung. Münster 1940, Neudruck Darmstadt 1968

Gabriele Schieb: Heinrich von Veldeke. (Sammlung Metzler 42), Stuttgart 1965

Walter Johannes Schröder: König Rother. Gehalt und Struktur. In: Deutsche Vierteljahrsschrift 29, 1955, S. 301–322

Ferdinand Urbanek: Kaiser, Grafen und Mäzene im ,,König Rother". Berlin 1976

2. Das Nibelungenlied

Widersprüche höfischer Gewaltreglementierung

Das Nibelungenlied: Inhalt

I. Teil

1. *âventiure:* In Worms hat die burgundische Herrscherdynastie ihren Sitz. Dort leben am Hofe die drei Könige Gunther, Gernot und Giselher mit ihrer Schwester Kriemhild und ihren Vasallen, deren erster Hagen ist.
2. *âventiure:* In Xanten wächst Siegfried heran. Auf einem festlichen Hoftag wird er als neuer Herrscher eingesetzt, die Vasallen übertragen ihre Lehnsbindung vom Vater auf den Sohn.
3. *âventiure:* Siegfried will Kriemhild, von deren unvergleichlicher Schönheit er gehört hat, erwerben. Ausgestattet mit äußerster Pracht zieht er nach Worms. Dort vermag nur Hagen den bedrohlichen Panzerreiter vor dem Tor zu identifizieren. Er erzählt, daß Siegfried einen Drachen erschlagen und den Nibelungenhort erkämpft hat. Der friedlichen, formvollendeten Begrüßung, die folgt, setzt Siegfried eine Zweikampfforderung an Gunther entgegen. Erstaunt über solche Gewalttätigkeit bieten die Wormser Könige Siegfried noch einmal höflich an, als Gast über ihr Land und ihre Schätze zu verfügen. Siegfried läßt sich auf diese Lösung schließlich ein.
4. *âventiure:* Boten der Sachsen und Dänen kommen nach Worms und sagen Fehde an. Gunther überträgt die Führung des Krieges Siegfried, der selbst die beiden feindlichen Könige gefangen setzt.
5. *âventiure:* Nach dem Sieg wird die Unversehrtheit des Hofes in einem großen Fest allen sichtbar gemacht. Siegfried findet sich durch den Anblick und den Gruß Kriemhilds belohnt und bleibt in Worms.
6. *âventiure:* Auf Isenstein lebt die ebenfalls unvergleichlich schöne, aber starke Königin Brünhild. Alle, die um sie werben, müssen sich einem Kampfspiel stellen, das bisher niemand überlebt hat. Gunther will nach Isenstein ziehen und versichert sich der Hilfe Siegfrieds mit dem Versprechen, ihm dafür Kriemhild zu geben. Als sie vor Isenstein ankommen, verabreden beide eine List. Denn es geht bei diesem Kampf darum, den stärksten als den der Königin sozial allein angemessenen Mann herauszufinden. Weil jedoch Siegfried sichtlich der Gewaltigste ist, kann er Gunthers Werbung nur dadurch wahrscheinlich machen, daß er sich als untergeordneter Lehnsmann ausgibt: er hält ihm die Steigbügel.
7. *âventiure:* Unter einem unsichtbar machenden Tarnmantel überwindet Siegfried für Gunther, der nur die Bewegungen vollführt, die Isländische Königin. Als ihre Lehnsleute zusammenkommen, dem neuen Herrscher zu huldigen, fürchten die Burgunden deren Übermacht und schicken Siegfried los, um aus dem Nibelungenland, das er einmal erobert hatte, ein Heer zu holen.

8. *âventiure:* Siegfried kämpft mit den Wächtern, die er selbst vor den Hort gestellt hat, und bringt das Heer zum Isenstein.
9. *âventiure:* Dann reitet er als Bote nach Worms voraus.
10. *âventiure:* Als Brünhild beim Hochzeitsfest in Worms erlebt, wie Siegfried, in ihren Augen ein Vasall der Herrscherfamilie, den Platz neben der Schwester des Königs einnimmt, sieht sie sich in ihrer sozialen Identität bedroht. Gunther aber weicht ihrer Forderung nach einer eindeutigen Klärung seines Verhältnisses zu Siegfried aus. Darauf verweigert sie sich ihm in der Nacht, fesselt ihn und hängt ihn an einen Nagel. Gunther muß wieder Siegfried um Hilfe bitten, der unsichtbar Brünhild ein zweites Mal unterwirft. Ihren Ring und ihren Gürtel nimmt er an sich und schenkt beides Kriemhild.
11. *âventiure:* Siegfried und Kriemhild reisen nach Xanten und leben dort.
12. *âventiure:* Viele Jahre später läßt Brünhild, die die Abhängigkeit ihres vermeintlichen Lehnsmannes Siegfried realisieren will, Gunther Boten nach Xanten schicken und Siegfried und Kriemhild zu einem Fest laden.
13. *âventiure:* Auch dieses Fest verläuft zunächst formvollendet und friedlich unter ungeheurem Aufwand an Pracht.
14. *âventiure:* Als aber Brünhild auf Siegfrieds und damit Kriemhilds Inferiorität besteht, will Kriemhild beim Kirchgang beweisen, daß es ihrem Status angemessen sei, *vor* Brünhild ins Münster zu treten. Beim Zusammenstoß am Portal zeigt Kriemhild Ring und Gürtel, behauptet, Brünhild selbst habe mit dem in ihrer Sicht Untergeordneten geschlafen und läßt die Weinende draußen stehen. Gunther und Siegfried versuchen, den Konflikt gütlich beizulegen. Allein der Vasall Hagen sieht, wie sehr die Ehre seiner Herrin, die Ehre des Wormser Hofes verletzt sind, und betreibt den Tod des Xanteners.
15. *âventiure:* Durch eine List erfährt er von Kriemhild die Stelle, an der Siegfried, nach einem Bad im Drachenblut mit undurchdringlicher Haut versehen, verwundbar ist.
16. *âventiure:* Auf der Jagd wird Siegfried — wieder mit List — von Hagen getötet.
17. *âventiure:* Nachts findet Kriemhild die Leiche vor ihrer Tür. Öffentlich bezichtet sie Hagen und Gunther des Totschlags, beide gestehen ihre Schuld nicht ein. Angesichts der Überzahl der Burgunden hindert Kriemhild die Xantener, die mit nach Worms gekommen sind, am Rachekampf.
18. *âventiure:* Die Xantener kehren heim, Kriemhild bleibt bei ihrer Familie.
19. *âventiure:* Sie wird dazu gebracht, sich mit Gunther wieder zu versöhnen und den Nibelungenhort nach Worms zu holen. Als Hagen merkt, wie durch die Verfügung über den Hort Kriemhilds Macht am Hof wächst, raubt er ihn.

II. Teil

20. *âventiure:* Der Hunnenkönig Etzel läßt durch einen Boten, den Markgrafen Rüdiger, um Kriemhild werben. Aber erst, als ihr Rüdiger ganz allgemein zusichert, sie für alles Unrecht, das ihr je widerfahren sei, zu entschädigen, ist Kriemhild zur Hochzeit bereit.
21. *âventiure:*
22. *âventiure:* Kriemhild zieht nach Ungarn.

23. *âventiure:* Nach 13 Jahren bittet sie Etzel, die Burgunden an seinen Hof zu laden.

24. *âventiure:* Als Boten nach Worms kommen, wird die Hofreise trotz der Warnungen Hagens beschlossen.

25. *âventiure:* Auf dem Zug erfährt Hagen durch Weissagungen, daß nur der burgundische Kaplan zurückkehren werde. Er versucht ihn zu ertränken, das gelingt ihm nicht. Darauf zerschlägt er die Fährschiffe, mit denen das Heer über die Donau gesetzt ist.

26. *âventiure:* Dann sagt er den Wormsern, was sie erwartet. Das Heer gerät in Kämpfe mit den Herren des Landes, durch das es reitet, denn Hagen hat den adligen Grenzwächter und Fährmann erschlagen.

27. *âventiure:* Die Burgunden werden auf der Burg Rüdigers festlich empfangen und reich beschenkt. Die Tochter des Markgrafen wird mit Giselher, einem der drei Wormser Könige, verlobt. Rüdiger begleitet seine Freunde zum Etzelhof.

28. *âventiure:* Bei der Begrüßung dort wendet sich Kriemhild nur Giselher freundlich zu. Die Burgunden werden durch Dietrich von Bern gewarnt.

29. *âventiure:* Hagen und der adlige Sänger Volker provozieren Kriemhild. Hagen bekennt sich offen dazu, Siegfried erschlagen zu haben. Kriemhild befiehlt ihrem Gefolge, die beiden anzugreifen, aber die Hunnen wagen es nicht.

30. *âventiure:* Ein weiterer Angriffsversuch in der Nacht scheitert an Hagens und Volkers Wachsamkeit.

31. *âventiure:* Zum Fest am anderen Tag erscheinen die Burgunden gepanzert und bewaffnet. Als Volker beim Turnier mit Absicht einen Hunnen tötet, verhindert Etzel weitere Gewalt.

32. *âventiure:* Die 9000 Troßknechte der Burgunden werden überfallen und umgebracht.

33. *âventiure:* Als der einzige Überlebende das Massaker meldet, erschlägt Hagen an der Tafel den Sohn von Etzel und Kriemhild. Der Kampf in der Königshalle bricht aus. Dietrich von Bern erreicht, daß er mit Etzel, Kriemhild und Rüdiger abziehen darf; alle Hunnen im Saal aber werden getötet.

34. *âventiure:* Kriemhild bietet ungeheure Reichtümer für den Kopf Hagens.

35. *âventiure:* Die Dänen und die Thüringer, Etzels Vasallen, berennen den Saal und bezahlen das mit dem Leben.

36. *âventiure:* Auch ein Hunnenheer wird vernichtet. Als Kriemhild anbietet, den Rest der Burgunden in Frieden zu lassen, wenn man ihr Hagen ausliefere, weigern sich die Könige. Darauf läßt Kriemhild die Halle anzünden.

37. *âventiure:* Am nächsten Morgen verlangen Etzel und Kriemhild von ihrem Lehnsmann Rüdiger, gegen die Wormser anzutreten. Im Konflikt zwischen höfischer Freundschaft und Lehnstreue setzt sich die vassalitische Bindung durch. Es kommt zum Kampf; Rüdiger und Gernot töten einander; Rüdiger stirbt durch das Schwert, das er dem Freund geschenkt hat.

38. *âventiure:* Schließlich geraten die Leute Dietrichs von Bern in die Schlacht. Danach leben von den Burgunden nur noch Gunther und Hagen.

39. *âventiure:* Dietrich überwindet die beiden und liefert sie Kriemhild aus. Die verlangt von Hagen den Nibelungenhort zurück. Als er das verweigert, solange sein Herr noch lebe, tötet sie Gunther und bringt Hagen den

51

Kopf. Hagen triumphiert, daß jetzt er allein das Versteck des Hortes kenne. Da schlägt Kriemhild mit Siegfrieds Schwert auch ihm den Kopf ab. Hildebrand, der Waffenmeister Dietrichs, tötet sie darauf voller Empörung ebenso. Übrig bleiben von den höfischen Festen Leid und Klage.

Bereits die Überlieferungsverhältnisse des Nibelungenliedes lassen erkennen, daß ein Epos in der feudalen Gesellschaft etwas anderes sein muß als etwa ein bürgerlicher Roman. Der ist das originelle Werk des — genialen — Dichters; er wird in hoher Auflage gedruckt, als Ware über den Markt verteilt und privat gelesen. Von einem Verfasser des Nibelungenliedes dagegen wissen wir nichts; es wurde zunächst einem kleinen hochadligen Publikum, das zum größten Teil nicht lesen konnte, am Hofe vorgetragen und dabei ständig verändert; wir haben den Text in wenigen, später entstandenen und schon damals überaus kostbaren Handschriften, die jeweils andere Versionen enthalten; schließlich gehören zum Epos Versicherungen, dem althergebrachten und wohlbezeugten Stoff sei nichts Neues hinzugefügt worden.[1]

Doch es geht in dieser Interpretation nicht um solche „literatursoziologischen" Bestimmungen literarischer Produktion und Rezeption, die ihren Gegenstand nur äußerlich umkreisen können; die *Andersartigkeit* eines Stücks Literatur *vorbürgerlicher Gesellschaften* soll in der Untersuchung seines *Inhalts* vorgeführt werden.

Dabei wird sich herausstellen, daß der Handlungsablauf dort eine völlig andere Logik hat als im Roman, daß die Figuren ganz eigenen Bedingungen unterliegen, daß die Form schließlich bürgerlichen Formen des Erzählens gerade entgegengesetzt ist. Der Sinn dieser besonderen historischen „Welt" mit ihren fremden Gesetzmäßigkeiten ist unserer — notwendig bürgerlichen — Wahrnehmung jedoch nur mühsam und unter methodischer Reflexion zugänglich. Das Wichtigste bei der folgenden Lektüre ist daher, nichts so zu erwarten, wie wir es uns denken würden, sich andererseits aber unserer Form von Gesellschaftlichkeit ständig bewußt zu bleiben. Denn allein vor ihr als Hintergrund und Ausgangspunkt wird die historische Andersartigkeit des feudalen Weltzustandes wahrnehmbar und damit der Gegenstand historischer Analyse erst greifbar.

In den ersten beiden *aventiuren* — Erzählabschnitte — des Nibelungenliedes[2] werden zwei Höfe vorgestellt, deren Repräsentanten in der dritten *aventiure* dann aufeinanderstoßen.

Zu überlegen ist also — erst einmal innerhalb der Logik der Handlung —, ob es an diesen Höfen Unterschiede gibt, die ihre Kollision in der dritten *aventiure* begründen.

Der nächste methodische Schritt — der über den Text hinausführt — ist dann die Frage, welche historischen Verhältnisse Voraussetzung der gesellschaftlichen Situation *Hof* sind, wie sie der fiktionale Text entwickelt. Oder, anders: kann man die Möglichkeit, Figuren so miteinander umgehen zu lassen, wie es im Nibelungenlied geschieht, historisch erklären?

Den Reigen der Repräsentanten des Wormser Hofes in der ersten *aventiure* eröffnen nicht die Männer; dieser Hof hat seinen Ruhm vor allem in der Schönheit einer Frau, im außerordentlichen Glanz ihres hochadligen Leibes: *âne mâzen schœne sô was ir edel lîp* (3,3; unvergleichlich schön, das war ihr adliger Körper). Aber es ist nicht allein der Körper *Kriemhilds*, an dem die gesellschaftliche Geltung der Dynastie sichtbar wird; dieser Körper ruft außerdem eine besondere Art des Umgangs mit ihm hervor:

3,1 f.   *Der minneclîchen meide triuten wol gezam.*
         ir muoten küene recken, niemen was ir gram.
         (Dem Mädchen mit der *minne*-Aura gegenüber war allein ein friedliches erotisches Verhalten angemessen. Tapfere Recken wollten sie haben, aber niemand war ihr feindlich.)

Er wird offensichtlich *nicht unmittelbar* angeeignet, die wilden Krieger (*küene recken*; 3,2) legen ihrer sonst notwendigen Gewaltsamkeit angesichts der hochadligen höfischen Frau Zügel an und gehen *friedlich* mit ihr um. Solche Art friedlichen, höfischen Umgangs mit anderen Adligen heißt im Mittelhochdeutschen *minne*.

Die Herren des Hofes sind drei Könige, auch sie in erster Linie bestimmt durch den friedlich-ehrenhaften Umgang mit der Schönheit ihrer Schwester, darüber hinaus durch Freigebigkeit, hohe Abstammung und überlegene Gewaltsamkeit (Str. 4 und 5). Das Land (5,3) mit seinem Machtzentrum (6,1) wird bezeichnet, eine Legitimation der Herrschaft gegeben: sie ist *genealogisch*, in Vererbung begründet (Str. 7). Die überlegene Gewaltsamkeit dieser Könige (5,2) aber beruht nicht auf ihrer eigenen körperlichen Stärke, sondern auf der Verfügung über eine Mannschaft. Sie wird ausführlich vorgestellt (6,2 f; Strr. 8−11) und besteht nicht nur aus hervorragenden Kämpfern (Str. 9), sondern auch aus in höfischer Reglementierung bewährten Trägern von Hofämtern (Str. 10 und 11). Zusammengefaßt werden die Elemente der Herrschaft am Wormser Hof als *hoves krefte* (12,1) und *ritterschaft* (eine reglementierte Form adliger Gewalt).

Der Xantener Hof in der zweiten *aventiure* dagegen ist ganz auf den einzelnen Repräsentanten, auf *Siegfried* und sein Handeln zugeschnitten. Auch hier wird kurz die Sippe genannt (Str. 20), das Gewicht der Darstellung liegt jedoch auf der *personalen Gewaltsamkeit* und *unmittelbaren* Herrschaftsfähigkeit des Helden. Diese physische Besonderheit erscheint zunächst zwar in Formen höfischen, zuchtvollen Verhaltens und als Schönheit (Strr. 22−26), entscheidend bleibt trotzdem die überlegene Stärke von Siegfrieds Körper:

21,2 f.   *er versuochte vil der rîche durch ellenthaften muot.*
        durch sînes lîbes sterke er reit in menegiu lant.
        (Er griff viele Herrschaften an, um sein kämpferisches Gemüt offenbar zu machen. Um die Gewaltsamkeit seines Körpers offenbar zu machen, ritt er in zahllose Länder.)

Ebenso wird das Fest, auf dem sich dieser Hof zeigt, wohl von den friedlichen Elementen verschwendenden Reichtums (Strr. 29−41) und repräsentativen Müßiggangs geprägt; es ist aber doch ein Hoftag, der die Installierung des jungen Dynasten zum Ziel hat. Dessen Herrschaft muß in der Erneuerung der vom Vater vergebenen Lehen erst gesetzt werden (39,1 f.; 42,2 f.); sie hat sich − im Gegensatz zum Wormser Hof − von solcher nur punktuellen Geltung noch nicht gelöst, noch nicht institutionalisiert. Und selbst diese Präsentation des ihm ohnehin zukommenden Machtanspruchs bringt Siegfried als besonders gewaltsamen adligen Körper nicht hinreichend zur Geltung (42,4), erst im eigenen *Kampf* wird sein Rechtstitel vollständig (109,1). D. h., adlige Herrschaft in der feudalen Gesellschaft unterliegt dem Widerspruch, daß sie einerseits per Geburt gegeben ist, im Nachweis körperlicher Überlegenheit andererseits ständig neu durchgesetzt werden muß.

Siegfried in Worms: die Durchsetzung höfischer Gewaltreglementierung

Die Verschiedenheit der beiden Höfe wird funktional im Punkt ihres Aufeinandertreffens und schafft dort den die weitere Handlung bestimmenden Konflikt.

Siegfried beschließt, Kriemhild zu erwerben. Die einzige Begründung, die sich im Text für seine Wahl findet, liegt in der weithin anerkannten, *unvergleichlichen* Schönheit der Königstochter (45,1; 49,2). Nur der schönste Körper ist also dem stärksten Körper sozial angemessen:

49,3 f.   *nie keiser wart sô rîche, der wolde haben wîp*
          im zæme wol ze minnen der rîchen küneginne lîp.
          (Selbst wenn der mächtigste Kaiser eine Frau erwerben wollte, wäre
          es seiner Ehre durchaus angemessen, den Körper der mächtigen
          Königin durch *minne*-Verhalten anzueignen.)

Zunächst nimmt der junge Heroe durchaus auch die zweite Eigenschaft der hochadligen Frau wahr, das *hôchgemüete* (45,2), d. h. die Fähigkeit einen friedlich-höfischen Umgang mit ihrem Körper hervorzurufen. Der Schlagetot einer „anarchischen" Welt dämpft seine Affekte und setzt sich vor, diesen Körper zu „verdienen" (47,3), ihn sich *minne*-gerecht anzueignen (47,1; 49,4). Daß solche Formen friedlichen Umgangs in dieser Gesellschaft nicht allgemein gelten, daß es keine Institutionen gibt, ihre Durchsetzung zu garantieren, zeigt sich jedoch sofort. Siegfrieds Vater verweist auf die Macht der Wormser, die ihm als ungezügelte, bedrohliche Aggressivität erscheint, als *übermüete* und *hôchverte* (54,2); daraufhin betont Siegfried ebenfalls die Bereitschaft zu einer Lösung mit der Faust, zur gewaltsamen Aneignung nicht nur der Frau, sondern der ganzen Herrschaft, deren Inbegriff sie ist (55,2–4).

Seine Reckenfahrt aber hat außer ihrem gewalttätigen auch repräsentativen Charakter: der ganze Reichtum des Xanteners muß – als Überfluß an Gebrauchswerten – sichtbar werden (Strr. 65–74). Die Identität dieses feudalen Herrn ist also bestimmt von *Gewaltsamkeit und Konsum* Kampf *und* verschwendendem Reichtum.

Folglich faßt der höfische König *Gunther* es unmittelbar als Bedrohung auf, daß ein ritterlich Bewaffneter mit elf ebensolchen Begleitern vor den Toren von Worms steht (80,4). Erst, als *Hagen* in der Lage ist, die Fremden an ihrer Pracht zu erkennen (Strr. 84–86), eröffnen sich Möglichkeiten friedlichen Grüßens, denn „In einer Gesellschaft der nicht nur vertikal-hierarchisch, sondern auch horizontal gegeneinander abgeschlossenen Räume kann schon das Nächste auch das Unbekannte, Fremde und Feindliche sein."[3] Dabei ist weniger wichtig, ob die Begründung für eine höfische Aufnahme Siegfrieds in dem Kalkül liegt, sich den ausgewiesenen Gewaltsamen (Hagens Bericht) besser vom Leibe zu halten, oder ob gerade diese überlegene Körperlichkeit den sozialen Status ausmacht, der ihm das Recht auf eine angemessene Begrüßung durch die mächtigen Wormser Könige gibt (Strr. 101–104). Nicht die näheren Umstände ihrer Begründung und Realisierung, sondern die *Möglichkeit einer Reglementierung von Gewalt überhaupt* ist das Besondere und Erstaunliche an diesem historischen Punkt. Unter dem Aspekt dieser Möglichkeit aber verhalten sich Siegfried und die Wormser unterschiedlich.

Siegfried scheint sich zunächst in das Ritual gewaltfreier, formvollendeter Begegnung einzufügen:

105,3 f. *des begunde in nîgen der waetlîche man,*
daz si im heten grüezen sô rehte schône getân
(Dafür verneigte sich der prachtvolle Herr vor ihnen, daß sie ihm solch einen sichtbar formvollendeten Gruß hatten zuteil werden lassen.)

Klar wird seine friedliche Anerkennung am Hofe vor allem im Gruß, der sichtbar *(schône)* sein und genau die richtige Form haben muß *(rehte)*. Denn in einer Gesellschaft, in der es keine allgemein durchgesetzten Verkehrsformen von Friedlichkeit gibt, in der das gewaltfreie Verhalten eines anderen Adligen also nicht als garantiert unterstellt werden kann, muß der Verzicht auf kriegerische Auseinandersetzung jedesmal *sichtbar* gemacht werden. Und weil die Einhaltung des Friedens allein von den beteiligten Personen abhängt, von keiner Institution abgesichert ist, kommt es dabei auf jede Kleinigkeit an. Ein kleiner Fehler schon kann tödliche Folgen haben.

Dann aber fordert der Xantener Gunther ungeachtet aller Höflichkeit doch heraus. Und nicht allein die Verfügung über das Burgundische Gebiet soll an diesem Zweikampf hängen, auch sein eigenes Land will Siegfried nur *von rehte* haben, wenn er sich ständig neu mit Gewalt gegen andere Adlige durchzusetzen vermag:

109,2–4 *ich wil daz gerne füegen daz sie von mir sagen*
daz ich habe von rehte liute unde lant,
dar umbe sol mîn êre und ouch mîn houbet wesen pfant.
(Mein höchster Wunsch ist es, einzurichten, daß alle von mir erzählen, ich hätte *berechtigt* Land und Leute. Dafür werde ich *meine Ehre* und *meinen Kopf* einsetzen.)

Herrschaft wird also für ihn real im Kampf, in der Bereitschaft, den Kopf dafür aufs Spiel zu setzen; *sein „Recht" ist die unmittelbare Gewalt.*

Solche Handlungsformen erstaunen Gunther und den Wormser Hof durchaus (111,1 f.; 112,1). Hier liegt das Recht zur Macht darin, daß sie besteht, genealogisch begründet ist (112,2), ohne permanente Verteidigung und Erweiterung auskommt:

Str. 115 *„Wir hân des niht gedingen", sprach dô Gêrnôt,*
„daz wir iht lande ertwingen, daz iemen darumbe tôt
gelige vor heldes handen. wir haben rîchiu lant;
diu dienent uns von rehte, ze niemen sint sie baz bewant."
(„Wir haben keineswegs die Absicht", sagte darauf Gernot, „jemals so Herrschaften mit Gewalt anzueignen, daß dabei jemand von den Händen der Helden erschlagen liegen bleibt. Wir besitzen mächtige Herrschaften; die dienen uns nach (altem) Recht, niemandem kommen sie eher zu.")

Gernot versucht noch einmal *mit zühten* (120,3) Siegfrieds Gewalttätigkeit aufzufangen. Aber er muß sich da nicht nur gegen ihn, sondern auch gegen die Wormser Vasallen behaupten. Denn sie zeigen die unmittelbar gewaltsame Reaktion auf eine Herausforderung, die in der Höflichkeit ihrer Könige umgangen werden soll (116,1), und fassen sie als Bedrohung *(leit)* und Fehdeankündigung *(widersagen)* auf.

In diesem Zusammenhang zeigt sich ein weiterer Unterschied zwischen den Verhältnissen in Worms und der sozialen Wahrnehmung des Helden aus Xanten. Es ist offensichtlich vorstellbar, daß Hagens Neffe *Ortwin,* ein Vasall der Herrscherdynastie, seine Herren vertreten kann, soweit es um die Ausübung direkter Gewalt geht, ohne daß dieser Vorschlag als hierarchische Anmaßung aufgefaßt wird (Strr. 116 f.), während Siegfried die Möglichkeit, im Kampf auf einen sozial nicht Gleichrangigen zu treffen, in höchste Aggression versetzt (Str. 118). Für ihn sind körperliche Überlegenheit, wie sie am angemessenen Gegner allein sichtbar werden kann, und soziale Position unmittelbar miteinander verknüpft.

Die Formen der Begegnung feudaler Grundherren werden also in Worms — zumindest auf der Ebene der Könige — nicht mehr von der ungedämpften Aggressivität und den präzisen Über- und Unterordnungsverhältnissen bestimmt, deren Funktionieren die Existenz der gegeneinander isolierten, allenfalls durch Lehnsbeziehungen miteinander verknüpften Landadligen verbürgt, sondern von Elementen wie *zuht, vriuntschaft, ritterschaft,* die unmittelbare Bedrohung ausschließen und friedliches Verhalten garantieren sollen.

Deshalb erscheint es nicht als erstaunlich, daß die Wormser sich in der Lage sehen, den gewaltsamen Anspruch des Recken auf ihre Herrschaft durch ein friedliches Angebot, über das Land und seine Reichtümer zu verfügen, durch „freiwillige" Unterordnung also, aufzufangen:

Str. 127 *Dô sprach der wirt des landes: „allez daz wir hân,*
geruochet irs nâch êren, daz sî iu untertân,
und sî mit iu geteilet lîp unde guot"
dô wart der herre Sîvrit ein lützel sanfter gemuot.
(Darauf sagte der Landesherr: „Alles, was wir haben, das sei Euch unterworfen, wenn Ihr das um Eurer Ehre willen wünscht, und (all' unsere Herrschaft über) Körper und Güter seien Euch zur Verfügung gestellt." Darauf war der adlige Siegfried in seinem (aggressiven) Gemüt schon etwas gedämpfter.)

Solche „Unterwerfung" beruht jedoch gerade darauf, daß sie die *realen* Herrschaftsverhältnisse nicht berührt, eine *formale* Geste bleibt. Adlige Gewalt, die auf eine eindeutige Klarstellung von Inferiorität zielt, läßt sich vermeiden, wenn Unterordnung und Dienstbarkeit zur Höflichkeitsformel werden.

„*Dienest* wird damit ambivalent: Das Wort bezeichnet höfisch vorbildliche Umgangsform wie diskriminierende Abhängigkeit, Minnedienst und freiwillige Hilfe unter Standesgenossen wie Dienstverpflichtung des *eigenman*. Daß *dienest* höfische Verhaltensnorm ist, die alle, auch den König, bindet, kann im „Nibelungenlied" nicht vergessen machen, daß *dienest* auch Ausdruck von Herrschaftsverhältnissen ist und für den, dessen Dienst man beanspruchen kann, soziale Inferiorität bedeutet."[4]

In dieser *Formalisierung der Dienst-Kategorie* (127,2; 288,2 f.) bleibt der soziale Zusammenhang zwischen Gunther und Siegfried ungeklärt, und das stellt einen *Vorschein von Gleichheit* unter den Handelnden her.

Feudale Gesellschaftlichkeit

„Gleichheit" unter „Menschen ' aber kann es in vorbürgerlichen Formen von Gesellschaft nicht geben, d. h. sie ist dort zunächst auch nicht vorstellbar.

Der feudale Adlige z. B. ist Eigentümer von Boden und Herr über Knechte, vermittelt also mit Natur. Natürliches jedoch ist nie gleich; es gibt keine zwei Äcker, die rein quantitativ miteinander vergleichbar wären, keine zwei Menschen, die, soweit ihre konkrete Körperlichkeit in Betracht kommt, auf etwas ihnen Gemeinsames reduziert werden könnten. Solche Reduktion wird erst möglich mit der Durchsetzung vollständig gesellschaftlicher, nicht-natürlicher Verhältnisse: in der „Realabstraktion" des Geldes. Hier entwickelt sich Gleichheit, aber als Abstraktion von aller natürlichen Besonderheit der Einzelnen, als Gleichgültigkeit. Und es entsteht ein Begriff von Gleichheit. Kategorien wie „Gleichheit", der „Mensch", auch „Arbeit", sind in ihrer Allgemeinheit also historisches Produkt, Elemente einer bestimmten Entwicklungsstufe der Gesellschaft des Menschen, der bürgerlichen Gesellschaft.

Hier hängt alles mit allem zusammen. Jeder, der in einem Haus auf einem Stuhl in Kleidern am Tisch sitzt und ißt — die Reihe seiner Bedürfnisse ließe sich beliebig verlängern — ist, da er alle diese Dinge nicht mehr selbst herstellt, per Arbeitsteilung tendenziell mit dem gesamten Rest der Gesellschaft verknüpft, notwendig auf ihn angewiesen: der Zusammenhang ihrer Mitglieder ist in der bürgerlichen Gesellschaft umfassender herausgearbeitet als jemals in der Geschichte. Aber diese als Inhalt vollständig herausgearbeitete Gesellschaftlichkeit des Menschen nimmt mit der gleichen Vollständigkeit und Umfassenheit verkehrte Formen an.

Denn mit all denen, mit denen das bürgerliche Individuum verflochten ist, kommt es als Person nicht in Kontakt; es ist mit ihnen nur vermittelt über die Produkte der Arbeitsteilung, die hier die Form von Waren haben, also über Dinge. Der allseitig-notwendige Zusammenhang der *Personen* erscheint als umfassender Austausch von *Sachen*. Sachlichkeit und Abstraktheit beherrschen folglich die Form, in der das bürgerliche Individuum seine Bedürfnisse befriedigt. Es hat Hunger, zur Befriedigung dieses Bedürfnisses aber gelangt es, so es nicht als Bäcker, Fleischer etc. arbeitet, nicht durch eine konkrete Tätigkeit, deren Produkt *Gebrauchswert* für es selbst hat, sondern es muß etwas ganz anderes machen, an dem allein der *Tauschwert* es interessiert, um von dem Geld, das es dafür bekommt, Brot, Fleisch etc. zu kaufen. D. h., es muß etwas *Abstraktes* tun — Wert herstellen —, um etwas *Konkretes* zu erreichen — seinen Hunger zu stillen —; die Vermittlung von Inhalten erfolgt in einer Form, die gegen diese Inhalte gleichgültig ist, deren Funktionieren gerade darauf beruht, daß in ihr von allem Gebrauchswert abgesehen wird.

„*Die wechselseitige und allseitige Abhängigkeit der gegeneinander gleichgültigen Individuen* bildet ihren gesellschaftlichen Zusammenhang ... Dieses ist in der Tat ein Zustand sehr verschieden von dem, worin das Individuum oder das in Familie und Stamm (später Gemeinwesen) naturwüchsig oder historisch erweiterte Individuum *direkt aus der Natur* sich reproduziert."[5] D. h., die Funktionsprinzipien der bürgerlichen Gesellschaft gelten u. a. nicht für die feudale Gesellschaft und ihre fiktiven Repräsentanten, die epischen Heroen. Denn das Privateigentum des feudalen Adligen an Erde und Knechten unterstellt natürliche Ungleichheit, unmittelbare Gewalt.

Gewalt verbindet einmal den Grundherrn mit seinen Bauern; und dieser Zwang, der letztlich auch allen Formen ideeller Legitimation in juristischen und metaphysischen Formen zugrunde liegt, muß ein personaler, kann kein sachlich-ökonomischer sein. Denn noch sind alle Bedingungen des Produktionsprozesses in der Hand des unmittelbaren Produzenten, des Bauern. Er ist Besitzer der Erde, aller Werkzeuge und vor allem der notwendigen Kenntnisse für seine Arbeit. Selbst zu seiner Reproduktion imstande, ist er vom Grundherrn ökonomisch nicht abhängig, es gibt für ihn keine *sachliche* Notwendigkeit zur Abgabe seines Mehrprodukts. Das kann ihm nur durch *personale Gewalt* entrissen werden, unter Einsatz von Knute und Schwert. In den naturwüchsigen, in sich geschlossenen Produktionsprozeß vermag der Grundherr also nicht einzugreifen, ihn nicht durch die Kombination seiner Teile zu organisieren (wie es in der bürgerlichen Fabrik geschieht); er muß sich gewaltsam auf das Land mit den daran klebenden Bauern setzen, die als objektive, *natürliche Produktionsbedingung* erscheinen (Leibeigenschaft), so viel oder so wenig „Menschen" sind wie ein Esel oder ein Pflug.

D. h., der Herr eignet sich mit körperlicher Gewalt unmittelbar — nicht vermittelt über ihren abstrakten Tauschwert — Gebrauchswerte an und konsumiert sie gleichermaßen als Leistung seiner Physis; er hat seine Identität in seinem Körper, in Gewalt und Konsum. Was er braucht, muß ihm „auf den Bäumen wachsen" (vgl. *Parzival*, 53, 16–19); jede Nötigung, zweckrational mit dem Reichtum umzugehen, die vorhandenen Mengen und die Bedingungen ihrer Reproduktion zu reflektieren, hebt ihn tendenziell in seiner adligen Identität auf. Die Logik des feudalen Adels ist also die *Verschwendung* — bis hin zum eigenen Körper im Kampf.

Zur Erweiterung der Produktion ist ein solcher Grundeigentümer nur quantitativ in der Lage. Vom Produktionsprozeß abgeschnitten, hat er keine Möglichkeit einer qualitativen Steigerung, einer Intensivierung der Produktivität, des unmittelbaren Stoffwechsels mit der Natur. Quantitative Erweiterung jedoch heißt Landnahme und Bauernraub, Aneignung eines anderen Gemeinwesens als Produktionsbedingung. Dabei stößt der Grundherr notwendig auf seinesgleichen, auf die Grenzen weiterer ökonomischer Zellen. Diese Villikationen aber sind bis zur Entfaltung der Ware-Geld-Beziehung und der damit einhergehenden Entwicklung von Arbeitsteilung grundsätzlich autark: alles, was Herr und Bauer zu ihrer Reproduktion brauchen, steht ihnen da zur Verfügung. Einen sachlich-ökonomischen Zusammenhang gibt es zwischen den Adligen ebenfalls nicht, ihr Aufeinandertreffen ist zufällig und gewaltsam.

Gewalt verbindet also zum anderen auch die Grundherren untereinander, ihr Zusammenstoß im Kampf ist es, der sie zu Adligen macht. Mit Bauern kämpft man nicht, sozialer Rang wird allein sichtbar im Kampf mit adligen Waffen gegen einen Herrn. Die Einheit des Adels liegt in der allseitigen Gewalt seiner Mitglieder gegeneinander. Solche Gewalt aller gegen alle hat hier nicht „anarchischen", Gesellschaftlichkeit zerstörenden Charakter, sondern sie konstituiert den gesellschaftlichen Zusammenhang „feudaler Adel". Das einzusehen, fällt vor der monopolisierten, institutionalisierten Gewaltform bürgerlicher Verhältnisse schwer.

Dieses Dasein ist dem Grundherrn einerseits per Geburt vorausgesetzt. Er findet sich vor als Eigentümer von Boden mit daran haftenden Bauern; die Bedingungen seiner Reproduktion erscheinen noch nicht als gesellschaftlich hergestellt, nicht durch Arbeit vermittelt, sondern als Elemente seiner Natur. Andererseits aber gehen die gesellschaftlichen Beziehungen der Grundeigentümer untereinander aus diesem „natürlichen" Produktionsverhältnis nicht unmittelbar hervor. So objektiv, durch seine Geburt angewachsen dem einzelnen Adligen der Boden auch ist, so subjektiv, willkürlich und zufällig bleibt die immer wieder neu herzustellende Anerkennung durch die anderen Herren, mit denen er in keinerlei sachlich-notwendiger Bindung steht. Jedermann kann ihn angreifen, gegen jeden muß er sich behaupten, seine Unverletzlichkeit und Selbständigkeit erweisen, um nicht zum Knecht zu werden; in dieser ständigen Bereitschaft, den Kopf hinzuhalten, liegt also ein weiteres Element seiner adligen Identität, die *Ehre*.

„Indem nun die Ehre nicht nur ein Scheinen *in mir* selber ist, sondern auch in der Vorstellung und Anerkennung der *anderen* sein muß, welche wiederum ihrerseits die gleiche Anerkennung ihrer Ehre fordern dürfen, so ist die Ehre das schlechthin *Verletzliche*. Denn wieweit ich und bezug worauf ich die Forderung ausdehnen will, beruht rein auf meiner Willkür. Der kleinste Verstoß kann mir in dieser Rücksicht schon von Bedeutung sein; und da der Mensch innerhalb der konkreten Wirklichkeit mit tausend Dingen in den mannigfaltigsten Verhältnissen steht und den Kreis dessen, was er zu dem Seinigen zählen und worein er seine Ehre legen wolle, unendlich zu erweitern vermag, so ist bei der Selbständigkeit der Individuen und ihrer spröden Vereinzelung, die gleichfalls im Prinzip der Ehre liegt, des Streitens und Haderns kein Ende."[6]

„Unendlich" ist diese Ehre, weil die Durchsetzung der natürlichen Person an keine äußere Begrenzung bereits institutionell gegen sie verfestigter, allgemeiner Gesetze stößt. Was ihr zur Ehre gereicht, liegt allein in ihrer Willkür, in der Geltung der Faust.

„Da die Menschen durch ihre Isolierung auf individuelle Kraft und Macht reduziert sind, so wird jeder Punkt, auf welchem sie sich in der Welt aufrechterhalten, ein *energischer*. Wenn das Individuum noch nicht durch Gesetze, sondern nur durch seine eigene Kraftanstrengung geschützt ist, so ist eine allgemeine Lebendigkeit, Betriebsamkeit und Erregung vorhanden."[7]

Adlige Herrschaft in der feudalen Gesellschaft stellt sich also doppelt dar: einerseits als Naturvoraussetzung, als ererbtes, angeborenes *guot*; andererseits als ständig neu zu erringende, auf konkretem, realem Handeln basierende Anerkennung durch die anderen Adligen, als *êre*. Diese Bedingungen treffen zusammen im Körper des Herrn, in seiner Gewaltsamkeit und Konsumfähigkeit.

Jede friedliche Zusammenfassung solcher konstitutionell aggressiven Herren muß zunächst eine ständig von gewaltsamer Auflösung bedrohte Einzelheit bleiben, die Allgemeinheit dieser Gesellschaft erscheint als Addition einzelner autarker Punkte, als lückenloses System jeweils partikularer Über- und Unterordnungsverhältnisse (bis hin zu Gott als dem Lehnsherrn des Kaisers).

Über- und Unterordnungsverhältnisse innerhalb des Adels aber sind keine Herrschafts- und Knechtschaftsbeziehungen; es existiert hier die Möglichkeit, in das Spektrum zwischen Herr und Knecht eine Zwischenstufe einzuschieben, den *Vasallen*, dessen Herrendasein nicht aufgehoben, sondern in Bezug auf einen anderen, überlegenen Adligen, den Lehnsherrn, nur eingeschränkt wird.

Die unmittelbare Gewalt dieses Lehnsherrn, seine körperliche Überlegenheit konstituiert die vasallitische Bindung und zerstört sie gleichzeitig, löst sie im Moment ihrer Realisierung auf.

„Denn das persönliche Abhängigkeitsverhältnis mit Treue- und Dienstverpflichtung beruht auf der Vergabe des Lehens, d. h. auf der Gewährung sachlicher Selbständigkeit. Diese sachliche Selbständigkeit kehrt sich aber gegen die intendierte persönliche Abhängigkeit und hebt sie tendenziell wieder auf. Daher haben die Versammlungen der Vasallen an des Kaisers Hof neben allen besonderen immer den einen allgemeinen Zweck: der Verselbständigung der Vasallen entgegenzuwirken und ihre Abhängigkeit zu kontrollieren und zu festigen."[8]

Aus dieser historisch-systematischen Theorie der feudalen Gesellschaft und des adligen Individuums ist abzuleiten, daß es auch eine Form von Staatlichkeit und Recht, wie wir sie in der bürgerlichen Gesellschaft finden, dort nicht geben kann. Recht ist noch kein allgemeines, institutionell verankertes Recht, dessen Geltung von seiner Einhaltung durch den Einzelnen nicht abhängt, sondern ebenfalls eine Addition einzelner personaler Rechts- und Friedenspunkte. Das Land zwischen diesen Punkten ist vogelfrei, völlig der Gewalttätigkeit der angrenzenden Herren ausgesetzt. Recht ist Unrecht, Ausnahme, Privileg.

„... die Treue ist hier eine Verbindlichkeit durch Unrecht, ein Verhältnis, das etwas Rechtliches bezweckt, aber zu seinem Inhalt ebensosehr das Unrecht hat; denn die Treue des Vasallen ist nicht eine Pflicht gegen das Allgemeine, sondern eine Privatverpflichtung, welche ebenso der Zufälligkeit, Willkür und Gewalttat anheimgestellt ist. Das allgemeine Unrecht, die allgemeine Rechtlosigkeit wird in ein System von Privatabhängigkeit und Privatverpflichtung gebracht, so daß das Formelle des Verpflichtetseins allein die rechtliche Seite davon ausmacht ... Auf die eben angeführte Weise *verschwand das Ganze in solchen Punkten der Einzelheit.*"[9]

Die hier dargestellte „anarchische" Form der feudalen Gesellschaft kann sich erst mit der Aufhebung der grundherrlichen Selbständigkeit verändern, mit der Monopolisierung von Gewalt in den Händen der Landesfürsten. Diesen Prozeß nennen wir *Territorialisierung*, Entwicklung von Landesherrschaft. Er beginnt im 12. Jahrhundert, hat eine entscheidende Phase zur Zeit der höfischen Literatur, zu der auch das Nibelungenlied gehört, und ist am besten mit der Formel „vom Personenverband zum institutionellen Flächenstaat" zu fassen.

In der Durchsetzung der hochadligen Landesherren gegen den niederen, bodenständigen Adel bilden sich die Elemente einer neuen, institutionalisierten Form von Herrschaftsorganisation heraus.

„Diese neuartige Weise einer Gebietsherrschaft hat darin ihre Besonderheit, daß sie systematisch auf die Ausschaltung aller anderen Herrschaftsrechte, also aller feudalen Sonderrechte in diesem Gebiet abzielt. Der aristokratische Status der Personen bzw. Familien, die in diesem Gebiet leben (d. h. hier ihre eigenen Herrschaften haben) und die von altersher durch diesen Status bedingten Herrschaftsrechte — z. B., daß der Grundherr in seiner Grundherrschaft auch alleiniger Gerichtsherr ist, daß die ihm zugehörigen Abhängigkeiten von jeder (lehnsrechtlich) übergeordneten Gewalt eximiert sind —, diese zentralen, durch Geblüt legitimierten Bestandteile von Herrschaft werden als irrelevant erklärt durch den auf Ausschließlichkeit zielenden Herrschaftsanspruch des werdenden Landesherrn, genauer: Der Landesherr zieht alle diese vielfältigen Rechte an sich. Territorialisierungspolitik in diesem Sinne richtet sich in erster Linie gegen die adligen Standesgenossen und hat als Nahziel die Durchsetzung einer übergeordneten Gerichtsgewalt auch über deren „Leute". Dieser Vorgang bedeutet eine tiefgreifende Veränderung der Weise von Herrschaft überhaupt ... Die jetzt einsetzende Entwicklung wird als Endpunkt — freilich erst in der Neuzeit — die einheitliche staatliche Untertanenschaft haben. Jetzt setzt in breitem Umfang eine Nivellierung aller Sonderrechte ein, die mit den landesherrlichen (später territorialstaatlichen) Hoheitsrechten konkurrieren können."[10]

Die Territorialisierung hebt also die alte Selbständigkeit, Gewaltsamkeit und Personalität der punktuellen Herrenexistenzen auf. An die Stelle „geborener" Adliger treten Ministeriale, unfreie, für bestimmte Funktionen eingesetzte „Beamte", die sich innerhalb der jetzt institutionellen Delegationslinie von Gewalt nicht mehr grundsätzlich gegen den Landesherrn verselbständigen können.

Wiewohl „... auch die Neuordnung der Herrschaftsorganisation selbst auf Grenzen (stößt), die mit ihrer nach wie vor feudalen Grundlage gesetzt sind ... Dennoch bleiben die sachliche Amtsabhängigkeit und die persönliche Lehnsabhängigkeit nebeneinander bestehen; der „Beamtenstaat" folgt in Friaul nicht auf den „Lehnsstaat", sondern verbindet sich mit ihm".[11]

Die Anziehung der Halsgerichtsbarkeit durch den Landesherrn trennt den Grundherrn von seinen Bauern, über die er nicht mehr uneingeschränkt verfügen kann; ebenso ist der Lehnsherr von seinen Vasallen abgeschnitten, denn die Fehde, das legitime alte Gewalt-„Recht", wird eingeschränkt, Mannschaftshaltung und Burgenbau werden dem niederen Adel verboten.

„In der Fehde nämlich aktualisiert sich die partikulare Gewalt des feudalen Grundeigentümers gegen den anderen, die aufgrund der jeweils lokal begrenzten Basis von Herrschaftsausübung in einem virtuell anarchischen Gegeneinander als besonderes Recht, das „Faustrecht" des Stärkeren, sich durchsetzt. Dieses Recht der vielen Stärkeren, das auch Gewalt über das Eigentum des Feindes (u. a. Leibeigene) beansprucht, suchte, anknüpfend an die kirchlich inspirierte Gottesfriedensbewegung, die königliche, später (in Deutschland) die landesherrschaftliche Gewalt ihrem in bezug auf Territorium und

Person verallgemeinerten Friedensrecht unterzuordnen. Konnte auch die Fehde, wie Friedrich I. in der Konstitution von 1152 versucht hatte, nicht abgeschafft werden, wurde sie doch einem *System von Einschränkungen* unterworfen, das Leben und Besitz eines Großteils der Bevölkerung dem Zugriff der partikularen feudalen Gewalt (theoretisch) entzog."[12]

Eine weitere Form solcher Zusammenfassung von Herrschaft ist der *landesherrliche Hof*, wie er uns im Nibelungenlied in Worms und — eingeschränkter — in Xanten entgegentritt.

Diese Höfe sind — im Gegensatz zu den wandernden kaiserlichen Höfen der alten Feudalität — lokal feste Zentren; sie werden zum Sitz der regierenden Dynastie, der sie häufig den Namen geben. Und ein Element der neuen höfischen „Welt" ist — neben der Höflichkeit und der *minne* — die Ritterkonzeption, eine Dämpfung der adligen Gewaltsamkeit als Gewaltsamkeit. Denn der Prozeß der Monopolisierung von Gewalt ist in seinen Anfängen bestimmt vom Versuch ihrer partikulären Reglementierung und nicht von einer generellen Sanktionierung, die an diesem historischen Punkt unmöglich wäre.

So liegt einerseits in der Weigerung der Wormser Könige, sich auf Siegfrieds Forderung nach einer personal-gewalttätigen Lösung der Herrschaftsfrage einzulassen, gerade ihre Ritterlichkeit; das hindert sie andererseits jedoch nicht, sich seiner überlegenen Gewaltsamkeit zu bedienen.

Im übrigen sollte man den höheren Grad an Fiktionalität nicht außer acht lassen, der die neue *minne-* und Ritterhöflichkeit im Gegensatz zu den alten Über- und Unterordnungselementen kennzeichnet. In der neuen Kultur drücken sich Prinzipien der Entwicklung institutionalisierter Herrschaftsformen aus, sie sind nicht die Organisationsformen dieser Herrschaft selbst, wie Hofgang, Ratsverpflichtung und Heeresfolge in der fiktiven Darstellung von Lehnsverhältnissen. Auch in der vermittelteren Art der literarischen Darstellung also setzt sich der vermitteltere Charakter der gesellschaftlichen Bindungen an den Höfen der Landesherren durch. Die ritterliche Kultur erscheint als Aufhebung unmittelbarer Gewaltsamkeit und Affektivität, das aber nicht nur inhaltlich, sondern eben in dieser besonderen Form, als *Kultur*.

Die Sachsenkämpfe: Gewalt nach außen, Friede nach innen

Unter diesen Voraussetzungen müssen die Versuche des Wormser Hofes interpretiert werden, eine sozial eindeutige Festlegung von

Über- und Unterordnung zwischen den Landesherren Siegfried und Gunther zu vermeiden.

Nach den Fehdeankündigungen der Könige von Sachsen und Dänemark ruft Gunther seine Vasallen zu einem Hoftag zusammen (148,3 f.), zu dem Siegfried nicht geladen wird. Erst nach der Feststellung, daß man mit unreglementierten Formen von Gewalt konfrontiert ist — die Fehdeform, in der Gewalt unter bestimmten Bedingungen als legitim erscheint, wird von *Liudegast* und *Liudeger* nicht eingehalten —, ergibt sich die Notwendigkeit für das Eingreifen des Xanteners als möglichem Träger solch direkter Gewaltsamkeit (151,1). Siegfried bemerkt selbst die Störung des Hofes, denn ein Element höfischer Gewaltvermeidung, die friedliche Atmosphäre (der *hôhe muot*) ist durch das Auftauchen von Gewalt an den Grenzen des Rechts- und Friedenkreises Worms gestört (Str. 153/ 154).

Das ist anders als etwa in den *aventiure*-Konstruktionen bei *Hartmann von Aue* oder *Wolfram von Eschenbach*. Im *Parzival* z. B. (309,3—10; 648,18—22) kann sich der Hof als friedliche Gemeinschaft nach innen erst dann in der Tafelrunde realisieren, wenn eines seiner Mitglieder nach außen Gewalt ausgeübt hat. Gewaltvermeidung ist nur mit Gewalt möglich, die fiktive Bewegungsform dieses Widerspruchs ist die *aventiure*. Im Nibelungenlied dagegen bedroht jede Art von Gewalt, selbst die nach außen, die Gewaltformalisierung nach innen.

Die auch zu Worms offensichtlich noch notwendige Gewaltsamkeit wird folglich an Siegfried delegiert (159,3 f.); daß er den Sachsenkampf übernimmt, rechtfertigt sich ihm in der Intaktheit des Hofes, in der unbeschädigten Geltung des *hôhen muotes*. Denn Gunther kann seine Aufgabe, den Zusammenhang mit den Frauen und die friedliche Atmosphäre zu bewahren, nur erfüllen, wenn er den Erhalt von *êre unde guot* durch Gewalt nicht mehr zu leisten hat:

Str. 174 *„Herr künec, sît hie heime!"* sprach dô Sîvrit
„sît daz iuwer recken mir wellent volgen mit.
belîbet bîden frouwen und traget hôhen muot.
ich trouwe iu wol behüeten beidiu êre unde guot."
(„Herr König, Ihr mögt hier am Hof bleiben!" sagte darauf Siegfried,
„denn Eure Mannschaft ist bereit, mir zu folgen. Bleibt (bitte) bei
den Frauen und zeigt weiter eine höfische (= friedliche) Stimmung.
Ich werde Euch Ehre und Besitz gut schützen".)

Seine Rolle ist hier unzweideutig positiv bestimmt. Siegfrieds Tapferkeit gewinnt erst ihren Sinn, wenn Gunther bei den Frauen bleibt.
Der „schwächliche" Gunther, den sich die Forschung konstruiert
hat, ist am Text nirgendwo zu belegen.

Siegfried und Kriemhild: Zur Funktion der Minne

Nach dem Sachsenkrieg hält allein Kriemhild Siegfried noch am
Wormser Hof (260,1; 324,1); die Handlungsform, in der beide sich
bewegen, ist die *minne*. Untersucht werden muß also, welche Funktion im Zusammenhang wachsender Gewaltorganisation am sozialen
Ort der Höfe die *minne* hat.

Um auch hier eine Wahrnehmungsfähigkeit für die historische
Besonderheit des Phänomens herzustellen, sei an Ariès' These
vom Funktionswandel der Familie im Verlauf ihrer Geschichte
erinnert.[13]

Die Auflösung der Familie als reale Produktionseinheit, d. h. ihre
Konstituierung als von der Sphäre der Produktion abgetrennter Ort
der Reproduktion der Individuen in der bürgerlichen Gesellschaft hat
Auswirkungen auf ihre Struktur, auf den Zusammenhang ihrer
Mitglieder. Wo die sachlich-reale Bindung zwischen ihnen fehlt,
muß sie durch eine ideelle, durch *Sentimentalität* ersetzt werden.
Erst, wenn die Familie aus dem unmittelbaren Zusammenhang von
Arbeitsteilung herausfällt, bietet sie der unbegrenzten, weil nur noch
privaten, politisch-öffentlich irrelevanten Innerlichkeit des Bürgers
Platz. Die Kraft, die sie dann zusammenhält, ist nicht das objektive
Aufeinanderangewiesensein, sondern das Gefühl, die „Liebe", der
Charakter der Beteiligten.

In allen vorbürgerlichen Formen von Gesellschaft dagegen finden
wir eine andere Art familiärer Beziehungen. Auch dabei ist nicht
leicht zu verstehen, daß uns sehr „natürliche" Verhaltensweisen wie
die Liebe zu Partnern oder zu Eltern keine menschlichen Grundgege-
benheiten und damit unabhängig von historischen Veränderungen
sind, so sehr bürgerliche Wissenschaft gerade diesen Nachweis zum
Ziel haben mag. Wenn aber „Liebe" eine Kategorie bürgerlicher
Gesellschaftlichkeit ist, muß *minne* etwas anderes sein; das Wort
kann also auf keinen Fall mit „Liebe" übersetzt werden.

Zunächst einmal — das wurde schon gezeigt — gehen die epischen
Figuren auf in ihrer Körperlichkeit. Es ist der Leib Kriemhilds, ihre
adlige Schönheit, die sie anziehend, in standesgemäßer Hinsicht
begehrenswert macht. D. h., in der feudalen Vorstellung von Ehe

gehören bestimmte Körper zueinander, ausgestattet mit natürlichen Eigenschaften wie Stärke und Schönheit (16,4; 18,3; 49,4): dem stärksten Mann ist allein die schönste Frau sozial adäquat. Diese Form von Körperlichkeit hat nichts zu tun mit der Reduktion der bürgerlichen Frau etwa auf ihren Körper („Sexualobjekt"), die ein Auseinanderfallen des Individuums in Innen und Außen, Leib und Charakter unterstellt.

Bereits die begriffliche Opposition „innerlich/äußerlich" ist hier falsch. Es gibt solch einen Gegensatz in den feudalen Heroen nicht, und *das* ist als das historisch Besondere zu beschreiben. Begriffe zu dieser Beschreibung aber können wir nur unserer eigenen Gesellschaftlichkeit, der bürgerlichen, entnehmen. Als deren aufgehobene Vorstufe sind allein historische Tatsachen wahrnehmbar. Was sie als solche seien: schon die Frage ist sinnlos, leer. Die feudalen Heroen unterliegen nicht der bürgerlichen Trennung von Innen und Außen; was sie aber *positiv* sind, ist uns im Grunde nicht vorstellbar; der Begriff „Einheit der Person" ist hier ebenfalls leer, denn die *reale Einheit* von Denken und Handeln ist historisch aufgehoben und damit in den Möglichkeiten unserer Anschauung nicht mehr enthalten (Historizität von Denkformen). Eine Geschichtswissenschaft, die nicht nur zeigen will, daß sich die bürgerliche Gesellschaft bereits auf jedem denkbaren Punkt in der Geschichte findet, also „Natur"-charakter hat, muß sich deshalb des Prinzips der *bestimmten Negation* bedienen.[14]

Alle Versuche einer Analyse vorbürgerlicher Figuren mit psychologischen oder psychoanalytischen Begriffen, die eben auf der Existenz von topologischen Bereichen wie „Ich" und „Es" im psychischen Apparat des bürgerlichen Individuums beruhen, erledigen sich also schnell: die feudalen Heroen haben in dem Sinn keine Psyche und lassen sich psychologisch nicht „schulmeistern".[15] Angesichts dieser Ununterschiedenheit der Person von ihrer gesellschaftlichen Geltung, ihrem politischen Handeln kann es auch keinen Gegensatz von öffentlich und privat geben. Der König ist König, selbst in der Verrichtung seiner menschlichen Bedürfnisse – die hier eben königliche sind –; weder ist Politisches von Ökonomischem getrennt, noch der Staat von der Gesellschaft: „Staat" ist der einzelne feudaladlige Grundherr.

„Da die Geburt dem Menschen nur das *individuelle* Dasein gibt und ihn zunächst nur als *natürliches* Individuum setzt, die staatlichen Bestimmungen wie die gesetzgebende Gewalt etc. aber *soziale Produkte*, Geburten der Sozietät und nicht Zeugungen des natürlichen Individuums sind, so ist eben die unmittelbare Identität, das unvermittelte Zusammenfallen zwischen der *Geburt des Individuums* und dem Individuum als *Individuation einer bestimmten sozialen Stellung, Funktion* etc. das Frappante, das Wunder. Die Natur macht in diesem System unmittelbar Könige, sie macht unmittelbar *Pairs* etc., wie sie Augen und Nasen macht. . . . Wenn die Geburt, im Unterschied von den anderen Bestimmungen, dem Menschen unmittelbar eine Stellung gibt, so macht ihn *sein Körper zu diesem bestimmten* sozialen Funktionär. *Sein Körper* ist sein *soziales Recht* . . . Es ist daher bei dem Adel natürlich der Stolz auf das Blut, die Abstammung, kurz: die *Lebensgeschichte* ihres Körpers; es ist natürlich diese *zoologische* Anschauungsweise, die in der Heraldik die ihr entsprechende Wissenschaft besitzt. Das Geheimnis des Adels ist die *Zoologie.*"[16]

Da der Einzelne hier einerseits natürlich bestimmt ist, da andererseits diese konkrete Natürlichkeit in der gesellschaftlichen Bindung des *Standes* eingeschränkt wird, erscheint er uns, obwohl „voller"[17] und mit unmittelbar öffentlicher Relevanz des Handelns ausgestattet, als auswechselbare Standesfigur. Der konkrete Einzelne in der feudalen Gesellschaft ist *Typus*; das Subjekt der bürgerlichen Gesellschaft dagegen, dessen Zusammenhang mit den übrigen Subjekten auf Abstraktion, auf der Absehung von all seiner natürlichen Besonderheit beruht, ist entfaltetes, unverwechselbares *Individuum*.

Der Auflösungsprozeß dieses Körper-„Rechts" beginnt, wenn die alte Selbständigkeit der feudalen Grundherren in vermitteltere, allgemeinere Formen gesellschaftlicher Organisation übergeht. Das bedeutet u. a. auch, daß die — zuvor sehr notwendigen — unmittelbar gewaltsamen Reaktionen ihrer Körper gedämpft, in Normen reglementierten, friedlichen Verhaltens eingezwängt werden, wie sie das höfische Epos oder die Tisch- und Hofzuchten beschreiben.[18] Denn die wachsende Beherrschung der Natur durch den Menschen schließt notwendig eine intensivere Aneignung der eigenen Natur, eine Unterdrückung des Leibes und seiner Affektivität ein.

Zwar ist es nach wie vor die Stärke seines Körpers, die den Grundherrn zum Herrn und Adligen macht und ihm trotz aller Verkleidung in rituellen und traditionellen Formen allein gesellschaftliche Geltung verschafft, aber dieser Körper wird in Formeln wie *mîn lîp* oder *mîn hant* bereits unter der Form eines anzueignenden, zu beherrschenden Objekts aufgefaßt. Er erscheint mit seinen Teilen als soziales Instrument, als standesgebundenes Mittel, gesellschaftlichen Zusammenhang, Beziehungen zwischen Personen zu stiften: die Hand des Helden erwirbt ihm eine Herrschaft. Der physische Bereich der Person ist so aus der Einheit des Subjekts gelöst, das sich in diesem Akt als Selbstbewußtsein gegen den Leib isolieren kann:

55,2—4 „*swaz ich friuntlîche niht ab in erbit,*
daz mac sus erwerben mit ellen dâ mîn hant.
ich trouwe an in ertwingen beide liut unde lant."
(Was ich von ihnen auf friedlichem Weg nicht bekomme, das kann mir auch meine Hand mit Gewalt erwerben. Ich bin durchaus in der Lage, ihnen Land und Leute unter Zwang abzunehmen.)

Ein Element der Affektdämpfung an den Höfen ist auch die *minne*, die Formalisierung von Sexualität. In der Einheit ihres Körpers ist Kriemhild zunächst schön (Str. 2; 3,3); weiter liegt ihre Bedeutung für die Geltung der Wormser Dynastie aber darin, daß mit dieser Schönheit bereits in geregelter Weise umgegangen wird (3,1 f.). Ihre Schönheit *und* ihre höfische Ausstrahlung verschaffen dem Hof *êre*, weite Anerkennung.

Da die *minne* eine Form gewaltloser Anerkennung anderer Adliger ist, spielt in ihr der höfische *gruoz* eine wichtige Rolle (Str. 289). Im öffentlichen Gruß erkennt Kriemhild auf Veranlassung ihrer Brüder zum ersten Mal einen anderen Adligen als angemessen, d. h. als heiratbar an. Siegfrieds Einordnung in die Formen gesellschaftlicher Vermittlung, die den Wormser Hof konstituieren, wird also in der Erlaubnis des Hofganges und des Frauengrußes sichtbar (290,3 f.).

Isenstein: Die Formalisierung adliger Unterordnung

Wie für Siegfrieds Fahrt nach Worms (44,2 f.; 45,1 f.) gibt es auch für Gunthers Werbung um *Brünhild* nur eine Begründung: die unermeßliche Schönheit dieser Frau (325,1; 326,3; 427,3).

Allerdings haben solche Vergleiche — und das gilt für das feudale Epos allgemein — eine besondere, widersprüchliche Form. Es entsteht durch sie kein systematischer Zusammenhang, so daß jederzeit klar wäre, wer nun wirklich der Stärkste, die Schönste ist. Man sieht auch hier, eine Gleichheit, die Personen erst tatsächlich vergleichbar, auf etwas ihnen Gemeinsames reduzierbar machen würde, fehlt eigentlich noch (Wenngleich die Kategorie der *maze* eine erste Vorstellung von Gleichheit, Vergleichbarkeit und Meßbarkeit der selbständigen Heroen belegt). Die jeweils Genannten sind dadurch immer die Stärksten und Schönsten (231,4 f; 234,3 f.).

Brünhilds Schönheit allerdings kollidiert sofort mit der dem Wormser König möglichen Form ihrer Aneignung (325,4), denn die in Worms durchgesetzte Friedlichkeit herrscht auf Isenstein (noch) nicht. Dort vermittelt nach wie vor Gewalt die Personen miteinander; auch die Frau ist Adlige und Herrscherin nur in der Einheit von Schönheit und Kraft: *diu was unmâzen schoene, vil michel was ir kraft* (326,3; Sie war unvergleichlich schön, ungeheuer groß war ihre Stärke). Und das zwingt Gunther, will er die *Standards* der Wormser Gesellschaftlichkeit nicht verletzen, wie im Sachsenkrieg die unmittelbare Gewalt von seiner Person zu entfernen, an Siegfried zu delegieren. Die Widersprüchlichkeit des Unternehmens, der *hovereise* (346,4), ist also von vornherein klar.

Gunthers Ankündigung: *wir wellen höfschen rîten verre in vremdiu lant* (350,3; Wir wollen friedlich weit weg in fremde Länder reiten) und die umfangreichen Zurüstungen an repräsentativer Prächtigkeit unterstellen zwar, daß die Hoffahrt an einen Punkt gelangen könnte, an dem die Normen höfischen Verhaltens ebenso gelten wie in Worms, daß mit dem Verlassen des Rechts- und Friedenskreises seine nur punktförmige Geltung nicht aufgehoben sei; *höfisch* und *vremdiu lant* sind aber zunächst einmal Gegensätze. Wechselseitige friedliche Anerkennung — das ist gezeigt worden — setzt Bekanntheit, Wissen um garantiertes Verhalten voraus, Fremdes ist grundsätzlich bedrohlich und muß erst geklärt werden.

In der Nibelungenlied-Forschung ist wohl nie bezweifelt worden, daß die Begebenheiten auf Isenstein als Täuschung Brünhilds und Hinterlist Siegfrieds zu interpretieren seien. Es läßt sich jedoch zeigen, daß im Text mit der Alternative „Gewalt oder List" nirgendwo negative Urteile verbunden werden, daß also List als eine mögliche Verhaltensweise erscheint und als eben die, die aus der Sicht Gunthers und Siegfrieds in diesem Fall angemessen ist, zu der sie sich außerdem — im Gegensatz zu Brünhild — in der Lage sehen.

Als die Wormser auf Isenstein angekommen sind, gibt Siegfried den Rat, ihn als Vasallen Gunthers auszugeben. Das setzt zweierlei voraus:
1. Siegfried, der die Verhältnisse kennt, weiß, daß in der Form der Herrschaft hier noch sozialer Rang und körperliche Qualität identisch sind, daß folglich Gunthers Überlegenheit auch unmittelbar am Körper sichtbar werden muß (Steigbügeldienst).
2. Wenn aber die körperlichen Momente von Über- und Unterordnung mit *list* und mit *sorgen* gehandhabt werden können, müssen sie — zumindest im Bereich der Landesherren Gunther und Siegfried — von ihrer direkten sozialen Relevanz freigesetzt sein. Es ist offen-

sichtlich die Fähigkeit des Wormsers, solche Art hierarchischen Reglements disponibel gemacht zu haben.

D. h., die Aneignung der Frau wird unter Auflösung des Isensteiner Prinzips von Gewaltsamkeit ins Werk gesetzt. Noch kämpft man zwar — das ist anders als bei Siegfrieds Ankunft in Worms —, aber der Kampf weist nicht mehr den Stärksten und damit Brünhild allein Angemessenen aus (die Verwendung des Tarnmantels). Der gesellschaftliche Zusammenhang, der durch offene Gewalt hergestellt werden soll, ist durch das Verhalten solcher Bewerber also ebenfalls von vornherein zerstört. Es stoßen an diesem Punkt zwei Stufen im Entwicklungsprozeß der Organisation von Herrschaft aufeinander, deren Vermittlung an der Lösung desselben Problems die Widersprüche setzt, die zur Kollision führen müssen: in der unterschiedlichen Auffassung des Dienstverhältnisses durch Gunther und Brünhild liegt der Kern der Katastrophe am Wormser Hof (397,4; 398,2).

Kriemhild und Brünhild: Das Mißlingen der Feste I

Mißverständnisse über die soziale Bedeutung des Dienstes rufen auch den Konflikt zwischen Brünhild und Kriemhild hervor. Daß Siegfried Kriemhild bekommt, ist für Brünhild eine außerordentliche Beleidigung und Bedrohung; der unterstellte Bruch der hierarchischen Ordnung des Wormser Hofes verletzt ihre eigene Position schwer:

618,2 f. *dô sach si Kriemhilde (dô wart ir nie sô leit)*
bî Sîfride sitzen: weinen si began.
(Da sah sie Kriemhild — niemals erfuhr sie eine solche Bedrohung —
neben Siegfried sitzen und begann zu weinen.)

Bei dem Versuch, die Situation zu klären, reden Gunther und Brünhild aneinander vorbei. Siegfrieds Unterordnungsgeste auf Isenstein fassen beide so unterschiedlich auf, daß es zu einer Einigung nicht kommen kann. Brünhilds präziser Anklage, das Sitzen neben einem sozial Tieferstehenden vernichte Kriemhild in ihrer ständischen Bestimmtheit (620,3 f.) und schände die Ehre des ganzen Hofes, begegnet Gunther, indem er die geforderte, exakt standesrechtliche Festlegung seines Verhältnisses zu Siegfried weiter umgeht (623,2 f.). Mit dieser mangelhaften Durchsetzung des Herrn dem vermeintlichen Vasallen gegenüber ist seine körperliche Überlegenheit, wie sie scheinbar in Isenstein zur Geltung gebracht wurde und entsprechende Folgen hatte, zweifelhaft geworden. Das begründet von der Logik der Handlung her hinreichend den Widerstand der Königin in der Hochzeitsnacht. Ihre gelungene Verweigerung dann hebt Brünhilds ohnehin nur punktuelle Unterordnung unter Gunther vollends auf und erfordert eine Erneuerung des Isensteiner Kampfes. Und selbst wenn Gunther auch hier die Ausübung unmittelbarer Gewaltsamkeit noch einmal zu delegieren vermag, so wird sie jetzt doch *innerhalb* des Wormser Hofes notwendig. Das aber bedroht die landesherrliche Friedlichkeit und Festesfreude sehr viel intensiver als alle Gewalt nach außen (Sachsenkrieg) und führt die Katastrophe herbei.

Wie vor dem Sachsenkrieg bemerkt Siegfried die Bedrohung des Hofes am unhöfischen Verhalten ihres ersten Repräsentanten (643,3 f.; 647,4 f.; 645,4); ebenso wie damals ist er bereit, seine gewaltsame Überlegenheit einzusetzen, um die höfische Freude wieder herzustellen. Nur: hier richtet sich die Sicherung der Gewaltfreiheit per Gewalt gegen den Hof, gegen eines seiner entscheidenden Mitglieder, gegen Brünhild. Mehr noch: der Zwang, der eingesetzt wird, um Gunthers Ehre zu retten, schlägt letztlich *gegen* ihn zurück, sosehr diese Gewaltsamkeit als „Dienst" *für* ihn formalisiert ist: *daz ich dir gerne diene; sô twinge ich dir dîn wîp* (654,3; Dann stehe ich dir gern zu Diensten und bezwinge dir deine Frau). Denn der Erwerb des adäquaten weiblichen Körpers macht ihn zum verlängerten eigenen Leib; jeder Angriff gegen die Ehre und Unversehrtheit dieses anderen Leibes ist dann ein Angriff gegen den Herrn (vgl. die häufigen Beteuerungen Siegfrieds, Kriemhild sei ihm *sô sîn lîp*, z. B. 629,3).

Und selbst diese Bestimmung reicht nicht aus. Nicht nur, daß die Erhaltung der Ehre des gewaltlosen Landesherrn Gewalt innerhalb des Hofes und gegen ihn selbst hervorgebracht hat, auch die höfische Integration Brünhilds kann so nicht gelingen, muß widersprüchlich bleiben, denn bereits das Mittel dazu ist verkehrt. Sie, der auf Isenstein nicht nach den dort geltenden sozialen Bedingungen begegnet wurde, trägt — von Gunther unbesiegt — die alte ungedämpfte Körperlichkeit an den Wormser Hof und sprengt ihn damit. Denn die zweite Aneignung ihres Leibes ist ebenso gewaltsam wie die erste — Gunthers *minne*versuche haben erst später Erfolg — und hebt, ebensowenig wie die erste ihre Ehrvorstellung, die an die unmittelbare Geltung von Über- und Unterordnungsverhältnissen gebunden ist, auf: das erklärt ihr Insistieren auf Siegfrieds Tod.

Die Gewaltsamkeit, in deren Vermeidung der Wormser Hof sich scheinbar entfaltet, findet er also — mit Siegfried und Brünhild — in seinen Mauern wieder.

Dieser Widerspruch bricht auf, als Brünhild die formale, „unscharfe" Höflichkeit nicht länger einhält und auf einer Realisierung von Siegfrieds und Kriemhilds vermeintlicher Vasallen-Abhängigkeit besteht (Strr. 724 f.).

725,2 f.　*daz si ir vremde wâren, daz was ir harte leit*
　　　　daz man ir sô selten diente von Sîfrides lant.
　　　　(Daß sie ihr nicht mehr vertraut waren, das war für sie bedrohlich, und daß ihr von Siegfrieds Lehen nie Dienst geleistet wurde.)

Er kommt im Rangstreit der Königinnen vor dem Dom, der *Senna* (altnordisch für *Zank, Redekampf*), auf den Punkt und nimmt da die in dieser Gesellschaft notwendige, sinnlich wahrnehmbare Form an. Es geht um die öffentlich sichtbare Anerkennung, die dem Leib mit der ersten sozialen Qualität beim *ze hove gên* (829,1) zuteil werden muß (286,2 f.); während Brünhild jedoch vor allem in überlegener Gewaltsamkeit der erste Körper Isensteins war, setzt Kriemhild ihren Körper in Worms als den prachtvollsten durch (Strr. 831—36).

Der Vorwurf, der Brünhild in der Auseinandersetzung schließlich verstummen läßt, geht — wir haben nicht das moralische bürgerliche Individuum vor uns — keineswegs darauf, daß Siegfried als erster mit ihr geschlafen habe, sondern darauf, daß sie von einem Untergeordneten in der *ständischen* Integrität ihres Leibes verletzt worden sei (841,2).

Aber nur die Vasallen nehmen die offenkundige Entehrung ihrer Herrin ebenfalls als unmittelbare Bedrohung der Wormser Herrschaft (863,2—4). Die Formalisierung des Dienstes ist lediglich auf der Ebene der Landesherren möglich; die lehnsrechtlich an sie gebundene Mannschaft dagegen bewegt sich unter den alten Bedingungen unmittelbarer Über- und Unterordnung.

Hagen: der ideale Vasall

Das Lehnsverhältnis aber läßt dem Vasallen noch in der Unterordnung sein Herrendasein, seine Selbständigkeit; so unterliegt die Forderung nach einer Dienstleistung z. B. einem Ritus, der es ihm erlaubt, die Ehre zu wahren und in seiner adligen Existenz durch solche Unterordnung nicht beschädigt zu werden (82,3—83,1).

Der beste, weil stärkste Vasall ist der, gegen den der Herr seinen Willen schon nicht mehr durchsetzt: diese Widersprüchlichkeit[19] wird im Nibelungenlied an der Figur Hagens besonders deutlich. Er allein sieht die Bedrohung, die von Siegfried unter aller formvollendeten Höflichkeit stets ausgegangen ist (Str. 993) und nimmt die gewaltsamen Konsequenzen selbständig auf sich. Bereits sein Racheschwur (864,2—4) erweist ihn als treuen Vasallen der Wormser Königin, er ist — bis hin zur Tötung Siegfrieds — darin folgerichtig gestaltet und dennoch keiner bürgerlichen Vorstellung von Moral oder der Einheit eines Charakters zugänglich. Denn im ganzen Nibelungenlied vertritt er, ohne sich von irgendetwas — selbst von seinen Herren — einschränken zu lassen, deren Ehre; diese feudale Treue aber ist an äußere Gegebenheiten gebunden, hat ihre Konsistenz als ein punktuelles personales Verhältnis, nicht als durchgängige Eigenschaft einer inneren Identität. Deshalb kann Hagen Siegfried, dem ihn nichts verpflichtet, töten, ohne daß das andere Folgen hätte als die entsprechende „Untreue" und Rache Kriemhilds; sein „Verrat" wird im Nibelungenlied nicht zum handlungsbestimmenden Element.

Der Gegensatz zwischen der Selbständigkeit des Lehnsmannes und seiner „ungetreuen Treue"[20] wird in Worms noch dadurch verschärft, daß der Lehnsherr Landesherr ist und deshalb der Gewaltsamkeit und tendenziellen Isolierung seiner Vasallen nicht mehr die eigene überlegene Gewalt entgegenstellen kann. Trotzdem ist und bleibt Hagen treu, daran entsteht nie ein Zweifel.

Als personale Bindung wird hier also noch einmal gefaßt, was — jedenfalls dem Ansatz nach — bereits ihre Auflösung darstellt: die institutionalisierte Delegation von Gewalt in der Landesherrschaft. In der ständigen, nicht mehr jeweils zu erzwingenden Treue des Vasallen, wie sie Hagen zeigt, wie es sie aber in der Lehnsbindung nicht geben kann — hier herrscht die alte punktuelle Treue —, verbirgt sich bereits die andersartige, tatsächlich feste Gebundenheit des moderneren Funktionsträgers. Das heißt, das Neue kann als solches offenbar nicht ausgedrückt werden, sondern muß als Perfektionierung des Prinzips erscheinen, das es auflöst.

Obwohl allen Beteiligten klar ist, wer die Tötung Siegfrieds zu verantworten hat, und obgleich sich Gernot und Giselher ausdrücklich von der Tat distanzieren (Strr. 1096—98), wird das Verhältnis des Vasallen Hagen zur Wormser Königsdynastie nicht grundsätzlich in Frage gestellt. Er bleibt weiter der einzige, der Kriemhilds Umgehen mit dem Hort ebenso wie vorher Siegfrieds Tod und die Verlagerung des Hortes nach Worms als Gewaltfrage auffaßt; diese Funktion rechnet er sich voll zu: *dô sprach aber Hagene: „lât mich den schuldegen sîn."* (1131,4; Darauf sagte wieder Hagen: Laßt mich die Verantwortung dafür tragen.). Bei der Ankunft von *Etzels* Boten in Worms ist Hagen es, der die Fremden erkennt und begrüßt. Seiner

Warnung in der sich anschließenden Ratsversammlung wird zwar keine Folge geleistet, das veranlaßt ihn jedoch nicht, wenigstens sein Leben zu retten. Unbeirrt rät er weiter *an den triuwen* (1471,3) und organisiert die *hovereise* (Strr. 1471—81), denn seine Ehre liegt im Dienst an seinen Herren:

1788,2—4   *man ladete her ze lande drîe degene.*
               die heizent mîne herren, sô bin ich ir man.
               deheiner hovereise bin ich selten hinder in bestân.
               (Man hat drei Helden in dieses Land eingeladen. Die sind recht-
               mäßig meine Herren, und ich bin ihr Lehnsmann. Niemals habe
               ich sie auf einer Hoffahrt im Stich gelassen.)

Deren Ehre aber erfordert, daß — einmal beschlossen — die Hoffahrt zu Etzel nicht mehr aufgegeben wird. Dafür tut Hagen alles: er verschweigt zunächst die Vorhersagen der Meerjungfrauen; er leugnet den Totschlag am Fährmann, damit die Burgunden nicht vor den Gefahren zurückschrecken, die deshalb in Bayern auf sie warten; er läßt sich bei seinem Versuch, den Kaplan zu ertränken, von Gernot und Giselher nicht hindern und sagt nicht, welche Bedeutung dessen Überleben hat; er zerschlägt das Fährschiff und gibt einen falschen Grund dafür an. Erst als keine Umkehr mehr möglich ist, die Burgunden dem ehrenvollen Kampf nicht ausweichen können, hält er Aufklärung und Vorsorge für angebracht (Str. 1588). Auf der Fahrt zu den Hunnen bekommt er dann zum ersten Mal den Titel, der ihn im Folgenden noch entschiedener als das bezeichnen wird, was er immer schon war, als *den* Vasallen der Burgunden: *trôst der Nibelunge* (1526,2; 1726,4).

Kriemhilds Rache: Recht und Gewalt

Das widersprüchliche Verhältnis der Wormser Dynastie zur Gewalt wird am anschaulichsten in Kriemhild. Sie eröffnet den Gang des Epos und beschließt ihn: die erste Repräsentantin höfischer Formvollendung und Friedlichkeit endet in der gewaltsamen Durchsetzung allein ihrer Person, ihrer Ehre gegen Verwandte und Vasallen. Die Größe der Katastrophe: eine höfische Frau wird getötet!

Kriemhild geht es nach dem Tod Siegfrieds um eine Entschädigung dafür, nach dem Hortraub um den Hort. Beide Ziele sind identisch. Das heißt nicht, daß der Hort „stellvertretend-symbolischen Wert ' hätte. Denn ein feudaler Adliger läßt sich nicht in Person und gesellschaftliche Geltung aufspalten. Kriemhilds Bindung an Siegfried ist eine Bindung an den stärksten Körper, den mächtigsten und reichsten. Sein Tod schädigt sie nicht „innerlich", in ihrer „Liebe", sondern in ihrer sozialen Identität, in ihrer êre. In dieser Hinsicht sind Siegfried und der Hort eins, natürlich zusammengewachsen; es ist unsinnig, Kriemhilds Hortforderung im zweiten Teil des Epos ihrem Leid am Tod des „geliebten" Mannes im ersten Teil entgegenzusetzen.

1259,1—1260,4 *Do gedâhte diu getriuwe: „ . . .*
waz ob noch wirt errochen des mînen lieben mannes lîp?"
Si gedâhte: „ . . .
mich hât der leide Hagene mînes guotes âne getân!"
(Da dachte die Getreue: „ . . . vielleicht wird der Leib meines lieben Mannes doch noch gerächt!" Sie dachte: „ . . . (außerdem) hat Hagen mich dadurch verletzt, daß er mir meinen Reichtum genommen hat".)

Die Heirat mit Etzel erscheint in dem Moment als Mittel, ihr Recht an Siegfried und Hort doch noch durchzusetzen, als *Rüdiger* verspricht, Kriemhild für alle Beleidigungen zu entschädigen: *er wolde sî ergetzen swaz ir ie geschach* (1255,3; Er wollte sie entschädigen für alles, was ihr je geschehen war.). Dieses *ergetzen* ist ein Terminus zeitgenössischer Rechtssprache, der die Eigenart vorbürgerlicher Rechtsformen auf den Begriff bringt. Es geht nicht um Sühne für die Verletzung einer abstrakten Sittlichkeit, sondern um die Wiedergutmachung eines konkreten Schadens, des Schadens, der der Sippe durch den Tod eines ihrer Mitglieder, Kriemhild und der Landesherrschaft durch den Tod des überragenden Herrn entsteht. Dieser Schaden muß ausgeglichen werden, darin steckt nichts Moralisches. In der Hinsicht ist Rache keine Eigenmächtigkeit gegen eine allgemeine Gesetzlichkeit, die Unrecht zu beseitigen monopolisiert ist, sondern selbst Recht, Durchsetzung personaler Ansprüche in einem noch nicht institutionell verselbständigten Zusammenhang. Statt einer allgemeinen, aber abstrakten Rechtsform herrscht hier also eine partikuläre, aber konkrete, und Rache ist eine durchaus legitime Reaktion auf *leit* (= Beleidigung, Bedrohung; Str. 1397). Die Kritik des Nibelungenlied-Verfassers an Kriemhild bezieht sich demgemäß auch nicht darauf, *daß* sie in der Rache ihr Recht an Herr und Schatz durchsetzt, sondern auf bestimmte Modalitäten dieser Rache, die entwickeltere Rechtsformen in Worms und am Etzelhof verletzen. Ihre Aktionen gegen Gunther, mit dem sie den Friedenskuß getauscht hat (1394,2 f.), und gegen Etzel, den sie in seiner *triuwe* täuscht (Str. 1399; 1402,1), gelten als so krasser Bruch von Rechtsreglementierungen, daß sie nur in einer Metapher aus dem metaphysischen Bereich faßbar sind: *ich wæne der übel vâlant Kriemhilde daz geriet* (1394,1; Ich glaube, der böse Teufel gab Kriemhild diesen Rat). Die höfische Frau vernichtet die höfischen Könige und verhilft der alten, unmittelbaren Gewalt wieder zum Durchbruch; am Ende sind die Feste, sind die Höfe am Rhein und an der Donau zerstört. Die latente Gewalt, die bei der Tötung Siegfrieds auch innerhalb des Hofes manifest wurde, hat die höfische Identität Kriemhilds offensichtlich irreparabel geschädigt. Weder die „heile" höfische Welt des Hunnenreiches, wie sie sich im Brautzug und im glanzvollen Hochzeitsfest in Wien darstellt, noch die Tatsache, daß sie jetzt mächtiger ist als zu Siegfrieds Zeiten (1365,3 f., Str. 1368), vermögen die gewaltsame Störung ihrer höfisch-adligen Existenz aufzuheben (Str. 1371). Das kann allein die Gewalt:

Str. 2103 *„Ine mac iu niht genâden! ungenâde ich hân.*
mir hât von Tronege Hagene sô grôziu leit getân,
es ist vil unversüenet, die wîle ich hân den lîp.
ir müezet es alle engelten", sprach daz Etzelen wîp.
(„Ich kann Euch keinen Frieden gewähren! Auf mir liegt noch Eure Treulosigkeit. Mir hat Hagen von Tronje eine so bittere Beleidigung angetan, daß es nicht wiedergutzumachen ist, solange ich noch einen (lebendigen) Körper habe. Ihr müßt dafür alle Sühne leisten", sagte die Gemahlin Etzels.)

Die Schlacht am Etzelhof: das Mißlingen der Feste II

ein gruoz sô rehte schoene von künege nie mêr geschach (1808,4; Ein so angemessener, sichtlich vollendeter Gruß ist niemals wieder von einem König bezeugt worden.). Diese vollendet höfische Friedlichkeit versucht Etzel, der von der gärenden Gewaltsamkeit seines Festes nichts ahnt (Str. 1865) und nicht weiß, daß dieser Hoftag Personen zusammenfassen soll, deren „Rechts"-verhältnisse ungelöst sind, trotz aller Verstöße dagegen zunächst aufrecht zu erhalten (1895,4 f.; 1897,1; 1898,2). Aber die *hovevart* ist bereits verkehrt: der Glanz des Hofgangs umgibt — ironisch? — gerade den, der totaler Gewaltsamkeit ausgesetzt wurde, den blutüberströmten Boten (!) des Massakers am Troß der Burgunden (Str. 1974). Truchsesse und Schenken erscheinen nicht mehr als Repräsentanten des Hofes, sondern als seine Zerstörer (Str. 1949); Blut und blanke Waffen bezeichnen das Ende (2002,4; 2000,3; 2003,3); der Gruß ist nichts mehr wert (2113,2); die ganze epische Breite der Aristien greift in den letzten *aventiuren* aus.

Das Nibelungenlied ist also eine Geschichte vom — als notwendig unterstellten — Scheitern der höfischen Feste. An ihnen, *den* Darstellungsformen der Mediatisierung adliger Selbständigkeit, brechen die Widersprüche der landesherrlichen Gewaltreglementierung zwangsläufig auf: *sô wê der hôchgezîte* (1092,1) wird nach dem Fest in Worms geklagt, *ach wê der hôchgezîte* (2001,1) nach der Katastrophe am Etzelhof (s. auch 2378,3).

Das, was sich im großen Kampf letztlich bewährt, ist noch einmal die alte Treue der Lehns- und Sippenbindungen, nicht mehr das höflich-formalisierte Verhalten gleichgestellter Dynasten.[21] Im Untergang herrscht wieder die überkommene feudale Welt, ihre Gewalt-Orgie fegt die neuen, friedlichen Verkehrsformen hinweg und läßt sie als lächerlich erscheinen. Diese — in der Analyse seines Inhalts festgestellte — Tendenz des Epos *gegen* die Territorialisierung müßte jetzt zu der Frage führen, für welche Gruppen und Interessen im Adel solch ein fiktives Modell Identifikationsangebot gewesen sein könnte.

„Schuld" und „Tragik" im Nibelungenlied

Die Bestimmung von Literatur in der bürgerlichen Gesellschaft als *autonome* Kunst setzt eine Differenz zwischen der gesellschaftlichen Bewegung und ihrer fiktiven Verarbeitung voraus. Erst das freie bürgerliche Individuum ist auch in seinen poetischen Träumen scheinbar unbegrenzt. Die Handlungen der feudalen Heroen in den vorbürgerlichen Epen dagegen sind *unmittelbar* an die gesellschaftlichen, und das heißt hier an die ständischen Bedingungen geknüpft, die deren Inhalt und den Ort ihrer sozialen Existenz ausmachen. Diese *Einheit* von Stoff, Verfasser, Publikum und Vortragsort — der Adel am Hof — ist klar abzuheben von Verhältnissen, unter denen ein privat produziertes Kunstwerk nachträglich in der Form der Ware, als *Wert*, mit seinen Konsumenten vermittelt werden muß. Sie berechtigt zu dem Schluß: „Es gibt also „Kunst" erst im Zusammenhang mit der bürgerlichen Gesellschaft; ägyptische „Kunst" oder Steinzeitmalerei sind so viel oder so wenig Kunst wie z. B. eine katholische Messe." (Ulf Schramm).

Hegel faßt nun die historischen Bedingungen, die eine ideelle Form wie das Epos mit der Besonderheit seiner Figuren und seiner Handlungskonstruktion hervorbringen, im Terminus des „epischen" oder „heroischen" „Weltzustandes" zusammen. Hier sind die gesellschaftlichen Bindungen noch real in die Hand der einzelnen Person gelegt und haben sich nicht in allgemeinen Formen von Staat und Recht gegen sie versachlicht.

„Einen schon zur organisierten Verfassung herausgebildeten Staatszustand mit ausgearbeiteten Gesetzen, durchgreifender Gerichtsbarkeit, wohleingerichteter Administration, Ministerien, Staatskanzleien, Polizei usw. haben wir als Boden einer echt epischen Handlung von der Hand zu weisen."[22]

Aus solchen „Welt"-Verhältnissen ergibt sich für die Figuren die Form des Heroen, der in unmittelbarer Gesellschaftlichkeit selbständig zu handeln vermag:

„Das . . . Individuum muß (hier) in sich beschlossen, das Objektive muß noch das Seinige sein und sich nicht losgelöst von der Individualität der Subjekte für sich bewegen und vollbringen, weil sonst das Subjekt gegen die für sich schon fertige Welt als das bloß Untergeordnete zurücktritt. — In dieser Hinsicht also muß wohl das Allgemeine im Individuum als das Eigene und Eigenste desselben wirklich sein, aber nicht als das Eigene des Subjekts, insofern es *Gedanken* hat, sondern als das Eigene seines *Charakters und Gemüts*. Mit anderen Worten fordern wir daher für die Einheit von Allgemeinem und Individuellen, der Vermittlung und Unterscheidung des Denkens gegenüber, die Form der *Unmittelbarkeit*, und die Selbständigkeit, welche wir in Anspruch nehmen, erhält die Gestalt *unmittelbarer* Selbständigkeit."[23]

Da aber der Heros real handelt, steht er für dieses Handeln auch ein. Während der Bürger einer „Absichtshaftung" unterliegt, nach seiner Zurechnungsfähigkeit und seinen *inneren* Motiven gefragt wird, rechnen sich die vorbürgerlichen Helden die *äußeren* Effekte ihrer Taten voll zu („Erfolgshaftung"). Die Frage, was sie sich gedacht, was sie möglicherweise eigentlich gewollt haben, kann sich nicht stellen. In dieser Hinsicht reflektieren die Heroen nicht, sie haben kein schlechtes Gewissen und auch keine „Schuld".

„Wie nun aber im Heroenzustand das Subjekt mit seinem gesamten Wollen, Tun und Vollbringen im unmittelbaren Zusammenhange bleibt, so steht es auch ungeteilt für das ein, was irgend an Folgen aus diesem Tun entspringt . . . Die selbständige Gediegenheit und Totalität des heroischen Charakters will die Schuld nicht teilen und weiß von dem Gegensatze der subjektiven Absichten und der objektiven Tat und ihrer Folgen nichts . . . In der Heroenzeit aber, in welcher das Individuum wesentlich Eines und das Objektive als von ihm ausgehend das Seinige ist und bleibt, will das Subjekt nun auch, was es getan hat, ganz und allein getan haben und das Geschehene vollständig in sich hineinverlegen . . . Die Schuld des Ahnherrn kommt dort auf den Enkel, und ein ganzes Geschlecht duldet für den ersten Verbrecher."[24] Hier liegt die Begründung für den Untergang des *ganzen* Burgundenhofes; allgemeiner: für die eigentümliche „Objektivität", die Zwangsläufigkeit der Begebnisse im Epos, die die Forschung gelegentlich als „Tragik" angesprochen hat. Solche Tragik aber ist eine Dimension bürgerlicher Literatur; da steht das Subjekt zwischen innerer Neigung und den Anforderungen äußerer Pflichten und Gesetze und geht an der Unmöglichkeit einer Vermittlung zugrunde. Es sollte klar geworden sein, daß die epischen Heroen diesen Zwiespalt nicht kennen.

Die Notwendigkeit, die Hagen z. B. — wider alles bessere Wissen um den Ausgang des Unternehmens — unter „Aufopferung" seiner Person der Rache Kriemhilds entgegentreibt, liegt im objektiven Einstehen für seine Taten: er hat Siegfried erschlagen und entzieht sich den Forderungen nach *wandel* (= Entschädigung) für diesen Tod und nach der Hortrückgabe nicht. Er darf sich ihnen nicht entziehen, muß sein „Recht" gegen sie durchsetzen, will er sich als adliger Heroe nicht aufgeben:

Str. 1790 *Er sprach: „waz sol des mêre? der rede ist nu genuoc.*
ich binz aber Hagene, der Sîfriden sluoc,
den helt ze sînen handen. wie sêre er des engalt
daz diu frouwe Kriemhilt die schoenen Prünhilden schalt!
(Er sagte: „Was soll es davon noch weiter? Darüber ist jetzt genug geredet. Ich bin hier noch *der* Hagen, der Siegfried mit seinen Händen erschlug. So hat er dafür einstehen müssen, daß die Herrin Kriemhild die schöne Brünhild schmähte!")

Dieser Hagen hat keine Subjektivität, weder vermag er etwas einzusehen oder zu unterlassen, noch Reue zu empfinden; er „ . . . *ist* der, der er *ist*, und damit ist die Sache in epischer Hinsicht abgetan. Ebenso geht es auch mit seinem Ehrgeiz und seiner Ruhmbegierde . . . Selbstrache, ja ein Zug von Grausamkeit ist die ähnliche Energie in heroischen Zeiten."[25] Im übrigen haben die Wormser Könige für die Taten ihres Vasallen in Treue einzustehen (Str. 2103).

Zur Form des feudalen Epos

Allerdings ist bei dieser Interpretation, die von der unmittelbaren Selbständigkeit vorbürgerlicher Figuren ausgeht, für die *feudalen* Helden eine Einschränkung vorzunehmen.

„ . . . die nächste Umgebung aber der Individuen, die Befriedigung ihrer unmittelbaren Bedürfnisse ist noch ihr eigenes Tun. Die Nahrungsmittel sind noch einfacher . . . wie z. B. Honig, Milch, Wein, während Kaffee, Branntwein usw. uns sogleich die tausend Vermittlungen ins Gedächtnis zurückrufen, deren es zu ihrer Bereitung bedarf. Ebenso schlachten und braten die Helden selber; sie bändigen das Roß, das sie reiten wollen; die Gerätschaften welche sie gebrauchen, bereiten sie mehr oder weniger selbst; Pflug, Waffen zur Verteidigung, Schild, Helm, Panzer, Schwert, Spieß sind ihr eigenes Werk, oder sie sind mit der Zubereitung vertraut.‟[26]

Die hier beschriebenen *antiken* Heroen beschreiten also den gesamten Umkreis ihrer Reproduktion noch selbst, sie bleiben darin vollständiger als die feudalen, die in ihrer konkreten Körperlichkeit bereits auf eine Eigenschaft, die Gewaltsamkeit, reduziert sind. Ihren Adel macht es gerade aus, daß sie mit der Zubereitung ihres Reichtums *nichts* mehr zu tun haben. „Im Homer z. B. ist jeder Held ein ganzer lebendigvoller Umfang von Eigenschaften und Charakterzügen . . . Bei Achill kann man sagen: Das ist ein Mensch! – Die Vielseitigkeit der edlen menschlichen Natur entwickelt ihren ganzen Reichtum an diesem einen Individuum . . . Welch kahle, fahle, *wenn auch kräftige* Individualitäten sind dagegen der hörnene Siegfried, der Hagen von Tronje und selbst Volker, der Spielmann.‟[27]

Hegel nennt die auf Konsum und Gewalt zurückgeworfene Selbständigkeit des feudalen Helden deshalb im Gegensatz zur *totalen* Selbständigkeit des antiken Heros *einförmig.* Beide Formen *realer* Selbständigkeit aber hebt er ab von der nur noch *formalen,* darin allerdings unbegrenzten Freiheit des bürgerlichen Individuums.

Ihre reale Selbständigkeit jedoch macht den Weg der vorbürgerlichen Figuren durch die sie umgebende Welt *zufällig.*

„ . . . die Form der *Unmittelbarkeit,* und die Selbständigkeit, welche wir in Anspruch nehmen, erhält die Gestalt *unmittelbarer* Selbständigkeit. Damit ist aber sogleich die *Zufälligkeit* verbunden. Denn ist das Allgemeine und Durchgreifende des menschlichen Lebens in der Selbständigkeit der Individuen unmittelbar *nur* als deren subjektives Gefühl, Gemüt, Charakteranlage vorhanden und soll es keine andere Form der Existenz gewinnen, so wird es eben dadurch schon dem Zufall des Willens und des Vollbringens anheimgestellt.‟[28]

Zur Zufälligkeit des Handelns gehört die Notwendigkeit einer objektiven Welt; diese Dialektik von festen Begebenheiten und personaler Willkür ist die ideelle Erscheinungsform der auch die feudale Gesellschaft noch bestimmenden Identität von Allgemeinem und Besonderen, von substantieller Tätigkeit und gesellschaftlicher Synthesis.

„Das Handeln ist hier nicht eigentlich Resultat einer davon unabhängigen Überlegung der Person, die die objektiven Umstände reflektiert und nach Abwägung der Umstände eine bewußte Entscheidung fällt, sondern das für uns Getrennte ist Eines, und vor allem ist es durchaus objektiv bestimmt."[29]

Der Unterschied zwischen den poetischen Formen Epos und Roman läßt sich folglich mit der Opposition von „Handlung" und „Begebenheit" gut fassen.

„Bei der Handlung wird alles auf den inneren Charakter, auf Pflicht, Gesinnung, Vorsatz usw. zurückgeführt; bei Begebenheiten dagegen behält auch die Außenseite ihr ungeteiltes Recht, indem es die objektive Realität ist, welche einerseits die Form für das Ganze, andererseits aber einen Hauptteil des Inhaltes selber ausmacht."[30]

Schon hier zeigt sich, daß von einer „Entwicklung" des Helden im Epos nicht die Rede sein kann; er ist, was er ist, am Ende wie am Anfang, hat es nur beim Gang durch die ihm zugemessene „Welt" zur Erscheinung zu bringen.[31]

Notwendigkeit und *Zufälligkeit* liegen also der Logik von *Begebenheiten* und *Figuren* im Epos zugrunde, sie bringen als Form die additive Konstruktion, die Selbständigkeit der Teile oder die *epische Breite* hervor.

Während wir von der Handlung eines Romans verlangen, daß kein Motiv in ihm auftauche, das nicht hinreichend begründet mit der Entwicklungsgeschichte seines Protagonisten verknüpft sei, haben im Epos alle Teile ihr eigenes Recht. Mit der genannten Einschränkung, daß der feudale Heros nur noch in Konsum und Gewalt, nicht mehr in der breiten Aneignung der Natur sich findet, gilt dafür Hegels anschauliche Darstellung der epischen Breite bei Homer:

„Den gleichen Grund haben nun auch bei Homer die mannigfaltigen Beschreibungen äußerlicher Dinge und Zustände. Bei Naturszenen, wie sie in unseren Romanen beliebt sind, hält er sich zwar nicht viel auf; dagegen ist er höchst umständlich in der Schilderung eines Stockes, Zepters, Bettes, der Waffen, Gewänder und Türpfosten und vergißt selbst nicht der Angeln zu erwähnen, auf denen die Tür sich dreht. Bei uns würde dergleichen als sehr äußerlich und gleichgültig erscheinen ... Die Existenz der Heroen aber hat eine ungleich ursprünglichere Einfachheit der Gegenstände und Erfindungen und kann sich bei ihrer Beschreibung aufhalten, weil alle diese Dinge noch in gleichem Range stehen und als etwas gelten, worin der Mensch, insofern sein ganzes Leben ihn nicht davon ableitet und in eine nur intellektuelle Sphäre führt, noch eine Ehre seiner Geschicklichkeit, seines Reichtums und seines positiven Interesses hat . . . Die umständlichen Schilderungen Homers in diesem Kreise von Gegenständen dürfen uns deshalb nicht eine poetische Zutat zu einer kahleren Sache dünken, sondern diese ausführliche Beachtung ist der Geist der geschilderten Menschen und Zustände selbst."[32]

Dieser „Geist der geschilderten Menschen und Zustände selbst" begründet die Existenz von „Schneiderstrophen" im Nibelungenlied. Sie verdanken ihren Namen einer Forschung, die mit den umfangreichen Darstellungen der materiellen Seite der höfischen Kultur, d. h. mit dem Reichtum in seiner feudalen verausgabenden Form, nichts anderes anzufangen wußte, als sie als Entgleisungen, würdig der Phantasie von Schneidern zu bezeichnen.

In der ungeteilten Aufmerksamkeit der adligen Hofgesellschaft aber für die Belange, die ihre ständische Identität ausmachen, d. h. für die Waffen, die Kleider, die Kostbarkeiten und die Nahrung der adligen Helden, für deren formvollendetes Konsumieren und Kämpfen also liegt ebensosehr der Sinn des höfischen Epos wie in dem Stoff, den es gestaltet.[33]

Dieses gleichberechtigte, additive Nebeneinander von Teilen, die nicht in einen perspektivisch einheitlich konstruierten, systematischen Erzählraum eingegliedert sind, erklärt auch die *Zufälligkeit von Anfang und Ende*, die in Formen erscheint wie dem Prolog, der explizit das Werk eröffnen, und dem Epilog, der es explizit schließen muß, denn es hat weder Anfang noch Ende aus sich selbst.

„Es ist also der Anfang wie auch das Ende in dem Epos gleich absolut, und inwiefern sich überhaupt das Nichtbedingte in der Erscheinung als Zufälligkeit darstellt, erscheint beides als *zufällig*. Die Zufälligkeit des Anfangs und des Endes ist also in dem Epos der Ausdruck seiner Unendlichkeit und Absolutheit."[34] Bereits am Anfang ist klar, was das Ende bringt, auch in dieser Hinsicht kann es im Epos — im Gegensatz zum Roman — keine „Entwicklung" geben. Die Helden verhalten sich falsch und stehen für die Folgen ein; oder sie berichtigen ihre Fehler, aber nicht etwa dadurch, daß sie ihren „Charakter" änderten, sondern sie bleiben bis zum Ende die, die sie schon immer waren.

(Peter Czerwinski)

Anmerkungen

1 Über den Forschungsstand unterrichten: Gottfried Weber und Werner Hoffmann: Heldendichtung II: Nibelungenlied. (= Slg. Metzler 7), Stuttgart, 4. Aufl. 1974

2 zitiert wird nach: Das Nibelungenlied. Mhd. Text und Übertragung, ed. und übers. von Helmut Brackert. (= Fischer Taschenbücher Nr. 6038 u. 6039), Frankfurt 1970

3 Hubertus Fischer: Ehre, Hof und Abenteuer in Hartmanns „Iwein". Vorarbeiten zu einer historischen Poetik des höfischen Romans. Phil. Diss. Berlin 1977, S. 147

4 Jan-Dirk Müller: *künec-man-eigenholt*. Zur sozialen Problematik des Nibelungenliedes. In: Amsterdamer Beiträge zur Älteren Germanistik 7, 1974, S. 85–124, S. 103 f.

5 Karl Marx: Grundrisse der Kritik der politischen Ökonomie. 2. Aufl., Berlin 1974, S. 74 f. (Hervorhebungen von mir)

6 Georg Friedrich Hegel: Vorlesungen über die Ästhetik II. Teil 2, Abschnitt 3, Kapitel 2: Das Rittertum, S. 180 (s. auch S. 177); in: Hegel: Werke. Bd. 14, Frankfurt 1970. S. 169–194. (Daß hier wiederholt Hegel als Gewährsmann herangezogen wird, hat seine historischen und wissenschaftsgeschichtlichen Gründe, auf die an dieser Stelle nicht eingegangen werden kann. Die Erklärung dafür, daß ganze Bibliotheken voll geschichtswissenschaftlicher Forschung hinter den Stand des Feudalismus-Begriffs, wie er bei Hegel vorliegt, zurückgefallen sind, hängt mit der historischen Notwendigkeit zusammen, in der Durchsetzung der bürgerlichen Gesellschaft gegen den Feudalismus eine *richtige* Feudalismus-Theorie zu entwickeln

7 Georg Friedrich Wilhelm Hegel: Vorlesungen über die Philosophie der Geschichte. Kap. IV, 2: Das Mittelalter, S. 460 f.; in: Hegel: Werke. Bd. 2, Frankfurt 1970, S. 440–941

8 Hubertus Fischer und Paul Gerhard Völker: Konrad von Würzburg „Heinrich von Kempten". Individuum und feudale Anarchie, S. 95. In: Literatur im Feudalismus, ed. Dieter Richter; (= Literaturwissenschaft und Sozialwissenschaften, Bd. 5), Stuttgart 1975, S. 83–130

9 Hegel: Philosophie der Geschichte; a. a. O., S. 446, (Hervorhebungen von mir)

10 Gert Kaiser: Der „Wigalois" des Wirnt von Grâvenberc. Zur Bedeutung des Territorialisierungsprozesses für die „höfisch-ritterliche" Literatur des 13. Jahrhunderts. In: Euphorion 69, 1975, S. 410–443, hier S. 442–424

11 Werner Röcke: Feudale Anarchie und Landesherrschaft. Wirkungsmöglichkeiten didaktischer Literatur: Thomasin von Zerklaere „Der Wälsche Gast" (= Beiträge zur Älteren Deutschen Literaturgeschichte, Bd. 2), Bern 1978, S. 51 f.

12 Gerhard Schindele: „Helmbrecht". Bäuerlicher Aufstieg und landesherrliche Gewalt. In: Literatur im Feudalismus; a. a. O., S. 131–211, S. 143 f., (Hervorhebungen von mir)

13 Philippe Ariès: Geschichte der Kindheit; 2. Aufl., München 1976

14 Ein eigener Bereich im Quellenmaterial solcher Wissenschaft sind die fiktiven Formen. Ihre Besonderheit besteht in einer *relativen* Freiheit von unmittelbarer Faktizität, z. B. von direkten politischen Interessen einzelner Gruppen. Das bedeutet, daß uns die *Grundzüge* feudaler Gesellschaftlichkeit aus ihnen als *Möglichkeit* von *Situationen* klarer entgegentreten als aus

der anlaßgebundenen Chronik oder Urkunde. In der Hinsicht sind die höfischen Epen die ersten und besten Quellen für eine historisch-systematische Analyse der Territorialisierung, sofern man ihren Wert nicht dadurch selbst mindert, daß man in den fiktionalen Darstellungen nur wiederfinden will, was man aus den Faktenquellen und den auf ihnen basierenden Untersuchungen der traditionellen Geschichtswissenschaft ohnehin schon weiß

15 Georg Friedrich Wilhelm Hegel: Vorlesungen über die Ästhetik III. Kap. III 3 C I: Die epische Poesie, S. 361. In: Hegel: Werke. Bd. 15, Frankfurt 1970, S. 325–415

16 Karl Marx: Zur Kritik der Hegelschen Rechtsphilosophie. Kritik des Hegelschen Staatsrechts (§§ 261–313). In: Marx/Engels: Werke. Bd. 1; 8. Aufl., Berlin 1972, S. 201–333, S. 310 f.

17 Marx: Grundrisse, a. a. O. S. 80

18 Siehe Norbert Elias: Über den Prozeß der Zivilisation. Soziogenetische und psychogenetische Untersuchungen. Frankfurt 1976

19 Siehe auch die Szene von Siegfrieds Ankunft im Nibelungenland (491,1–4)

20 s. Hegel: Philosophie der Geschichte. a. a. O. S. 459

21 In diesem Bruch liegt der Ansatz für eine Interpretation der Rüdiger-Problematik

22 Hegel: Ästhetik III. a. a. O. S. 340

23 Georg Friedrich Wilhelm Hegel: Vorlesungen über die Ästhetik I. Kap. I 3 B: Die Bestimmtheit des Ideals. In: Hegel: Werke. Bd. 13, Frankfurt 1970, S. 229–362, S. 238

24 a. a. O. S. 246 f.

25 Hegel: Ästhetik III. Bd. 15, a. a. O. S. 360

26 Hegel: Ästhetik I. Bd. 13, a. a. O. S. 337 f.

27 a. a. O. S. 308 (Hervorhebungen von mir)

28 a. a. O. 238

29 Rudolf Wolfgang Müller: Geld und Geist. Zur Entstehungsgeschichte von Identitätsbewußtsein und Rationalität seit der Antike. Frankfurt 1977, S. 261 f.

30 Hegel: Ästhetik III. Bd. 15, a. a. O. S. 355

31 Deutlicher als im Nibelungenlied ist dieser Widerspruch in der bestimmenden Handlungsform der höfischen Artus-Epen, der *aventiure*. Da ist es einerseits gerade das Besondere am Helden, daß ihm die richtigen *aventiuren*, an denen *er allein* sich bewähren kann, notwendig zukommen; andererseits tut er selbst nichts dazu, diese Punkte zielstrebig zu erreichen. Sie begegnen ihm *zufällig*; er wird von der feindlichen, d. h. unbearbeiteten Natur, vom Sturm oder dem wilden Wald auf die isolierten und nur additiv, nicht systematisch zusammenhängenden Orte seiner gesellschaftlichen Bewährung geschleudert.

„Hier können die Helden zwar auch Wünsche und Zwecke haben, aber was ihnen alles bei dieser Gelegenheit begegnet, und nicht die alleinige Wirksamkeit für ihren Zweck, ist die Hauptsache. Die Umstände sind ebenso tätig und häufig tätiger als sie ... Alle diese Erlebnisse sind nicht einer Handlung entsprungen, sondern geschehen bei Gelegenheit der Fahrt, meist ganz ohne das eigne Dazutun des Helden." (Hegel: Ästhetik III. Bd. 15, a. a. O. S. 362)

Der Erfahrungsraum, in dem der Heroe sich bewegt, hat seine Einheit also nicht in einem Charakter, der, indem er ihn durchmißt, sich heranbildet und dabei diesen gesellschaftlichen Raum realisiert. Das konstituiert erst den bürgerlichen Roman

32 a. a. O. S. 343 f.
33 d. h. die Funktion der „Schneiderstrophen" ist doppelt zu bestimmen:
inhaltlich als Darstellung genießenden Reichtums, formal als epische Breite
34 Friedrich Wilhelm von Schelling: Philosophie der Kunst. Nachdruck Darmstadt 1960, S. 284 f.

Literaturhinweise:

Das Nibelungenlied: Mittelhochdeutscher Text und Übertragung. Herausgegeben, übersetzt und mit einem Anhang versehen von Helmut Brackert,
(= Fischer Taschenbücher Nr. 6038 u. 6039), Frankfurt 1970

Willy Krogmann und Ulrich Pretzel: Bibliographie zum Nibelungenlied und zur
Klage. (= Bibliographien zur deutschen Literatur des Mittelalters, Bd. 1),
4. Aufl., Berlin 1966
Gottfried Weber und Werner Hoffmann: Heldendichtung II: Nibelungenlied.
(= Slg. Metzler, Bd. 7), 4. Aufl., Stuttgart 1974

Werner Hoffmann: Mittelhochdeutsche Heldendichtung. (= Grundlagen der
Germanistik, Bd. 14), Berlin 1974
Werner Hoffmann: Das Nibelungenlied. (= Interpretationen zum Deutsch-
unterricht), 2. Aufl., München 1974
Jan-Dirk Müller: *künec-man-eigenholt*. Zur sozialen Problematik des Nibe-
lungenliedes. In: Amsterdamer Beiträge zur Älteren Germanistik 7, 1974,
S. 85—124

3. Weltliche deutsche Lyrik vom Kürenberger bis zu Heinrich von Morungen

wîp unde vederspil — *Frühe lyrische Strophen*

„Wo immer Ritter sich versammeln, da fangen sie an, zu erzählen, wie manch eine dieser und jener beschlafen habe; über ihre Schande können sie den Mund nicht halten und rühmen sich nur mit ihren Weibergeschichten. Wer diesen Sport nicht mitmacht, der kommt sich wie ein Schwächling vor unter seinesgleichen."

Das schrieb um die Mitte des 12. Jahrhunderts — vielleicht kurz vor dem zweiten Kreuzzug (1147—1149) — ein gewisser *Heinrich* im Benediktinerkloster Melk an der Donau in einer Reimpredigt[1], und es ist sehr wahrscheinlich, daß er dabei an jene „Ritter" denkt, denen wir unter anderem die ersten Denkmäler einer weltlichen deutschen lyrischen Poesie verdanken, diese Strophe zum Beispiel[2]:

> *Wîp unde vederspil diu werdent lîhte zam.*
> *swer sî ze rehte lucket, sô suochent sî den man.*
> *als warb ein schoene ritter umbe eine vrouwen guot.*
> *als ich dar an gedenke, sô stêt wol hôhe mîn muot.*
> (Weiber und Beizvögel: die werden leicht zahm. Wenn man sie nur richtig ködert, dann suchen sie den Mann. So warb ein prächtiger Ritter um eine schöne Dame. Wenn ich daran denke, dann steht mein Mut in Hochstimmung.)

Erst im letzten Langvers wird pointenhaft deutlich, daß dieses plötzlich auftretende Ich des Dichters die ersten beiden sprichwortartigen objektiven Verse aus seiner eigenen Erfahrung heraus gesprochen hat und daß es sein Glück eben der Tatsache verdankt, mit dem prächtigen Ritter des vorletzten Langverses identisch zu sein, der dort aber episch, in der dritten Person, aufgetreten war.

Die Falknerei war natürlich vor allem ein edler Sport, und kein Falkner war darauf angewiesen, sich mit Hilfe von Beizvögeln seinen Lebensunterhalt aufzubessern. Mit dem stolzen, frei fliegenden, aggressiven Vogel konnte der Ritter sich identifizieren, gleichzeitig aber auch seine Überlegenheit als Besitzer genießen, der es versteht, das wilde Tier in bedingungslosem Gehorsam an sich zu binden. Darum wird der Beizvogel umsorgt und gepflegt wie kein anderes

Nutztier[3]. Ein ähnliches Verhältnis hat der Ritter vielleicht nur noch zu seinem Pferd: es vervielfacht seine eigenen Kräfte, indem er es psychisch und physisch beherrscht. Der Herzog *Wilhelm IX. von Aquitanien* (1071–1127), dessen Macht die des Königs von Frankreich bei weitem übertraf, dichtete ein halbes Jahrhundert vor unserem donauländischen Falkner dieses Lied in der okzitanischen Sprache seines südlichen Herzogtums[4]:

1 Kameraden, ein ordentliches Lied will ich machen: Mehr Unsinn als Verstand wird drin sein, vermischt mit Liebe, Spaß und Jugend.

2 Und den könnt ihr für einen Bauern halten, der's nicht versteht oder nicht gern auswendig behält. Aber wer es nach seinem Geschmack findet, der wird kaum gern auf Liebe verzichten.

3 Zwei Pferde habe ich für meinen Sattel – so weit, so gut. Beide sind gut und für den Kampf dressiert und wacker. Aber ich kann sie nicht beide behalten, weil das eine das andere nicht ausstehen kann.

4 Wenn ich sie zähmen könnte, wie es mir paßt, dann würde ich mein Geschirr keinem anderen mehr anlegen, denn ich wäre besser beritten als jeder andere Sterbliche.

5 Das eine ist als Bergpferd unheimlich ausdauernd. Aber es ist schon längere Zeit scheu und wild, so scheu und wild, daß es sich gegen das Striegeln wehrt.

6 Das andere wurde dort hinter Confolens aufgezogen, und ich habe kein schöneres je gesehen, bei meiner Seele. Das gebe ich auch für Gold und Silber nicht her.

7 Als ich es seinem jetzigen Besitzer übergab, war's noch ein weidendes Fohlen. Aber das behielt ich mir vor, daß es jeweils ein Jahr bei ihm und hundert bei mir sein sollte.

8 Ritter, gebt mir einen Rat in dieser verzwickten Lage. Noch nie war ich so unentschlossen: Ich weiß nicht, an welche ich mich halten soll von beiden: Agnes oder Arsène.

9 In Gimel habe ich Burg und Landbesitz, und um Niol beneiden mich alle: beide sind durch Mannschaft und Schwur in meiner Gewalt.

Die selbstherrliche Haltung gegenüber den ihm zu Gebote stehenden Damen verbindet den aquitanischen Herzog mit dem deutschen Ritter. Im Vergleich der beiden Pferde drückt sie sich vielleicht auf pikantere Weise aus als im Bild des zähmbaren Beizvogels. Aber das hängt auch damit zusammen, daß der Herzog über seine gesellschaftlich reale Rolle keinen Zweifel läßt, ist er doch stolz auf seinen Besitz, und daß er sich von vornherein vor einem ritterlichen Publikum, also vor seinen Vasallen, in Szene setzt und diese seine Gesellschaft auch in Bezug auf seinen Gesang sozial abgrenzt gegen die Bauern. Er, der Herzog, integriert sich durch seine augenzwinkernde Pferdemetaphorik zwar in die Gruppe, deren Oberhaupt er ist, aber gleichzeitig stellt er auch in dieser Fiktion die Distanz wieder her, indem er sein Publikum um Rat bittet: Rat und Hilfe, *consilium* und *auxilium*, sind seine Vasallen aber gerade ihm in der unpoetischen Wirklichkeit schuldig. Vielleicht ist es das Ausmaß seiner wirklichen Überlegenheit, das ihm auch erlaubt, vom Widerstand des einen Pferdes zu reden, das jedenfalls nicht ganz so leicht zahm zu machen ist wie der deutsche Falke.

Es ist ganz sicher, daß der *Kürenberger*, so nennt die Handschrift den Dichter unserer Strophe, bei weitem kein so bedeutender Herr gewesen sein kann wie jener erste Troubadour. Man hat weder ihn selbst noch wenigstens seine Familie bisher identifizieren können; welchem Stand er angehörte, d. h. ob er adlig und frei oder Ministeriale und unfrei war, muß ebenfalls ungewiß bleiben; daß er aus Niederösterreich stammt, ist nicht unwahrscheinlich. Er jedenfalls will die Frauen nicht nur nach seinem Willen zähmen, sondern auch — Zeichen größter Beherrschung — verschmähen können[5]:

„Ich stand gestern abend an einer Zinne. Da hörte ich einen Ritter sehr schön singen nach Art des Kürenbergers aus der Menge heraus. Entweder soll er mir das Land räumen, oder ich will ihn für mich haben."
„Nun bring mir schnell mein Roß und meine Eisenrüstung, denn ich muß einer Dame das Land räumen. Die will mich zwingen, sie zu lieben. Die soll nach meiner Liebe ewig darben!"

Diese beiden Strophen gehören gewiß zusammen und beziehen sich aufeinander, bleiben aber eigentümlich unverbunden. In der ersten, von einer Frau gesprochen, läßt der Kürenberger sich selbst als begehrten Liebhaber in Szene setzen, in der zweiten spricht nur er, scheinbar zu einem Knappen, um seine schrankenlose Souveränität zu dokumentieren. Immerhin ist der Gesang, von dem die Dame hier spricht und der für den Hörer als Gesang im Gesang erscheint, als ritterliche Kunst wohl so standesgemäß wie Roß, Eisenrüstung oder Falknerei. Hier fungiert der Gesang überdies speziell als Köder, der die Frau zahm macht, wenn der singende Ritter auch vorgibt, so etwas nicht beabsichtigt zu haben. Dem Stereotyp des unwiderstehlichen Liebhabers entspricht allerdings genau das Stereotyp der Liebe begehrenden Dame[6]:

„Wenn ich allein stehe in meinem Hemd und an dich denke, edler Ritter, dann erblüht meine Farbe wie die Rose am Dorn, und das Herz füllt sich mit unendlicher Trauer.
Mein Herz läuft über und ich weine: ich und mein Geliebter, wir müssen uns trennen. Das haben die Schwätzer erreicht, Gott strafe sie. Wer uns beide wieder zusammenbrächte — wie froh wäre ich dann!"

Folgende Strophe wird einem *Dietmar von Eist* zugeschrieben, dessen Familie wohl in der Gegend von Regensburg beheimatet war[7]:

Es stand eine Frau alleine und schaute hin über die Heide und schaute aus nach ihrem Geliebten. Da sah sie Falken fliegen. „O Falke, wie gut hast du es! Du fliegst, wohin es dir gefällt, du suchst dir im Walde einen Baum, der dir gefällt. So habe auch ich getan: ich habe mir einen Mann ausgesucht, den haben meine Augen erwählt. Das neiden mir schöne Frauen. Ach, wann lassen sie mir meinen Geliebten? Ich habe doch auch nie den Freund von einer von ihnen begehrt!"

Der Dichter diktiert dieser Dame genau wie der Kürenberger eben jene erotischen Wünsche zu, auf die er seine eigene Überlegenheit gründet. Der Falke ist hier das Symbol des frei dahinfliegenden Raubvogels, der eben jene Freiheit hat, die die Frau für sich fordert. Insofern ist er auch dem Ritter zu vergleichen. Auf jeden Fall wird man sich wohl hüten müssen, in dem Liebesgeständnis dieser Damen die emanzipierte Forderung nach einem autonomen Sexualverhalten zu sehen: sie sind eher jene Falken, die gekrault und verhätschelt, und jene Pferde, die gestriegelt und geritten werden wollen.

Der unbedingte Anspruch auf Überlegenheit ist sicher der Ausdruck einer aristokratischen Haltung und Lebenswirklichkeit dieser frühen Dichter. Bemerkenswert hieran erscheint nun aber vor allem die Tatsache, daß sie ihrer herrischen Haltung dichtend Ausdruck verleihen, daß diese Dichtung ihren Ruhm hebt und daß sie — zunächst wohl nur mündlich und durch das Gedächtnis — weitergegeben und aufbewahrt worden ist. Auch hierfür gab es freilich ein Vorbild im Westen, in der Provence und in Aquitanien.

aller wîbe wunne — Früher deutscher Minnesang

In Südfrankreich war seit dem ersten Kreuzzug (1096–1099), an dem die deutsche Ritterschaft nicht teilgenommen hatte, ein Rittertum entstanden, das *Bernhard von Clairvaux*, der Zisterzienserabt, schon etwa 1135 in seiner Schrift *De laude novae militiae* (Lob der neuen Ritterschaft) so tadelt[8]:

„Was ist das, o ihr Ritter, für eine seltsame Verblendung, was für ein Wahnsinn, soviel Geld und soviel Mühsal aufzuwenden für einen Kampf, dessen Frucht nur Tod oder Sünde sein kann? Ihr behängt eure Pferde mit Seidentuch, ihr bedeckt eure Rüstungen mit ich weiß nicht was für Stoffbahnen, bemalt eure Lanzen, eure Schilde und Sättel, euer Zaumzeug und eure Steigbügel verziert ihr mit Gold und Silber, ja mit Edelsteinen! Und in solchem Aufzug eilt ihr in schamlosem Eifer und leichtfertigem Mut den Tod versuchen! Sind das etwa Kennzeichen von Rittertum oder ists nicht viel eher Weiberflitter?"

Er lobt dagegen die seit kurzem etablierten Tempelritter, die mit der ritterlichen Tugend der Tapferkeit zum Schutze der Pilger das Ordensgelübde für Armut, Keuschheit und Gehorsam ablegen:

„Schach und Würfelspiel verachten sie; sie verabscheuen die Jagd, nicht einmal die Kurzweil der Falkenjagd bereitet ihnen Ergötzen. Schauspieler, Künstler und Rezitatoren mit ihren albernen Liedern und Aufführungen, deren ungesunde Nichtigkeit sie erkennen, sind Gegenstand ihrer Verachtung.‟

In Deutschland bringt der genannte *Heinrich von Melk* eine vergleichbare Kritik an der neuen ritterlichen Kultur in seinem bereits genannten Gedicht *Erinnerung an den Tod* eine knappe Generation später — vielleicht hat er von Bernhard gehört oder gelesen[9]:

„Nun tritt herzu, feinedle Dame, und sieh an Deinen lieben Mann. Sieh nur hin auf die Farbe seines Gesichts, wie er gescheitelt ist, wie er das Haar trägt. Sieh genau hin, ob er gute Laune hat, wie damals, als er heimlich und vor allen Leuten Dich mit verliebtem Blick ansah. Nun sieh, wo ist sein gewandtes Reden, welches die Eitelkeit der Damen pries und bedichtete? Sieh nur, in welch sonderbarer Form die Zunge jetzt in seinem Munde liegt, mit der er so gefällig Liebeslieder zu singen wußte. Jetzt kann er weder Wort noch Ton hervorbringen. Nun sieh hin, wo ist sein Kinn mit dem kleinen Bärtchen? Sieh nur, wie unanständig seine Arme und Hände liegen, mit welchen er Dich liebkoste und umarmte! Was ist aus den Füßen geworden, auf denen er so elegant mit den Damen spazierte? Wie oft mußtest Du sehen, ob die Hosen auch richtig stramm an den Beinen sitzen! Jetzt spannen sie leider nur wenig. Ganz fremd ist er Dir jetzt, dieser Mann, dem Du die Ärmel mit Seidenschnüren in Falten raffen mußtest. Sieh nur hin: In der Mitte seines Körpers ist er gebläht und aufgedunsen wie ein Segel; übler Geruch und Dunst kommt aus dem Leichentuch und macht, daß er mit Dir nicht mehr lange zusammenleben kann auf der Erde.‟

Wir können hieraus entnehmen, daß es im frühen 12. Jahrhundert — in Deutschland etwas später als in Frankreich — ein Rittertum gegeben hat, das sich durch jene genannten modischen Statussymbole und Verhaltensweisen auszeichnete, die weniger der Kriegerfunktion als der Selbstdarstellung einer sich mehr und mehr profilierenden Klasse dienten. Eben die zentrale Funktion dieser Klasse — der Kampf zu Pferde — wird zur symbolischen Liturgie im sportlichfestlichen Turnier (das erste deutsche Turnier ist für das Jahr 1125 bezeugt). Auch der erste Troubadour Wilhelm IX. von Aquitanien hatte neben seiner herrscherlichen Angeberei schon einen ganz anderen Ton angeschlagen, der auch von seinem Vasallenpublikum anderes erwartete als pflichtschuldige Bewunderung der herzoglichen Potenz[10]:

1 Ein neues Liedchen will ich machen, ehe Wind und Frost und Regen ausbrechen. Meine Dame stellt mich hart auf die Probe, ob und wie ich sie liebe. Aber kein Vorwurf von ihr wird mich dazu bewegen, mich aus ihrer Fessel zu befreien.

2 Im Gegenteil, ich ergebe mich und liefere mich ihr aus, und sie kann mich in die Liste (ihrer Leute) eintragen. Und keiner soll mich für betrunken halten, wenn ich meine vollkommene Herrin liebe. Denn ohne sie kann ich nicht leben, solchen Hunger habe ich nach ihrer Liebe.

3 Denn sie ist weißer als Elfenbein, darum verehre ich keine andere. Wenn ich nicht in kurzem Hilfe bekomme, daß meine vollkommene Herrin mich liebt, dann sterbe ich, beim Haupte des Heiligen Gregor, wenn sie mich nicht küßt, im Zimmer drinnen oder draußen im Grünen.

4 Was habt Ihr, Herrin, für einen Nutzen davon, wenn Ihr mir Eure Liebe entzieht? Warum solltet Ihr den Schleier nehmen? Ihr solltet wissen — denn ich liebe Euch —, daß ich befürchte, der Schmerz könnte mich töten, wenn Ihr mir nicht wieder gut macht, was ich an Unrecht vor Euch einklage.

5 Was habt Ihr für einen Nutzen davon, wenn ich auch ins Kloster gehe und Ihr mich nicht zu eigen behaltet? Alle Freude der Welt gehört uns, Herrin, wenn wir beide uns lieben. Meinem Freund Daurostre lasse ich sagen, er soll dies Lied singen und nicht blöken.

6 Für sie schaudere und zittere ich, denn ich liebe sie in so aufrichtiger Liebe — denn ich glaube nicht, daß auch nur eine ähnliche aus dem Geschlecht Adams hervorgegangen ist.

Die Herrenrolle reserviert sich der Dichter nur noch gegenüber jenem Freund, der das Lied singen und nicht blöken soll — doch wohl in Gegenwart der gemeinten Dame? Das Publikum der horchenden Untergebenen muß zwar weiter vorausgesetzt werden, aber es wird doch kaum noch direkt beteiligt (Strophe 1). Dafür steht im Mittelpunkt das Gefühl des Dichters, der um die Liebe seiner Dame ringt. Er findet dafür die Metaphorik seiner Gesellschaftsform, des Feudalismus: er ergibt sich in ihre Gewalt und schwört ihr Treue (Strophe 1), auch für den Fall, daß sie seine Liebe nicht erwidert. Begründet wird dieses Verhalten durch die ganz außergewöhnliche Vollkommenheit und Schönheit dieser Dame, die beim Dichter jenes absolute Gefühl erweckt hat. Er bleibt auch im Bildzusammenhang des Feudalismus, wenn er vorgibt, Hilfe zu benötigen und ohne diese Hilfe dem Tod ausgeliefert zu sein: die Selbstübergabe des Vasallen an den Herrn verpflichtet den Vasallen zu treuem Dienst, den Herrn aber zu Schutz und Hilfe; die Dame würde also ein Unrecht begehen, wenn sie diese „Hilfe" nicht gewähren würde (Strophe 4). Keine Rede ist mehr von der Unwiderstehlichkeit des Ritters und Herzogs, von der Unterwürfigkeit der Frau unter die erotischen Wünsche des

Mannes. Es erscheint sogar das Motiv des Klosters als durchaus ernste und reale Bedrohung der Besitzansprüche des Mannes über die Frau, denn indem sie den Schleier nimmt, entzieht sie sich tatsächlich der männlichen Beherrschung. Der Dichter stellt dem die Aufrechterhaltung des bereits bestehenden Zustands gegenüber, seine eigene metaphorische Unterwerfung, deren Erwiderung „alle Freude der Welt" bedeuten würde. Der Begriff Freude wird zur Chiffre jenes idealen Verhältnisses von Dienst und Herrschaft, das die gesellschaftliche Realität auf den Kopf stellt, indem der höchste Lehnsherr, der Herzog, sich zum unbedingten Diener seiner geliebten Dame erniedrigt und nichts mehr davon wissen will, daß er Frauen wie Pferde haben zu können meinte. Die einzige Möglichkeit der Einflußnahme ist die Selbstübergabe und die flehende Bitte um Annahme: sie geschieht selber in jenem Lied, das wir gelesen haben. Es wird zum Medium der erotischen Bindung des Sängers an seine Dame über den Umweg eines Publikums und eines Freundes, die seine Werbung mit Wohlwollen betrachten und ihn nicht ob seiner Potenz und gesellschaftlichen Überlegenheit, sondern ob seiner unverbrüchlich liebenden Treue und seiner unbedingten Unterwerfung unter den Willen der vollkommenen Herrin bewundern. Diese Qualität unverbrüchlicher Treue gegenüber einer über alle Realität erhabenen Dame ist aber gerade nicht an die herrscherliche Stellung gebunden, sie ist im Gegenteil eine Qualität, welche gerade das niedere Rittertum, insbesondere am Hof dienende Ritter, für sich beanspruchen kann und die unabhängig von äußeren Gegebenheiten an Macht und Reichtum seine soziale Anerkennung zu begründen geeignet ist. Sowohl der Aufstiegswille eines niederen Rittertums freier Vasallen als auch die reale Unmöglichkeit konkreter Machtausübung ist im Minneparadox enthalten und erotisch interpretiert. Die Vermittlerrolle zwischen erotischen Wünschen und dem gesellschaftlichen Aufstiegswillen kann dabei die vielbesungene Herrin, d. h. Gemahlin des Herrn und höchste Person des Hofes in dessen Abwesenheit, gespielt haben: sie ist für alle Vasallen in doppeltem Sinn begehrenswert und unerreichbar. So ist der provenzalische Minnesang von Erich Köhler interpretiert worden. Für Deutschland meint Köhler feststellen zu können, daß es ebenfalls ein niederes Rittertum, aber aus unfreien Ministerialen, gewesen sei, das den Minnesang als Ausdruck seiner eigenen Aufstiegsbestrebungen vor allem gepflegt habe[11]. Darauf kommen wir zurück und verfolgen nun zunächst den Fortgang der Minnepoesie in Deutschland.

Ein Ereignis ist hierbei zu erwähnen, das wohl entscheidenden Einfluß auf die Entwicklung der deutschen Lyrik genommen hat:

der von Bernhard von Clairvaux gepredigte und von dem deutschen König *Konrad III.* und dem französischen König *Ludwig VII.* organisierte zweite Kreuzzug. Die Heere zogen die Donau abwärts, zuerst das deutsche im Mai 1147, einige Wochen später das französische. Empfangen und beherbergt wurde es auch in Regensburg, wo der deutsche König sein Heer versammelt hatte, gewiß vom Burggrafen der Stadt. Das Burggrafenamt war ein Reichslehen, bekleidet seit 1143 von *Heinrich III. von Stefling und Riedenburg*: es ist mehr als wahrscheinlich, daß er selber oder einer seiner Söhne jener Dichter ist, den unsere Liederhandschriften neben dem Kürenberger und Dietmar von Eist als *Burggrafen von Regensburg* führen. 1147 in Regensburg haben deutsche Liederdichter und ihr Publikum provenzalischen Minnesang nicht nur vom Hörensagen kennenlernen können, vielleicht sogar von einem seiner bedeutendsten Vertreter, *Jaufré Rudel* aus dem aquitanischen Blaye, dessen *amor de lonh* (Fernliebe) das Ideal der Treue auf die Spitze treibt, indem seine Ferne zwischen einem undeutlichen realen Land und dem Jenseits, seine Dame zwischen einer Herrin mit schönen Augen, einer fernen Traumgestalt und der Muttergottes hin und her schillert, so daß im Mittelpunkt seines Liedes schließlich nur seine eigene Fernliebe, seine Treue und sein Leiden stehen: Refrainartig schließen der 2. und 4. Vers einer jeden der 7 Strophen mit dem Worte *lonh* (fern)[12].

Ob die aristokratischen Dichter der Donaugegend auch vor dem Kreuzzug schon jene Wendung der Poesie zur Verehrung der Herrin anstatt ihres Besitzes vollzogen haben oder ob der Eindruck des provenzalischen Rittertums der erste Anlaß war, ist kaum zu entscheiden. Jedenfalls findet man unter den frühen Strophen auch solche, die deutlich vom Gefühl des Mannes, seiner Hoffnung und Verehrung sprechen und die das Abhängigkeitsverhältnis des Lehnswesens auf die Liebe anwenden. Auch die folgende Strophe des Kürenbergers drückt so keine Spur von Siegesgewißheit aus[13]:

Die wundervollste aller Frauen ist noch ein Mädchen. So schicke ich ihr denn meinen lieben Boten, obwohl ichs gern selber ausrichten würde, wenn das nicht für sie gefährlich wäre. Ich weiß nicht, wie sies aufnehmen wird: mir war keine Frau je so lieb.

Und diese Strophe hätte wohl ein Kreuzfahrer singen können:

Wunderschöne Frau, jetzt zieh du mit mir davon; Liebe und Leid, das will ich mit dir teilen. So lange ich lebe, sollst du mir lieb sein. Aber daß du einen Unwürdigen liebst, das mute ich dir nicht zu.

Die Liebessehnsucht der Frau aus den Strophen, wo sie reine Projektion männlicher Wünsche war, läßt sich nun mit der neuen werbenden und flehenden Haltung des Ritters verbinden, so daß ein Bild gegenseitiger freier Zuneigung und erotischer Erfüllung entsteht, das in moderner Zeit — aber vielleicht auch schon bei den unmittelbaren Nachfahren — eben seiner rührenden befreienden Natürlichkeit wegen geschätzt worden ist. Man darf wohl zweifeln, ob diesen poetischen Produkten des Experimentierens mit Elementen verschiedener Traditionen auch schon ein so grundsätzlich verschiedenes gesellschaftliches Bewußtsein zu Grunde liegt[14] :

1 „Was hilft gegen die Sehnsucht, die eine Frau nach dem geliebten Mann hegt? Das hätte mein Herz gern gewußt, denn es ist darin gefangen." So sprach eine schöne Frau. „Zwar würde ich schon zum Ziele kommen, wenn es nicht die Aufpasser gäbe. Nie vergesse ich ihn in meinem Herzen."

2 „Viele sagen, große Treue sei auch der beste Trost für die Frauen." — „Das kann ich nicht glauben, denn mein Herz ist trotzdem unerlöst." So sprachen zwei Liebende, als sie sich trennten. O weh, Liebe, wer ohne dich leben könnte, das wäre klug.

3 Wenn alles ruht, dann kann nur ich allein nicht schlafen. Das kommt von einer schönen Frau, von der ich gern geliebt werden möchte. All meine Freude ist bei ihr. Was soll daraus nur werden? Warum hat Gott sie mir armem Mann zur Qual gemacht?

Text, Metrik und Musik — ein Exkurs

Was bisher an deutschen Texten der Lyrik zur Sprache gekommen ist, findet man in der 120 Jahre alten Sammlung von *Karl Lachmann* (1793—1851) und *Moriz Haupt* (1808—1874), die den romantischen Titel *Des Minnesangs Frühling* trägt — wiewohl eine barocke Reminiszenz dahinter steckt — und die bei ihrem Erscheinen (1857) zwar auch die Fachgenossen, daneben aber ein breites Publikum interessierte: die Leser *Ludwig Uhlands* (gest. 1862), der am Entstehen der Sammlung Anteil genommen hatte, die Leser *Emanuel Geibels* vor allem (1815—1884), der 1848 *Juniuslieder* und 1856 *Neue Gedichte* veröffentlicht hatte und dessen letzte Gedichtsammlung (1877) *Spätherbstblätter* heißen sollte. Mindestens der Titel ließ diese Sammlung nicht nur als Beginn des Minnesangs, sondern als das jugendlich-kräftige und originale Aufblühen der deutschen Lyrik schlechthin erscheinen, deren späte Blüten die Generation Geibels nach Art eines Nachlaßverwalters zu pflegen sich bemühte. Lachmanns und Haupts Text dagegen erhob vor allem den wissenschaftlichen Anspruch, mit Hilfe der modernen Textkritik dem authentischen Dichterwerk so nahe wie möglich zu kommen. Die Texte sind nämlich nur in einigen großen Sammelhandschriften überliefert, welche nicht immer übereinstimmen und durchweg erst um 1300 geschrieben worden sind. Sie seien hier kurz genannt[15]:

A = die Kleine Heidelberger Liederhandschrift, noch aus dem 13. Jahrhundert und vielleicht aus dem Stadtpatriziat Straßburgs,

B = die Weingartner (jetzt Stuttgarter) Liederhandschrift, Anfang des 14. Jahrhunderts in Konstanz geschrieben,

C = die Große Heidelberger Liederhandschrift, Anfang des 14. Jahrhunderts in Zürich geschrieben — ihre ganzseitigen Bilddarstellungen der Minnesänger sind ein beliebter Wandschmuck des deutschen Hauses geworden.

Das heißt aber, daß die überlieferten Texte alle schon 100 oder mehr Jahre alt waren, als sie in diese unsere frühesten Quellen gelangten. Die Geschichte der 35 Auflagen von *Des Minnesangs Frühling* ist darum die Geschichte einer beständig fortschreitenden Restauration der Texte gewesen. Man kann nicht abstreiten, daß dabei viele und tiefe Einblicke in das Wesen dieser Dichtung getan worden sind, aber die Voraussetzungen dieser restaurierenden Textherstellung sind in neuerer Zeit immer zweifelhafter geworden: unsere grammatischen, stilistischen, metrischen und geschmacklichen Kriterien sind trotz aller Bemühungen unzureichend, um im Einzelfall behaupten zu können, so und nicht anders habe der Text ursprünglich gelautet. Damit aber nicht genug: es wird immer zweifelhafter, ob es den einen authentischen Text überhaupt gegeben hat, oder ob diese Poesie nicht vielmehr im mündlichen Vortrag eine gewisse Variationsbreite besessen haben könnte — deren Grenzen wir allerdings auch nicht kennen können. Die Herausgeber der neuen (36.) Auflage von MF haben es deshalb vorgezogen, so wenig wie möglich in den handschriftlich überlieferten Text einzugreifen. Das bringt zwar nicht die Lösung der Fragen nach Alter, Echtheit und Korrektheit der Texte, täuscht sie doch aber wenigstens auch nicht vor. Was die bisher genannten und übersetzten Strophen betrifft, besteht zwar ein gewisser Konsens über die Zuweisungen an bestimmte Dichter und über die Entstehungszeit sowie den Wortlaut, aber letzte objektive Sicherheit ist in diesen Fragen nicht zu erreichen. Die Beschäftigung mit diesen Texten in ihrem ebenfalls hypothetischen historischen Kontext muß das Risiko der eigenen Ansicht auf sich nehmen — und die eigene Ansicht ist ja kein notwendiges Übel, sondern der einzige Zweck der historischen Erkenntnis.

Was nun aber die Texte in den Handschriften des frühen 14. Jahrhunderts betrifft, so können wir in einem Punkte doch ganz sicher angeben, inwiefern sie nicht dem entsprechen, was hundert Jahre vorher geschaffen worden war: die Texte waren Lieder, d. h. sie konnten gar nicht anders denn als gesungene ans Ohr des Publikums gelangen. Wenn die großen und teuren Sammelhandschriften keine Noten enthalten, so liegt es vielleicht zum Teil daran, daß man viele Melodien schon damals nicht mehr kannte; plausibler scheint es allerdings anzunehmen, daß diese Prachtwerke eben betrachtet und gelesen werden sollten. Damit haben auch wir ein Zeugnis dafür, wie die Lieder um 1300 angesehen wurden; es fehlt uns aber jede Möglichkeit, uns vorzustellen, wie sie in ihrem eigenen, ursprünglichen Milieu vermittelt wurden. Immerhin haben die Texte eine metrische Form bewahrt, die man als Spur oder Niederschlag der ursprünglichen melodischen Form verstehen kann. Jedenfalls würde man sie so gewiß besser verstehen, als wenn man sie für moderne Sprech-Metrik halten würde. Werfen wir also einen Blick auf die metrische Form unserer Strophen, am Beispiel des Kürenbergers:

II,10	*Nu brinc mir her vil balde mîn ros, mîn îsengewant,*
(MF 9.29)	*wan ich muoz einer vrouwen rûmen diu lant,*
	diu wil mich des betwingen, daz ich ir holt sî.
	si muoz der mîner minne iemer darbende sîn.

Wie diese haben alle zitierten Strophen des Kürenbergers vier Verse, die paarweise reimen (a a b b). Hier reimen also *-gewant : lant* und *sî : sîn.* Am letzten Beispiel kann man sehen, daß der Reim nicht streng gehandhabt wurde. Assonanz (Übereinstimmung der letzten betonten Vokale zweier Verse) genügt oft anstelle des Reims (Übereinstimmung des letzten betonten Vokals und aller noch folgenden Laute zweier Verse). Die Verse sind ziemlich lang und haben etwa in der Mitte eine metrisch bestimmte Pause, eine Zäsur. Begrenzt wird der Vers durch die Zahl seiner Hebungen, d. h. der metrisch betonten Silben. Die metrisch unbetonten Silben oder Senkungen werden nicht gezählt: darum können eine oder zwei Senkungen zwischen zwei Hebungen stehen; die Senkung kann sogar ganz fehlen (man nennt dann die Hebung eine beschwerte). Dies geschieht oft regelmäßig am Versende oder in der Zäsur. Man nennt diese Versstelle Kadenz bzw. Binnenkadenz. Männlich (m) ist sie, wenn sie auf eine betonte Silbe schließt *(-gewánt)*, weiblich (w) ist sie, wenn sie auf eine unbetonte Silbe schließt *(bálde)*. Gerade hier genügt es aber, sich eine Melodie dazu zu denken, um zu verstehen, daß die betonte Silbe langezogen und die unbetonte auch noch mit einer musikalischen Betonung versehen werden kann:

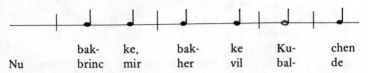

	bak-	ke,	bak-	ke	Ku-	chen
Nu	brinc	mir	her	vil	bal-	de

Diese besondere weibliche Kadenz wird klingend (k) genannt. Das Stück von einer Hebung bis zur nächsten nennt man einen metrischen Takt (er unterscheidet sich vom modernen musikalischen Takt dadurch, daß er nicht weiter hierarchisch unterteilbar ist). Senkungssilben vor der ersten Hebungssilbe nennt man Auftakt-Silben. Für die metrische Analyse haben sich konventionelle Zeichen eingebürgert[16]: x = unbetonte Silbe, $\acute{x}$ = betonte Silbe ($\grave{x}$ schreibt man, wenn die Betonung auf eine metrisch betonte, aber sprachlich unbetonte Silbe fällt, also bei einer beschwerten Hebung und in der klingenden Kadenz) ⌣ = Pause von der Länge einer Silbe.
$|\acute{x}$ $x|$ = ein Takt, durch Striche begrenzt. $|$ ⌣ $|$ = beschwerte Hebung. Mit diesen wenigen Hilfsmitteln läßt sich unsere Strophe folgendermaßen analysieren:

```
x / x́ x / x́ x / ⌣ / x̀ // x / x́ x / x́ xx / x́ ⌣ / (⌣ ⌣) / a
x / x́ x / x́ x / ⌣ / x̀ ⌣ // ⌣ / x̀ x / x́ ⌣ / (⌣ ⌣) / a
x / x́ x / x́ x / ⌣ / x̀ // x / x́ x / ⌣ / x́ ⌣ / (⌣ ⌣) / b
x / x́ x / x́ x / ⌣ / x̀ ⌣ // x́ x / ⌣ / x̀ x / x́ ⌣ / b
```

Jeder Langvers besteht aus einem ersten Halbvers mit 4 Hebungen, wobei die vierte jeweils durch die zweihebige Binnenkadenz hervorgebracht wird (in einem gesprochenen Vers würde man dagegen eine weibliche Kadenz und folglich nur 3 Hebungen ansetzen), und einem zweiten Halbvers mit 3 Hebungen und männlicher Kadenz; nur der letzte Langvers hat in der zweiten Vershälfte auch 4 Hebungen bei männlicher Kadenz und hebt durch diese Form den Strophenschluß hervor. Allerdings hatten die drei anderen Verse beim Vortrag wohl die gleiche metrische Länge (wenn auch nicht gleiche Silbenzahl), weil man einen 4. pausierten Takt ansetzen kann. Unser heutiges Symmetriebewußtsein verlangt den pausierten 4. Takt, wenn wir die Hebungen z. B. durch Klopfen bezeichnen. Da dieser 4. Takt aber nur im letzten Vers sprachlich verwirklicht worden ist, wollen wir ihn auch nur dort zählen. Streng genommen könnte man den Auftakt von Vers 2,3,4 mit der Pause vom Schluß des vorhergehenden Verses zusammenfallen lassen. Im ausgeführten

Schema wurde die mögliche Versbindung unberücksichtigt gelassen. Unter Angabe der Hebungszahl, der Kadenz- und Binnenkadenzart und des Reimes läßt sich unsere Strophe so schematisieren:

3 w (= 4 k) + 3 m   a
3 w (= 4 k) + 3 m   a
3 w (= 4 k) + 3 m   b
3 w (= 4 k) + 4 m   b

Auftakte und beschwerte Hebungen sind als freie Variationen in diesem Schema natürlich nicht mehr erkennbar. Wichtig für unser Verständnis der Kürenberger-Strophe ist nun aber die Tatsache, daß ihr metrisches Schema dem der Nibelungenstrophe entspricht. Daß diese nicht um 1200 direkt für die Aufzeichnung des Nibelungenliedes erfunden worden ist, versteht sich: sie ist vielmehr die Form einer wie auch immer vorzustellenden epischen Tradition. Im Nibelungenlied wird diese Strophenform samt der dazugehörenden Melodie über 2000 mal wiederholt. Zwar ist jene Melodie direkt nicht überliefert, aber wie solche Epenmelodien beschaffen waren, das weiß man: wiederholte Zeilenmodelle rezitativischer Art mit melodischen Initial-, Zäsur- und Kadenzfiguren, eine unaufdringliche Stütze des Vortrags[17]. Selbst wenn des Kürenbergers *wîse* nicht dieselbe gewesen sein sollte wie die des Nibelungenliedes, so gehorchte sie doch gewiß demselben Formgesetz. Damit läßt sich aber behaupten, daß die frühe Strophenlyrik keine ihr eigene originale Form verwendet, sondern eine wesentlich epische. Das würde gut zu der Beobachtung passen, daß diese Lyrik selbst eine gewisse Schwierigkeit mit dem lyrischen Ich zu haben scheint und gern in die Haltung des Erzählers oder zitierte wörtliche Rede ausweicht. Da aber keine Ereignisketten darzustellen sind, ist der poetische Vorwurf jeweils nach 4 Langversen erschöpft. Sowohl der Frau als auch dem Ritter — selbst wenn er sich als dichtenden nennt — werden hier Rollen angepaßt und zudiktiert, die eine Problematisierung des Verhältnisses von Ich und Rolle ausschließen: Die herrische Geste des Ritters, die Liebesunterwerfung der Frau als männliche Wunschprojektion, auch noch das neue ritterliche Sehnen in Kombination mit der weiblichen Hingabe lassen dem lyrischen Ich keinen Raum, weil keine Gesellschaft imaginiert wird, in deren Lebensformen sich die Beziehung des Ritters zu seiner Dame einzufügen hätte. Gerade das war in der Lyrik Wilhelms IX. von Aquitanien und stärker noch in der sogenannten 2. Generation, bei Jaufré Rudel, der Fall.

Gegen 1180 beginnt nun eine neue Generation von deutschen Minnesängern provenzalische und französische Lieder regelrecht zu imitieren, nach Form und Inhalt, wahrscheinlich auch unter Beibehaltung der originalen Melodien — wie man behaupten zu dürfen glaubt, obwohl keine der übernommenen Melodien erhalten ist. Dabei kam es zu einer hochinteressanten Konfrontation von romanischer und deutscher Metrik, denn irgendwie mußten die deutschen Dichter ihre Vorbilder ja in Verse bringen. Verhältnismäßig leicht ließ sich im deutschen Vers eine regelmäßige Alternation von Hebung und Senkung erreichen — unter Verzicht auf mehrsilbige Senkungen und beschwerte Hebungen; auch der Auftakt ließ sich regeln. Der Einführung wechselnder Verslängen in einer Strophe steht ebenfalls kein wichtiges deutsches Versprinzip entgegen. Was den deutschen Nachahmern dagegen als ganz inkommensurabel erscheinen mußte, das war die rhythmische Gliederung des romanischen 10-Silblers und das germanische Hebigkeitsprinzip. Was bei dieser Konfrontation herauskam, hat den Herausgebern seit Lachmann viel Kopfzerbrechen bereitet und Anlaß zu vielen Textverbesserungen gegeben. Immerhin läßt sich heute wohl einsehen, welchen Kriterien die Texte jener mittelhochdeutschen Dolmetscher der westlichen Ritterkultur gehorchen. Was für metrische Eindrücke konnte ein mittelhochdeutscher Dichter denn beim Vortrag eines französischen Liedes aus Zehnsilblern bekommen?

In Vers und Prosa hängt die Akzentverteilung im Französischen ja nicht von festgelegten Wortbetonungen, sondern von der syntaktischen Gliederung ab: die letzte betonbare Silbe eines Syntagmas erhält eine Betonung, und die vorletzte ist notwendig unbetont, wie z. B. hier:

aidez-moi! aidez-moi donc! aidez-moi donc tout de suite!
x x x́ / x x x x́ / x x x x́ / x x́ /
(Helft mir! Helft mir doch! Helft mir doch schnell!)

Jedes Versende ist auch Ende eines Syntagmas und somit auch akzentuiert; das Versinnere kann durch metrische Pausen, also Zäsuren, gegliedert werden. Eine solche Gliederung ist immer auch eine syntaktische. Im Zehnsilbler gibt es eine solche feste Zäsur nach der 4. Silbe, durch sie ist also diese 4. Silbe auch immer betont. Nur die Silbenzahl 10 (eine mehr bei weiblichem Ausgang) und die Zäsur und Betonung bei Silbe 4 definieren metrisch den Zehnsilbler. Seine weitere rhythmische Untergliederung hängt von der syntaktischen Füllung ab. Aber nicht nur der Dichter hat hier eine freie Wahl, oft hat sie auch noch der Vortragende, wenn er einen gegebenen Vers syntaktisch gliedert und damit akzentuiert. Zu hören waren also im französischen Vers die verschiedensten rhythmischen Modelle. Für den Versanfang (Silben 1—4) kann man finden: x x́ x x́ / oder x́ x x x́ /

oder (selten) x́ x x́ x /. Für die Silben 5–10 gibt es vor allem diese Möglichkeiten: x x́ x x́ x x́ / oder x́ x x x́ x x́ / oder x x x́ x x x́ /. Für den mittelhochdeutschen Dichter waren somit Verse zu hören, die Freiheiten in der Zahl der unbetonten Silben (Senkungen) zuließen und keine konstante Zahl von Hebungen besaßen! Wer das im Deutschen nachmachen will, muß die sprachlich festen Stammsilbenakzente unregelmäßig verteilen, indem er die im Französischen frei entstehenden rhythmischen Effekte als Formeln auffaßt und imitiert. Da das Hebigkeitsprinzip hier zu seiner eigenen Verletzung benutzt werden muß, entsteht eine Unmetrik, die zwar der konsequente formale Niederschlag der historischen Situation ist, die aber keine Tradition werden konnte.

Ein in unseren Handschriften *Ulrich von Gutenburg* genannter Dichter hat auf diese Weise die Melodie eines französischen Kollegen, *Blondel de Nesle*, für seinen deutschen Text benutzt. Man nennt dieses Verfahren Kontrafaktur. Hier das rekonstruierte Resultat, akzentuiert nach den hypothetischen Regeln dieser Kontrafaktur-Metrik und der Melodie des Blondel aus einer Pariser Handschrift des 13. Jahrhunderts unterlegt[18]:

ULRICH VON GUTENBURG
Ich hôrte ein merlikîn wol singen (MF 77.36)

1. Ich hôr- - te ein mer- li- kîn wol sin- gen

2. daz mich dûh- te der su- mer wolt ent- stân.

3. ich waene, ez al der welte vröi-de sol brin-gen,

4. wan mir ei- nen, mich en- trie-ge mîn wân.

5. Swie mîn vro- we wil, sô sol ez mir er- gân,

6. der ich bin ze al-len zí- ten un- der- tân.

7. ich wânde, ie- men sô he- te mis- se- tân,

8. suoch-te ge- nâ- de, er sol- te si vin- den.

9. daz muoz lei-der an mir ei- nen zer-gân.

al mîn dienest — Deutsche Lyrik: aus Frankreich importiert

Die für die historische Situation dieses Liedes typische komplexe metrische Form und seine hypothetische Melodie mögen nun auf sich beruhen, während wir uns seinem Inhalt zuwenden:

1   Ich hörte eine Schwarzdrossel lieblich schlagen, daß es mich deuchte, der Sommer wolle anheben. Ich denke, es wird aller Welt Freude bringen außer nur mir allein, wenn meine Ahnung mich nicht trügt. Wie meine Herrin will, so wird es mir ergehen, der ich jederzeit untergeben bin. Ich dachte, wenn jemand, der gefehlt hätte, Gnade suchte, so sollte er sie finden: das soll sich leider ausgerechnet an mir als ungültig erweisen.

2   Wie soll ich meinen Dienst nun aufkündigen, den ich lange in Treuen geleistet habe? Ich bin sehr schmerzhaft verwundet ohne Waffenstreich: das haben mir ihre schönen Augen angetan, so daß ich nie mehr genesen kann, es sei denn, daß sie es wollte, der ich untergeben bin. Weh, was soll ein dergestalt vernichteter Mann? Ich glaube, bei ihr ist Gnade so tief eingeschlafen, daß ich sie leider nicht erwecken kann.

3   Ich will immer mehr meinem Herzen dankbar sein dafür, daß es sich so um ihre Liebe bemüht hat. Hätte ich eine ebenso Vollkommene gefunden, darauf hätte ich gern meinen Sinn gerichtet. Sie brachte es dahin, daß ich in den Besitz der Freude kam, die ich mir zu einer

Herrin auserwählt habe. Ich war ungezogen, wie viel ich auch gesungen habe. Ihre schönen Augen waren die Rute, mit der sie anfing, mich zu züchtigen.

4 Ich werde immer in der Gunst verharren: Sie muß Sünde ohne meine Schuld an mir begehen. Sie kann mich nie auf andere Weise von ihr vertreiben, daß ich nicht behalten möchte Hoffnung und Zuversicht, daß die Treue höher stehen sollte als Untreue, der ich nichts Gutes gönne. Wo man einen falschen Mann kennte, den sollten wohl alle Frauen meiden, dann könnte man in ihrem Lob ständig verharren.

5 Ich werde nie wegen meines Kummers unterlassen, davon allein zu singen, wie es mir ergeht, und will gern solche Not immer ertragen, die mir durch Minne so nahe geht. Da mein Leben in Zweifel gestellt ist, so daß mir leider nicht geholfen werden kann ohne jene, die mich so bezwungen hat, und soll nun mein Glück ihretwegen ausbleiben, so ist es ihre Sünde und große Verfehlung.

6 Heraus aus den Augen — das ist ein Wunder — geht mir das Wasser vom Herzen herauf. Darum muß ich mich von der Gesellschaft absondern, seit mich ihre Güte so schmerzhaft überwältigt hat, daß sie meine Seele nun nicht läßt von ihr scheiden, wie es jetzt bestellt ist. Wenn ich daran denke, daß mir gar nicht nützt all mein Dienen, dann ertrage ich solchen Kummer, wie kein Mann je hatte noch haben wird.

Was sofort auffällt gegenüber den lyrischen Strophen des frühen Minnesangs, das ist die Ausdehnung dieses Liedes. Es hat 6 Strophen und folgt auch hierin seinem französischen Vorbild. Die Reime lassen auch noch eine gewisse Strophenbindung erkennen: der Reim b ist gleich in den Strophen 1+2, 3+4, 5+6. Im französischen Vorbild waren es *coblas doblas*, d. h. Doppelstrophen mit gleichen Reimen. Es gibt also auch eine formale Bemühung, die 6 Strophen zu einer gewissen Einheit zu verbinden. Gegenüber den schmalen Strophen eines Kürenberger sehen wir uns hier mit vielen komplexen und abstrakten Aussagen konfrontiert, die alle von einem immer gegenwärtigen Ich kommen und manchmal etwas Grüblerisches annehmen. Selbst der Natureingang (er fehlt im französischen Vorbild, war aber sonst im romanischen Bereich längst konventionell geworden) wird durch die Perspektive des Ich eingeführt und ganz nach den Regeln dieses Topos auf das eigentliche Thema bezogen: die Minne. Der Sänger ergibt sich in den Willen seiner Herrin und klagt darüber, daß sie keine Gnade walten läßt. Wofür er begnadigt werden möchte, bleibt unklar. In der zweiten Strophe ist von treuem Dienst des Sängers die Rede, von einer Verwundung durch die schönen Augen der Herrin und wieder vom Zweifel an ihrer Gnade. In der dritten Strophe beglückwünscht der Sänger sich selbst für seine Treue — eben weil diese Herrin die Vollkommenste ist. Sie war es auch, die mit der Rute ihrer Augen den Sänger für sein unwürdiges Singen gezüchtigt hat. Vielleicht hofft er auf Gnade für jenes alte Vergehen? In der vierten Strophe pocht er jedenfalls auf seinen Anspruch auf Gnade, den er durch seine Treue begründet. Die darin liegende Anklage wird in der fünften Strophe ganz explizit: es ist eine Sünde, wenn die Herrin diesen treuen Dienst des auf sie angewiesenen Sängers nicht durch Gnade, Heilung und Glück vergilt. Daß dem Gesang eine bedeutende Rolle in diesem Dienst zukommt, sieht man auch hier wieder. Die sechste Strophe entwickelt noch einmal das Bild des auf Leben und Tod abhängigen Sängers, der ohne Hoffnung dient und Trost nur darin zu finden scheint, daß er mehr Kummer erträgt als je ein Mann ertragen hat und noch ertragen wird. Das Verhältnis des Sängers zu der vollkommenen und deshalb unwiderstehlichen Herrin wird vom Sänger selber einem Publikum vorgeführt, wobei wiederum diesem Publikum eine Art von Bewunderung für diesen Weltmeister im Kummertragen abverlangt wird.

Neben dem erotischen Symbol des Natureingangs und dem antiken Liebesmotiv der Verwundung fallen Begriffe aus der Rechts- und Gesellschaftsordnung auf: Herr und dienender Untergebener, Anspruch auf Lohn für Dienst, Treue — das sind Motive, die direkt aus dem Lehnswesen übernommen scheinen. Dort stellt sich das entsprechende Personenverhältnis so dar: ein persönlich Freier begibt sich in die Abhängigkeit eines Herrn und ist ihm mit Rat und Tat verpflichtet (*consilium, auxilium*). Der Herr übergibt dem Vasallen eine Lebensgrundlage, ein Lehen, und ist für Schutz und Unterhalt seines Lehnsmannes verantwortlich. Unfreie (*ministeriales*) durften ursprünglich keine Mannschaft leisten, weil dies ein Akt der Aufgabe persönlicher Freiheit bedeutet, die der Ministeriale eben nicht besaß. Aber gerade in der zweiten Hälfte des 12. Jahrhunderts gewinnen die Ministerialen in Deutschland eine solche gesellschaftliche Bedeutung, daß sie trotzdem Mannschaft leisten und auch hierin ihren alten unfreien Status so weit wie möglich zu verleugnen suchen. Ein Beispiel für eine Mannschaftsleistung mit folgender Investitur gibt der Notar des Grafen von Flandern, *Galbert von Brügge*, wenn er berichtet, wie der neue Graf von Flandern, *Wilhelm von Normandie*, die Vasallen seines ermordeten Vorgängers, *Karls des Guten*, im Jahre 1127 empfängt[19]:

„Zuerst leisteten sie ihm auf folgende Weise Mannschaft: der Graf fragte den zukünftigen Vasallen, ob er ohne Vorbehalt sein Mann werden wolle, und dieser antwortete: ,Ich will es'. Alsdann umschloß der Graf die zusammengelegten Hände des anderen mit seinen Händen, und sie besiegelten den Bund durch einen Kuß. Zweitens gab derjenige, der Mannschaft geleistet hatte, dem Vorsprecher des Grafen mit folgenden Worten sein Treuversprechen: ,Ich ver-

spreche bei meiner Treue, von nun an dem Grafen Wilhelm treu zu sein, und
ihm gegen alle anderen meine Mannschaft unwandelbar zu erhalten, aufrichtig
und ohne Trug.' Drittens bekräftigte er sein Versprechen durch einen Eid, den
er auf die Reliquien der Heiligen leistete. Dann gab der Graf mit dem Stab,
den er in der Hand hielt, allen denen, die durch diesen Vertrag Sicherheit versprochen, Mannschaft geleistet und gleichzeitig den Eid geschworen hatten, die
Investitur."

Ziehen wir die Parallelen zwischen dem gesellschaftlich-realen
Lehnsvertrag und dem poetischen Motiv der Minnebindung, so entspricht der Sänger dem Vasallen, die Herrin dem Herrn, der Dienst
dem Gesang und der Verehrung — nur das durch den symbolischen
Stab in der Investitur übertragene Lehen hat keine Entsprechung. Es
wird mehr oder weniger plausibel ersetzt durch die absolute, affektiv
gesicherte und erotisch begründete Treue des dienenden Sängers,
insofern er diese Treue selber als eigene Wertsteigerung empfindet.
Es scheint unbezweifelbar, daß hier soziale Gegebenheiten und Probleme in einer poetischen, fiktionalen Gestalt reflektiert werden.
Jedenfalls liegt eine solche Deutung näher, als symbolische Beziehungen zwischen Gott und Mensch oder zwischen der ewigen Poesie
und dem Dichter zu postulieren. Erich Köhlers bereits erwähnte
These, wonach die Grundidee des Minnesangs mit den Aufstiegsbestrebungen des niederen Rittertums in Frankreich, der Ministerialität in Deutschland verbunden gewesen sei, ist auf diese Weise vielleicht zu stark reduziert. Ein Herzog von Aquitanien (Wilhelm IX.)
und ein Graf von Champagne und König von Navarra (Thibaut IV.)
repräsentieren schlecht das niedere Rittertum; unser Ulrich von
Gutenburg, der (wie *Friedrich von Hausen*) in italienischen Kaiserur-
kunden als Zeuge erscheint, war ein freier Herr und *Rudolf von
Fenis-Neuenburg* gar ein Graf[20]. Die Analyse des Liedes von Ulrich
von Gutenburg zeigt, daß im Bilde der bedingungslosen Treue nicht
nur die Aufstiegsbestrebungen der Ministerialität und des niederen
Rittertums durch das Angebot eines Tugendadels befriedigt werden,
sondern daß gerade ein Herr als Empfänger und Nutznießer der
bedingungslosen Treue ein mindestens ebenso handfestes Interesse
an dieser poetischen Phantasmagorie haben mußte. Der Minnesang
wäre also viel eher noch als zutiefst angelegte Verteidigung der gesamten Feudalordnung denn als Interessenverteidigung einer bestimmten Schicht darin zu verstehen.

Ein weiteres Beispiel für ein deutsches Minnelied nach französi-
schem Vorbild bietet der Graf Rudolf von Fenis(-Neuenburg). Es
handelt sich um Rudolf II., der mit einer Provenzalin verheiratet war
und gegen 1196 wohl im besten Mannesalter starb. Er hat dieses Lied

dem *Gace Brulé* nachgedichtet, der das seine wohl zwischen 1180 und 1195 gedichtet hat[21].

Die Herrin hat hier noch eine Überhöhung durch das personifizierte Abstraktum Minne erfahren, und die Paradoxie des Minnedienstes wird in die prägnante Formel gebannt: *diu nôt ist diu meiste wunne mîn* (der Kummer ist meine größte Freude). Von den vielen formalen Kunststücken seines Vorbilds übernimmt Rudolf die *coblas capfinidas*, nach dem provenzalischen Fachausdruck also Strophen, die mit denselben Wörtern beginnen, mit denen die vorhergehende Strophe aufhört. Man kann in diesem formalen Ausdrucksmittel gewiß auch das unaufhörliche Kreisen um denselben Gedanken bezeichnet finden[22]:

1   Minne befiehlt mir zu singen und will nicht, daß ich mich dauernd ärgere – im Augenblick habe ich von ihr weder Bestärkung noch Hoffnung – und irgendwie in den Genuß meines Singens komme. Sie will, daß ich allezeit dort diene, wo mein Dienst noch immer wenig Gewicht hatte und all meine Beständigkeit nicht helfen kann. Es wäre schon mein Recht – wenn ich könnte – darauf zu verzichten.

2   Es ist aber nicht so mit mir – ich kann nicht darauf verzichten –, daß ich das Herz jemals von ihr abwenden könnte. Es ist schlimm, daß ich mich nicht mäßigen kann. Ich liebe sie, welche mich doch furchtbar haßt, und tue auch weiterhin dasselbe, was mir dabei auch zustößt. Meine große Beständigkeit läßt mich davon nicht frei, doch nützt es mir leider wenig. Ist es ihr auch unangenehm, so diene ich ihr doch mehr und mehr.

3   Mehr und mehr will ich ihr mit Beständigkeit dienen, und weiß doch genau, daß ich dafür nie Lohn bekommen werde. Es wäre vernünftig von mir, dort zu bitten, wo ich auf Lohn rechnen könnte von der Minne. Auf Lohn habe ich auch weiter wenig Hoffnung, ich diene immer weiter dort, wo es mir wenig nützen kann; ich gäbe es ja gern auf, könnte ich es aufgeben – es wollen aber deswegen meine Sinne nicht von ihr fort.

4   Meine Sinne wollen darum nicht von ihr fort. Ob sie auch mich nicht bei sich lassen will, so kann sie mir doch dies nicht verleiden, daß ich ihr mit Freuden diene und für sie allen Frauen. Leide ich dabei Kummer, so sieht man es mir doch nicht an: der Kummer ist meine größte Freude. Sie soll deshalb ihren Zorn fahren lassen, denn sie kann mich niemals von ihr vertreiben.

mîn herze und mîn lîp – Kreuzzugspflicht und Minnedienst

Das weltliche Rittertum, das sich im Minnesang eine ganz eigene poetische Gattung geschaffen hat und darin sowohl die Integration des niederen Adels und der Ministerialität als auch die Stabilität der ganzen Feudalhierarchie als Ideal feiern konnte, wobei die aus der Erotik abgeleitete Treue zur Dame ein nicht-geistlicher transzendenter Wert wurde, dieses weltliche Rittertum hatte schon im Zeitalter des zweiten Kreuzzuges den Unwillen der Geistlichkeit hervorgerufen, und Bernhard von Clairvaux hatte seinerseits die Entwicklung einer weltlichen Ritterkultur zu bremsen versucht, indem er als wahres Rittertum die *nova militia* des Templerordens pries, deren Ideal eben nicht im Bilde der Treue zu einer unerreichbaren vollkommenen Herrin symbolisiert zu werden brauchte, sondern als christlicher Gehorsam in die alte Tradition der Ordensfrömmigkeit eingehen konnte. Von dieser Warte aus war ein Kampf zwischen christlichen Rittern etwas durchaus verdammungswürdiges, wohingegen die ganze christliche Ritterschaft eigentlich geschlossen dem großen abendländischen Ziel des Heidenkampfes dienstbar werden sollte. In der Tat gehört der geistliche Auftrag der Wiedergewinnung oder Verteidigung christlicher Länder, insbesondere des Heiligen Landes, aber auch Eroberung und Christianisierung anderer heidnischer Gebiete, zu jenen Elementen des ritterlichen Lebens, auf die sich das stolze Selbstbewußtsein der Ritterklasse gründete. Die Kreuznahme, das Gelöbnis an einer kriegerischen Unternehmung im Heiligen Land teilzunehmen, war in dieser Hinsicht ein eminent ritterlicher Akt; er vereinte zudem in derselben Geste die gesamte ritterliche Hierarchie vom König bis zum Ministerialen und hatte damit eine außerordentliche solidarisierende Wirkung. Allerdings war in dieser Bereitschaft des Dienstes für Gott und sein Reich auf Erden der Konflikt mit der rein weltlich begründeten Ritterkultur angelegt, die ihre Transzendenz im Symbol der Minnetreue fixiert hatte und an der Selbstdarstellung in Poesie und Turnier ihr Genüge fand. Die konkurrierenden transzendenten Beglaubigungen der ritterlichen Existenz erscheinen demnach widersprüchlich als absoluter Gehorsam gegenüber Gottes Autorität einerseits, als absoluter Gehorsam gegenüber der gesellschafts-symbolisch transzendenten idealen Herrin andererseits. Unvermittelt erscheinen beide Bekenntnisse schon bei den Troubadours der zweiten Generation in Liedern zum zweiten Kreuzzug: Jaufré Rudel hatte ein Liebeslied, in dem er die Vorstellung der übermäßigen Beglückung durch die Liebe darstellt, mit dem Bekenntnis geschlossen, daß Tapferkeit und Seligkeit nur dem gehören können, der gehorsam den Weisungen des Herrn Jesus ins heilige Land Folge leistet[23]. Der Konflikt zwischen der weltlichen und der geistlichen Begründung ritterlicher Existenz hat sich in der Lyrik deutlich ausgedrückt, wobei ganz verschiedene Haltungen eingenommen werden.

Hier sollen zwei berühmte deutsche Kreuzlieder samt ihrem französischen Vorbild als Beispiel dienen[24].

Der Fall Jerusalems am 2. Oktober 1187 durch den Sultan *Saladin* beendete die beinahe hundertjährige Herrschaft über den wichtigsten Ort des Christentums und löste eine gesamtabendländische Reaktion aus: am 29. 10. 1187 erließ Papst *Gregor VIII.* seinen Kreuzzugsaufruf mit der Enzyklika *Audita tremendi*, und der Kaiser *Friedrich I. Barbarossa* (der bereits am zweiten Kreuzzug teilgenommen hatte) brach auch am 11. 5. 1189 aus Regensburg auf; in seinem Heer befand sich der bedeutende Diplomat, Freiherr und Reichsministeriale *Friedrich von Hausen*, der am 6. 5. 1190 auf dem Kreuzzug den Tod finden sollte. Er hat ein Lied zu diesem Kreuzzug gedichtet, ebenso wie *Albrecht von Johannsdorf*, wohl ein Ministeriale des Bischofs von Passau. Die Könige von England und Frankreich brachen wegen Zwistigkeiten erst im Juli 1190 auf, hatten aber bereits gemeinsam am 21. 1. 1188 bei Gisors in Nordfrankreich das Kreuz genommen. Bei dieser Gelegenheit haben wohl auch der Graf *Robert V. von Béthune* und sein Sohn *Conon* das Kreuz genommen; von ihm ist ein Lied überliefert, das sehr bald zu Albrecht von Johannsdorf und Friedrich von Hausen gelangt zu sein scheint. Mindestens der letztere hat das Kreuz gewiß zusammen mit dem Kaiser in Mainz im März genommen; die deutschen Lieder lassen sich beide im Zusammenhang mit diesem Ereignis sehen. Conon de Béthune hatte folgendermaßen gedichtet[25]:

1   O weh, Amor, wie harten Abschied werde ich nehmen müssen von der Besten, der je Liebe und Dienst erwiesen worden sind. Gott möge mich zu ihr zurückführen durch seine Milde, so wahr ich mich von ihr trenne mit Schmerz. Ach, was habe ich gesagt? Nie trenne ich mich von ihr; wenn der Körper geht, unserem Herren zu dienen, bleibt das Herz doch ganz in ihrer Herrschaft.

2   Für sie gehe ich fort mit Seufzen nach Syrien, denn ich darf meinen Schöpfer nicht im Stich lassen. Wer ihm in dieser Not Hilfe versagt, wisset, daß Er sie ihm in Größerem versagen wird. Es sollen auch wissen die Großen und die Kleinen, daß dort Rittertat zu leisten ist, wo man gewinnt das Paradies, Ehre und Preis und Lob und die Liebe seiner Freundin.

3   Gott ist belagert in seinem heiligen Erbland. Nun wird sich zeigen, ob jene ihn unterstützen, die er aus dem finstern Gefängnis befreite, als er starb auf jenem Kreuz, das die Türken haben. Wißt nur: die sind gar zu verachtenswert, die nicht dorthin gehen, wenn sie nicht Armut oder Alter oder Krankheit zurückhält. Doch jene, die gesund und jung und reich sind, können nicht ohne Schande hier bleiben.

4   Alle Kleriker und jene Alten, die in Almosen und guten Werken sterben, werden alle zu dieser Pilgerfahrt mit aufbrechen, auch die

Damen, die keusch leben, wenn sie Treue halten jenen, die dorthin gehen. Und wenn sie bösem Rat folgend Unvernunft treiben, so tun sie es mit Feiglingen und Schurken, denn alle Guten gehen auf jene Reise.

5 Wer nicht hier ein schändliches Leben führen will, der gehe doch für Gott sterben, frisch und freudig, denn jener Tod ist süß und köstlich, mit dem man erwirbt das teure Reich. Und kein einziger wird dort des Todes sterben, sondern geboren werden sie zu ruhmvollem Leben. Wer aber zurückkommt, der wird sehr glücklich sein; für alle Zeit wird dafür Ehre seine Gattin bleiben.

6 O Gott, so tapfer sind wir gewesen zum Zeitvertreib; nun wird sich zeigen, wer wirklich tapfer ist. Laßt uns also die schmerzende Schande rächen, über die ein jeder erzürnt und beschämt sein muß, daß nämlich zu unserer Lebenszeit das Heilige Grab verlorengegangen ist, wo Gott für uns ruhmreichen Tod erlitt. Lassen wir dort jetzt unsere Todfeinde, so wird für alle Zeit unser Leben Schande sein.

Es ist zu bemerken, daß der Kreuzzug ganz als ritterliche Bewährung erscheint: Gott soll der höchste Lehnsherr sein, der in seinem Erbland belagert ist. Der Ritter als Lehnsmann ist nicht nur zur Hilfe verpflichtet, sondern auch daran interessiert. Auf seine Abhängigkeit verweist die Drohung in Strophe 2 − Gott könnte sich im Jüngsten Gericht rächen, zumal Gott als Lehnsherr bereits am Kreuz zugunsten des Lehnsmanns eingetreten ist! Was auf dem Spiel steht, ist die ritterliche Ehre. Sie würde verlorengehen, wenn die Feinde nicht vernichtet werden. Wer sich aber an ihrer Vernichtung beteiligt, hat den Vorteil auf beiden Ebenen des ritterlichen Selbstverständnisses: er gewinnt ebensowohl das ewige Leben wie weltliche Ehre und die Liebe seiner Dame (sie ist es jetzt, die treu zu sein hat, vgl. Strophe 3!). Eben der weltlichen Argumentationsebene wegen verharmlost der Dichter den Tod in Strophe 5. Das sophistische Motiv von der Trennung des Körpers und des Herzens schafft hier die trügerische Möglichkeit, ein christliches Rittertum und ein weltliches Rittertum zu vereinen. Eine prägnant formulierte Ideologie zieht die Kreuzfahrer in ihren Bann, nicht eine päpstlich-kirchliche Ideologie, sondern eine Klassenideologie des Rittertums, das sowohl sich selbst als auch die Nachfolge Christi zum absoluten Wert zu erheben versucht.

Bei Friedrich von Hausen dagegen erscheint die Minne oder die verehrte Dame als ein Hindernis auf dem Wege ins Heilige Land. Das läßt sich durchaus verstehen als Widerstand gegen eine außerhalb weltlichen Rittertums existierende über das Rittertum selbst erhabene Instanz. In Anlehnung an die Motive von Conon reflektiert der Dichter das Problem folgendermaßen[26]:

1   Mein Herz und mein Körper, die wollen sich trennen, die so lange
     beieinander gewesen sind. Der Körper möchte gern gegen die Hei-
     den kämpfen, aber das Herz hat eine Dame erwählt vor allen an-
     deren Menschen. Das wird nun für mich eine dauernde Last sein,
     daß sie beide einander nicht folgen. Mir haben die Augen viel Leid
     angetan. Gott allein könnte diesen Zwiespalt noch lösen.

2   Da ich dich, Herz, nicht davon abbringen kann, mich in höchster
     Betrübnis zurückzulassen, so bete ich zu Gott, daß er dich schicken
     möge an einen Ort, wo man dich aufnehmen würde. O weh, wie wird
     es dir Armem ergehen, wie könntest du es wagen, allein solche Not
     zu bestehen, wer wird dir helfen, deine Sorge zu beenden mit Auf-
     richtigkeit, wie ich es getan habe?

3   Ich wähnte frei zu sein von solcher Beschwernis, als ich das Kreuz
     zur Ehre Gottes nahm. Es wäre auch rechtens, wenn es an dem wäre,
     aber meine Treue mißgönnt mir das. Ich würde zu Recht ein leben-
     diger Mann sein, wenn es sein unvernünftiges Begehren aufgäbe.
     Jetzt sehe ich aber, daß es ihm ganz gleichgültig ist, wie es mir am
     Ende ergehen kann.

4   Keiner darf mir das als Untreue auslegen, wenn ich die hasse, die ich
     vordem geliebt habe. So oft ich sie auch angefleht oder gebeten
     habe, tut sie doch so, als ob sie es nicht verstünde. Mir scheint wirk-
     lich, daß ihre Antwort ganz dem Sommer von Trier gleicht. Ich
     wäre ein Narr, wenn ich ihre Ungezogenheit akzeptierte. Das passiert
     mir nie wieder.

Das Motiv vom Herzen und Körper scheint hier gerade zu keiner
Synthese zurückzuführen. Das Ich, der Dichter, trennt sich von
seinem Herzen, das nun allerdings nicht bei der Geliebten verharrt,
sondern sozusagen herrenlos um Aufnahme bitten muß — eben weil
sein Dienen auch bisher ganz im Sinne der Regeln des Minnedienst-
verhältnisses ohne Lohn geblieben ist. Mit der letzten Strophe (und
ihrem rätselhaften Sommer von Trier[27]) schüttelt das Ich jedenfalls
die Minnebindung ab und erklärt sich frei für die religiös-politische
Aufgabe des Kreuzzugs, weil anscheinend irgendeine Verfehlung der
Dame ihm einen Grund für diese Entscheidung liefert. Aber ist das
eine Lösung des Problems? Gewiß nicht, denn einerseits bezeichnet
dieses Ich sich als halben Mann und andererseits ist seine getroffene
Entscheidung nicht autonom — denn wenn die Dame nun keinen Anlaß zur Aufkündigung des Dienstes gegeben hätte, wäre der Ritter
dem Aufruf Gottes dann aus Treue nicht gefolgt?

Bei dem anderen deutschen Dichter, Albrecht von Johannsdorf,
kommen dagegen ganz neue Gedanken ins Spiel. Er führt das abstrakte Minneverhältnis aus seinem rein symbolischen Zustand auf
ein Personenverhältnis zurück: es gibt den Sänger und die Dame bei
ihm außerhalb des Klagetopos, sie können im Wechsel zu einander
sprechen, und die Kreuzfahrt erscheint deutlich als leidbringendes

Ereignis in einem Verhältnis, dessen affektiver und erotischer Charakter nicht geleugnet wird. Historisch mag hier eine Anleihe beim frühen donauländischen Minnesang vorliegen, der zu Albrechts Zeiten in der Donaugegend ja durchaus noch lebendig gewesen sein kann. Inhaltlich bedeutet die Figur der trauernden Herrin hier aber etwas ganz anderes als damals: sie wird in die Kreuzespflicht mit hineingenommen, sie bringt ein Opfer. Daß es nicht nur theoretisch formuliert worden ist (wie bei Conon de Béthune in der vierten Strophe), sondern in eine Abschiedssituation eingefügt erscheint ohne jede hoheitsvolle Geste der Zurückhaltung von seiten der Dame, der *herzevrouwe*, auch ohne jede Unterwürfigkeit des Verehrers, der betet: Heiliger Gott, sei uns beiden gnädig! – das gibt dem Lied Albrechts eine besondere und neue Qualität. Dieser geteilte Verzicht ist aber auch ganz untauglich, die hierarchische Lehnstreue zu symbolisieren. Indem das Gedicht das Liebesverhältnis – also die metaphorische Grundlage jedes Minneliedes – wörtlich und ernst nimmt, ersetzt es vielmehr das hierarchische Abhängigkeitsverhältnis durch eine gegenseitige, private Treueversicherung, wie wenig dabei auch das höhere Gut, die Kreuzzugspflicht, in seiner eigenen ideologischen Bedingtheit durchschaut werden mag[28].

1   Mich kann der Tod sehr wohl von ihrer Liebe trennen, niemand sonst, das habe ich geschworen. Der ist mein Freund nicht, der sie mir unlieb machen will, denn ich habe sie für das Glück erwählt. Wenn ich aus eigenem Verschulden ihren Zorn zu spüren bekomme, so bin ich verflucht vor Gott wie ein Heide. Sie ist freundlich und von hoher Geburt. Heiliger Gott, sei uns beiden gnädig.

2   Als die Schöne das Kreuz an meinem Kleid erblickte, da sagte die Gute beim Abschied: Wie willst du nun beides erfüllen, über Meer fahren und trotzdem hierbleiben? Sie sprach davon, wie ich mich ihr gegenüber zu verhalten gedächte. (. . .) Schon vordem litt ich Schmerz, aber solches Leid war mir noch nie widerfahren.

3   Nun, meine Herzensherrin, nun sei nicht gar zu betrübt, dich will ich allzeit als Geliebte behalten. Wir müssen fahren um des mächtigen Gottes Ehre willen gern zu Hilfe dem Heiligen Grab. Wer da strauchelt, der kann ruhig fallen: Da wird niemand sich verletzen. Das meine ich so: die Seelen werden fröhlich, wenn sie in den Himmel fahren mit Schall.

âne ir danc in mînem herzen – Minne als Poesie und Trauma

In den Liedern *Reinmars (von Hagenau)* und *Heinrichs von Morungen* kommt das Genus Minnesang an die Grenzen seiner Möglichkeiten und gleichzeitig wohl auch auf die Höhe seiner künstlerischen Vollendung. Beide Dichter streifen allen harten metrischen Zwang ab, den die rheinischen Nachahmer des romanischen Minnesangs sich auferlegt hatten, und dichten Verse von eleganter und ausdrucksvoller Glätte.

Reinmar gilt als elsässischer Ministeriale, der die längste Zeit seines Lebens am Hofe der Babenberger Herzöge von Österreich in Wien verbracht hat, unter *Leopold V.*, auf dessen Tod er eine Witwenklage verfaßte, und unter *Leopold VI.* Gegen 1210 wird er dort in mittlerem Alter gestorben sein. Der Minnesang Reinmars ist insofern wohl oft nicht seiner Bedeutung entsprechend gewürdigt worden, als er den konventionellen Hintergrund für die scheinbar so unkonventionelle Genialität *Walthers von der Vogelweide* abgeben mußte, der auf seinen Kollegen und Konkurrenten auch einen ambivalenten Nachruf gedichtet hat[29].

Blättert man die Sammlung von Reinmars Liedern durch, so bemerkt man zuerst wohl, daß sie zum größten Teil vielstrophig sind, ferner daß die Handschriften bemerkenswert uneinig über die Strophenzahl und die Strophenordnung der einzelnen Lieder sind — oft ist es gar nicht möglich, einigermaßen zweifelsfrei von einem Lied zu sprechen. Die Überlieferung bezeichnet etwas Wesentliches an Reinmars Dichtung: sie reflektiert in mannigfachen Facetten das eine Grundproblem des Minnesangs — die Verehrung und Treue als Selbstzweck — und sie tut es in immer neuem Ansetzen. Es gibt darum als Gedichteingang nur immer die Wiederaufnahme eines anderswo hängen gelassenen Fadens, und es gibt keinen stimmigen Schluß, weil die unaufgelöste Spannung des Minnedienstes sowohl Anlaß als auch Ziel der poetischen Veranstaltung ist. Aber Reinmar geht an die Grenze der thematischen Konvention, indem er das Minneverhältnis einzig und allein als Stoff für Poesie und die anbefohlene Haltung des Minneflehens in eine ästhetische Pose überführt; anders gesagt: seine Poesie scheint die Oberhand zu gewinnen über das fiktive Minneverhältnis so gut wie über die damit symbolisierte gesellschaftliche Hierarchie. An einem beinahe beliebigen Lied seien Elemente dieser Reinmarschen Kunst gezeigt[30]:

1   Kein Sehnender soll bei mir irgend Rat suchen: ich kann nicht einmal mein eigenes Leid überwinden. Nun nehme ich zwar an, daß keiner größeres Unglück zu tragen hat — und trotzdem sieht man mich dabei so froh! Was ihr hier beachten sollt, ist (nichts weniger als) ein Wunder: eigentlich sollte ich euch die größte Not klagen, aber ich kann über Frauen einfach nichts Böses sagen.

2   Würde ich nun etwas sagen, woran man bei mir ganz und gar nicht gewöhnt ist, so würde ich mir selber furchtbar untreu werden. Lange

113

habe ich die Schwere der Sehnsucht getragen und bin doch immer noch in der gleichen mühseligen Lage. Aber besser ist es, seelischen Schmerz zu ertragen, als über Frauen etwas Böses zu sagen. Das sei fern von mir — sie sind in ihrem Wesen verehrungswürdig.

3 Sie haben gern, wenn man sie getreulich bittet, und empfinden doch eine solche Befriedigung dabei, sich zu versagen. Ja, wie vielschichtig ist ihr Empfinden und unbegreiflich ihr Verhalten, das sie in ihrem Herzen geheim halten. Wer ihre Gnade erlangen will, der halte sich zu ihnen und rede nur Gutes über sie. Das habe ich eigentlich immer getan: es scheint mir aber gar nicht zu nützen.

4 Mein Verschulden steht doch wahrlich in keinem Verhältnis zu meinem unglückseligen Lohn. An Freude besitze ich nicht mehr, als meine leere Hand ergreift: mein Dienen spielt sich auf ganz ungewöhnliche Weise ab. Niemandem ist das bisher geschehen. Komme ich ans Ziel meines Sehnsuchtsleidens, dann wird es mir nie mehr — wenn ich es verhindern kann — wohl noch wehe tun.

5 Eigentlich bin ich unvernünftig, solchen Kummer zu beklagen, ohne ihr die Schuld dafür zu geben. Da ich sie aber ungefragt in mein Herz geschlossen habe, was kann sie dafür, wenn ich elend lebe? Aber das könnte doch auch wohl sie bedrücken! Ich kann jedenfalls nichts anderes unternehmen. Es schadet mir schließlich niemand als meine eigene Treue.

Das Motiv, das schon bei Rudolf von Fenis plakativ hervorgekehrt wurde: *diu nôt ist diu meiste wunne mîn* (der Kummer ist meine größte Freude), ist hier zum konstitutiven Wunder der Poesie geworden. Das *herzesêr* ist die einzige Basis der poetischen Existenz, und darüber reflektiert der Dichter als Dichter in einer Art von Metadichtung. Er würde sich selber untreu werden, wenn er die Gattung Minnesang liegenließe und (wie andere Dichter!) mindestens scheinbar den Widerpart ergreifen und die ungnädige Herrin beschuldigen würde. Sowohl diese abgewiesene Alternative wie auch das eigene *leit* bleiben fern und abstrakt, nicht die Geliebte ist Gegenstand des Liedes, sondern das Geheimnis weiblicher Psyche — in der Verkleidung des Minneideals. Des Dichters Kunst bringt diese Vorstellungswelt in einen kreisenden Wirbel, wobei jede Affirmation volle Zustimmung verlangt und doch fast nur dazu da ist, in ihr Gegenteil verkehrt zu werden. So provoziert die eigene Unschuld den Gedanken, die Schuld für das Unglück bei der Dame zu suchen, und das heißt ja doch wohl „Böses gesprochen", was der Dichter in Strophe 1 so kategorisch von sich gewiesen hatte. Aber die Dame kann eben nichts dafür. Ganz abwegig schließt die 5. Strophe (und das Lied in unseren Quellen): nur die Treue sei an allem Unglück schuld. So logisch diese Aussage an ihrer Stelle erscheint, so wenig ist sie das letzte Wort des Minnesängers. Man hat versucht, diesen unorganischen Schluß durch Umstellung der Strophen zu korrigieren, aber was ist damit gewonnen? Das Problem ist in keinem Lied gelöst, und die horrende Anklage gegen die Treue heißt auch am sowieso immer nur vorläufigen Schluß des Liedes nichts anderes, als daß das Pendel sicher zurückschlagen wird. Es ist Reinmars Genialität, den Minnesang und die eigene fiktionale Sängerrolle in ein reines Kunstprodukt überführt zu haben, wobei der Minnende im Genuß des eigenen Verzichts schließlich auf kein noch so fiktives weibliches Gegenüber mehr angewiesen ist. Das Symbol hierarchischer Ordnung des Feudalismus emanzipiert sich sozusagen zu einem Phänomen eigenen Rechts, und die extrem reinmarischen Strophen und Lieder seines Repertoires sind gewiß nicht ihrer Konventionalität wegen bedeutend, sondern ihrer tiefen Anstößigkeit halber. Darum ist jene berühmteste Strophe Reinmars eine Herrschergeste im Reiche der Poesie — auch eine Herausforderung an jeden Herren, dessen transzendente Würde symbolisch im Minnesang bekräftigt wird:

In einem und in nichts anderem will ich der Größte sein, so lange ich lebe: dieser Ruhm soll mir bleiben, und diese Fähigkeit soll mir alle Welt zuerkennen müssen: daß kein Mann sein Leid auf so kunstvoll-schöne Weise zu tragen weiß (MF 163,5 ff.).

Die moderne Reinmar-Interpretation hat zu wenig beachtet, daß der in bewußte Kunst überführte Minnesang zum Werk in der Hand des Autors wird, mit dem er schließlich nicht mehr seine Integration in den hierarchischen Gesellschaftszusammenhang gnadeflehend zu bestätigen sucht, sondern dichtend sein eigenes und individuelles Genie, sozusagen als Berufsdichter, den aufrechten Gang lehrt.

Heinrich von Morungen, den man mit einem Ritter gleichen Namens in zwei Urkunden aus dem Beginn des 13. Jahrhunderts identifizieren kann, die seine Verbindung zum Markgrafen von Meißen und zum Thomaskloster in Leipzig bezeugen, hat in seiner Zeit weniger Widerhall gefunden als Reinmar, umso mehr dagegen in der Renaissance des Minnesangs im vorigen und auch noch in diesem Jahrhundert[31]. Man braucht vielleicht nicht gleich seine durchaus verfrühte Modernität hierfür verantwortlich zu machen und wehmütig zu bedenken, was für ein Dichter Morungen zu Beginn des 19. Jahrhunderts hätte werden können. Es ist sicher förderlicher, einige prägnante Züge seines Minnesangs hier hervorzuheben, auf dem Hintergrund einer Tradition, die allerdings nur in einzelnen Mustern gezeigt werden konnte[32].

In dem Lied, das hier als erstes vorgestellt werden soll, ist die Motivik des Lehnswesens unübersehbar:

1   Noch nie hat sie mir die Fehde ansagen lassen, und doch sann sie
     stets und sinnt noch heute darauf, wie sie mir schaden kann. Dazu
     vermag ich nicht länger zu schweigen, denn sie hat noch immer die
     Absicht, alle Länder zu verheeren und eine Räuberin zu sein. Das
     kommt von all ihren Tugenden und von ihrer Schönheit, die manch
     einem Mann Leid zufügen. Wenn einer sie anschaut, dann muß er ihr
     Gefangener sein und immerfort in Kummer leben.

2   Damals, als ich ihr Dienstmann, ja ihr Leibeigener war, auf sie in
     treuer Ergebenheit und ohne Arg schaute, da überfiel sie mich mit
     ihrer Liebe und nahm mich gefangen, indem sie mir einen schönen
     Gruß entbot und mich freundlich ansprach. Daher bin ich, was
     meine Freude betrifft, krank und in meinem Herzen schwer ver-
     wundet. Ihre hellen Augen und ihr rosenfarbener roter Mund haben
     mich gänzlich ausgeraubt.

Die zwei Strophen — die nicht unbedingt in dieser Folge vom
Dichter imaginiert worden sein müssen und die nicht unbedingt die
einzigen gewesen sind — haben die gleiche Struktur: ein Bild aus dem
feudalen Leben wird ausgeführt und auf das Minneverhältnis übertragen. Eine Pointe oder Überraschung ist nicht beabsichtigt, denn das
feminine Pronomen im Strophenbeginn weist schon darauf hin, daß
ein Minneverhältnis Thema ist. Hervorzuheben ist, daß zweimal von
der Herrin als einer Gewalt, ja widerrechtlichen Gewalt die Rede ist:
ohne Fehdeansage greift man niemanden an, einen abhängigen
Ministerialen oder gar Leibeigenen setzt man nicht ohne Grund gefangen. Die Folge zeigt, daß es sich hier um rhetorische Ironie
handelt, denn Tugend, Schönheit, ja Minne und freundlicher Gruß
können der Dame unmöglich zum Vorwurf gemacht werden! Es
gibt hier kein minnesängerisches *dennoch*, kein Flehen um freund-
liche Worte und einen Gruß. Selbst bei der Minne bleibt die Formulierung eigentümlich ambivalent: *dô kam si mit ir minnen an* (da
überfiel sie mich mit ihrer Liebe). Ist es die Liebe, die sie empfand,
oder die Liebe, die sie eingab, oder beides? Von Erfüllung ist keine
Rede, aber die zweite Strophe schließt mit den Morungenschen
Symbolen der Erotik, dem strahlenden Auge und dem rosenfarbenen
roten Mund. Auf zweifache Weise ist die Minne hier umgedeutet: sie
läßt sich nicht auf den Dienst des Sängers beziehen, sondern erscheint als unwiderstehliche Gewalt von seiten der Herrin; die erotische Anziehungskraft der Frau wird nicht in abstrakte Vollkommenheit überführt, welche Treue fordert, sondern die nichtsahnende
Treue des Dienst- oder Eigenmanns sieht sich im Zauberbann der
Erotik, in die alle Tugenden der Herrin zu münden scheinen. Die
Funktion der Motive zeigt also, daß Morungen alles andere als
klassischen Minnesang dichtet. Sein Dichten in konventionellen
Motiven (Lehnsabhängigkeit, Verlust der Freude, Herzenskummer,

Tugend und Schönheit der Dame) hat eine so beunruhigende Wirkung, weil schwer durchschaubar ist, daß bei ihm die Motive wie Eisenspäne den Kraftlinien eines neuen und stärkeren Magneteisens folgen. Der Minnesang sollte die Erotik der Gesellschaftsordnung dienstbar machen: hier drängt sie sich als Eigenwert vor, und die Gesellschaftsordnung ist gerade noch gut genug für eine Metapher.

In diesen historisch-poetischen Zusammenhang muß man auch jenes berühmte und oft interpretierte Lied von Spiegel, Traum und Quell stellen, in welchem die Figur des Narziß erscheint, ohne beim Namen genannt zu werden. Dieses Lied verfolgt die Problematik der Minne ausschließlich in ihrem erotischen Bereich. Das Ideal der geliebten Herrin wird als Selbstprojektion erkannt, und der Verzicht auf die Erfüllung wird verinnerlicht als Angst, die Geliebte zu verletzen, ja zu töten. Das zuendegedachte Experiment der sogenannten wahren Minne hinterläßt den gestorben lebenden Jüngling, der an sein eigenes Bild gebannt bleibt − und den Sänger, dem diese seine eigene poetische Erkenntnis das Preisen der Minne verschlagen hat[33].

(Hans-Herbert S. Räkel)

Anmerkungen

1 Der sogenannte Heinrich von Melk, hrsg. von Richard Kienast, Heidelberg 1946 (Editiones Heidelbergenses Nr. 1), S. 39 (Erinnerung an den Tod 354−361). In größerem Zusammenhang wird diese Stelle von Bertau behandelt. Auf seine Darstellung ist im folgenden oft zurückgegriffen worden; sie sei hiermit dringend zur Lektüre empfohlen: Karl Bertau: Deutsche Literatur im europäischen Mittelalter, Band I: 800−1197, München 1972; Band II: 1195−1220, München 1973 (zunächst besonders Band I, S. 363 ff.)

2 MF 10,17 ff. (vgl. Anm. 15; Kürenberg II, 13, S. 26)

3 vgl. Rudolf K. Jansen. Das Falkenlied Kürenbergs − Eine Arbeitshypothese. In: DVjs 44, 1970, S. 585−594

4 Les Chansons de Guillaume IX Duc d'Aquitaine, hrsg. von Alfred Jeanroy, 2. Auflage, Paris 1964 (Les Classiques français du moyen âge 9), S. 1−3, mit französischer Übersetzung. Vgl. Bertau I, S. 197 ff.

5 MF 8,1 ff. und 9,29 ff. (vgl. Anm. 15; Kürenberg II, 2 und 10, S. 25 f.)

6 MF 8,17 ff. (vgl. Anm. 15; Kürenberg II, 4, S. 25)

7 MF 37,4 ff. (vgl. Anm. 15; Dietmar von Eist IV, S. 59)

8 Text nach Bertau I, S. 308 f.

9 Text nach Bertau I, S. 365

10 Les Chansons de Guillaume IX (vgl. Anm. 4), S. 19−21, mit französischer Übersetzung

11 Erich Köhler: Die Rolle des niederen Rittertums bei der Entstehung der Trobadorlyrik. In: Cahiers de Civilisation Médiévale 7, 1964, S. 27−40,

und in: Esprit und arkadische Freiheit — Aufsätze aus der Welt der Romania. Frankfurt 1966, S. 9–27. Erich Köhler: Vergleichende soziologische Betrachtungen zum romanischen und zum deutschen Minnesang. In: Der Berliner Germanistentag 1968 — Vorträge und Berichte, hrsg. von Karl Heinz Borck und Rudolf Henss, Heidelberg 1970, S. 61–76

12 Les Chansons de Jaufré Rudel, hrsg. von Alfred Jeanroy. 2. Auflage, Paris 1924, (Les Classiques français du moyen âge 15), S. 12–15, mit französischer Übersetzung, vgl. die deutsche Übersetzung von Bertau I, S. 314

13 MF 10,9 ff. und 9,21 ff. (vgl. Anm. 15; Kürenberg II, 12 und 9, S. 26)

14 MF 32,1 ff. (vgl. Anm. 15; Dietmar von Eist I, 1–3, S. 56)

15 Des Minnesangs Frühling, unter Benutzung der Ausgaben von Karl Lachmann und Moriz Haupt, Friedrich. Vogt und Carl von Kraus bearbeitet von Hugo Moser und Helmut Tervooren, Band I: Texte, Band II: Editionsprinzipien, Melodien, Handschriften, Erläuterungen, 36., neugestaltete und erweiterte Auflage, Stuttgart 1977. Hier findet man neben allem Wissenswerten über die Handschriften auch umfangreiche bibliographische Angaben. Was leider fehlt, sind knappe Hinweise zu den Dichtern. Hierfür bleibt also die Ausgabe von Carl von Kraus, was den Anmerkungsteil betrifft, unentbehrlich. Leider ist diese Ausgabe seit 1959 ohne die Anmerkungen nachgedruckt worden. Sehr kurz unterrichtet über die Dichter (bis um 1350!) André Moret: Les débuts du lyrisme en Allemagne, Lille 1951. Genauere Auskunft bekommt man in den einschlägigen Artikeln des Verfasserlexikons ‚Die deutsche Literatur des Mittelalters‘, hrsg. von Wolfgang Stammler und Karl Langosch, dessen zweite, völlig neu bearbeitete Auflage, hrsg. von Kurt Ruh, seit 1977 erscheint. Auf die alte umständliche Verszählung von MF wird man auch in Zukunft leider nicht verzichten können

16 Ausführlichere Hinweise zur mittelhochdeutschen Metrik sollten einem speziellen Lehrbuch entnommen werden, z. B.: Otto Paul/Ingeborg Glier: Deutsche Metrik, 9. Auflage, München 1974

17 vgl. K. Bertau und R. Stephan: Zum sanglichen Vortrag mittelhochdeutscher strophischer Epen. In: Zeitschrift für deutsches Altertum 87, 1956/57, S. 252–270

18 Vgl. Hans-Herbert S. Räkel: Metrik und Rhythmus in der deutschen und französischen Lyrik am Ende des 12. Jahrhunderts. In: Akten des V. Internationalen Germanisten-Kongresses = Jahrbuch für Internationale Germanistik A 2, 2, Bern 1976, S. 340–349
Das Lied Ulrichs von Gutenburg ist MF 77,36 ff. (S. 162 ff.). Eine sehr informative Gegenüberstellung von romanischen Liedern mit ihren mutmaßlichen Kontrafakten bietet István Frank: Trouvères et Minnesänger, Saarbrücken 1952. Dort findet man auch das Lied des Blondel de Nesle (8 b, S. 41 ff.) mit französischer Übersetzung

19 François Louis Ganshof: Was ist das Lehnswesen? 2. Auflage, Darmstadt 1967, S. 72 f. und S. 134 f. (dort auch der lateinische Wortlaut)

20 Joachim Bumke: Ministerialität und Ritterdichtung — Umrisse der Forschung, München 1976
Ursula Peters: Niederes Rittertum oder hoher Adel? Zu Erich Köhlers historisch-soziologischer Deutung der altprovenzalischen und mittelhochdeutschen Minnelyrik. In: Euphorion 67, 1973, S. 244–260
Bumke arbeitet heraus, wie wenig man wirklich über die Standeszugehörigkeit der mittelhochdeutschen Dichter weiß, U. Peters präzisiert Köhlers

These dahingehend, daß auch im provenzalischen Minnesang von Anfang an ein hochadliges Interesse an der Dienstideologie bestanden habe und daß in Deutschland überhaupt adelige Kreise mit der Propagierung der importierten Dienstideologie begonnen hätten

21 Text bei István Frank (vgl. Anm. 18), Nr. 10 b, S. 57 ff.

22 MF 80,25 ff. (vgl. Anm. 15; Rudolf von Fenis II, 1—4, S. 168)

23 Deutscher Text bei Bertau I, S. 368. Les Chansons de Jaufré Rudel (vgl. Anm. 12), S. 1—3, mit französischer Übersetzung

24 Vgl. Hans-Herbert S. Räkel: Drei Lieder zum dritten Kreuzzug. DVjS 47, 1973, S. 508—550. Über die Kreuzzugslyrik informiert umsichtig Maria Böhmer: Untersuchungen zur mittelhochdeutschen Kreuzzugslyrik. (Studi di filologia tedesca 1), Rom 1968

25 Text bei István Frank (vgl. Anm. 18), Nr. 6 b, S. 29 ff., mit französischer Übersetzung

26 MF 47,9 ff. (vgl. Anm. 15; Friedrich von Hausen VI, 1—4, S. 81 f.)

27 Vgl. die ansprechende Erklärung von Volker Mertens: Der „heiße Sommer" 1187 von Trier — Ein weiterer Erklärungsversuch zu Hausen MF 47,38. In: Zeitschrift für deutsche Philologie 95 (1976), S. 346—359

28 MF 87,5 ff. (vgl. Anm. 15; Albrecht von Johannsdorf II, 1—3, S. 180 f.)

29 Im sogenannten Leopoldston (Lachmann 83,1 ff.); Walther von der Vogelweide: Sämtliche Lieder, hrsg von Friedrich Maurer, (UTB 167), München 1972, S. 148

30 MF 170,36 ff. (vgl. Anm. 15; Reinmar der Alte XX, 1—5, S. 332 f.)

31 Das belegen die zahlreichen poetischen Übersetzungen, vgl. die Beispiele bei Tervooren (vgl. Anm. 32)

32 MF 130,9 ff. (Lied IX, S. 251). Die Lieder Heinrichs von Morungen hat Helmut Tervooren mit deutscher Übersetzung und vielen Erläuterungen gesondert herausgegeben: Heinrich von Morungen: Lieder. (Reclam 9797/4), Stuttgart 1975

33 MF 145,1 ff. (Lied XXXII, S. 278). Vgl. Hans-Herbert S. Räkel: Das Lied von Spiegel, Traum und Quell des Heinrich von Morungen. In: Zeitschrift für Literaturwissenschaft und Linguistik 7, 1977, Heft 26 (Höfische Dichtung oder Literatur im Feudalismus), S. 95—108

Literaturhinweise

Zur weiteren Beschäftigung mit mittelhochdeutscher Lyrik empfiehlt sich die neueste Auflage von Minnesangs Frühling (mit Worterklärungen und Übersetzungshilfen):
Des Minnesangs Frühling. Unter Benutzung der Ausgaben von Karl Lachmann und Moriz Haupt, Friedrich Vogt und Carl von Kraus bearbeitet von Hugo Moser und Helmut Tervooren. 36. Aufl., 2 Bde., Stuttgart 1977
Heinrich von Morungen: Lieder. Herausgegeben und übersetzt von Helmut Tervooren. (Reclam 9797/4) Stuttgart 1975
Wichtig für den Vergleich mit der französischen Lyrik:
István Frank: Trouvères et Minnesänger. Saarbrücken 1952 (Diese Textsammlung enthält deutsche, alt-französischen und altprovenzalische Lieder mit der modernen Übersetzung, Anmerkungen zur Überlieferung der Texte, zur Biographie der Autoren und bibliographischen Angaben.)

Die Geschichte der mittelalterlichen deutschen Lyrik findet man dargestellt bei:

Helmut de Boor: Die höfische Literatur — Vorbereitung, Blüte, Ausklang 1170—1250. 6. Auflage, München 1964, Kapitel IV bis VII (Helmut de Boor und Richard Newald: Geschichte der deutschen Literatur von den Anfängen bis zur Gegenwart, Band II)

Einige ausführlichere exemplarische Einzelinterpretationen (auch zu Heinrich von Morungen und Reinmar) sind in einem Sammelband vereinigt: Interpretationen Mittelhochdeutscher Lyrik, hrsg. von Günther Jungbluth. Bad Homburg v. d. H. 1969

Der donauländische Minnesang ist zusammenhängend interpretiert worden von:

Rolf Grimminger: Poetik des frühen Minnesangs. (Münchener Texte und Untersuchungen, Band 27), München 1969

Um bei der Lektüre der mittelhochdeutschen Lyrik den gesamteuropäischen historischen Zusammenhang nicht aus dem Auge zu verlieren, sollte man sich an die Darstellung von Bertau halten:

Karl Bertau: Deutsche Literatur im europäischen Mittelalter, 2 Bde, München 1972 und 1973

Eine praktische Spezialbibliographie orientiert über die weit verstreuten Forschungen:

Bibliographie zum Minnesang und zu den Dichtern aus ‚Des Minnesangs Frühling‘, von Helmut Tervooren, Berlin 1969

Wichtige Aufsätze sind wieder abgedruckt in:

Der deutsche Minnesang — Aufsätze zu seiner Erforschung, hrsg. von Hans Fromm. (Wege der Forschung XV), Darmstadt 1961

4. Artusroman

Hartmanns von Aue *Erek* **und** *Iwein*

Artusstoff und Überlieferung

Vieles der Artussage und der Umstände ihrer Entstehung ist unklar oder unbekannt und manches wird für immer ein Rätsel bleiben[1]. Noch erkennbar ist: ,,Um 500 scheint es in Britannien in den Abwehrkämpfen der einheimischen keltischen Bevölkerung gegen die eindringenden Sachsen einen Kriegshelden namens Arthur gegeben zu haben; nur in wenigen Geschichtswerken aus späterer Zeit, walisischen Gedichten und Heiligenlegenden wird der Name überliefert, bis plötzlich gegen 1135 *Geoffrey of Monmouth* in seiner zum größten Teil frei erfundenen *Geschichte der Könige Englands* aus dem keltischen Lokalhelden eine Figur von welthistorischer Größe gemacht hat".[2]

Den Stoff zur Literatur, zum höfischen Epos gemacht zu haben mit allen Konsequenzen, die dies bedeutet, d. h. die Fragmente der Realität zu einer literarischen Wirklichkeit, man kann hier noch weiter gehen: zu einer idealen literarischen Wirklichkeit gestaltet zu haben, ist das Verdienst des französischen Autors *Chrétien de Troyes*, der sich des Stoffes in vielen Epen angenommen hat.[3]

Hartmanns *Erek* und *Iwein* sind Bearbeitungen sehr eigenständiger Art der entsprechenden Werke Chrétiens.

Daß die höfischen Artusromane im Mittelalter zu den wichtigsten literarischen Genres zählten, mag außer den nachweisbaren zahlreichen handschriftlichen Verbreitungen und häufigen literarischen Anspielungen die oft zitierte Stelle aus dem *Dialogus Miraculorum* des *Caesarius von Heisterbach* verdeutlichen, wo berichtet wird, daß die Mönche bei der abendlichen Predigt eingeschlafen seien und der Abt Gevard, um sie zu wecken, seine Predigt mit den Worten unterbrochen habe: ,,Es war einmal ein König, der hieß Artus . . .", worauf die Fratres alle plötzlich hellwach gewesen seien.[4]

Die Artusepik ist nicht nur ein spezielles literarisches Genre durch ihre stoffliche Grundlage, sie hat auch charakteristische strukturelle Merkmale, die anhand der Werke *Hartmanns von Aue* verdeutlicht werden sollen.

121

Genaue biographische Daten und Zeugnisse seines Lebens sind nicht bekannt. Was wir über ihn wissen oder vermuten, sind Rückschlüsse aufgrund einzelner Anhaltspunkte fast ausschließlich aus seinen Werken.

Wo er lebte ist, außer daß es in Süddeutschland gewesen sein muß, unbekannt. Sein sozialer Status scheint hingegen sicher: er selbst nennt sich *dienstman* – also Ministerialer –, doch kann das viel heißen oder wenig. Ministeriale hatten einen minderen rechtlichen Status, sie waren Unfreie, doch konnten sie sozial in höchsten Positionen stehen und faktisch über große gesellschaftliche Macht und Ansehen verfügen. Bei Hartmann wird man letzteres ausschließen müssen.

Neben seinen beiden Artusepen hat Hartmann zwei Verserzählungen des legendenartigen Genres geschrieben, den *Armen Heinrich* und den *Gregorius*, außerdem ein allegorisches Streitgespräch, die *Klage*, dazu Minne- und Kreuzzugslyrik. Die Chronologie seiner Werke ist umstritten, für den Zusammenhang hier mag daher der Hinweis genügen, daß es sicher scheint, daß der *Erek* vor dem *Iwein* geschrieben wurde.[5]

Erek

Der besseren Orientierung mag folgendes grobe Handlungsschema dienen (in Anlehnung an H. Kuhn, *Erec*)[5a]:

I. Erster Ausritt
 Prolog (nicht erhalten)
1 – – – (nicht erhalten; nach Chrétien: Jagd auf den weißen Hirsch)
2 Zwergenbeleidigung
3 Tulmein; Sperberpreis
4 Arme Herberge; Verlobung mit Enite;
  Zweikampf mit Ider
Szenenwechsel:
  Artushof, Iders Ankunft
Szenenwechsel:
  Wieder in Tulmein: Schönheitspreis für Enite; Siegesfest
Szenenwechsel:
  Artushof: Einkleidung Enites; Hochzeitsfest; Turnier
Szenenwechsel:
  Übernahme der Herrschaft in Karnant

Ereks erster Ausritt

Prolog und Anfang der Handlung des *Erek* sind verloren. Im Rückgriff auf Chrétiens *Erec* kann man rekonstruieren, daß sich König Artus und sein Gefolge auf der Jagd nach dem legendären weißen Hirsch befinden. Die Königin, ihre Damen und der noch unerfahrene Erek, der die Königin begleitet, haben sich offensichtlich etwas vom Jagdgeschehen abseits gehalten. In dieser Situation treffen sie auf einen fremden Ritter, in dessen Gefolge sich eine Dame und ein Zwerg befinden. Hier beginnt der überlieferte Teil der Erzählung. Eine Jungfrau der Königin wird ausgesandt, um die Identität des Ritters zu erfragen, sie wird aber von dem Zwerg abgewiesen und mit einer Peitsche blutig geschlagen. Daraufhin übernimmt Erek das Amt des Kundschafters. Auch er wird von dem Zwerg mit der Peitsche geschlagen und kann sich nicht rächen, da er unbewaffnet ist. Dies empfindet der zudem als besondere Schande, weil ihn, wie gesagt wird, *ein sus wênig man sô lasterlîchen hât geslagen* (119 f; weil ihn ein Mensch von äußerst geringem gesellschaftlichen Ansehen geschlagen hat). Nur die Rache an dem Herrn des Zwerges kann Ereks Ansehen wieder herstellen. Die Königin versucht vergeblich, ihn von diesem Abenteuer abzuhalten. Damit die weiterziehende Gruppe den ihr folgenden Erek nicht entdeckt, hält dieser gebührenden Abstand. Er ist weiterhin unbewaffnet, denn er hatte keine Zeit, seine Rüstung zu vervollständigen. Am Abend kommen alle nach *Tulmein*. Dort findet, wie im Vorjahr, zum dritten Hochzeitstage des Burgherrn *Imain* ein Schönheitswettbewerb statt. Der schönsten Begleiterin eines Ritters winkt der Sperberpreis. Der fremde Ritter hat diesen Preis schon zweimal erhalten und will ihn nun zum dritten Mal. Merkwürdig an der Sache ist nur, daß es wohl schönere Frauen gegeben hätte als seine Freundin, nur hat bislang niemand dies aus Furcht vor des Ritters Gewalttätigkeit zu sagen gewagt.

Erek wußte von alledem nichts als er in der Stadt, die unterhalb der Burg gelegen war, ankam und keine Unterkunft fand, da alles überfüllt war. Da er zudem kein Geld bei sich hat, reitet er weiter bis er zu einem alten, verfallenen Gebäude kommt, von dem er annimmt, daß es verlassen ist. Doch das ist ein Irrtum. Es wird von einem alten Mann, dessen Frau und ihrer Tochter bewohnt. Es handelt sich, wie man später erfährt, um *Enite* und ihre Eltern.

Wie diese Personen in die Handlung eingeführt werden, ist charakteristisch für das in höfischer Epik dargestellte adelige Selbstverständnis.

274   *dô sach er sitzen dâ*
    einen man, der was grâ,
    sîn hâr von alter snêwîz.
    des hete er dannoch guoten vlîz
    daz ers nâch reinem site phlac:
    vil wol gestrælet ez lac
    über sîn ahsel ze tal.
    nâch der âventiure zal
    sô hete der selbe altman
    eine schâfkürsen an
    und des selben ûf einen huot:
    diu wâren beidiu alsô guot
    als in sîn state leite:
    er enphlac niht rîcheite.
    sîn gebærde was vil hêrlîch,
    einem edeln manne glîch.
    (. . . dort sah er einen alten, grauen Mann sitzen. Dessen Haar war durch sein Alter bedingt schneeweiß, doch war es mit großer Sorgfalt gepflegt. Ordentlich gekämmt hing es über seine Schultern herab. Wie der Quelle zu entnehmen ist, hatte der alte Mann einen Rock und eine Mütze aus Schaffell an. Sie entsprachen ganz seiner derzeitigen Situation: er war nicht reich. Doch sein Benehmen entsprach ganz dem eines adligen Herren).

Enites Vater ist, wenn auch verarmt, ein Adliger, ein Mann der Oberschicht von Geburt, das macht schon die äußere Erscheinung deutlich: Auftreten nach Herren Art und gepflegte Erscheinung trotz aller Armut — mit glattem, gepflegtem, langem Haar. Vom nichtadeligen Gegenbild wird später zu reden sein. (Vgl. S. 140.)

Erek wird zuvorkommend aufgenommen. Der Alte ruft seine Tochter, die das Pferd versorgen soll, man ist bitterarm, Diener gibt es keine.

Noch deutlicher wird der Zusammenhang von sozialer Stellung und äußerer Erscheinung an der Art, wie Enite geschildert wird.

323   *Der megede lîp was lobelich.*
        der roc was grüener varwe,
        gezerret begarwe,
        abehære über al.
        dar under was ir hemde sal
        und ouch zebrochen eteswâ:
        sô schein diu lîch dâ
        durch wîz alsam ein swan.
        man sagt daz nie kint gewan
        einen lîp sô gar dem wunsche glîch:
        und wære si gewesen rîch,
        sô engebræste niht ir lîbe
        ze lobelîchem wîbe.
        ir lîp schein durch ir salwe wât
        alsdam diu lilje, dâ si stât
        under swarzen dornen wîz.
        ich wæne got sînen vlîz
        an sî hâte geleit
        von schœne und von sælekeit.
        (Das Mädchen hatte eine herrliche Gestalt. Ihr grünes Kleid war ganz zerrissen und abgeschabt. Ihr Unterkleid war schmutzig und stellenweise ebenfalls zerrissen – dort schimmerte ihr Körper durch, weiß wie ein Schwan. Man sagt, daß nie ein Mädchen so vollendet schön war. Wäre sie nun noch reich gewesen, so hätte ihr nichts mehr gefehlt, eine vollendete Dame sein zu können. Ihr Körper leuchtete durch die ärmliche Kleidung wie eine Lilie, wenn sie zwischen schwarzem Gestrüpp steht. Ich denke, der liebe Gott hatte alle seine Mühe dazu aufgewandt, ihr Schönheit und Anmut zu geben.)

Auch das ramponierte Äußere kann nicht über die wahre adelige Herkunft hinwegtäuschen: weiß die Haut, ein Kennzeichen der adeligen Person, die nicht, wie der braune oder gar schwarze Bauer, im Freien arbeiten muß und von der Witterung gebräunt wird. Wie eine Lilie, seit eh und je das Sinnbild kultivierter weiblicher Erscheinung und moralischer Integrität. Reinheit, äußerlich und innerlich, glänzend (sehr realistisch im Sinne von sauber, hell und leuchtend) die Erscheinung, dies sind durchgängige Attribute der sozialen Zugehörigkeit zur adeligen Oberschicht in höfischer Literatur. Doch fehlt noch, was auch hier im Text vermerkt ist, Reichtum und gesellschaftliches Prestige. Daß Enite nicht allzu lange mehr darauf wird verzichten müssen, ist zu erwarten. Die vorausdeutende Handlungsmotivation, die der höfischen Erzählliteratur eigen ist, läßt dies vermuten.

Zunächst aber muß Enite erst einmal Ereks Pferd versorgen. Erek dagegen wird, so gut es die Armut eben zuließ, bewirtet und nach Tische erfährt man, was aufgrund der äußeren Charakterisierung der Personen zu vermuten war: für die unter der Armut verborgene Anmut und Würde gibt es gute Gründe. Der Vater Enites ist ein seines Erbes beraubter Graf. Imain, der Herr der Burg oberhalb der Stadt, ist Enites Onkel. So heißt es denn auch, um alle Mißverständnisse auszuschalten, Vers 439: *ir geburt was âne schande* (Sie war von Geburt adelig ohne Makel).

Erek erfährt nun des abends von seinen Gastgebern die Sperbergeschichte und wer der fremde Ritter ist. Er heißt *Ider*. Da sich Erek ja an Ider rächen will, erbittet er von Enites Vater dessen Rüstung und die Zustimmung, Enite mit zur Schönheitskonkurrenz nehmen zu dürfen. Wenn er siege, wolle er sie heiraten und er gibt dem Vater zur Beruhigung seine Herkunft bekannt – Erek ist der Sohn des Königs *Lac*.

Damit nun kommt allmählich alles in seine feudale Ordnung. Erek ist trotz mangelnder Rüstung nicht irgend ein Hergelaufener, Enite und ihre Eltern sind trotz ihrer Armut nicht etwa Angehörige der Unterschichten in der feudalen Hierarchie.

Die Erzählung hat auf diesen Sachverhalt durch die Charakterisierung der Personen und der Attribute ihrer äußeren Erscheinung prägnant hingearbeitet. Spannend war das nicht, jedenfalls nicht im Sinne moderner psychologisierender Erzählweise oder der Erzeugung von Spannung durch die Ausnutzung sozialer Differenzen innerhalb individueller Beziehungen. Was sich hier im kleinen zeigt, nämlich, daß die Spannung der Erzählung offensichtlich darin besteht, daß Erwartungshaltungen bestätigt werden, ist, wie sich zeigen wird, Strukturmerkmal höfischer Erzählweise. Darin aber liegt eine selbstvergewissernde, selbstbestätigende, fast beschwörende Sicherheit, die vermuten läßt, daß Rollen, die derart bestätigt werden, offensichtlich realiter so selbstsicher nicht wahrgenommen werden konnten.

Dem vom realen feudalen Leben geschundenen Vater will daher alles etwas merkwürdig erscheinen. Er raisoniert über den Zusammenhang von sozialem Aufstieg und sozialem Fall unter den Bedingungen feudaler Vergesellschaftungsmechanismen, mit der Quintessenz, daß er in dieser Art Geschehnisse ganz Gottes Allgewalt sieht: Er kann reich oder arm machen, wen er will (532–546). Wo also nach den Bedingungen feudal-anarchischer Gesellschaftszustände zu fragen wäre, wird das Chaos als göttliche Ordnung gesehen. Dies ist nicht Borniertheit, sondern Ausdruck objektiver Bedingungen eines unentfalteten gesellschaftlichen Zustandes: begriffen als göttliche

Fügung findet der gewaltsame feudale Hierarchisierungsprozeß seine metaphysische Legitimation nicht nur gegenüber den unterdrückten Unterschichten, sondern auch in Bezug auf die ständigen Machtkämpfe innerhalb der feudalen Oberschicht.

In Tulmein wird das Paar staunend empfangen. Erek in der veralteten Rüstung von Enites Vater, Enite in zerschlissener Kleidung. Doch das Erstaunen schlägt in Freude um, als ihre Identität bekannt wird und der Grund ihrer Ankunft. Enites Onkel will Enite sofort besser einkleiden, doch widerspricht Erek hier. Es kommt zur Sperberprobe. Erek reizt Ider, indem er laut Enites Schönheit lobt und ihr den Preis zuspricht. Darüber kommt es selbstverständlich zu Auseinandersetzungen, die nur noch in feudaler Manier als ritterlicher Zweikampf beendet werden können: *ez muoz under uns beiden diu ritterschaft scheiden* (706 f.; zwischen uns kann nur der ritterliche Zweikampf Klärung bringen).

Selbstverständlich siegt Erek, das fordert nicht nur die Logik der Handlung, sondern auch das sich selbstbestätigende Erzählprinzip. Ider dagegen muß Sicherheit leisten, d. h. er muß sich förmlich unterwerfen und auf den Weg zur Königin *Ginover* an den Artushof machen — als lebende Trophäe, das ist üblich so im Artusroman.

Hartmann nutzt diese Gelegenheit zu einem Szenenwechsel an den Artushof. Iders Ankunft dort ist Anlaß genug, Charakter und Funktion des Artushofes erstmals ansatzweise zu verdeutlichen: Der glanzvollen Ritterrunde wird der Sieg eines der ihren nicht zuletzt zur Freude über sich selbst, die Ehre des einzelnen Artusritters wird als Ehre der Artusrunde begriffen. So besteht offensichtlich die Funktion des Artushofes hier zunächst einmal darin, *Ort der individuellen und kollektiven sozialen Wertung* und Aufwertung zu sein, und, indem sich alle über Erfolg und Ruhm eines Einzelnen freuen, ist der Artushof auch der Ort sozialer Harmonie — wäre nicht der Truchseß *Keie*, der ewig mißgünstige Hasser und Neider. Am Artushof jedoch wird er zur komischen Person, ein Umstand, der den harmonischen Zustand am Artushof so sehr als idealisierende Stilisierung zu entlarven vermag wie er den Abstand des Ideals zur Wirklichkeit verdeutlicht.

Dann erfolgt wieder ein erzählerischer Ortswechsel zurück nach Tulmein. Erek und Enite kehren zu Enites Eltern zurück. Ein großes Fest wird gefeiert und da der verarmte Graf das Notwendige zu einem höfischen Fest nicht aufbringen kann, springt Enites Onkel ein — alles Gute kommt von oben, vom Schloß. Nach dem Fest wollen Erek und Enite eilig an den Hof von König Artus abreisen, doch trotz der Eile nimmt sich der Erzähler noch die Zeit, lange und ausführlich ein Pferd zu schildern, das Enite als Abschiedsgeschenk von ihrem Onkel erhält (1426–1453).

Erstaunlicherweise wird das Pferd in ähnlicher Weise und unter Zuhilfenahme ähnlicher Attribute beschrieben, wie zuvor Enites Vater oder Enite: wie Enite ist es von reiner, weißer Farbe *(harmblanc)*, wie Enites Vater hat es langes, glattes Haar (die Mähne), wie er geht es stolz, aufrecht, mit erhobenem Kopf und ist seelisch ausgeglichen *(senfte und vrô)*. Die Beschreibung seines Zaumzeuges kann es mit der wenig später zu findenden Beschreibung von Enites neuen Kleidern aufnehmen. Was hat es mit dieser Art der Darstellung äußerer Erscheinungsformen auf sich? Warum die Übereinstimmung äußerlicher und innerer Attribute? Warum diese Aufmerksamkeit für glanzvolle Erscheinungsformen bei Menschen, Tieren und Sachen?

Repräsentation und Herrschaft

Die geschilderte Darstellungsweise adliger Personen und zu ihnen gehörender Sachen könnte ornamental genannt werden, womit eine Darstellungsweise gemeint ist, die liebevoll äußerliche, schmuckhafte Erscheinungsformen präzise bis ins Detail sinntragend zur Geltung bringt. An den besprochenen Stellen bereits war zu sehen, daß es sich dabei nicht einfach um Formalismen handelt, sondern um Funktionen z. B. zur Kennzeichnung innerer Werte oder sozialer Geltung. Zu erkennen war, wie mit den Mitteln ornamentaler Darstellungsweise Attribute höfischer Existenz noch gegen den momentanen, äußeren Schein exponiert wurden und daß dies offensichtlich einer Erwartungshaltung entsprach, die eine spezifische Kommunikationssituation voraussetzt und von einem kollektiven Bewußtsein getragen wird, für das ein dominantes Moment sozialer Identifikation darin besteht, von Geburt aus adlig zu sein und somit fraglos zur Gruppe gesellschaftlich Herrschender zu gehören. Daß man dies äußerlich erkennen kann, ist ein Strukturmerkmal höfischen Selbstverständnisses, das fundamental zusammenhängt mit dem feudalen *Modus der Legitimation gesellschaftlicher Herrschaft.* Diese ist *direkt* und an die physische wie administrative Gewalttätigkeit *einer* Person gebunden und bedarf somit einer permanenten Repräsentation bis ins kleinste Detail. Max Weber hat auf die Bedeutung dieses Zusammenhangs für die Ausübung sozialer Herrschaft und deren Legitimation im Kontext traditioneller Gesellschaftsordnungen besonders anhand zweier Funktionsbereiche hingewiesen.

Der erste Funktionsbereich ist der der intakten *Körperlichkeit*, wie sie primär erfordert wird durch die gewaltsamen Vergesellschaftungsmechanismen, aus denen heraus die Körperlichkeit zum *Merkmal der feudalen Persönlichkeitsstruktur* und, über den unmittelbaren kriegerischen Nutzbereich hinaus, stilisierendes Strukturmerkmal überhaupt wird. „Das spezifische Lehensheer ist ein Ritterheer, und das heißt: der individuelle Heldenkampf, nicht die Disziplin des Massenheeres spielt die ausschlaggebende Rolle. Nicht Massenabrichtung zur Anpassung an eine organisierte Gesamtleistung wie in diesen, sondern individuelle Vollendung in der persönlichen Waffenkunst war das Ziel der militärischen Erziehung".[6]

In ähnlichem Sinne machen Horkheimer/Adorno auf die Bedeutung der Körperlichkeit für eine feudale Gesellschaftsordnung aufmerksam: „Bei den Herren Griechenlands und im Feudalismus war das Verhältnis zum Körper noch durch persönliche Schlagfertigkeit als Bedingung ihrer Herrschaft mitbedingt. Pflege des Leibs hatte, naiv, ihr gesellschaftliches Ziel".[7]

Der zweite Funktionsbereich ist der der Legitimation gesellschaftlicher Herrschaft durch glanzvolle *Repräsentation*. „Das Bedürfnis nach ‚Ostentation', nach äußerem Glanz und imponierender Pracht, nach Ausstattung der Lebensführung mit Gebrauchsobjekten, welche nicht im ‚Nutzen' ihren Daseinsgrund haben, sondern im Wildeschen Sinn unnütz im Sinn von ‚schön' sind, entspringt ... primär dem ständischen Prestigebedürfnis, als ein eminentes Machtinstrument zur Behauptung der Herrenstellung durch Massensuggestion. Der ‚Luxus' im Sinn der Ablehnung zweckrationaler Orientierung des Verbrauchs ist für feudale Herrenschichten nichts ‚Überflüssiges', sondern eines der Mittel ihrer sozialen Selbstbehauptung."[8]

In diesem Umfeld haben die repräsentativen Attribute höfischer Literatur — ja diese Literatur selbst, wo sie der Repräsentation dienen will — ihren gesellschaftlich funktionalen Ort.

Ein ganz signifikantes Beispiel dafür ist die Einkleidungsszene, in der Enite am Artushof durch Ginover höfisch gekleidet wird. Selbstverständlich nach dem bisher Gesagten ist nun, daß Enite trotz vollendeter körperlicher Schönheit nicht länger in ihrer dürftigen Kleidung bleiben darf. Sie benötigt, um vollwertiges Mitglied der feudalen Oberschicht sein zu können, eben deren repräsentative Merkmale vollständig. Welche Bedeutung dem Vorgang zukommt, mag man daran ermessen, daß seine Schilderung mehr als 80 Verse in Anspruch nimmt und vom Erzähler dann noch mit einer Bescheidenheitsformel abgeschlossen werden muß (1529—1610).

Glanzvoll wie dieses Einkleidungszeremoniell als Voraussetzung möglicher, adäquater Integration in die Artusgesellschaft, verläuft diese Integration selbst. Enite wird prunkvoll König Artus und den 140 anwesenden Rittern, die überaus glanzvolle Namen tragen, vorgeführt. Überhaupt ist der Artushof der Ort der Superlative. Gleich nochmals wird dies demonstriert, wenn an Pfingsten die Hochzeit Ereks und Enites gefeiert wird. Artus ließ es sich nicht nehmen, das Fest zu arrangieren (zum höf. Fest vgl. auch S. 72 f. und S. 78 f.). Sozusagen weltweit wird eingeladen und alle kommen sie. Wiederum künden lange Namenslisten von der Bedeutung des Artushofes, alles hat seine hierarchische Ordnung: zuerst werden die Grafen genannt, dann die Fürsten, dann die Könige. Das Fest ist vollendet und endet für alle beglückend.

Einige Unentwegte wollen noch, als alle schon abgereist sind, ein Turnier und sie bekommen es auch. Es wird für Erek die Gelegenheit, nun auch auf diesem Gebiet höfische Ehre und Anerkennung zu erlangen. Obwohl er nur zögernd sich darauf einläßt, da er bislang in diesen Dingen noch gänzlich unerfahren ist, wird er der strahlende Turniersieger.

Somit hat Erek nun einen wichtigen Abschnitt seiner Entwicklung als *höfischer Ritter* beendet. Aus dem unerfahrenen Knappen und Begleiter der Königin wurde der aventiuren- und turniererprobte Ritter, der sich das höchste gesellschaftliche Ansehen am Artushof errang und eine schöne, die schönste Frau dazu (vgl. dazu auch S. 67 ff.). Erek kann nun Herrschaftsansprüche geltend machen. Er tut es auch und kehrt mit Enite zurück nach *Karnant* und übernimmt dort von seinem alten Vater die Macht.

Damit könnte die Geschichte ihr Ende haben. Doch sie tut es nicht. Offenbar ist dem Erzähler diese Story zu glatt und zu simpel. Eine Karriere ohne Probleme, mit nur häuslichem Glück zum Abschluß, daran läßt sich nicht viel zeigen, sie wäre auch angesichts feudaler Realitäten gar zu unglaubwürdig.

Zunächst jedoch läßt sich alles sehr vielversprechend an. Erek und Enite leben glücklich und nur sich selbst genügend. Doch bald hört man anderes (2923—3049): Erek und Enite leben so sehr nur sich und ihrer Liebe — kaum daß sie ihr Bett morgens zum Messgang verlassen —, daß sie ihre gesellschaftlichen Pflichten vollständig versäumen. Ereks Hof gerät in Verruf. Dort gibt es keine Geselligkeit mehr, keine Repräsentation, keine Ehre, keine Gelegenheit, Ehre und Gut zu erwerben.

Durch einen Zufall wird ihnen dies eines Tages offenbar.

Daß Erek drauf und dran ist, sein gesellschaftliches Ansehen zu verspielen, ist eine schockierende Erfahrung, denn das bedeutet schließlich nicht nur Hohn und Spott, sondern stellt seine höfische Existenz und damit seine persönliche und gesellschaftliche Identität, d. h. aber zuletzt auch die Legitimation der Zugehörigkeit zur herrschenden Oberschicht, radikal in Frage.

Also ist es nicht verwunderlich, daß, nachdem die Erkenntnis einmal da ist, die Lösung radikal sein muß. Sofort beschließt Erek den Aufbruch zur *Bewährung auf ritterlicher Aventiurenfahrt*.

Für Enite freilich bedeutet dies zunächst eine Zeit unendlichen Leids, mit dem der Mann sie straft für den Genuß, den er mit ihr hatte. Die Erzählung stellt dies als eine Chance zur Bewährung auch für Enite dar, die sie aller Demütigungen durch Erek zum Trotz besteht. Auch der *Erek* ist eine Männerdichtung.

Erek gebietet beim Aufbruch Enite, daß sie vor ihm herreitet und bei Strafe ihres Lebens, was immer auch geschehen mag, nicht mit ihm spricht. Enite, heißt es, *vorhte sîne drô* (3105).

Damit stehen wir am Anfang einer Serie ritterlicher Abenteuer, die Erek (und Enite) zu bestehen hat.

Zweiter Ausritt

Ereks zweiter Ausritt, und innerhalb dessen die beiden Aventiuren-ketten, können nun allerdings nicht mehr in der Ausführlichkeit dargestellt werden, wie dies die Nacherzählung bisher tat. Es handelt sich um eine Abfolge ritterlicher Kämpfe, die auf Erek zukommen, bzw. auf die Erek zureitet auf der Suche nach der adäquaten Bewährungsmöglichkeit, die geeignet wäre, sein höfisches Ansehen, seine *êre*, wieder herzustellen. Zunächst hat er einen Kampf gegen drei Räuber zu bestehen, dann einen gegen deren fünfe. Gemeinsam ist diesen und den folgenden Kämpfen, daß Erek sie vermutlich nur deshalb besteht, weil Enite sein Gebot bricht und ihn warnt, also mit ihm spricht. Das aber bringt ihr nicht Wohlwollen ein, sondern zusätzlich Strafverschärfung. Ihr Leben schenkt Erek ihr zwar jeweils, doch muß sie zur Strafe zusätzlich die erbeuteten Pferde versorgen. Das ändert sich auch nicht, als Enite dem Ansinnen eines Grafen gegenüber standhaft bleibt, der sich aufgrund des rüpelhaften Betragens Ereks gegenüber Enite ermuntert fühlte. Und auch aus diesem Abenteuer kommen sie wiederum nur dank Enites Ungehorsam ungeschoren davon — für Enite endet das mit den bekannten

Folgen. So heißt es Vers 4263/64: *sîn zorn wart grôz und ungemach und unsenfter dan ê* (seine Wut wurde immer größer und hatte immer unangenehmere Folgen).

Doch noch größere Belastungen als die, die er bislang schon ertragen hat, warten auf Erek. Die nächsten Aventiure führt ihn in das Land des Zwergen *Guivreiz*. Der Ablauf der Szene ist nun bereits vorhersagbar. Ernite warnt Erek, es kommt zum Zweikampf zwischen Erek und Guivreiz. Es wird ein schwerer Kampf und man beginnt um Erek zu fürchten, doch wird er selbstverständlich Sieger. Der Zwerg — ein äußerst tapferer und kühner Kämpfer, wie sich herausstellt — unterwirft sich und bittet um sein Leben. Das anschließende Gespräch ergibt, daß er im gleichen sozialen Rang wie Erek steht, also König ist. Selbstverständlich verzichtet Erek sofort darauf, ihn als Dienstmann zu verpflichten. Stattdessen werden Erek und Enite von Guivreiz eingeladen und auf seinem Schloß aufs beste bewirtet. Allerdings nur eine Nacht, denn trotz aller Schwächung besteht Erek auf dem Aufbruch am nächsten Morgen. Schließlich ist er auf *arbeit* aus, d. h. er will sich unter Inkaufnahme äußerster Mühen und Leiden bewähren und läutern.

Der weitere Weg nun führt Erek und Enite unvermutet in die Nähe des Königs Artus. Doch wollen sie den Kontakt mit ihm unter allen Umständen vermeiden. Erek hat dafür gute Gründe. Es heißt Vers 5056/57: *swer ze hove wesen sol, dem gezimet vreude wol* (Wer am Hofe leben will, der muß freudig und selbstbewußt dort auftreten).

Vreude aber ist gerade das, was Erek selbstverschuldet nicht mehr hat und wiederzugewinnen sucht. Am Artushof, dem idealen Ort feudalhöfischer Existenz und somit auch der Freude, hat er daher seiner eigenen Auffassung nach und nach der Logik der Erzählung nichts zu suchen. Doch läßt sich aufgrund einer List, die Artus anwendet, der Kontakt nicht vermeiden. Er ist Erek eher peinlich und schon bald finden wir ihn wieder auf Aventiurenfahrt. Die Begegnung mit dem Artushof bleibt rein episodisch — darin aber nicht minder bedeutend.

Mit diesem erneuten Abschied vom Artushof beginnt die zweite Aventiurenkette des zweiten Ausrittes, und da die erste Aventiurenkette offensichtlich noch nicht die Möglichkeit der Bewährung bot, die Erek die Reintegration ins höfische Leben in Form verdienter, ehrenvoller Rückkehr in die Artusrunde ermöglicht hätte — daher die nur episodische Berührung mit dem Artushof —, darf man nun erwarten, daß die folgenden Abenteuer nicht mehr nur in reinen Abwehr-

und Selbstverteidigungskämpfen bestehen, sondern von anderer Qualität sind.

Das zeigt sich schon bei der ersten Aventiure, in der Erek den von zwei Riesen entführten, gepeinigten und gefolterten Ritter *Cadoc* unter Einsatz seines Lebens befreit. Erstmals erbringt Erek eine ritterliche Leistung nicht für sich, sondern für einen anderen Ritter – und da dessen Situation schmachvoll ist bis zum Unerträglichen für ritterliches Selbstverständnis, erbringt Erek diese Leistung auch für die Ritterschaft insgesamt, d. h. für das Kollektiv, für das kollektive Selbstverständnis einer an verbindliche Normen gebundenen sozialen Oberschicht.

Erek indessen wird in diesem Kampf derart verwundet, daß er für die nächste Zeit außer Gefecht gesetzt ist. Enite glaubt, daß er tot sei und gerade als sie aus Schmerz darüber und in höchster Verzweiflung, die sie bis zur Stufe des Zweifels an Gott führt, Selbstmord begehen will, kommt der Graf *Oringles* an den Schauplatz des Geschehens.

Damit wird eine Situation eingeleitet, die jetzt Enite einmal Gelegenheit zur Bewährung gibt, denn sie ist Oringles auf seine Burg gefolgt und muß Qualen und Prügel erdulden, als sie sich seinen Zudringlichkeiten und der gewaltsamen Ehelichung widersetzt, bis schließlich der schon für tot gehaltene Erek durch ihre qualvollen Schmerzensschreie wieder zu sich kommt und dem brutalen Vorgang ein ebenso brutales Ende bereitet.

Danach verlassen Enite und Erek glücklich Oringles Schloß. Unterwegs erzählt Enite, wie es ihr inzwischen ergangen ist. Dadurch wird Erek seelisch so erschüttert, daß er ihr nun ihre Strafen erläßt. Es war ja auch nur, so fügt der Erzähler erläuternd hinzu, um sie zu prüfen. Großzügig verzeiht Enite und gesteht ihr wiederkehrendes Glück, denn nichts von allem sei bisher schrecklicher gewesen, als daß sie Erek habe meiden müssen.

Inzwischen aber hat ein entflohener Diener des Oringles dem Zwergenkönig Guivreiz Bericht erstattet, der nun um Erek und Enite fürchtet wegen der mit Sicherheit zu erwartenden Verfolgung durch Oringles' Gefolgsleute. Guivreiz bewaffnet sich deshalb und reitet aus, um Erek Hilfe zu bringen. Doch statt zur Hilfeleistung kommt es zu einem Irrtum, der zu einem Zweikampf zwischen Erek und Guivreiz führt. Nun aber geschieht etwas nach dem bisherigen Verlauf des Geschehens Ungewöhnliches, denn dieses Mal unterliegt Erek im Zweikampf. Zwar wird gleich dazu angemerkt, daß er nicht bei vollen Kräften gewesen ist, doch wer die Ritterdichtung kennt weiß, daß dies nur eine Scheinerklärung sein kann, denn hätte Erek siegen sollen, so hätte er gesiegt — ritterliche Helden haben im Ritterroman, wenn sie es sollten, unter viel unwahrscheinlicheren Bedingungen und gegen jede Art von Übermacht gesiegt und sei es mit Gottes Hilfe.

Es wäre daher nach der Bedeutung dieses ungewöhnlichen Vorgangs zu fragen, doch muß die Antwort etwas aufgeschoben werden, um zunächst die Handlung weiter skizzieren zu können.

Zunächst wird Guivreiz über die Identität seines Gegners aufgeklärt, und er ist sehr bekümmert, daß er Erek, dem er eigentlich zu Hilfe kommen wollte, so zugesetzt hat. Ein Moment der Blindheit, wo nicht gar der Blindwütigkeit der *aventiure* wird hier transparent. Erek tröstet hingegen Guivreiz mit für ihn ungewöhnlichen Einsichten, denn Erek gesteht, daß er bislang auf dem falschen Weg war und es noch immer ist, weil er sich einfach planlos, ziellos und allein auf sich selbst vertrauend in Abenteuer gestürzt habe, die immer nur zu zufälligen Bestätigungen seiner selbst gerieten, also direkt und unmittelbar auf ihn selbst sich nur bezogen, jedenfalls der Intention nach, so auch noch in den Cadoc- und Oringles-Abenteuern. Er hat, wie es Vers 7020 heißt, nicht den rechten Weg der Buße gefunden.

Selbsterkenntnis, daß er auf dem falschen Wege ist, daß er *buoze* nicht richtig übte? Erinnert man sich dazu noch seiner veränderten Einstellung Enite gegenüber und denkt man an die soeben erfahrene erste Zweikampf-Niederlage seines Lebens, so sind dies genügend Indizien für die Annahme, daß die Erzählung eine entscheidende Markierung erreicht hat. Dies zeigt sich zunächst darin, daß Erek und Enite der Einladung des Königs Guivreiz folgen und jetzt offenbar keine Skrupel mehr haben, an einem rauschenden höfischen Fest teilzunehmen und auch länger am Königshofe Guivreiz' zu bleiben. Erst nach 14 Tagen, nachdem Erek genesen ist, hat er genug des Müßigganges und bricht wiederum mit Enite auf — nun aber, weil sie auf direktem Wege an den Artushof gelangen wollen. Es scheint so, als ob Erek glaube, nach dem Abenteuer mit Guivreiz, das mit seiner Niederlage endete, nun gestraft und geläutert genug zu sein. Enite erhält, das soll an dieser Stelle noch erwähnt werden, als Geschenk wiederum ein Pferd, das Hartmann einschließlich seines überaus prunkvoll verzierten Sattels in sage und schreibe 500 Versen (7264–7765) beschreibt. Die Analogie dieser Erzählsequenz zu der Beschreibung des Pferdes, das Enite von ihrem Onkel zu Beginn der Erzählung als Geschenk erhielt, ist evident, doch, das kann allerdings hier nicht ausgeführt werden, auf qualitativ höherem Niveau. Auch die Funktion ist entsprechend. Sie symbolisiert dort wie hier den be-

ginnenden Prozeß der Integration der Beschenkten in die höfische
Sozietät.

Joie de la curt

Der erneute Aufbruch indessen bereitet die entscheidende Phase der
Erzählung vor, die in der sogenannten *Joie de la curt* besteht, die in
Brandigan zu finden ist. Hierhin kommen Erek und Enite in Begleitung des Königs Guivreiz, der mit ihnen zum Artushof reiten möchte,
aufgrund des Umstandes, daß sie an einer Wegkreuzung — das
kommt häufiger vor im Artusroman und hat seine guten Gründe —
den scheinbar falschen, letztlich aber richtigen Weg wählten. Guivreiz ist erschrocken als er sieht, wo man gelandet ist, da er einen
großen Teil des Geheimnisses dieses Ortes kennt und nach beständi-
gem Drängen Ereks erzählt, was er weiß: Viele Ritter, die hierher
kamen um Aventiure zu suchen, fanden schon den Tod — aber, das
ist die Kehrseite, hier gibt es auch *die* Traumaventiure für einen
Ritter zu bestehen. Man findet sie in einem Baumgarten, in dem ein
überaus starker Ritter lebt, mit dem man kämpfen muß. Was jedoch
genau in diesem Garten geschieht, ist auch Guivreiz unbekannt, denn
bislang kam noch keiner der hineinreitenden Ritter zurück. Für Erek
ist dies freilich gerade das Richtige und er besteht aller Warnungen
zum Trotz darauf, diese Aventiure wagen zu dürfen. Daran ändert
auch die Tatsache nichts, daß er auf dem Wege zum Baumgarten auf
der Burg des Herren von Brandigan auf 80 schwarz gekleidete, in
tiefer Trauer lebende Damen trifft, die sich als Witwen der von dem
Herrn des Baumgartens getöteten Ritter herausstellen. Für Erek ist
das alles nicht Abschreckung, sondern zusätzliche Bestärkung. Er ist
sich jetzt ganz sicher, daß er den Weg des Heils, *der Sælden wec*, endlich nach langem Umherirren gefunden hat (8521—8539).

Diesen Kampf will Erek, wie es etwas später im Text heißt
(8555 f.), wagen wegen seines geminderten Ansehens (wegen seiner
kranken êre), das er damit wieder vollgültig herstellen kann.

Am anderen Morgen ist es soweit. Der Baumgarten ist ideal-
typisch beschrieben — ein *locus amoenus*, ein überaus schöner, von
der Natur nach allen ihren Möglichkeiten geschmückter, befriedeter
Ort.[9]

Doch der erste Anblick täuscht, und der zweite offenbart weniger
Friedfertiges, eher Seltsames und Schreckliches, nämlich einen Kreis
aus Holzpfählen, auf denen je ein Männerkopf aufgespießt ist. Es
sind genau 80 Pfähle — man erinnert sich an die 80 trauernden

Damen in Schwarz. Der 81. Pfahl ist noch leer — an ihm hängt ein großes Horn. Der Pfahl ist für Erek bestimmt. Sollte er wider alles Erwarten siegen, so darf er dreimal in das Horn blasen, um es laut aller Welt zu verkünden; sollte er nicht siegen, was wahrscheinlicher ist, so ist der 81. Pfahl auch vergeben.

Der folgende Zweikampf kann hier nicht beschrieben werden. Jedenfalls ist, was natürlich auch zu erwarten war, Erek der Sieger, doch tötet er den Herren des Baumgartens nicht, sondern gewährt ihm Gnade, nachdem dieser sich ihm formell unterworfen hat.

Interessanter als der Zweikampf ist das Gespräch, das beide anschließend führen. Erek fragt den Herren des Baumgartens, er heißt *Mabonagrin*, warum er eigentlich so *einsam*, darauf liegt der Akzent, in dem Baumgarten lebe, mit niemandem sonst außer seiner fraglos überaus schönen Dame. Doch, so meint Erek, hin und wieder solle und müsse man *wîben entwîchen*. Und wenn Erek das sagt, so gebührt dem eine besondere Aufmerksamkeit, denn ein ähnliches Problem gab es in seiner eigenen Lebensgeschichte, als er sich mit Enite *verlac*. Auch Mabonagrins Frau hätte es gewiß besser angestanden, wenn sie öfters mit anderen Damen zusammengekommen wäre, denn, so heißt es verallgemeinernd, *bî den liuten ist so guot* (In Gesellschaft — am Hofe, lebt man erst richtig). Darauf erwidert Mabonagrin: Dieses Leben habe er sich nicht freiwillig ausgesucht. Es gebe gar niemanden, der lieber in Gesellschaft leben würde als ihn. Doch es sei folgendermaßen zugegangen: Er sei in der Fremde erzogen und dort von der Schönheit seiner jetzigen Frau so fasziniert worden, daß er sich in sie verliebte und sie zusammen geflohen seien, und zwar nach Brandigan zu seinem Onkel, der darauf bestand, daß er, Mabonagrin, nach dieser Geschichte zum Ritter geschlagen würde, was soviel bedeutete wie, daß er für volljährig erklärt wurde. Seine Geliebte aber verlangte von Mabonagrin einen Schwur, den er zu seinem Verhängnis auch leistete:

9534   *sî sprach: wol mir daz ich lebe*
        alsô wünneclîcher gebe
        der mich got hât gewert.
        allez des mîn herze gert,
        daz hân ich umbevangen.
        ez ist mir wol ergangen.
        ouch wil ich mich vermezzen,
        wir haben hie besezzen
        daz ander paradîse.
      (Sie sagte: Wohl mir, daß ich eine so freudenreiche Gnade, wie sie mir Gott gewährt, erlebe. Alles was mein Herz begehrt, besitze ich. Mir ist es gut ergangen. Ich bin so vermessen zu behaupten, daß wir hier in einem zweiten Paradies leben).

Daz ander paradîse — ein zweites Paradies, das sie erwartete! Und warum? Weil sie glaubte, daß das herrliche Leben in Einsamkeit zu zweien ewig währen könne. Doch Mabonagrin ist glücklich, daß es nun anders kam. Er sagte Vers 9588/89: *biute ist mînes kumbers zil: nû var ich ûz und swar ich wil* (Mein Leid hat nun ein Ende und ich kann wieder ausreiten wohin ich will).

Und — was gleich viel gilt: auch der Hof zu Brandigan, die höfische Gesellschaft also, hat ihre Freude zurückgewonnen, war doch zuvor *joie de la curt* gänzlich erlahmt. Der Rest der Geschichte ist Happy-End.

Werkstruktur und Bedeutung

Es wären die Ergebnisse der interpretierenden Nacherzählung hier zusammenzufassen:

Daß die *Joie de la curt* genannte Aventiure eine strukturelle Ähnlichkeit hat mit der Situation Ereks und Enites nach ihrer Hochzeit, mit der Situation des *verligens*, ist evident. Dessen ist sich auch Erek bewußt, da er im Gespräch mit Mabonagrin selbst darauf anspielt. Bezogen auf die Werkstruktur insgesamt besteht über diese Ähnlichkeit hinaus jedoch noch eine funktionale Beziehung: Mit der Erlösung Mabonagrins durch Erek aus seinem Bann, als Voraussetzung der Reintegration in die höfische Gesellschaft, hat auch Erek das Ende seiner Aventiurenfahrt und zugleich deren Höhepunkt erreicht, und indem er sich in dieser Aventiure bewährte, hat er auch die Voraussetzung geschaffen für seine und Enites eigene gesellschaftliche Reintegration: die Rückkehr zum Artushof und in die eigene Herrschaft unter den Bedingungen gesetzter gesellschaftlicher Normen.

Im Rückblick auf den Handlungsverlauf ist leicht erkennbar, wie alles auf dieses Ende hin angelegt ist, und zwar in einer Weise angelegt, deren konstruktivistisches Prinzip zunächst einmal verblüfft, das aber bei näherem Hinsehen nicht einfach nur eingespielter Mechanismus und Schablone ist, sondern sinngebendes Gestaltungsprinzip.

Beobachten wir zunächst einmal nur die poetologische Seite des Problems vermittels einer Analyse der Handlungskomposition. Dabei kann man vom Handlungsschema (vgl. S. 122 f.) ausgehen.

Erster Ausritt: Die Handlung beginnt in Artus' Umkreis und führt den Helden nach einer Aventiurenkette an den Artushof zurück — eigentlich nach Karnant, doch scheint dieser Unterschied nicht wichtig zu sein da Karnant nur die dem Artushof adäquate Herrschaft Ereks bezeichnet.

Doch es erwies sich, daß das Paar noch nicht den Normen höfischen Lebens genügen kann *(verligen)* und sich weiter bewähren muß. *Zweiter Ausritt:* Aufbruch aus Karnant zur ersten Aventiurenkette. Sie endet mit einer vorläufigen Einkehr im Artuslager wider Willen und wird fortgeführt in der zweiten Aventiurenkette mit schließlichem Ende wiederum am Artushof und in Karnant.

Rein formal wird so bereits das Kompositionsprinzip deutlich, das *Prinzip der Wiederholung:* Der zweite Ausritt wiederholt den ersten, die zweite Aventiurenkette des zweiten Ausritts wiederholt die erste Aventiurenkette des zweiten Ausritts, allerdings spiegelbildlich: Von Karnant zu Artus — von Artus nach Karnant. Jeweils die erste Aventiure der beiden Aventiurenketten sind Doppelaventiuren, da jeweils die beiden Abenteuer (drei Räuber/fünf Räuber — Cadoc/Oringles) logisch zusammengehören. Hugo Kuhn nennt diese Doppelaventiuren epische Doppelpunkte, die auf das Prinzip der Wiederholung aufmerksam machen sollen.[10]

Schließlich wird auch die Situation des *verligens* in Karnant, ja der ganze erste Ausritt in der Aventiure *Joie de la curt* wiederholt. Noch viele Beispiele wären zu nennen. Man denke an das doppelte Pferdegeschenk an Enite oder die Tatsache, daß sowohl die Freundin Iders wie die Mabonagrins namenlos bleiben. Ein weiteres fällt auf: Die Wiederholungen erfolgen jeweils auf einem anderen, einem höheren Niveau.

Hugo Kuhn nennt die Wiederholung des Handlungsschemas Ausritt-Heimkehr den *doppelten Kursus* und sieht darin zu Recht ein wesentliches Strukturprinzip des Handlungsaufbaus, doch vermag dies nicht alle Wiederholungen zu benennen und es bietet sich an, hier mit Max Wehrli vom Prinzip der *Motivwiederholung* bzw. des *Motivreims* zu sprechen, um das wiederholende Bauprinzip auch in der Feinstruktur der Handlung aufzeigen zu können.[11] Dieses Kompositionsverfahren kann nicht nur als eine poetische Technik verstanden werden, deren Sinn allein in einem poetologischen Verständnis aufginge, sondern es muß in einem weiten bewußtseinsgeschichtlichen Begründungsumfeld gesehen werden, das letztlich aus der Tradition eines theologischen Textverständnisses resultiert, demzufolge das Alte Testament die Ereignisse des Neuen Testamentes präfiguriert und das Neue Testament die des Alten Testamentes auf einer qualitativ höheren Ebene erfüllt. Damit gewinnt durch die Affinität zum theologischen Schriftverständnis die weltliche Ritterdichtung auch *strukturell eine heilsgeschichtliche Dimension*, die nur so gedeutet werden kann, daß sich das Rittertum als Träger einer quasi säkularisierten Heilsgeschichte versteht und so seinen Herrschaftsanspruch legitimieren kann.[12]

Die bisherige Interpretation läßt Fragen offen, die noch geklärt werden müssen. Z. B.:

— Warum gibt es den latenten Konflikt zwischen individuellem Bedürfnis und gesellschaftlichem Anspruch (vgl. *verligen; Joie de la curt*)

— Warum wird das *ander paradîse* der Mabonagrin-Episode als nicht bestandsfähig dargestellt?

— Warum bestätigt sich Ereks Heilsgewissheit tatsächlich in der *Joie de la curt*-Aventiure?

— Was ist die Absicht des seltsamen Bewährungsmechanismus' mit Dis- und Reintegration der beiden Protagonisten?

Es sind dies Fragen, die erst auf einer zweiten Ebene der Interpretation — der historisch-soziologischen — beantwortet werden können.

Da sich ähnliche und ergänzende Probleme im Zusammenhang einer Besprechung des *Iwein* ergeben, soll zunächst auf Hartmanns zweites Artus-Epos eingegangen werden.

Iwein

Wie die Handlung des *Iwein* formal verlaufen wird, kann man nun vermuten, nachdem das Prinzip des doppelten Kursus und der Motivwiederholung als Strukturmoment des Artusromans bekannt ist.

Im Gegensatz zum *Erek* ist der *Iwein-Prolog* erhalten (1—30).

In wenigen Versen wird hier gesagt, was aus dem *Erek* mühsam erschlossen werden mußte: wer in rechter, höfischer Weise zu leben versteht, dem wird *saelde* (Glück, Heil) und *êre* (gesellschaftliches Ansehen) zuteil. Doch was mag dies heißen?

Artus, so wird im Prolog gesagt, ist das beste Beispiel dafür, und sogleich wird dies belegt durch die Schilderung eines Pfingstfestes im Artusschloß *Karidol*.

Das Pfingstfest wird zum Ausgangspunkt der *Iwein*-Handlung. Der Ritter *Kalogreant* erzählt von einer Aventiure, der sogenannten *Brunnen-Aventiure*, aus der er mit einem Mißerfolg abziehen mußte. Zur Runde der zuhörenden Ritter gehört Iwein. König Artus und seine Ritterrunde beschließen, diese Aventiure gemeinsam zu suchen. Doch Iwein, übrigens Königssohn wie Erek am Hofe Artus', will die Ehre bestandener Aventiure für sich allein und er stiehlt sich nachts heimlich aus dem Lager. Er folgt der Beschreibung Kalogreants und kommt an den Wunschbrunnen im wilden Wald von *Breziljân*. Er findet alles so, wie Kalogreant es beschrieben hatte: auch den ‚Wald-toren‘, ein menschliches Ungeheuer, trifft er, bevor er zum Brunnen kommt. Mit ihm führte Kalogreant einst eine für das Verständnis der Dichtung wichtige Unterhaltung. Es geht dabei um die Definition des Begriffs der Aventiure, jener Bewährungssituation also, in der sich ritterliche Existenz scheinbar zu erfüllen hat.

Die Situation soll kurz dargestellt werden: auf dem Weg zum Brunnen stieß Kalogreant auf eine Herde wilder Tiere. Er hätte sich gerne aus dem Staube gemacht, da sieht er mitten unter den Tieren jenen Waldtoren sitzen, der wie ein Ungeheuer beschrieben wird (403–470).

Man vergleiche die Beschreibung dieses Menschen mit der einer höfischen Person und bedenke auch, daß der Waldtore *gebûre* (im engeren Sinne Bauer und im weiteren überhaupt: nicht höfischer Mensch) genannt wird (vgl. S. 125). Kalogreant und der Waldtore belauern sich nun, und es kommt zu dem berühmten Dialog, in dem beide Auskunft über sich selbst geben. Der Dialog gipfelt in der Ant-wort Kalogreants auf des Waldtoren Frage, was er denn tue und wer er denn sei, worauf Kalogreant antwortet (525–542), er suche *aven-tiure* und dem erstaunten Waldtoren auf dessen Frage: *aventiure waz ist daz?* erläutert: er reite aus und suche einen Gegner, mit dem er kämpfen könne. Wer von beiden dann siege, der trage den Ruhm davon und erhöhe sein Ansehen.

Derart Verrücktes hat der Waldmensch sein Lebtag noch nicht ge-hört. Doch, meint er, wenn Kalogreant unbedingt sein Leben aufs Spiel setzen wolle, so brauche er nicht weit zu gehen. Er weist ihn zum Brunnen.

Hier kann zur Iwein-Handlung zurückgegangen werden, die an der analogen Stelle verlassen wurde. Beiläufig wäre auch hier wieder auf das Prinzip der Motivwiederholung hinzuweisen und vorwegnehmend dazu anzumerken, daß die Iwein-Handlung hier durchaus als durch Kalogreants Aventiure präfiguriert angesehen werden kann. So muß man zunächst einmal Iweins folgendes Abenteuer als Erfüllung der Aventiure-Definition Kalogreants verstehen. Iwein nämlich kommt zum Brunnen, bei dem ein Stein liegt, auf den er Wasser des Brunnens gießt. Sofort verstummen die Vögel im Baum, ein fürchterliches Unwetter setzt ein, alles rundum wird zerstört. Als das Wetter auf-hört, erscheint der Herr des Brunnens und fordert Rechenschaft und Genugtuung von dem Störer Iwein. Die Folge ist ein Zweikampf, in dessen Verlauf Iwein den Herrn der Quelle tödlich verwundet. Als dieser daraufhin nach seiner Burg flieht, verfolgt ihn Iwein, alle Regeln des ritterlichen Comments verachtend *âne zuht* — ohne sich zu beherrschen, wie es dem vollendeten Ritter ansteht.[13] Iwein tut dies vor allem deshalb, weil er meint, wenn er den Herrn des Brunnens nicht fange oder töte, so würde am Artushof niemand ihm Glauben schenken und er statt der Ehre nur Spott und Hohn ernten.

Der Herr des Brunnens, *Askalon*, reitet indessen durch das Falltor seiner Burg und gerade da erwischt ihn Iwein und versetzt ihm mit einem Schwerthieb den Todesstoß. Des Burgherrn Pech aber ist Iweins Glück, denn als er sich zum Schwerthieb auf seinem Pferd vorbeugte, rattert das Falltor herunter und zerschmettert hinter dem Sattel Iweins Pferd. Soweit die Episode.

Was folgend geschieht, die vergebliche Suche nach Iwein in der Burg, die Hilfe der Kammerzofe *Lunete* für Iwein, weiter die Gefahren, in denen Iwein schwebt, die große Trauer, die auf der Burg des Burgherrn herrscht, die Umstände, wie Iwein erstmals die wunderschöne Frau des von ihm getöteten Burgherrn, *Laudine*, sieht und sich in sie verliebt, schließlich seine Anstrengungen, Laudine zur Frau zu gewinnen (und dies auch erreicht), dies alles kann hier ausführlich nicht nacherzählt werden. Wichtig ist, das Iwein bei Laudine zum Ziele gelangt. Laudine willigt in eine Heirat mit ihm ein — eigentümlich zwiespältig, das fällt auf. In ihre Entscheidung ist allemal der Kalkül zur Sicherung ihrer Herrschaft eingegangen: sie selbst, ihre Quelle und das Land bedürfen angesichts ständig umherziehender, *aventiure* suchender Ritter der Verteidigung (vgl. z. B. 2058 ff., auch 2305 ff., und 2675 f.).[14]

Die Hochzeit wird prächtig gefeiert, dann zieht auch Artus mit Gefolge heran und Iwein hat Gelegenheit, erstmals die Quelle zu verteidigen. Dies indessen nur gegen *Keie*, eine wiederum komische Szene.

Artus und Gefolge feiern selbstverständlich das höfische Hochzeitsfest nun mit. Doch nach acht Tagen nimmt *Gawein*, der Musterritter der Artusrunde und Iweins Freund, sich Iwein für ein Gespräch zur Seite, in dem er ihn an seine Ritterpflichten gemahnt, ihn an Ereks schlechtes Beispiel des *verligens* erinnert und vor der Gefahr warnt, aus lauter Sorge für den Hausstand und dessen ökonomische Erfordernisse in Krämer- und Pantoffelgeist auf Krautjunkerniveau zu sinken (2770—2844).

Würde man sich darauf beschränken, nur die Beziehung zum *verligen* Ereks in dieser Rede zu registrieren, so würde man m. E. ein ganz wesentliches Moment außer acht lassen, das zusammen mit anderen ähnlichen Aspekten eine wichtige Funktion für eine historisch-soziologische Interpretation haben wird. Das *verligen* ist hier nur ein Aspekt, ein weiterer ist der der Sorge um den Haushalt, das

141

Vorratsdenken, der ökonomische Kalkül, Sparsamkeit, Kostendenken und Pantoffelmentalität. Das sind Dinge, die Erek nicht im entferntesten berühren. Es sind dies Momente der Realität ritterlicher Hauswirtschaft. Gewiß um einiges weniger aufregend als eine Aventiure, auch weniger repräsentativ als irgend nur *hövescheit*. Dem Artusritter Gawein ist das ein Greuel, dem Iwein dieser Szene ganz offensichtlich auch. Dennoch ist die Haltung des Romans bzw. seines Autors zu dieser Realität weit weniger negativ. Immerhin wird Gaweins Rede Ausgangspunkt weiteren Fehlverhaltens von Iwein.

Dem nämlich leuchten Gaweins Argumente so sehr ein, daß er beschließt, sofort für ein Jahr von Laudine Abschied zu nehmen. Dazu ist es notwendig, sich Laudines Zustimmung gegen ihre Überzeugung zu erschleichen, was Laudine ausdrücklich bereut. Doch sie schwört im Gegenzug, daß Iwein es ebenfalls werde bereuen müssen, wenn er die vereinbarte Jahresfrist nicht zuverlässig einhält.

Ein Jahr lang also geht Iwein nun mit den Artusrittern auf Aventiurenfahrt. Doch vorausdeutend heißt es bald (3037 f.), Herr Gawein, *der höfschste man / der rîters namen ie gewan* (der höfischste aller Ritter), würde Iwein zum Verhängnis. Das deshalb, weil Iwein mit ihm von Aventiureerfolg zu Aventiureerfolg eilte, so daß er den Ablauf der Jahresfrist verträumte.

Anläßlich eines Hoffestes des Königs Artus kommt ihm das zu Bewußtsein und in diesem Moment trifft ihn auch schon in Gestalt der Botin Lunete Laudines Rache. Lunete maßregelt Iwein öffentlich: Sie zeiht ihn des Wortbruchs und bezeichnet es als eine Schande für den Artushof, wenn dort ein solcher Mensch weiterhin im Stande des Ritters geduldet werde. Gefordert also ist Iweins Ausschluß aus der höfischen Gesellschaft. Die Ungeheuerlichkeit des Vorgangs, als er Iwein bewußt wird, führt zu seinem psychischen Zusammenbruch — er wird wahnsinnig und irrt, symbolisch bedeutsam ist dies gewiß, in die Wildnis — splitternackt, nicht weiterhin als Ritter.

Bevor eine erste Deutung dieses Geschehens gegeben wird, interessiert noch Iweins Leben in der Wildnis:

Einem Knappen, den er trifft, nimmt Iwein Pfeil und Bogen ab, jagend fristet er zunächst sein Leben. Die gejagten Tiere frißt er roh. Schließlich trifft er auf einer Rodung einen Einsiedler, der ihn verköstigt, nachdem der seine Angst überwunden hat. Bei ihm lebt Iwein und erjagt die Nahrung, schließlich verkaufen sie zusammen Tierfelle, um das Notwendigste zum Unterhalt zu haben. Iwein verkommt und verdreckt nun völlig. In diesem Zustand und schlafend finden ihn eines Tages drei Hofdamen. An einer Narbe erkennen sie ihn als Iwein. Mit einer Wundersalbe heilen sie ihn. Als Iwein aufwacht, ist er wieder normal, auch die Erinnerung an früher stellt sich ein, doch erscheint ihm sein früheres Leben wie ein Traum (3509—3577).

Iwein hat nicht geträumt — aber er hat offensichtlich früher auch nicht das rechte Leben geführt. Er kann an *rehte güete* nicht *sîn gemüete* (vgl. den Prolog) gewendet haben, dem widerspricht sein bisheriges Schicksal deutlich. Wo also steckt der Fehler? Dazu zunächst folgende Thesen, deren Richtigkeit die Interpretation der weiterfolgenden Handlung bestätigen soll.

Iwein hat zwei Fehler gemacht. Der erste ist zugleich tiefere Ursache des zweiten:

1. Iwein hat in einer Gewaltaktion gegen Askalon, den Herrn des Brunnen, eine Herrschaft usurpiert.
2. Iwein ist Laudine gegenüber schuldig geworden, weil er sie verlassen hat und weil er die verabredete Frist nicht eingehalten hat. Er hat damit seine Landesherrschaft aufs Spiel gesetzt um artusritterlicher Aventiure willen.[15]

Er hat also zweimal gegen höfische Normen verstoßen — nur, das ist zunächst einmal ein scheinbarer Widersinn, er hat gegen diese Normen deshalb verstoßen, weil er gerade wiederum höfischen Normen folgte: gegen Askalon hat er gesiegt, weil er kämpfte gemäß Kalogreants Aventiure-Definition, also weil er kämpfte wie ein traditioneller Artusritter. An Laudine wurde er schuldig, weil er sich, verführt durch den „höfischsten" Ritter Gawein, als Artusritter auf der Aventiurenfahrt vergaß. Er *verritterte*, wie das im Gegensatz zu Ereks *verligen* genannt wurde.

Hierin liegt ganz offensichtlich eine Kritik an Normen ritterlich-höfischen Verhaltens wie es durch das Artus-Rittertum repräsentiert wird. Auch die Gefahren, die dieses Normverhalten mit sich bringt, werden deutlichst herausgestellt. Sie führen zum gesellschaftlichen Ruin, zur potentiellen sozialen und individuellen Regression in einen vorhöfischen und vorritterlichen Zustand, in den Zustand des *gebûren*, der im wilden Wald in der Manier primitiver Jäger und Rodungsbauern sein Leben fristet. Ein Zustand, der freilich dem höfisch-ritterlichen Bewußtsein als Wahnsinnszustand erscheinen muß, wenn er an ritterlichen Individuen sich exemplifiziert. Es erweist sich hier einmal mehr der hochartifizielle Charakter höfischer Literatur: die poetische Gestaltung (Iweins Wahnsinn) ist dem Gehalt, dem Ausdruck sozialer Regressionsangst, absolut kongruent. Nur, was hier als Regression poetisch erscheint, hat Verweischarakter, denn Iweins Regression offenbart individuell bei dem Autor Hartmann und kollektiv bei der höfischen Literaturgesellschaft,

die solches rezipiert, die Angst vor einem realen sozialen wie individuellen Identitätsverlust.

Vor dem Hintergrund dieser These kann nun die Handlung
weiter verfolgt werden. Es ist zu vermuten, daß, wenn die These
richtig ist, von nun an Veränderungen in Iweins Verhalten zu erwarten sind, die die in seinem Fehlverhalten liegende Kritik an artusritterlicher Aventiurepraxis durch neue, veränderte ritterliche Verhaltensweisen positiv wenden werden.

Zweiter Ausritt Iweins

Gleich in der auf Iweins Erwachen aus seinem Wahnsinn folgenden
ritterlichen Handlung wird dies bestätigt, denn die drei Hofdamen
bringen Iwein zu ihrer Herrin, die gerade durch den Grafen *Aliers*
belagert wird. Aliers gedenkt, ganz in Artusritter-Manier, das Land
zu usurpieren und die Landesherrin dazu. Es versteht sich jetzt von
selbst, daß Iwein hier rettend eingreift, Aliers besiegt und das Hei-
ratsangebot der Dame von *Larison*, um die es sich handelt, aus-
schlagen muß. Es kommt Iwein auf die Rettung, den selbstlosen
Dienst, die Wahrung des Rechts, nicht auf den eigenen Vorteil an.
Der Unterschied zu früher ist evident und es wird erkennbar, daß
Iwein nun, dem Sturkturprinzip des Artus-Romans zufolge, sich auf
seinem zweiten Ausritt befindet, auf der *Bußfahrt*, auf dem Weg
der Läuterung also. In der nächsten Episode, das sei noch der Bedeutung halber erwähnt, steht Iwein einem Löwen bei, der gegen einen
Drachen kämpft. Es ist die Symbolinterpretation nicht überstrapa-
ziert, in dem Drachen das Symboltier des Schlechten, Bösen, der
Hölle sehen zu wollen und im Löwen das Gegenteil.[16]

Der Löwe begleitet von nun an Iwein bis zum Ende der Erzählung
in symbolischer Deutlichkeit: Iwein in Begleitung des Rechts als be-
gnadeter Kämpfer gegen Unrecht. Nach diesem Schema laufen die
folgenden Aventiuren ab. Sie seien kurz skizziert.

Zunächst befreit Iwein Lunete und errettet sie vor dem Feuertod,
zu dem sie verurteilt worden war als Verräterin an ihrer Herrin, da
sie dieser zur Hochzeit mit Iwein zugeraten hatte. Es ist dazu anzumerken, daß Iwein den Kampf um Lunetes Rettung nur durch das
Eingreifen seines Begleiters, des Löwen, gewinnen kann. Lunete jedoch hatte, bevor sie in die bedrohliche Situation kam, Gelegenheit,
Hilfe am Artushofe zu suchen. Sie suchte Iwein oder Gawein; sie
beide allein hätten helfen können, doch beide sind am Artushofe
nicht zu finden. Iwein war auf Aventiurenfahrt und Gawein, so er-

fahren wir, war aus einem höchst merkwürdigen Anlaß ausgeritten, denn er suchte die Königin Ginover, Artus' Frau, die, man höre, geraubt werden konnte von einem Ritter, der sich erdreistet hatte, die Artusrunde und König Artus bei ihrem repräsentativen Selbstverständnis zu nehmen zu dem fatalen Zweck des Königinnenraubes (vgl. 4528 –4726). Darin, wie auch gegenüber Lunetes Wunsch, zeigt sich der Artushof als handlungsunfähig, gelähmt und an erforderlicher Hilfeleistung gehindert. Dies ist ein weiterer Beleg für die Bestätigung der These von der Kritik an den Prinzipien des Artusrittertums im Iwein.

Als nächstes, oder besser, zwischengeschaltet, denn die Episode ist in die Handlung von Lunetes Rettung eingelagert, verhilft Iwein einem Burgherrn gegen den Riesen *Harpin* zu seinem Recht. Wiederum wird gesagt, daß auch hier der Artushof versagte und wiederum kann Iwein den Kampf gegen Harpin nur mit Hilfe des Löwen bestehen.

Außerdem hilft Iwein noch einer Tochter des Grafen vom schwarzen Dorn gegen deren Schwester im Kampf um ihr rechtmäßiges Erbe. Die Umstände, unter denen es dazu kommt, sind der Intention nach höchst bedeutsam. Das unterstreicht auch die erzähltechnische Komposition. Die eine Schwester nämlich hatte als Kämpfer für sich und ihre Ansprüche, das ist höchst prekär, den Artusritter Gawein gewonnen und es wird ausdrücklich gesagt, daß die rechtmäßige Erbin, die von Iwein, dem Löwenritter, schließlich vertreten wird, am Artushof keinen Kämpfer für ihre rechtmäßigen Ansprüche gewinnen konnte. Damit ist ein Zweikampf Iwein gegen Gawein absehbar. Doch zuvor ist in die Handlung eine Episode eingeflochten, die ihrer Bedeutung wegen intensiverer Interpretation bedarf. Es ist die Episode von den Seidenspinnerinnen.

Auf dem Weg an den Artushof kommt Iwein in eine Burg, in deren Burghof sich eine regelrechte Seidenmanufaktur befindet. Sie wird folgendermaßen geschildert:

6186 *nû sach er innerhalp dem tor*
  ein wîtez wercgadem stân:
  daz was gestalt und getân
  als armer liute gemach;
  dar in er durch ein venster sach
  würken wol driu hundert wîp.
  den wâren cleider untter lîp
  vil armeclichen gestalt:
  irn was iedoch debeiniu alt.
  die armen heten ouch den sin
  daz gnuoge worhten under in

swaz iemen würken solde
von sîden und von golde.
gnuoge worhten an der rame:
der werc was aber âne schame.
und die des niene kunden,
die lâsen, dise wunden,
disiu blou, disiu dahs,
disiu hachelte vlahs,
dise spunnen, dise nâten;
und wâren doch unberâten:
in galt ir arbeit niht mê
wan daz in zallen zîten wê
von hunger und von durste was
und daz in kûme genas
der lîp der in doch nâch gesweich.
sî wâren mager unde bleich,
sî liten grôzen unrât
an dem lîbe und an der wât.
ez wâren bî ir viure
under wîlen tiure
daz vleisch zuo den vischen.
sî muose verwischen
wirtschaft und êre:
sî rungen mit sêre.

(Innerhalb der Burgmauer sah er ein geräumiges Arbeitshaus stehen, das aussah wie eine Behausung armer Leute. Durch ein Fenster sah er drinnen etwa dreihundert Frauen arbeiten. Ihre Kleider, wie überhaupt ihre ganze Erscheinung, waren äußerst ärmlich – doch waren sie allesamt noch jung. Viele dieser Armseligen mußten weben, was man nur an Gold und Seide weben kann. Viele arbeiteten am Stickrahmen – ihre Arbeit war wenigstens nicht schimpflich. Die, die das nicht konnten, die sortierten Fäden, wickelten sie auf, schlugen und brachen Flachs, andere hechelten ihn, wieder andere spannen und nähten. Dennoch litten sie Not. Ihre Arbeit brachte ihnen so wenig ein, daß sie fortwährend unter Hunger und Durst leiden mußten, so daß sie kaum ihr Leben fristen konnten und dem Tode nahe waren. Sie waren abgemagert und bleich, duldeten große Entbehrungen am Körper und Kleidung. Auf ihrem Herd waren Fleisch und Fisch Seltenheiten. Standesgemäßen Unterhaltes mußten sie entraten, da sie mit der bittersten Not kämpften.)

Iwein wurde übrigens hämisch und bösartig vom Burgwächter in die Burg gelockt, heraus kann er nicht mehr. Da er vom Wächter keinen Aufschluß über das Schicksal der Frauen im Arbeitshaus erhält, geht er selbst zu ihnen. Die Frauen erröten vor Scham und Iwein wird stutzig über dieses Benehmen. Es verbanden sich hier nämlich, für das Ritterbewußtsein höchst seltsam, mit der sichtbaren Armut Klugheit und treffliche Gesinnung und Iwein meint Vers 6307 f.:

ist iuch disiu armuot an geborn,
sô hân ich mînen wân verlorn.
(Ich müßte mich ziemlich täuschen, wenn ihr von Geburt an so arm
gewesen seid).

Sein adeliger Sinn müßte ihn auch sehr verlassen haben, wenn dem so
wäre. Schließlich sähe er doch, daß ihnen ihre Armut schmerzlich
sei, und das sei etwas anderes, als wenn man von Kind an in Armut
lebe: *Swer ir von kinde ist gewon, dern schamt sich ir sô sêre niht*
(6312 f.). Iwein hat sich nicht getäuscht: Die Frauen stammen von
der Jungfraueninsel und ihrem Herrn war es aus jugendlichem Leicht-
sinn eingefallen, Aventiure zu suchen. Auf der Burg hier hat er sie in
Gestalt zweier Ritter, zweier Teufelsritter, wie es ausdrücklich heißt,
gefunden. Er wäre von ihnen getötet worden, hätte er sich nicht mit
der Verpflichtung losgekauft, ihnen alljährlich 30 Jungfrauen als
Arbeiterinnen zu schicken. Zweifellos haben wir es hier wiederum
mit einem Typ von Aventiure zu tun, wie ihn Kalogreant, der Artusritter, definierte, und einmal mehr erweist sich der Ablauf der Handlung als immanente Kritik daran.

Strukturell ist die Seidenspinnerinnenepisode mit den Folgen der
Warnung Gaweins an Iwein, nicht zum Pantoffelritter zu werden, wie
auch mit der Situation von Iweins Wahnsinn vergleichbar: Es soll auf
eine weitere Gefahr des bornierten artusritterlichen Verhaltens
aufmerksam gemacht werden; hier auf die Gefahr, daß dieses Verhalten in seiner Konsequenz den direkten Weg in die Manufaktur
bedeuten kann, und das heißt doch nichts anderes, als den Ruin der
feudalen Gesellschaftsordnung durch frühbürgerliche ökonomische
Praxis.

Diese Auffassung soll später noch ausführlicher begründet werden,
doch ist hier schon darauf aufmerksam zu machen, mit welcher Bewußtheit das Prinzip frühbürgerlicher − in der Tendenz kapitalisti-
scher − Ökonomie erkennbar ist. Es wird von den Frauen das Aus-
beutungsverhältnis, in dem sie stehen, nicht etwa als rein feudales
Gewaltverhältnis gesehen, sondern auch als eines, das ökonomisch
funktioniert:

6395   man lônet uns als ich iu sage:
        nû sprechet wer von dem bejage
        rîche wesen kunde.
        man gît uns von dem pfunde
        niuwan vier pfennige.
        der lôn ist alze ringe
        vür spîse und vür cleider:
        des sîn wir ouch der beider

vil rehte dürftiginne.
von unsereme gewinne
sô sint sî worden rîche,
und leben wir jæmerlîche.

(Man entlohnt uns folgendermaßen — und sagt selbst, wer von
diesem Verdienst reich werden kann: Man gibt uns nur vier Pfennige
vom Pfund. Dieser Lohn ist viel zu gering für Nahrung und Kleidung,
so daß wir auch an beidem Mangel haben. Von unserem Verdienst
sind sie reich geworden, während wir erbärmlich elend leben.)

Dies ist zweifellos ein in der feudalen Literatur äußerst seltener Beleg
dafür, wie Vorgänge der sogenannten „ursprünglichen Akkumulation" sich im feudalen Bewußtsein niederschlagen — zudem ist es ein
in der Literatur zumindest dieser Zeit als absolutes Unicum anzu-
sehender Beleg einer frühbürgerliche Verhältnisse kennzeichnenden
Situation der Mehrwertproduktion.

Iwein indessen begibt sich nun zur Burg. Dort trifft er in herrlich-
sten äußeren Lebensverhältnissen den sehr alten Burgherrn, dessen
Frau und ihre ebenso junge wie schöne und vornehme Tochter.
Iwein wird vollendet empfangen — doch ahnt er nichts Gutes. Zu
Recht, wie sich am anderen Morgen herausstellt. Da nämlich eröffnet
ihm der alte Burgherr, daß es üblich sei, daß die Gäste seines Hauses
mit den beiden Teufelsrittern kämpften. Dafür stehe immerhin der
köstlichste Siegespreis, nämlich seine Tochter, Land und Herrschaft,
zur Verfügung. Dinge also, die für Artusritter gewöhnlich höchstes
Ziel ihrer Aventiurenfahrten bedeuten. Iwein, so meint der Burgherr,
sehe gerade so aus, als habe er dies alles dringend nötig. „Werdet
reich oder sterbt" ist die Devise. Unschwer erkennt man erneut
das schon wiederholt von Hartmann implizit kritisierte Schema der
Artus-Aventiure. Also kämpft Iwein — und natürlich siegt er — aber,
auch das wiederholt sich nun stereotyp, natürlich nur mit Hilfe
seines Löwen! Iwein soll jetzt die Tochter des Burgherrn zur Frau
nehmen, da kann ihm nach der Meinung des Burgherrn auch seine
Liebe zu Laudine nicht helfen. Doch Iwein lehnt höflich ab. Daß ein
Ritter eine solche Gelegenheit zu sozialem Aufstieg nicht wahrnehmen will, kann der alte Burgherr schlicht nicht begreifen und er ist
gekränkt und ärgerlich, steht aber dennoch zu seinem Versprechen
und läßt die gefangenen Jungfrauen frei. Die alte Ordnung ist somit
wiederhergestellt, nicht in Artusritter-Manier, im Kampf also um
Land und Herrschaft, sondern in der neuen Manier Iweins, durch
selbstlosen Einsatz für Recht und feudale Ordnung.

Nun steht noch der Zweikampf mit Gawein bevor. Iwein macht
sich auf zum Artushof. Doch es geschieht jetzt etwas Merkwürdiges:
er nimmt den Löwen dorthin nicht mit.

Am Artushof erscheint Iwein unerkannt. Der Kampf mit Gawein ist ungeheuer. Ein, wie der Erzähler sagt, starkes Ding. Daß es ein Kampf zwischen Ebenbürtigen ist, wird oft betont. Er wird ganz detailliert beschrieben mit eigentümlichen Metaphern — solchen aus dem Kaufmannsmilieu: Von Verlust, Gewinn, Einsatz, Risiko ist die Rede in Bezug auf ihre Kräfte — doch ist alles umgekehrt zu kaufmännischen Gepflogenheiten: sie geizen und wuchern nicht! Ein Kaufmann hätte bei derartigem Verhalten schnell abgewirtschaftet, bei ihnen ist das Gegenteil der Fall, sie gewinnen um so mehr Ehre und Ruhm. So dringen auch hier in diese Metaphorik bewußt oder unbewußt milieufremde Erfahrungspartikel ein, die gerade dadurch, daß sie durch reziproke Sinngebung ihrer realen Funktion entkleidet werden, von einer Realität künden, die in der sprachlichen Form beschwörend abgewehrt wird.

Der Kampf ist in jeder Phase unentschieden und wird aus Kräftemangel für höfische Augen unansehnlich, so daß man am Artushofe um die Ehre der Kämpfer und um die der Veranstalter zu fürchten beginnt. Daher unternimmt Artus einen Schlichtungsversuch zwischen den beiden feindlichen Schwestern. Doch bei der älteren, die von Gawein vertreten wird, stößt er damit auf Granit.

Anders verhält sich die jüngere, für die Iwein kämpft. Sie will um der Ritter willen freiwillig verzichten. Angesichts einer solchen Haltung geht die Stimmung des Hofes zu ihren Gunsten über. Doch Stimmung und höfischer Zwang gehen nicht überein. Was als Gerichtsentscheid durch Zweikampf begonnen wurde, muß auch so enden. Allerdings muß der Kampf zunächst wegen einbrechender Dunkelheit unterbrochen werden.

Bei ermattet gegenseitig anerkennendem Gespräch in der Kampfpause geben sich beide Kämpfer einander zu erkennen und es herrscht großes Verstehen und eitel Freude. Jeder will dem anderen den Sieg zuerkennen, auch Artus wird über das rätselhafte freundschaftliche Gebaren aufgeklärt. Und weil unter diesen Bedingungen eine Entscheidung durch Kampf in der Rechtssache nicht mehr möglich ist, greift nun Artus als König ein — und zwar als salomonisch weiser König. Er stellt eine Falle, in die die ältere Schwester hineintappt. Und damit wäre der Rechtsstreit entschieden, doch Artus ist jetzt nicht nur weise, sondern auch gütig und gerecht, denn er straft die ältere Schwester nicht, sondern teilt lediglich das Erbe gerecht unter beiden. Nicht aber, daß die ältere Schwester einsichtig geworden wäre — sie stimmt Artus' Vorschlag nur angesichts drohender Sanktionen zu. Artus aber hat damit herrscherlich Recht durchgesetzt und garantiert.

Und wieder werden in der Erzählung, was schon des öfteren als kunstvolles Gestaltungskriterium deutlich wurde, die poetischen Mittel voll der Aussageintention kongruent: der Löwe, das Symbol für Recht und Gerechtigkeit, taucht nun zum Schluß auch noch am Artushof auf, denn er ist aus seinem Käfig ausgebrochen.

Es ist klar, daß nach dem Strukturprinzip des doppelten Kursus' der Abschluß von Iweins Aventiurenfahrt erreicht ist. Als Kämpfer für Recht und Gerechtigkeit hat Iwein sich bewährt, er ist geläutert, verkörpert nun ein neues Ritterideal und kann in die höfische Gesellschaft reintegriert werden. Doch anders etwa als bei Erek, setzt das neue Ritterideal Bedingungen nicht nur auf der Seite des Ritters, sondern auch auf der Seite der idealen höfischen Gesellschaft – hier repräsentiert durch Artus, den nunmehr weisen, gerechten Herrscher, der Recht und Gerechtigkeit garantieren kann.

Eigentlich unnötig ist es zu sagen, daß Iwein wieder – wenn auch mit einiger List und Tücke, zu Laudine zurückfindet, doch es ist nicht zu übersehen, daß, wiederum anders als im *Erek*, im *Iwein* gänzlich zu Gunsten der Entwicklung eines sozial verpflichteten Ritterideals der privat orientierte Handlungsstrang der Minnebeziehung in den Hintergrund gedrängt wird.

Deutungen

In der Hartmannforschung seit den 60er Jahren hat sich im wesentlichen eine Deutung der Artusepen durchgesetzt, wie sie von Peter Wapnewski[17] vertreten wurde und derzufolge es im *Erek* um den Konflikt zwischen Minne und Ritterpflicht gehen soll, hinter dem sich die alles bestimmende Grundfrage nach dem rechten Leben in dieser Welt verberge, wie sie insbesondere das aristokratische Bewußtsein um 1200 bewege. Stimuliert sei der Konflikt durch den Zwang, zwei Werte *(minne/êre)* richtig gegeneinander abwägen zu müssen *(mâze)* und im Verfehlen des rechten Maßes liege die Schuld der beiden Hauptprotagonisten des *Erek*, weil ihre Maßlogiskeit *(unmâze)* in der Minne sie von der Gesellschaft absondere in einen Raum ,,selbstbefangener Ichhaftigkeit.''[18]

Bezogen auf die Werte-Trias *minne – êre – vreude* (der Gesellschaft) bedeute das als *Botschaft* des Werkes: ,,Aus der elementar gelebten gesellschaftsfeindlichen Triebliebe wird die Gemeinsamkeit der Eheliebe, die als solche Teil hat an der Gesellschaft, Dienst ist an der Welt.''[19] Unschwer ist am Beispiel dieser Deutung zu erkennen, wie eine vom Anspruch her recht avancierte Interpretation, wenn sie an ein vorgelagertes bürgerliches Dichtungsverständnis (ewige Werte) gebunden bleibt, sehr schnell dazu tendiert, Normen bürgerlicher Ethik der Dichtung wertend unterzuschieben und konkrete historische Bestimmungen der verwendeten Kategorien der Interpretation zu versäumen (historisch: Ehe, Gesellschaft, Liebe etc.) oder gar zu fragen, ob dies überhaupt die zentralen Punkte des Werkes sind. Schwieriger noch hat es eine solche Sicht mittelalterlicher Literatur mit dem *Iwein*. Zu konfus ist auf den ersten Blick die Problemlage — wenn man davon ausgeht, daß Probleme dieser Literatur solche sind wie sie dem *Erek* unterschoben wurden. Wapnewskis *Iwein*-Interpretation zeigt so auch sichtliche Irritation: ein logisch durchgeführtes, konsequent entwickeltes Grundproblem, meint er, gäbe es nicht — mit welch harschen Ehebeziehungen, mit welch verquerer Liebesproblematik, mit welch seltsamem Frauentyp habe man es hier auch zu tun! Auch die Schuldfrage vermag Wapnewski nicht zum Ausgangspunkt einer Gesamtinterpretation zu machen, obwohl er sehr genau erkennt, daß in der Tötung Askalons die zentrale Problemstelle liegt. So muß er, um scheinbare Widersprüche erklären zu können, an poetische Mängel des Werkes denken und er vermutet als Ursache vom Autor nicht bewältigte stoffliche Überlagerungen aus dem Mythos (Motiv der Tötung des Wächters; Erwerb der Fee), die mit dem Eintritt in die höfische Sphäre zwanghaft eine Moralisierung erforderten: die Tötung Askalons und das Terminversäumnis sehe Hartmann vom Standpunkt des Moralisten. Hartmann wehre sich gegen die Übermacht des Stoffes dadurch, daß er die Mächtigkeit des Menschen zeige, die sich in Demut und Dienst ebenso wie in Leben und Liebe enthülle. Man sieht auch hier wieder die Sucht nach ewigen Werten, die den entkonkretisierten und unpolitischen Literaturbegriff der Nachkriegsgermanistik bis weit in die sechziger Jahre hinein bestimmte. Daß es dem Autor möglicherweise um eine viel konkretere Beziehung zur gesellschaftlichen Realität ging, daß sein Werk nicht nur allgemeine, sondern ganz wesentliche historisch-konkrete moralisch-ethische Probleme und deren soziale Ursachen reflektiert, eine solche Auffassung war der Altgermanistik erst möglich, als sich in ihrem literaturtheoretischen Bewußtsein Ansätze materialistischer Theorie niedergeschlagen hatten und methodologische Verfahren historisch-soziologischer Interpretation aufgegriffen wurden.

Erich Köhler[20] war hier für die französische Artusepik bahnbrechend und im Bezug auf die deutschen Artusepen ist Gert Kaiser[21] mit einem Versuch über Hartmanns *Erek* und *Iwein* gefolgt. Kaisers Arbeit ist theoretisch bestimmt von der damals gerade aktuellen Hermeneutikdiskussion. Seiner These zufolge stehen die Artusepen Hartmanns in einem funktionalen Zusammenhang insofern, als sie kommunikative Leistungen erbringen im Sinne der Klärung und Verdeutlichung eines ministerialischen Selbstbewußtseins im Kontext des historischen Prozeßes der Entwicklung der Ministerialität zur ständisch relevanten sozialen Gruppe. Die Auffassung, daß innerhalb der ministerialischen Kommunikationsgemeinschaft Hartmanns Epen eine besondere Funktion hatten, belegt Kaisers Meinung nach:

1. die Tatsache, daß der Begriff *Ritter* dadurch entschieden aufgewertet wird, daß er für die Königssöhne Erek und Iwein wie für andere Hochadlige gebraucht wird. Dies sei ein Rezeptionsanreiz für die, die immer schon *Ritter* hießen, die Ministerialen, da sie hier Möglichkeiten sozialer Identifikation und Prestigegewinns angeboten erhielten.

2. Diese Identifikationsmöglichkeit biete darüberhinaus grundsätzlich die Artusfamilia. Zwischen ihr und der Ministerialität bestehe eine weitreichende Analogie.

3. Indem nun die ministerialische Kommunikationsgemeinschaft die Artusromane Hartmanns verstehe im Sinne der Analogie und der sozial aufwertenden Identifikationsangebote, verstehe sie sich selbst und finde sie ihre eigene Identität.

4. Da historisch-gesellschaftlich die Situation der Ministerialität gekennzeichnet ist durch die Disproportionalität zwischen sozialer Avanciertheit und ständischer, d. h. rechtlicher Inferiorität, muß eine Leistung des Artusromans als Medium möglicher Selbstinterpretation in diesem Zusammenhang nachgewiesen werden. Sie wird Kaiser zufolge erreicht durch die Thematisierung der Gebundenheit von sozialer Geltung an Dienst und Bewährung im Roman. „Ein literarischer Text, der dem Konflikt zwischen Sozial- und Rechtsstatus, dem die Ministerialität unterliegt, die (Deutungs-) Möglichkeit offeriert, Dienst und Bewährung als (einzig legitimen) Grund zur Standeserhöhung und − legitimation zu begreifen und damit gar die Herkunft der Ministerialität aus dem *ministerium (servitium)*, das bisher die rechtliche Sanktionierung ihres Aufstiegs verhinderte, nunmehr als Rechtsgrund ihres Aufstiegs uminterpretiert, ein solcher Text vermag unmittelbar am Emanzipations- und Legitimationsprozeß der Ministerialität teilzunehmen und auf ihn einzuwirken."[22]

In den Hintergrund getreten ist durch diese *Erek*-Interpretation Kaisers der vermeintlich überzeitliche Konflikt zwischen Minne und Ehre zugunsten eines Verständnisses der Momente der gesellschaftlichen Auseinandersetzung einer dynamischen, aufsteigenden Schicht mit einer rechtlich und sozial privilegierten Klasse, deren poetische Verarbeitung freilich in den Romanen auf Integration zielt.

In diesem Zusammenhang ist eine Entwicklung charitativer Momente des Aventiure-Begriffs und des Dienstes zu beobachten, die sich nun nach Kaiser im *Iwein* immer stärker fortsetzt und zur direkten Kritik am artusritterlichen Aventiure-Begriff wird. Dies mit zunehmender Notwendigkeit insofern, als das Identifikationsangebot des Romans mit zunehmender Verschärfung der Anspruchshaltung der Ministerialität der gesellschaftlichen Gewaltfrage konfrontiert ist: der in der Realität sich verstärkenden Tendenz zur gewaltsamen Usurpation von Land und Herrschaft besonders seitens der Ministerialität. Dies war ein wesentliches Ergebnis der Quellenuntersuchungen Kaisers.

In der Denunziation der Initialaventiure des *Iwein* (Ermordung Askalons) durch das charitative Aventiure-Ideal der 2. Aventiurenkette des zweiten Ausritts wird eine auf Realität zielende Maßregel deutlich. ,,So wird die Kritik an der fehlenden ethischen Motivation der Eingangsaventiure zur Kritik am Aufstieg um jeden Preis, d. h. um den Preis des Verlustes einer ethischen Begründung, als welche sich im Erec das ministerium angeboten hatte."[23]

Nun fällt an Kaisers Argumentation der Widerspruch auf, daß die Artusepik Hartmanns der ministerialischen Kommunikationsgemeinschaft ein Identifikationsangebot machen und zugleich deren Sozialverhalten in der Realität kritisieren soll. Dieser Widerspruch rührt fundamental an die theoretischen Voraussetzungen von Kaisers Interpretation, an seinen Begriff der Kommunikationsgemeinschaft, die nur als hermetische und homogene gesehen wird, obwohl Kaiser das darin liegende Problem wohl sieht.

Versucht man dagegen, literarische Kommunikationsprozesse nicht nur gruppenspezifisch zu sehen, sondern bemüht man sich, die analysierten Gruppenspezifika in einen Zusammenhang gesellschaftlicher Totalität zu bringen, in den Zusammenhang einer widersprüchlichen, antagonistischen gesellschaftlichen Totalität, wie die feudale Anarchie um 1200 eine war, dann muß der Begriff der Kommunikationsgemeinschaft modifiziert werden und in die literarischen Kommunikationsprozesse eben jenes Gewaltverhältnis mit eingedacht werden, das die Realität kennzeichnet. Dann wäre der diagnostizierte Sachverhalt, daß ein bestimmtes Ritterideal kritisiert wird, das offensichtlich in der realen gesellschaftlichen Gewaltstruktur seine Entsprechung hat und daß zugleich der sozialen Gruppe, die dieses Ritterideal repräsentiert, ein befriedetes und ethisiertes Ersatzideal angeboten wird, erklärbar als Versuch der Domestizierung aufstiegsambitionierter und sich der feudalen Gewaltpraxis bedienender Ministerialer durch den feudalen Adel, in dessen Auftrag und Abhängigkeit, wo nicht in dessen Interessen, der Ministeriale Hartmann von Aue schrieb.

Es scheint aber, daß selbst dann ein solches gruppensoziologisch orientiertes Ergebnis den sozialen Gehalt der Artusepen Hartmanns nicht erschöpfen würde. Denn augenscheinlich sind die sozialen Phänomene — Konflikte, Widersprüche und Ideale — gesellschaftlich globalerer Natur und bezogen auf einen komplexen Zusammenhang gesellschaftlicher Totalität. Wir haben gesehen, daß pejorativ (Waldtor) und regressiv (Iweins Wahnsinn) gedeutete nichtadlige Existenzformen in die Romanwelt eingeblendet sind und auch die sich entfaltenden bürgerlichen Existenzformen (300 Spinnerinnen) stets angstbesetzt und als Bedrohung, stets auch als Folgen ritterlichen Fehlverhaltens aufscheinen, während das Prinzip ritterlicher Hauswirtschaft als Krautjunkerei denunziert wird, aber doch offensichtlich des Autors Sympathie hat, da die Kritik Gaweins daran Ausgangspunkt eines gravierenden Fehlverhaltens Iweins wird. Im Roman werden diese Bedrohungen beseitigt oder korrigiert dadurch, daß die das ritterliche Fehlverhalten verursachende gesellschaftliche Fehleinstellung, speziell das im falschen Aventiure-Begriff kritisierte Gewaltprinzip zur Durchsetzung partikularer Interessen an Land, Herrschaft und Macht, ausgeschaltet werden nach dem falsch/richtig-Schema des doppelten Kursus.

So gesehen kann man die Hartmannschen Artusepen verstehen als grundsätzlich gegen den feudalanarchischen Gewaltmechanismus d. h. gegen das herkömmliche Vergesellschaftungsprinzip der feudalen Gesellschaftsformation gerichtet. Ein Zwang, der sich aus der Einsicht in die Bestandsgefährdung der feudalen Gesellschaftsordnung durch ihren eigenen immanenten Widerspruch ergab, der letztlich allerdings mitbedingt wird durch systemtranszendierende Auswirkungen einer an den Rändern der feudalen Ordnung entstehenden bürgerlichen gesellschaftlichen Alternative. Das Strukturprinzip dieses feudalen Grundwiderspruches ist das des Partikularismus, der aus dem Zwang resultiert, im Verteilungskampf um Grund und Boden, der grundlegenden Garanten sozialer Geltung, partikulare Interessen durchzusetzen, um die Grundrente partikular realisieren zu können. Dieser Partikularismus ist konstitutiv als Vergesellschaftungsprinzip — noch in den individuellen Zweierbeziehungen ist er strukturbildend.

Im Privatismus der *Joie de la curt*-Aventiure haben wir deshalb nicht eine Utopie des individuellen Glücks oder eine Antizipation bürgerlicher Individuation, sondern ein gesellschaftliches Fehlverhalten, das auf der Durchsetzung partikularer Interessen der Freundin Mabonagrins beruht. Utopisch ist vielmehr das charitative, christliche, ritterliche Ideal als Prinzip der Vergesellschaftung feudaler Oberschichten, wie es gerade in der Kritik am Partikularismus der Artusaventiure durch Hartmann propagiert wird.

Für Mabonagrin ist ja das *ander paradîse* die Hölle so gut bzw. so schlecht, wie es für die dreihundert Jungfrauen die Seidenmanufaktur der zwei Teufelsritter ist, in die sie das artusritterliche Abenteuer ihres Herrn getrieben hatte, der damit nicht mehr wie Mabonagrin am systemimmanenten Widerspruch allein gescheitert war, da in dieser Episode auch auf nichtfeudale Momente der Bedrohung verwiesen ist, die dem *Iwein* bereits deutlich zu Strukturmomenten geworden sind. Dies signalisiert deutlich die gegenüber dem *Erek* höher entwickelte Sensibilität des Autors für die Wahrnehmung der gesellschaftlichen Widersprüche, Entwicklungstendenzen und Auflösungserscheinungen in der feudalen Gesellschaftsordnung. Damit wird auch verständlich, daß im *Iwein* eine Hoffnung auf Selbstregulierung unter den Bedingungen des gesellschaftlichen Status quo, wie dies im *Erek* durch den Artusritter Erek geschieht, nicht mehr besteht.

Aus dem gesellschaftlichen Widerspruch einerseits, wie er aus der partikularistischen Aneignung der Grundrente entsteht mit daraus resultierenden strukturellen Bedrohungen, deren soziale Folgen das feudale Bewußtsein als Regressionsdrohung und Wahnsinnszustand empfindet, und andererseits gegenüber der neuen, primär ökonomisch erscheinenden Bedrohung durch die Entstehung frühbürgerlicher Wirtschaftsformen, deren soziale Folgen wiederum das feudale Bewußtsein als Teufelswerk wahrnehmen muß, weiß der Autor Hartmann nur den Ausweg des moralischen Appells, wie er der Stilisierung eines neuen Ritterideals im *Iwein* immanent ist.

(Walter Raitz)

Anmerkungen

1 Karl Otto Brogsitter: Artusepik. (Sammlung Metzler 38), Stuttgart 1965, S. 2
2 Ebenda S. 2 — auch weitere Hinweise zur Stoffgeschichte
3 Vgl. ebenda und Erich Köhler: Ideal und Wirklichkeit in der höfischen Epik. 2. Aufl., Tübingen 1970
4 Zitiert nach Brogsitter, a. a. O., S. 2
5 Zu diesen Fragen Peter Wapnewski: Hartmann von Aue. (Sammlung Metzler 17), 6. Aufl., Stuttgart 1976

155

5a In: H. Kuhn/Ch. Cormeau (Hg.): Hartmann von Aue, vgl. LV.

6 Max Weber: Wirtschaft und Gesellschaft. Tübingen 1922, S. 749

7 Max Horkheimer und Theodor W. Adorno: Dialektik der Aufklärung. 2. Aufl., Frankfurt am Main 1969, S. 248

8 Max Weber, a. a. O., S. 750

9 Vgl. z. B. Ernst Robert Curtius: Europäische Literatur und lateinisches Mittelalter. Bern und München 1948, S. 202 ff. und S. 208 ff.

10 Hugo Kuhn: Hartmann von Aue als Dichter (1953). In: Hugo Kuhn und Christoph Cormeau (Hrsg.): Hartmann von Aue. (Wege der Forschung 359), Darmstadt 1973

11 Max Wehrli: Iweins Erwachen (1969). In: Max Wehrli: Formen mittelalterlicher Erzählung. Zürich 1969

12 Vgl. z. B. Peter Rusterholz: Hermeneutik. In: Heinz Ludwig Arnold und Volker Sinemus (Hrsg.): Grundzüge der Literatur- und Sprachwissenschaft. Band 1 (dtv, WR 4226), München 1973, S. 89 ff.; Friedrich Ohly: Vom geistigen Sinn des Wortes im Mittelalter. Darmstadt 1966; Herbert Grundmann: Studien über Joachim de Fiore (1927), Darmstadt 1975

13 Ob diese Formulierung, so wie hier, rein pejorativ verstanden werden darf, ist umstritten. Selbst wenn dies nicht der Fall wäre, bleibt nach wie vor als Faktum die Usurpation im definierten Aventiure-Stil nach Artusrittermanier

14 Zu Laudines Haltung vgl. Volker Mertens: Laudine. Soziale Problematik im *Iwein* Hartmanns von Aue. (ZfdPh, Beiheft 3), Berlin 1978

15 Dazu jetzt Mertens (vgl. Anm. 14), obwohl der Radikalität seiner Schlußfolgerungen, die eine Ausgrenzung der Initialaventiure aus der Schuldproblematik zugunsten der Schuld Iweins gegenüber Laudine (Terminversäumnis mit allen Konsequenzen) beinhaltet, kaum zuzustimmen sein wird

16 Obwohl im Mittelalter der Löwe als Symboltier ambivalent auftaucht, als Symboltier der Hölle wie des Himmels, des Guten wie des Bösen, ist sein symbolischer Sinn kontextvermittelt und daher im Iwein eindeutig

17 Peter Wapnewski, vgl. Anm. 5

18 Ebenda S. 50

19 Ebenda S. 54

20 Vgl. Anm. 3

21 Gert Kaiser: Textauslegung und gesellschaftliche Selbstdeutung. Aspekte einer sozialgeschichtlichen Interpretation von Hartmanns Artusepen. Frankfurt am Main 1973 (2. Aufl., Wiesbaden 1978). Kaisers These – wir beziehen uns auf die erste Auflage des Buches – hat Widerspruch erfahren in der Weise, daß versucht wurde, seine These von der Ministerialität als Kommunikationsgemeinschaft zu erschüttern (so Joachim Bumke und Ursula Peters, vgl. Literaturverz.) oder gänzlich den Ausgangspunkt der Interpretation, das aus dem Mord an Askalon resultierende Schuldproblem, als unrichtigen Ansatzpunkt zurückzuweisen (so Volker Schupp und Volker Mertens, vgl. Literaturverz.); ohne darauf im Einzelnen hier eingehen zu können, scheint mir diese Kritik nicht stichhaltig genug zu sein, da sie zwar richtig bei Kaisers ,Ministerialenthese' ansetzt, die kritische Frage aber falsch formuliert, indem sie danach fragt, ob es eine homogene soziale Gruppe ,Ministerialität' historisch gegeben hat, die ein entsprechendes Gruppenbewußtsein ausbilden konnte. Zum einen wird damit unterstellt, daß nur homogene soziale Gruppen kollektiv gültige Normen entwickeln können, eine Annahme, die Kaiser selbst unrichtigerweise macht, zum anderen

bleibt aber damit auch die Fragestellung, wie bei Kaiser selbst, im begrenzten Rahmen der Gruppensoziologie ohne Blick auf die Bedingungen gesellschaftlicher Totalität, in der sich Gruppen- und Literaturprozesse abspielen

22 Ebenda., S. 91
23 Ebenda S. 120

Literaturhinweise

Hartmann von Aue: Erec. Mittelhochdeutscher Text und Übertragung von Thomas Cramer. Frankfurt am Main 1972, 1977
Hartmann von Aue: Iwein. Text, Übersetzung und Anmerkungen von Thomas Cramer. 2. Auflage, Berlin, New York 1974

Elfriede Neubuhr: Bibliographie zu Hartmann von Aue, Berlin 1977

Karl Otto Brogsitter: Artusepik. (Slg. Metzler 38), Stuttgart 1965, 3. Aufl. 1979
Joachim Bumke: Ministerialität und Ritterdichtung. Umrisse der Forschung. München 1976
Gert Kaiser: Textauslegung und gesellschaftliche Selbstdeutung. Aspekte einer sozialgeschichtlichen Interpretation von Hartmanns Artusepen. Frankfurt am Main 1973 (2. Aufl., Wiesbaden 1978)
Hugo Kuhn und Christoph Cormeau (Hrsg.): Hartmann von Aue. (Wege der Forschung 359), Darmstadt 1973
Volker Mertens: Laudine. Soziale Problematik im Iwein Hartmanns von Aue. (ZfdPh., Beiheft 3), Berlin 1978
Ursula Peters: Artusroman und Fürstenhof. Darstellung und Kritik neuerer sozialgeschichtlicher Untersuchungen von Hartmanns von Aue ,Erec'. In: Euph. 69, 1975, S. 175–196
Kurt Ruh: Höfische Epik des deutschen Mittelalters I: Von den Anfängen bis zu Hartmann von Aue (Grundlagen der Germanistik). Berlin 1967, 2. Aufl. 1977
Hendricus Sparnaay: Hartmann von Aue. Studien zu einer Biographie. 2 Bde. in 1 Bd., Halle 1933 u. 1938, Nachdruck mit einem Vorwort von Christoph Cormeau, Darmstadt 1975
Ernst Scheunemann: Artushof und Abenteuer. Zeichnung höfischen Daseins in Hartmanns Erec. Breslau 1937, Nachdruck Darmstadt 1973
Volker Schupp: Kritische Anmerkungen zur Rezeption des deutschen Artusromans anhand von Hartmanns ,Iwein'. In: Frühmittelalterliche Studien 9, 1975, S. 405–441
Peter Wapnewski: Hartmann von Aue. (Slg. Metzler 17), Stuttgart 1962, 6. Aufl. 1976
Dieter Welz: Glück und Gesellschaft in den Artusromanen Hartmanns von Aue und im Tristan Gottfrieds von Straßburg. In: Acta Germanica 6, 1971, S. 11–40

5. Wolfram von Eschenbach: *Parzival*

In *Gottfrieds Tristan* wird an einer Stelle (4589 ff.), an der die Schwertleite des Helden beschrieben werden soll, ein Literaturexkurs eingerückt, der sich locker an einen Demutstopos anschließt: Gottfried bekennt, er könne nicht so über das Ereignis berichten, wie eigentlich davon berichtet werden müßte. Deshalb ruft er die *meister*, seine Dichterkollegen, zu Hilfe, voran *Hartmann von Aue*, dann *Blicker von Steinach, Heinrich von Veldeke, Reinmar von Hagenau* und *Walter von der Vogelweide*. Sie alle werden gepriesen; von ihnen allen gilt, was Gottfried in — freilich etwas koketter — Bescheidenheit unterstellt: daß sie es besser könnten als er.

Diese rühmenden Worte werden nun jäh unterbrochen (4638 ff.), wenn sich Gottfried nach dem Lobpreis auf Hartmann mit heftigen Worten an einen Ungenannten wendet, und diese Schmährede erhält mit über 50 Versen eine sonst in diesem Literaturexkurs unerreichte quantitative Dimension. Dieser Ungenannte kann also kein Gleichgültiger sein, im Gegenteil, er wird unter den großen Konkurrenten Gottfrieds zu suchen sein, und es scheint deshalb kaum zweifelhaft, daß wir es hier mit *Wolfram* zu tun haben, zumal die spätere Tradition die Gottfried-Stelle ganz eindeutig als Wolfram-Kritik gelesen hat.

Wolfram bewegt sich nach Gottfrieds Polemik sprachlich wie ein Hase auf der Heide: er macht hohe Sprünge, ist immer auf neue Entdeckungen aus und besorgt sich sein Futter in einem weiten Umkreis, d. h. er weicht, versucht man den Kern des Bildes zu erfassen, von der Norm ab, liebt das Gesuchte, Neuartige, Gespreizte, Frei-Erfundene. Das unterstreicht auch Gottfrieds sprachliche Prägung *wortheide*, das Tummelfeld des Wolfram-Hasen, womit der Bereich des noch nicht Kultivierten bezeichnet werden soll, quasi der Bereich der Wort-Aventiure. Aber Wolfram ist nach dieser Polemik nicht nur sprachlich ein Neuerer, er entwirft und erfindet auch krause, wild-wachsende Geschichten, ja er bricht wie ein Wilderer in Geschichten ein, die man anders und besser kennt, verändert sie, täuscht die Leute, indem er ihnen die eigene Wahrheit statt der alten, durch kulturelle Tradition gefestigten und bestätigten Wahrheit an die Hand gibt, Wahrheit, die nicht aus sich verständlich ist, sondern eines Interpreten bedarf.

Wir wollen zunächst versuchen, uns den Aufbau und den Handlungsverlauf des *Parzival*[1] klarzumachen. Dabei wird es nicht um eine strikte Nacherzählung des Werkes gehen, sondern um eine Verdeutlichung der Hauptstationen und ihrer Beziehungen untereinander, freilich nicht nur in beschreibender, sondern bereits Schwerpunkte wie Widersprüche des Werkes aufzeigender Absicht. Schon hier werden Vergleiche mit der Quelle verdeutlichen, wo und wie Wolfram die Akzente setzt. In einem zweiten Ansatz wird dann die Immanenz des Werkes zur Literaturgeschichte hin transzendiert und untersucht, wie sich die zutagetretenden Strukturen zur Struktur des traditionellen Artus-Romans verhalten. In einem letzten Teil sollen dann die spezifischen innovativen Komponenten des Romans noch einmal besonders expliziert und, soweit möglich, in ihrem zeit- und sozialgeschichtlichen Bedeutungszusammenhang bestimmt werden.

Aufbau und Handlungsverlauf

Der *Parzival*-Roman wird durch einen längeren Prolog (1,1 bis 4,26), der sehr schwer verständlich und daher in der Forschung viel diskutiert worden ist, und einen kurzen Epilog (827,1—30) umrahmt. In diesem Rahmen bewegt sich die Geschichte des Helden, der als *tumber* Knabe der mütterlichen Obhut im Wald von *Soltane* entreitet, an den Artushof gelangt und dort Ritter wird, schließlich auf mancherlei schicksalhaften Umwegen zum Gralskönig aufsteigt. Seiner Geschichte sind, quasi als Kontrapunkt, Stationen der Geschichte eines anderen Helden, nämlich des Artusritters *Gawan*, eingefügt, und zwar so, daß die Protagonistenrolle wechselt: von Buch 3 bis 6 wird das Geschehen durch die Figur Parzivals bestimmt; die Bücher 7 und 8 gehören Gawan; in Buch 9 tritt wieder Parzival in den Vordergrund; die Bücher 10—13 berichten dann von Gawans Taten und die drei letzten Bücher führen die Parzivalhandlung zum Abschluß. Dem Ganzen ist eine Vorgeschichte vorangestellt, in der der Lebensweg der Eltern Parzivals, *Gahmuret* und *Herzeloyde*, in seinen wichtigsten Stationen vorgeführt wird.

A) Vorgeschichte:

1. Buch: Spezifische Erbgesetze, nach denen jeweils der älteste Sohn nach dem Tod des Vaters die Herrschaft übernimmt, lassen es dem zweitgeborenen Gahmuret geraten sein, das väterliche Land *Anjou* zu verlassen, obwohl sein

Bruder ihm anbietet, das Reich mit ihm zu teilen. Doch Gahmuret will sich nicht einem bequemen Leben hingeben; Streben nach Ruhm, Ansehen und Frauengunst sind die Impulse, die ihn in die Ferne treiben. Fürstlich ausgestattet bricht er auf.

Schon hier heißt es vorausdeutend, daß er seine Mutter nicht wiedersehen wird; denn diese stirbt, als der ältere Bruder im Kampf fällt und sie von Gahmuret keinerlei Nachricht erhält. Damit ist ein wichtiges späteres Handlungsmoment antizipiert: der Tod der Mutter aus Schmerz über den Auszug des Helden spielt in der Parzivalgeschichte eine zentrale Rolle. Und ein weiteres Moment der Haupthandlung wird bereits modifiziert vorweggenommen: Gahmuret will sich in keines Herrschers Gefolge begeben, er wäre denn der mächtigste auf Erden.

Gahmuret zieht zum *baruc* von Bagdad, einer Art morgenländischem Papst und gewinnt in dessen Dienst großen Ruhm. Eines Tages gelangt er nach *Zazamanc*, dem Reich der Mohrenkönigin *Belacane*, die gerade belagert wird. Gahmuret befreit sie, erhält ihre Hand und lebt eine zeitlang als Herrscher in Zazamanc. Eines Nachts segelt er jedoch plötzlich ab. In einem Brief teilt er der schwangeren Königin die genealogische Stellung ihres künftigen Kindes mit. Belacane gebiert einige Zeit danach einen schwarz und weiß gescheckten Knaben, dem sie den Namen *Feirefiz* gibt.

Die Belacane-Geschichte ist nicht nur als Reflex der Kreuzzugszeit, in der abendländische und orientalische Ritter miteinander in Berührung traten, interessant; sie hat auch für die Gesamthandlung eine besondere Bedeutung, insofern als Feirefiz, auf der Suche nach seinem Vater, später auf seinen Halbbruder Parzival treffen wird und diese Begegnung zum entscheidenden letzten Kampf Parzivals führt, dem einzigen Kampf, in dem Parzival besiegt wird; sie ist schließlich wichtig, weil mit ihr der örtliche Umkreis der Geschichte so weit gezogen wird, daß die gesamte damals bekannte Welt erfaßt wird.
Das *zweite Buch* ist dem ersten strukturell sehr ähnlich:

Gahmuret gelangt in das Land der unvermählten Königin Herzeloyde und gewinnt als Sieger in einem Turnier ihre Hand. Wieder lebt er eine zeitlang mit ihr zusammen, wieder zieht es ihn schon bald in die Ferne. Auf einem Kriegszug des *baruc* verliert er sein Leben. Die hochschwangere Herzeloyde hat, bevor sie die Todesnachricht erfährt, eines Mittags den Angsttraum, sie sei die Amme eines Drachen, der ihren Leib zerreißt und an ihren Brüsten saugt, dann aber plötzlich im Flug entschwindet, während sie mit ansehen muß, daß er ihr das Herz aus dem Leib reißt.

Dieser Traum, gegenüber dessen „kosmisch-gigantischem Charakter . . . die Minnesang-Falkenträume von harmloser Zierlichkeit"[2]
erscheinen, deutet voraus auf die Geburt Parzivals: er wird das herz-
lose Kind sein, das entgegen dem Wunsch der Mutter ausziehen und
ihren Tod beim Abschied nicht einmal bemerken wird. In der mittelalterlichen Prodigien (= Vorzeichen)-Tradition stehend, benutzt
dieser Traum Material des literarischen Traumes, den die Mutter
Alexanders des Großen *Olympias* vor dessen Geburt hat, und weist
damit voraus auf die einschneidende weltgeschichtliche Bedeutung
des bevorstehenden Geburts-Ereignisses[3].

Noch vor der Geburt des Sohnes erhält Herzeloyde die Nachricht, daß Gahmuret auf dem Kriegszug erschlagen worden sei. Sie fällt in Ohnmacht, und als
sie sich langsam wieder erholt, da läßt der Schmerz sie sich gebärden, als wäre
sie von Sinnen. Nur der Gedanke an das Kind vermag sie davon abzuhalten,
Selbstmord zu begehen. Ohne die Gegenwart des Hofes zu scheuen, brüllt sie
vor Schmerz, reißt sich das Hemd vom Leib, drückt ihre Brüste an die Lippen
und preßt Milch aus ihnen heraus — Gebärden, die nicht nur die Grenzenlosig-
keit ihres Jammers signalisieren, sondern zugleich auch, wie sehr sie bereits
das zu gebärende Kind mit dem toten Geliebten identifiziert. Doch gerade aus
dieser Identifizierung resultiert auch, was man als Herzeloyde-Tragödie zu
bezeichnen pflegt: sie wird den Sohn, den sie fernab von der höfisch-ritterlichen Welt im Wald von Soltane aufzieht, genausowenig für sich behalten
können, wie sie Gahmuret bei sich zu halten vermochte.

B) Hauptgeschichte
1. Erster Teil der Parzival-Handlung
Der erste Teil der Parzival-Handlung, der die Bücher 3—6 umfaßt, erzählt von Parzivals ersten Lebensjahren im Wald von Soltane, von
seinem Auszug an den Artushof, von seiner kurzen erfolglosen Einkehr auf der Gralsburg *Munsalvæsche*, von seiner Aufnahme in den
Kreis der Artusritter und seiner Verfluchung durch die Gralsbotin
Kundrie. Er endet damit, daß Parzival sich erneut auf den Weg macht,
den Gral zu suchen.

3. Buch: Da Herzeloyde zu verhindern sucht, daß ihr Sohn Ritter wird und
als solcher das Schicksal seines Vaters erleidet, zieht sie sich aus ihrer weltlichen Herrschaft in den Wald von Soltane zurück, wo Parzival fernab von
seinen angestammten Ländern aufwächst, wohlbehütet und abgeschirmt gegen
die Gefährdungen der Welt, aber auch, wie es kritisch heißt, *an küneclícher
vuore betrogen* (118,2; um die ihm zustehende königliche Erziehung gebracht).

Erziehung, so wird sich zeigen, wird ihm vor allem fehlen. Während
die Artusritter, etwa Gawan, sogleich als fertig sozialisierte vor uns

hintreten, ist Parzival der Unfertige, der in einem langen schmerzhaften Prozeß erst das Nötige lernen muß. Sein Lebensweg führt stufenweise über Stationen der Bewährung. Erst unterweist ihn die Mutter, später *Gurnemanz*, schließlich *Trevrizent*. Doch die Lehren der Mutter reichen für die Artuswelt, die des Gurnemanz für die Gralswelt nicht aus, und erst der Einsiedler Trevrizent wird ihn im 9. Buch über Gott und die Welt richtig aufklären. Zum anderen wird aber auch gezeigt, daß er, *traeclîche wîs* (4,18; nur langsam die rechte Lebenserfahrung gewinnend), die Lehren zu wörtlich befolgt und dadurch ad absurdum führt. Die Mutter rät ihm beim Abschied, er solle, wo er könne, von einer Dame Ring und Gruß zu erlangen suchen: als er nach seinem Aufbruch aus Soltane *Jeschute*, die Frau des Herzogs *Orilus*, in ihrem Zelt schlafend vorfindet, da zwingt er ihr mit Gewalt einen Ring ab und dies mit völlig unböswilliger kindlicher Entschiedenheit, eben weil die Mutter es gesagt hat. Gurnemanz rät ihm, er solle unnötiges Fragen unterlassen: als er auf die Gralsburg gelangt, und ihm sowohl die mysteriösen Zeremonien als auch das Leiden des Burgherren unverständlich bleiben, da unterläßt er es zu fragen, weil er sich dieser Lehre erinnert und sie zur Unzeit wörtlich befolgt. Doch obwohl er zunächst nicht die rechte Lehre erhält, fällt ihm doch immer wieder das für ihn Richtige zu.

So kann ihn die Mutter, die ihn von allem Ritterlichen fernzuhalten sucht, nicht daran hindern, im Wald zu jagen, wo er eines Tages auf vier Reiter stößt, deren strahlende Erscheinung ihn so gefangen nimmt, daß er beschließt, auch Ritter zu werden und zu diesem Zweck an den Artushof zu ziehen. Gegen den Widerstand der verzweifelten Mutter, die seine baldige Rückkehr erhofft und ihn daher in Narrenkleidern und auf einem alten klapprigen Pferd ausreiten läßt, bricht er auf, nur nach vorn und auf sein Ziel hin orientiert, so daß er gar nicht wahrnimmt, wie die Mutter beim Abschied tot hinter ihm zusammenbricht.

Wolfram hat gegenüber *Chretien* zweierlei geändert: zum einen wird *Perceval* in der Quelle von der Mutter zwar in ein derbes walisisches Gewand gekleidet, von seinen drei Wurfspießen jedoch nimmt sie ihm zwei wieder weg, damit er nicht allzu sehr wie ein Waliser aussieht. Es fehlt also bei Chretien das eigentliche Narrenkleid; es fehlt das Motiv, daß die Mutter ihn dadurch bald wieder zu sich zurückführen möchte. Zum anderen sieht der junge Perceval die Mutter hinter sich zu Boden sinken und reitet trotzdem davon, während Parzival beim Abschied nur nach vorne blickt, und gar nicht mehr merkt, was hinter seinem Rücken geschieht.

Intellektuell und emotional bleibt er jedoch weiterhin an die Mutter gebunden und beharrt mit kindlichem Eigensinn auf einer wörtlichen Befolgung ihrer Lehren. Das führt dazu, daß er der völlig konsternierten Herzogin Jeschute in ihrem Zelt gewaltsam ihren Ring entreißt und sie küßt. Die Folgen vermag er in seiner Torheit noch nicht zu bedenken: Orilus verdächtigt seine Frau der Untreue und kündigt ihr die eheliche Gemeinschaft auf, bis er sich an dem vermeintlichen Nebenbuhler gerächt habe.

Die Funktion dieser ersten Jeschute-Szene wird erkennbar, wenn man sie mit der zweiten Jeschute-Szene am Ende des 5. Buches vergleicht. Dort wird Parzival wieder auf Orilus und Jeschute treffen, wird den Herzog besiegen und die Frau durch seinen Rittereid vom Verdacht reinigen; dort wird er zum ersten Mal ein Unrecht, das er unwissentlich begangen hat, wiedergutmachen; dort wird er aber auch zum ersten Mal seiner selbst inne, insofern er sich selbst als den tumben Toren erkennen kann, als den ihn die erste Jeschute-Szene zeigt (269,24; „als ich das tat, war ich kein Ritter, sondern ein Narr, in dumpfer Unwissenheit aufgewachsen"; *ich was ein tôre und niht ein man / gewahsen niht bî witzen*). Daß die Selbsterkenntnis der zweiten Jeschute-Szene dadurch wieder selbst als Stufe kenntlich gemacht wird, daß Parzival seinen Reinigungseid — und dies im Unterschied zur Quelle — vor Trevrizents Klause beschwört, also an der Stelle, wo ihm später im 9. Buch entscheidender Aufschluß über sich selbst zuteil wird, läßt wiederum die Bedeutung erkennen, die diese Szene im Aufbau des Ganzen hat.

Nach der ersten Begegnung mit Jeschute trifft Parzival im Wald eine Frau, die einen toten Ritter beklagt. Es ist seine Cousine *Signe*, die den kurz zuvor von Orilus erschlagenen Geliebten *Schionatulander* beweint. Sie, die er bei Wolfram im Ganzen viermal, bei Chretien dagegen nur einmal und an späterer Stelle trifft, nennt den Helden, der sich selbst nur mit den Kosenamen der Mutter vorstellt, zum ersten Mal mit seinem richtigen Namen und klärt ihn über seine Genealogie auf.

Sie ist im Zusammenhang des Romans von äußerster Wichtigkeit. Parzival wird hier durch die Verwandte quasi in die mütterliche Sippe, und d. h. in den Gralsverband aufgenommen; er erhält dadurch wieder ein Stück Identität. Bei Chretien folgt die Szene auf den Gralsbesuch, steht also dort, wo sich bei Wolfram die zweite Signue-Szene findet, mit anderen Worten: Wolfram hat aus der einen Szene zwei Szenen entwickelt (und wird im Folgenden noch zwei weitere Signue-Szenen hinzuerfinden). Während sich Parzival in der ersten in seinem Familienverband situieren lernt, wird er in der zweiten durch die Verfluchung Signues quasi wieder aus dem Verband ausgeschlossen; dadurch aber wird eine Identitätskrise eingeleitet, die ihn nach der Verfluchung durch Kundrie am Artushof dazu führt, in völliger Verzweiflung Gott seinen ritterlichen Dienst aufzukündigen.

Nach seiner Begegnung mit Sigune gelangt Parzival mit Hilfe eines Fischers an den Artushof. Vor der Stadt trifft er auf den ganz in Rot gekleideten Ritter *Ither*, der Parzival die Botschaft an Artus mitgibt, er erhebe Anspruch auf das Artusreich und fordere die Artusritter zum Zweikampf heraus. An der Tafelrunde, wo man den seltsamen Knaben im übrigen mit einer Mischung von Verwunderung und Spott betrachtet, bringt Parzival seine Botschaft vor und bittet, selbst der Kämpfer sein zu dürfen. Erst nach *Keies* Zuraten gibt Artus, gequält und halbherzig, seine Zustimmung. Auf dem Weg zum Kampf kommt Parzival am Fenster der Hofdame *Cunneware von Laland* vorbei, die geschworen hat, erst wieder zu lachen, wenn sie den Mann erblickt, der zum höchsten Ruhm berufen sei. Als sie bei Parzivals Anblick lacht, wird sie von Keie mit Schlägen gestraft. Parzival aber nimmt sich vor, dieses anmaßende Verhalten des Seneschalls zu rächen. Vorerst aber muß er Ritter werden, und dafür braucht er eine Rüstung. So fordert er Ither in aller Entschiedenheit zur Herausgabe seiner Waffen auf und tötet den Ahnungslosen, als der ihn lässig zurückweist, mit seinem Wurfspeer. Mit Hilfe des Pagen *Iwanet* entkleidet er den Toten, legt sich selbst die rote Rüstung an, ignoriert jedoch die Aufforderung des Knappen, das mütterliche Narrenkleid vorher abzulegen.

Daß er zwei Gewandungen trägt, das Narrenkleid und darüber die Ritterrüstung, ist signifikant: Parzival sieht jetzt zwar schon äußerlich wie ein Ritter aus, aber in Wahrheit ist er noch der Einfältig-Tumbe, als den ihn das Narrengewand ausweist. Als solcher scheint er für die eigenen Handlungen noch nicht voll verantwortlich. Und doch wird ihm später durch Trevrizent die objektive Schuld, die er durch die Erschlagung Ithers auf sich zieht, neben der unwillentlichen und unwissentlichen Tötung der Mutter als seine eigentliche Schuld angerechnet. In der Quelle ist nur von der Tötung der Mutter die Rede. Wolfram hat also bewußt geändert. Bei ihm erhält die Ither-Szene eine zentrale Stellung, indem er den wilden Tafelräuber, Beleidiger und Usurpator Chretiens nicht nur stark veredelte, sondern ihn darüberhinaus noch in die väterliche Sippe Parzivals einfügte. Der Mord an Ither ist also auch Mord an einem Verwandten.

Parzival reitet nach der Erschlagung Ithers fort, ohne sich weiter um den Toten zu kümmern. Abends gelangt er an die Burg des Fürsten Gurnemanz. Von ihm erhält er ritterliche Unterweisung, allerdings unter anderem auch den verhängnisvollen Rat, nicht unnötig viel zu fragen. Gurnemanz, dem selbst drei Söhne erschlagen worden sind, hofft Parzival durch eine Heirat mit seiner Tochter *Liaze* an sich binden zu können. Doch Parzival sträubt sich gegen eine solche frühe Festlegung. So nimmt er Abschied von dem tiefbewegten Gurnemanz, der nun seinen vierten Sohn verliert und die Erfahrung seines Lebens in dem Satz zusammenfaßt: *sus lônt iedoch diu ritterschaft / ir zagel ist jâmerstricke haft* (177,25 f.; „Daß uns am Ende Trauerbande umgeben, ist das Los des ritterlichen Lebens").

4. *Buch:* Wenn Parzival jetzt von Gurnemanz wegreitet, so ist er, wie der Text es sagt, „nach Gestalt und Betragen ein vollkommener Ritter" (179,14 ff). Doch er müßte nicht Gahmurets Sohn sein, wenn er nicht an Liaze zurückdächte, und zum ersten Mal steigen Minneempfindungen in ihm auf. Ziellos reitend gelangt er abends nach *Pelrapeire*, einer belagerten, notleidenden Stadt, deren junge Königin *Condwiramurs* ihn freundlich aufnimmt. Sie kommt nachts an sein Bett und klagt ihm in einer Szene, die den ganzen sinnlichen Reiz eines noch distanzierten Miteinanders ausspielt, ihr Leid: sie werde von einem Ritter belagert, dem sie ihre Zuneigung versagt habe; doch müsse sich die Stadt bald ergeben, wenn nicht Hilfe komme. Parzival verspricht der Königin Unterstützung und besiegt am nächsten Tag einen der ärgsten Angreifer, den er zu Cunneware an den Artushof schickt. Er selbst heiratet Condwiramurs. Drei Nächte liegen die Liebenden in zärtlichem Gespräch beieinander; erst in der vierten Nacht — Wolfram sieht offenbar in der spezifischen Mischung von behutsamer Zurückhaltung und inniger Zärtlichkeit das Besondere dieser Liebe — schlafen sie miteinander. Doch sie können sich ihrem Glück noch nicht hingeben; erst nach einem neuen furchtbaren Sturmangriff auf die Stadt und nach Parzivals Sieg über den Hauptwidersacher ist die Gefahr endgültig überstanden. Parzival ist jetzt Landesherr. Bald jedoch wird er von der väterlichen Unrast ergriffen. Er will ausreiten und nach seiner Mutter forschen. Nach einem herzlichen Abschied von Condwiramurs reitet er alleine davon.

5. *Buch:* Nach einem langen Ritt kommt Parzival abends an einen See, auf dem Fischer in ihren Booten beim Fischen sitzen. An einen überaus prächtig gekleideten, aber vor Gram gebeugten Mann wendet er sich mit der Bitte um Herberge. Der verweist ihn an eine nahegelegene Burg, wo Parzival auch freundlich aufgenommen wird. In einem riesigen, hell erleuchteten Rittersaal wird Parzival in Gegenwart des kranken, trotz gewaltiger Feuer frierenden Burgherrn, eben jenes gramgebeugten Fischers, Zeuge seltsamer Vorgänge. Mit einer Lanze, aus deren Spitze Blut quillt, tritt ein Knappe in den Saal, und während er die Lanze rings umher trägt, erhebt sich ein allgemeines Weinen und Klagen. Danach kommen in großer Zeremonie wunderschöne Edelfrauen herein und stellen sich auf zur Begrüßung der Königin, die bald auch selbst erscheint und auf ihren Händen einen nicht weiter beschriebenen heiligen Gegenstand, den Gral, hereinträgt. Feierlich bewegt sich der Zug zum Burgherrn, vor den der Gral gestellt wird. Nun folgt ein Festmahl, wobei der Gral wie eine Art ‚Tischlein-deck-dich' alle Anwesenden mit gewünschten Speisen und Getränken versieht. Parzival, der das wundersame Geschehen ohne Verständnis beobachtet, wird durch die Lehre Gurnemanz' davon abgehalten, nach dem Sinn des Ganzen zu fragen. Auch als man ihm ein Schwert als Gastgeschenk bringt, bleibt er stumm. Nach dem Mal geht man bald zu Bett. Parzival wird von einem Angsttraum heimgesucht, wie ihn seine Mutter vor seiner Geburt hatte: er sieht sich selbst als Kämpfer in unaufhörlichen bedrohlichen Zweikämpfen. Als er morgens erwacht, ist er allein. Die Burg ist wie ausgestorben. Allein kleidet er sich an, wappnet sich, sucht sich in der öden Burg sein Pferd. Immerhin, das Schwert, das er als Gastgeschenk erhielt, ist noch da. Es war also kein Traum. Im Hof findet er das Gras zerstampft, Hufspuren führen aus dem weitgeöffneten Burgtor hinaus. Er folgt ihnen und hinter ihm

wird die Fallbrücke sofort aufgezogen, so daß sein Pferd beinah gestürzt wäre; eine Stimme ruft ihm höhnisch nach, er habe, da er sein Maul nicht aufgetan und den Burgherrn nicht gefragt habe, seinen Ruhm und seine Ehre verspielt. Als Parzival, dem dies alles rätselhaft bleibt, zurückfragt, erhält er keine Antwort.

Der Kunstgriff, den Wolfram (und vor ihm Chretien) anwendet, liegt darin, daß er den Leser/Hörer über die mysteriöse Gralsburg genauso im Unklaren läßt wie seinen Helden. Weder erfährt er, was der Gral eigentlich ist — Wolfram nennt ihn nur *ein dinc . . . erden wunsches überwal* (235,23 ff.; Fülle irdischen Glücks) — noch weshalb die Lanze blutet, noch weshalb der König so krank ist, noch weshalb alle jammern und wehklagen. Doch während Chretien es offen läßt, ob es seinem Perceval nun zum Guten oder zum Bösen ausschlägt, nicht gefragt zu haben, gibt Wolfram bereits zwei wichtige, über die Szene hinausreichende Aufschlüsse: zum einen macht er schon hier deutlich, daß die unterlassene Frage den Burgherrn erlöst hätte; zum andern zeigt er durch Erzählerbemerkungen, daß diese Unterlassung für Parzival böse Folgen haben wird.

Parzival folgt jetzt den Hufspuren, aber je weiter er reitet, um so mehr verlieren sie sich. Stattdessen trifft er ein zweites Mal auf seine Cousine Sigune. Sie klärt ihn jetzt auf über die Gralsburg: nie habe jemand diese gefunden, der sie gesucht habe; nur der Berufene könne sie erblicken; ihr Name sei Munsalvæsche; *Titurel* habe sie an *Frimutel* vererbt, der selbst wieder mehrere Kinder hinterlassen habe: den Gralskönig *Amfortas*, den Einsiedler Trevrizent, die Mutter Sigunes *Schoysiane*, die Mutter Parzivals Herzeloyde, sowie die Gralsträgerin *Repanse de Schoye*. Sie fragt ihn, ob er denn auf der Gralsburg gewesen und der leidende Burgherr durch seine Frage erlöst worden sei. Nach ausweichendem Zögern gesteht Parzival, daß er nicht gefragt habe, worauf Sigune ihn verflucht und noch einmal wiederholt, was ihm bereits bei seinem Ausritt aus Munsalvæsche nachgerufen war: *ze Munsalvæsche an iu verswant êre und rîterlîcher prîs* (255,26 f.; „In Munsalwæsche verlort ihr Eure Ehre und Euren ritterlichen Ruhm").

Wie die erste Sigune-Szene durch die Namensgebung, so gibt ihm auch diese zweite, und zwar durch die Ausbreitung der Gralszusammenhänge, ein Stück Identität; nur wird diese Identität hier durch die Verfluchung zugleich auch wieder zurückgenommen. Ist Parzival durch seine Familie zum Gralskönig bestimmt, so ist er nach dem erfolglosen Besuch auf der Gralsburg nicht mehr der, der er hätte sein können. Er ist nun nicht mehr der unbekümmerte, kindliche Tor, der er beim Abschied von der Mutter war, aber genausowenig der vollkommene Ritter, als der er Gurnemanz beim Aufbruch verließ. Aber was ist er, wenn er, wie es scheint, nun nicht mehr zum

Gralskönig aufsteigen kann? Immerhin vermag er, als er nach seinem Abschied von Sigune erneut das Herzogspaar Orilus und Jeschute trifft, zum ersten Mal ein Stück unwissentlicher Verschuldung wiedergutzumachen, indem er die beiden miteinander versöhnt.

6. Buch: Nach dem Bericht der Erzählung ist mitten im Frühling Schnee gefallen. An diesem Tag ist Artus' bester Jagdfalke entflogen. Die Nacht über steht er in der Nähe von Parzivals Nachtlager im Wald, beiden ist der Wald unbekannt, beide frieren sehr. Als der Morgen naht, gelangt Parzival auf eine Lichtung in der Nähe des Artuslagers. auf der sich tausend Wildgänse niedergelassen haben. Der Falke, der Parzival gefolgt war, stößt nun herab und packt eine der Gänse, die sich aber wieder losreißt und verwundet im Astwerk eines gefällten Baumes verkriecht. Aus ihrer Wunde fallen drei Blutstropfen in den Schnee. Als Parzival dieses Blut sieht, da drängt sich mit starker Sehnsuchtsgewalt Condwiramurs in seine Erinnerung. Er ist wie gebannt und verharrt regungslos, als schliefe er.

Von den Artusrittern wird Parzival als eine Bedrohung und Herausforderung betrachtet. *Segramors*, ein jugendlicher Heißsporn, reitet zu Parzival und fordert ihn auf, sich zu ergeben; doch der ist völlig im Minnebann versunken. Erst als der Gegner auf ihn losreitet und sich Parzivals Pferd in Reaktion auf diesen Angriff herumdreht, so daß er die Blutstropfen nicht mehr vor Augen hat, läßt Vernunft ihn wieder zu Bewußtsein kommen. Er stößt den Angreifer vom Pferd, reitet aber sogleich wieder an die alte Stelle, wiederum ganz im Banne des Schneebildes. Als nächster erhält nun Keie die Erlaubnis, gegen Parzival anzutreten. Wieder zeigt der Angegriffene keine Reaktion, als er angesprochen wird; wieder reagiert er im Trancezustand und stößt Keie vom Pferd, so daß dieser Arm und Bein bricht; wieder kehrt er sogleich an die Ausgangsstelle zurück. Keie wird in das Lager zurückgetragen und beschimpft Gawan als sanftmütiges Muttersöhnchen, das nicht zur Rache fähig sei. Gawan reitet daraufhin sofort aus, aber er stürzt sich nicht wie die anderen blindwütig in den Kampf. Er fragt sich nach der Ursache dieses Bannes und weil ihm als Einzigem die Minnenot Parzivals erkennbar ist, vermag er den Bann zu lösen. Er folgt den Blicken Parzivals und wirft einen Umhang über die Blutmale. Als dieser die Male bedeckt, kommt Parzival wieder zur Besinnung. Gawan lädt nun Parzival ein, mit ihm an den Artushof zu kommen. Parzival willigt ein, nachdem er gehört hat, daß Cunneware durch die Niederlage Keies gerächt sei.

Bei Chretien ist es die Sonne, die den Schnee schmelzen läßt und dadurch die Fixierung löst. „Von der Natur geschaffen, waren die wunderbaren Blutstropfen bei Chretien von der Natur auch wieder getilgt worden. Wolfram dagegen hat die naturhafte Symbolik durch eine Geste von gesellschaftlicher Signifikanz ersetzt. Das Ausbreiten des Mantels ist Ausdruck einer humanen Einfühlung in den anderen von geradezu utopischem Taktgefühl"[4]. Doch geht es in dieser Szene nicht hauptsächlich um Gawan, es geht um Parzival, der hier zum ersten Mal auf seinem Weg zum Stillstand kommt. Schuld daran ist Frau Minne, die ihm durch die Gedanken an Condwiramurs die Vernunft raubt. Darin ist sicherlich zunächst einmal mit Dieter Welz eine Art Regression zu sehen, Regression gegenüber der Aufgabe ständiger gesellschaftlicher Bewährung[5]:

Parzival ist nicht bei sich und seiner ritterlichen Aufgabe; er ist ganz bei seinen schmerzlich-lustvollen Gedanken an die geliebte Frau. Zugleich aber wird er durch die Parallelisierung mit der Falkengeschichte zum Jagdvogel, der die Beute geschlagen hat; durch seine Schuld, der er sich, wie sein Vater Gahmuret, aggressiv und narzißtisch zu den Frauen verhält, ist Condwiramurs im Leid, die hier mit ihrer Minne nach Parzival greift; durch seine Schuld erleidet sie das Schicksal Belacanes und Herzeloydes. Zugleich aber schlägt die Szene dadurch, daß Parzival als roter Ritter und vermeintlicher Herausforderer vor dem Artuslager verharrt, die Verbindung zur Ither-Szene, in der Parzival es war, der Blut vergoß. Schließlich ist im Bilde des Schnees und der Kälte auch der Schmerz des Amfortas präsent. Die Szene wird so zum dichten poetischen Ausdruck der Situation Parzivals, der von seinen beiden Zielen, dem Gral und Condwiramurs, gleich weit entfernt erscheint.

An der Tafelrunde wird er freundlich aufgenommen. Aber der Schein trügt. Zwar ist er unter allen anwesenden Rittern bei weitem der schönste, edelste und tapferste. Doch während die Tafelrunde allem äußeren Anschein nach durch Parzival neuen Glanz erhalten hat, ist sie in Wahrheit, wie die heranreitende Gralsbotin Kundrie den verwunderten Artusrittern offenbart, im tiefsten entehrt. So garstig Kundrie ist — Wolfram kann sich gar nicht genug tun, ihre häßlich-groteske Gestalt zu beschreiben —, Parzival ist bei weitem garstiger als sie, da er auf der Gralsburg den schlimmsten aller Makel auf sich gezogen hat.

Er hat durch sein Verhalten nicht nur die Tafelrunde entehrt, sondern auch seine angestammte Sippe. Doch Kundrie kommt nicht nur, Parzival zu verfluchen; sie berichtet auch von neuen Aventiuren, berichtet von *Schastel marveil* und fordert die Ritter auf, dieses Abenteuer zu bestehen; denn alle erdenklichen Aventiuren seien nichts gegen das, was man dort erleben könne. Am Artushof herrscht nach Kundries Auftritt Trauer und Empörung. Alle halten die Beschimpfung Parzivals für ungerechtfertigt. Nur Parzival selbst fühlt sich im Innersten getroffen und alle Tröstungen der Damen helfen nicht über die Schande hinweg. Doch vorerst sehen wir einen weiteren Boten nahen, einen Ritter, der alle Ritter der Runde bis auf einen freundlich grüßt: Gawan nimmt er aus, denn dieser habe seinen Herrn heimtückisch erschlagen; er fordere ihn daher über vierzehn Tage zum Kampf heraus, er, *Kingrimursel*, Fürst von Askalon. Gawan willigt in den Kampf ein.

Es ist nur zu deutlich, daß Kundries Schmähung Parzivals und Kingrimursels Scheltworte gegen Gawan aufeinander bezogen sind; beide Helden werden dadurch in eine parallele Position gebracht: beiden wird von außen die Ehre abgesprochen, und wenn wir auch nicht hören, ob die Vorwürfe gegen Gawan berechtigt sind oder nicht, so wird es doch jetzt die Aufgabe beider Helden sein, sich von den gegen sie erhobenen Anschuldigungen so weit wie möglich zu reinigen. Ein deutlicher Unterschied besteht allerdings darin, daß Gawan die Anschuldigungen mit der ganzen Gelassenheit des formvollendeten Artusritters aufnimmt, während Parzival nicht nur sein Los heftig beklagt, sondern sich obendrein noch ungerechtfertigt verfolgt sieht, da ihm doch sein Lehrer Gurnemanz eingeschärft habe, unnötige Fragen zu unterlassen.

Als sich Parzival von Gawan verabschiedet da bricht die lange angestaute Empörung aus ihm heraus, die Verbitterung, daß ihm eine Schuld angerechnet wird, obwohl er gar nicht anders hätte handeln können. Während Chretiens Perceval von nun an fern von Gott, also nur als läßlicher Sünder lebt, kündigt Parzival Gott feierlich seinen Dienst auf: „Ist er mir Feind, so will ichs tragen." Einsam reitet er davon, und auch Gawan bricht jetzt nach Askalon auf. Die Artusrunde erscheint verwaist.

2. Erster Teil der Gawan-Handlung

Mit Buch 7 beginnt die Gawan-Handlung. Parzival tritt eine zeitlang aus dem Gesichtskreis heraus und taucht nur gelegentlich am Rande des Geschehens als ‚der rote Ritter' auf. Das Buch beginnt mit einem gesonderten Prolog, der zu begründen sucht, weshalb der Dichter nicht nur seinen Haupthelden vorführt, sondern auch andere Gestalten der Dichtung ins Licht rücken soll.

7. Buch: Bei Einsatz der Handlung stößt Gawan auf dem Wege nach Askalon auf ein riesiges Heer und erfährt von einem Knappen, daß es unter seinem König *Meljanz* nach *Bearosche* zieht. Meljanz hatte seinen Erzieher, den Fürsten von Bearosche *Lippaut* um die Hand der Tochter *Obie* gebeten, war aber von ihr abgewiesen worden, weil er noch zu jung und unerfahren sei. Zornig über diese Abweisung will er die Heirat nun mit Waffengewalt erzwingen. Schon lagert sein Heer und das seiner Bundesgenossen vor der Stadt, als Gawan dort anlangt und zwar in der Rolle des Schlachtenbummlers, der im übrigen andere Ziele hat, als hier mitzukämpfen. Von der Zinne der Burg herab beobachten Obie und ihre jüngere Schwester *Obilot* den ankommenden Ritter. Und weil Obie eine etwas spitze Zunge hat, und gerne etwas gegen ihre Schwester stichelt, wird ein Streit vom Zaun gebrochen; Obie versucht den Fremden herabzusetzen, während Obilot mit kindlichem Engagement für ihn Partei ergreift. Obie hält ihn für einen üblen Münzfälscher und Krämer, Obilot dagegen für einen ausgesuchten Ritter, was Obie mit höhnischem Lachen quittiert. Im Unterschied zu den Schwestern sieht der Burggraf Scherules die Sache als Pragmatiker; da man in der Stadt jeden gebrauchen kann, der die eigenen Reihen verstärkt, sieht er in Gawan zunächst einmal den tüchtigen Kämpfer. Man wendet sich daher an Gawan um Hilfe, aber der lehnt wegen dringender eigener Verpflichtungen ab. Da schickt Lippaut sein naseweis-altkluges Töchterchen Obilot zu Gawan, und ihrem frühreifen Minneschwatz gelingt es, ihn als Minneritter für sich zu gewinnen. Gawan siegt am folgenden Tag auf der ganzen Linie. Nur mit Hilfe eines unbekannten roten Ritters gelingt es der Gegenpartei, wenigstens einigermaßen das Gesicht zu wahren. Der Hauptgegner Meljanz wird von Gawan besiegt, gefangengenommen und der jungen Obilot, für die Gawan ja kämpft, übergeben. Doch diese weist ihn, ihre neu gewonnene Überlegenheit gegenüber der Schwester keck ausspielend, Obie zu. Als diese ihren abgewiesenen Liebhaber verwundet sieht, verstärkt sich auf einmal ihre bis dahin nur sehr zurückhaltend geäußerte Zuneigung. Meljanz und Obie heiraten. Obwohl auch die kleinere Schwester ihren Ritter gerne bei sich behalten hätte, zieht Gawan bald weiter gen Askalon.

8. Buch: Auf dem Weg begegnet ihm der König *Vergulaht*, der gerade auf der Falkenbeize ist. Dieser schickt ihn zu seiner Schwester *Antikonie*, die den Ritter freundlich aufnimmt, ja, unter dem Eindruck des Gawanschen Charmes bald größere Zuneigung zu ihm gewinnt. Jedenfalls findet ein Ritter, der zufälligerweise in die Tür tritt, beide bereits kurz darauf in zärtlicher Umarmung. Der Ritter aber erkennt in Gawan den Mörder seines früheren Herrn und ruft nun gegen ihn, den angeblichen Verführer der jungen Königin, das Volk auf. Der Held gerät in schwere Bedrängnis. Nur mit Mühe rettet er sich auf einen Turm, aus dessen Tor er einen Balken herausbricht und zu seiner Verteidigung schwingt, während Antikonie, die ihren Ritter nicht im Stich gelassen hat, ihm ein Schachbrett reicht, damit er sich damit wie mit einem Schild verteidigen kann. Überdies schleudert sie die überlebensgroßen Schachfiguren auf die Angreifer. In dieser verzweifelten Lage erscheint nun ausgerechnet Gawans Todfeind, der Landgraf Kingrimursel, der Gawan im Artuslager zum Duell gefordert hatte. Er stellt sich, um den Ritter gegen die Leute zu schützen, auf Gawans Seite. Vergulaht dagegen, der inzwischen von der Falkenbeize heimgekommen ist, treibt diese immer weiter zum Kampf an. In dieser Lage gelingt es der klugen Antikonie, einen Waffenstillstand zu vermitteln, ja später sogar, ihren Bruder trotz der aufreizenden Reden des feigen Ratgebers *Liddamus* umzustimmen. Gawan wird freigelassen, freilich nur unter der Bedingung, sich innerhalb eines festgesetzten Termins dem Landgrafen Kringrimursel zum Zweikampf zu stellen und überdies stellvertretend für Vergulaht nach dem Gral zu suchen, wozu sich dieser einem „roten Ritter" gegenüber verpflichtet hatte.

3. Zweiter Teil der Parzival-Handlung

Mit *Buch 9*, das in der Forschung immer wieder als zentrales Buch der Dichtung angesehen worden ist, wendet sich das Geschehen wieder dem Haupthelden zu. Hatte er Gott den Dienst aufgekündigt, weil er sich von ihm im Stich gelassen fühlte, so geht es jetzt darum, daß er wieder lernt, auf *gotes helfe* zu vertrauen und sein Versagen auf der Gralsburg in seiner tieferen Notwendigkeit zu begreifen. Wolfram hat das Buch gegenüber der Quelle völlig neu strukturiert und der Belehrung durch den Einsiedler drei neue Szenen vorangestellt: die 3. Sigune-Szene, den Kampf mit dem Gralsritter, die Karfreitagsbegegnung.

Das Buch beginnt damit, daß Parzival zu Sigune kommt. Sie rät ihm, die Gralssuche in Gottes Hand zu stellen; aber sie setzt ihn, der sich nach Condwiramurs und mehr noch nach dem Gral sehnt, zum ersten Mal auch wieder auf eine Spur, die der Gralsbotin Kundrie, die Parzival zwar schon bald wieder verlieren wird; doch ist, nachdem er so lange vergeblich auf der Gralssuche gewesen war, immerhin mit dieser Szene wieder eine erste Annäherung an den Gral erfolgt. Die übrigen Szenen des Buches verstärken dies noch, indem Parzival im Kampf ein Gralspferd erbeutet und schließlich durch den Einsiedler Trevrizent so intensive wie weitläufige Belehrung über den Gral und die eigene Situation erhält.

Nachdem Parzival Sigune verlassen hat, wird er von einem Ritter angegriffen, der ihn auffordert, sogleich das Gebiet seines Herrn zu verlassen. Es kommt zum Kampf, in dessen Verlauf Parzival den Gegner vom Pferd in eine Schlucht stürzt, selbst aber solchen Schwung gewinnt, daß er sich gerade noch an einem Ast vor dem Sturz retten kann. So zwischen Himmel und Erde schwebend – ein Abbild seiner Situation – faßt er schließlich wieder Fuß auf einem Felsabsatz, und da sein Pferd in den Abgrund gefallen ist, besteigt er das des gegnerischen Gralsritters. Zwar ist er dem Gral schon sehr nahe gekommen, aber er verliert ihn doch wieder aus den Augen. Weiterreitend trifft er nach einigen Tagen des Umherirrens an einem kalten, verschneiten Tag einen alten barfüßigen Ritter und dessen Familie. Vorwurfsvoll fragt ihn der Alte, weshalb er den Karfreitag so wenig heilige und in voller Rüstung einherreite. Parzival antwortet ihm, er wisse nichts von den Gezeiten des Jahres; früher habe er einmal Gott gedient, aber der habe zugelassen, daß er schändlich verhöhnt wurde. Früher habe er sich auf ihn verlassen, habe aber in entscheidenden Situationen von ihm keine Hilfe erhalten. Der alte Mann fordert ihn zur Reue auf und verweist ihn an Trevrizent, einen frommen Einsiedler. Doch Parzival ist noch nicht ganz zur Umkehr bereit, wenn er auch immerhin bereits Gott die Entscheidung anheimstellt: „Ist heute sein hilfreicher Tag, dann helfe er mir, wenn er helfen kann" (451,21 f.). Zum Zeichen dessen läßt er dem Pferd, das ihn nun zu Trevrizents Einsiedelei bringt, die Zügel.

An dieser Stelle flicht Wolfram einen Berich über die Quellen des Werkes ein. Als seinen Gewährsmann nennt er *Kyot*; dieser habe in *Toledo* in heidnischer Schrift die Kunde so aufgefunden, wie sie *Flegetanis*, der Nachkomme *Salomos* und eines Heiden, aufgezeichnet habe. Dieser Flegetanis habe in den Sternen gelesen, daß der Gral von Engeln auf der Erde zurückgelassen worden sei, als Gott sie, wohl aus Erbarmen, wieder zu sich rief. Kyot habe dann weiter in Anjou in lateinischer Überlieferung gefunden, daß ein Geschlecht dieses Landes zur Hütung des Grals vorgesehen sei.

Die Stelle hat zu den Fragen Anlaß gegeben, ob dieser Kyot eine Fiktion Wolframs sei oder nicht, welcher Quelle Wolfram folge, und ob ihm Chretien überhaupt bekannt gewesen sei. Es hat nun die größte Wahrscheinlichkeit für sich, daß sich Wolfram von Buch 3 – die Vorgeschichte fehlt bei Chretien – bis zum Ende des Buches 13 auf den *Conte du Graal*, Chretiens letztes, unvollendetes Werk, stützt.

Wenn dies richtig ist, und es gibt wenig Anlaß, daran zu zweifeln, dann hätte Wolfram die etwas über 9000 Verse allerdings ungefähr auf das Doppelte erweitert. Die meisten Neuerungen — Einführung von Namen, Umbenennungen, Einfügung neuer Figuren usw. — lassen sich allerdings mit Bumke zwei großen Komplexen zuordnen: 1. dem Gral, und allem was dazu gehört, seiner Form, seinen Eigenschaften, seiner Verbindung mit den neutralen Engeln, der heidnischen Astrologie, und 2. den Verwandtschaftsverhältnissen; bei Wolfram gehören fast alle handelnden Personen zwei großen Familienverbänden an, der *Mazadan*-Sippe (als deren wichtigster Sproß Parzivals Vater Gahmuret fungiert) einerseits, der Titurel- (oder Grals-)sippe andererseits, als deren wichtigste Mitglieder Amfortas, Trevrizent und Herzeloyde, die Mutter Parzivals gelten.

Nun nennt aber Wolfram noch einen weiteren Gewährsmann, eben jenen Kyot, *(der meister wolbekant, der provenzal)*, von dem wir sonst keinerlei Kenntnisse haben, aber der, wie Wolfram meint, die *maere* (die Geschichte) richtiger erzählt habe als Chretien. Wer ist dieser Kyot? Natürlich wäre es wichtig, diese Frage beantworten zu können, weil sich Wolframs Eigenleistung erst voll abschätzen ließe, wenn feststünde, ob der Name Kyot eine tatsächlich vorhandene Quelle umschreibt, die Wolfram neben oder auch gegen Chretien benutzte, oder ob hinter Kyot Wolfram selbst steht, d. h. die Erfindung Kyots nur der Beglaubigung von Partien dient, die Wolfram selbst gedichtet hat, ohne auf eine Quelle zurückzugreifen. Hier wird sich nur dann eine Antwort finden lassen, wenn sich durch einen Glücksfall, der nicht sehr wahrscheinlich ist, neues Licht in die Quellenfrage bringen ließe.[6]

Parzival berichtet dem Einsiedler von seinem langjährigen Zeifel an Gottes Güte und Hilfe. „Ich suchte nur den Kampf und hasse Gott von ganzem Herzen, denn er ist schuld an meiner Trübsal . . .“ (461,1 ff.). Doch der Einsiedler verweist ihm diese Worte und ermahnt ihn, den selbstsüchtigen Hochmut zu lassen, die eigene Endlichkeit und Schuldhaftigkeit zu erkennen, und sich in rechter *diemüete* (Demut) wieder als Geschöpf Gottes anzusehen. Überdies sei das Suchen nach dem Gral unsinnig, denn dorthin käme nur der zum Gralsamt Berufene. Der Gral sei ein Edelstein, auf den jeden Karfreitag eine Taube eine Hostie lege; dadurch habe er die Kraft, alle die ihn schauen, zu ernähren und vor dem Tod zu bewahren: am oberen Rande des Steines erscheine, wenn die Zeit gekommen sei, eine Inschrift, auf der genannt werde, wer zum Gral berufen sei, und deshalb sei es töricht von Parzival, aus eigener Kraft nach dem Gral zu streben. Parzival dagegen beruft sich auf seine Rittertaten und besteht darauf, daß ihm der Gral zukomme, wenn anders Gott etwas von Rittertaten verstünde.

Trotz seiner Verirrung im Falschen ahnt Parzival auch hier, wo er Trevrizent widerspricht, das Richtige. Zwar wird ihm ritterlicher *dienest*, wie er ihn hier geltend macht, den Gral nicht wiederbringen. Doch wird er, da ihm der Gral vorbestimmt ist, zum *Cooperator dei*: seine tätige Mitarbeit, seine Unbeirrbarkeit, die ihn schließlich Demut und Erbarmen gewinnen läßt, wird Gott am Ende mit der Neuberufung belohnen.

Es scheint mir ganz deutlich, daß Parzival sich bis zu dieser Stelle durchaus wie ein Artusritter verhält, der den eigenen Wert aus den bedeutenden ritterlichen Taten ableitet und nicht sehen kann, daß das Gralrittertum auf einer ganz anderen Ebene liegt. Parzival versteht noch nicht, daß der Gral andere Tugenden fordert als die, auf die er sich versteift. (Erst Trevrizents Belehrung stößt hier ein Tor auf, das Parzival im Feirefiz-Kampf endgültig durchschreitet).

Der Gral ist nach Wolframs Darstellung offenbar ein Edelstein, der bei feierlichen Gelegenheiten öffentlich gezeigt wird; er kann nur von einer reinen Jungfrau getragen werden; er hat Wunderkraft, ist ein Speisen- und Getränkespender, verleiht immerwährende Jugend. Nur die Reine kann ihn tragen, nur der Berufene ihn erlangen, nur der Gralskönig ihn hüten. Doch darf er nicht, wie Amfortas, mit einer Sünde belastet sein.

Als Trevrizent Parzival nach seinem Namen fragt, da endlich gesteht er, der Sohn Gahmurets zu sein und Ither erschlagen zu haben. Trevrizent ist erschüttert; denn er stellt die Beziehung her, die Parzival nicht deutlich ist: „Du hast deinen eigenen Verwandten erschlagen!". Trevrizent erläutert dem Neffen die Verwandtschaftsverhältnisse: Sein Oheim Amfortas habe, als er schon zum Gral berufen war, gegen das Gebot der Gralsgemeinschaft verstoßen, die einem Herrscher die Frau zubestimmt. Er habe sich nämlich selbst eine Minnedame erwählt und in ihrem Dienst viele unerhörte Taten vollbracht. Eines Tages sei er von einem Heiden mit einer vergifteten Lanze verwundet worden, und zwar an den Hoden. Seitdem sieche er dahin, nur durch die Kraft des Grals am Leben erhalten. Leider seien alle angewandten Heilmittel bisher erfolglos geblieben. Lange nach dem Zweikampf sei auf das inständige Gebet aller Gralsmitglieder hin eine Inschrift auf dem Gral erschienen, daß ein Ritter kommen werde, der Hilfe bringen könne, wenn er unaufgefordert und unaufgeklärt die Mitleidfrage stelle. Und in der Tat, dieser Ritter sei auch erschienen, aber er habe in seiner Torheit nicht gefragt.

Es kommt Parzival gelegen, daß der Gastgeber ihn in diesem Augenblick nach seinem Hunger befragt, und beide nun erst einmal essen gehen und die Pferde versorgen. Und während sie noch die Pferde füttern, nimmt das Gespräch durch Parzivals Bekenntnis eine schmerzliche Wendung: „Beklagt meine Unerfahrenheit und gebt mir euren wohlmeinenden Rat. Der Ritter, der nach Munsalvæsche kam, war ich".

Wie schwer Parzival das Eingeständnis seines Versagens wird, wie groß sein Widerstand gegen das Bekenntnis der eigenen Verfehlung ist, wird an seinem Zögern deutlich, die so fragwürdig gewordene eigene Identität dem Oheim zu entdecken. Immer wieder führt die Belehrung an eine Stelle, die es Parzival nahelegt, die Schuld zu bekennen, und noch in seinem Eingeständnis, der Ritter zu sein, der auf der Gralsburg die Frage nicht gestellt habe, klingt, wenn auch nur noch schwach, die Selbstentschuldigung seiner Unerfahrenheit mit hinein.

Trevrizent gibt Parzival weitere Erklärungen über die Gralsburg, er erzählt ihm, daß Amfortas bei Kälte, Schnee und bestimmten Sternkonstellationen besonders schmerzempfindlich sei, daß ihm dann sogar die Gralslanze tief in die Wunde gestochen werden müßte, um einen Gegenschmerz zu erzeugen. Auch über den Gralsdienst klärt der Einsiedler Parzival auf: die Ritter des Grals haben den Gral zu verteidigen, sie führen selbst aber keine Angriffskriege und reiten keine ritterlichen Kämpfe, es sei denn zur Verteidigung. Dem Gralsritter ist Frauenliebe untersagt, er lebt in einer Art Zölibat, nur der Gralskönig darf verheiratet sein, darf aber seine Frau nicht selbst wählen. Zum Schluß seiner Belehrung hebt Trevrizent noch einmal mit großer Deutlichkeit hervor, worin die Hauptverfehlungen Parzivals zu suchen sind: Er hat in Ither den Verwandten erschlagen, sein Abschied von Soltane hat der Mutter das Leben gekostet. Den beiden Sünden wird dann später, allerdings nicht mit gleich starker Akzentuierung, die Unterlassung der Mitleidsfrage beigesellt.

Unterdessen ist es Nacht geworden, beide gehen zur Ruhe. Parzival bleibt zwei Wochen bei dem Einsiedler und Trevrizent erlöst ihn von seinen Sünden, ohne ihn doch dem ritterlichen Leben zu entfremden.

Blicken wir noch einmal zurück. Wolfram hat die 300 Verse des Chretien hier auf das Siebenfache erweitert und, stärker noch als in anderen Büchern, versucht, die Fäden der inneren Handlung zusammenzufügen. Im Gesamtaufbau des *Parzival* hat das 9. Buch sicherlich die Funktion, den Helden, der über vier Jahre lang im Hader mit Gott gelebt hat, zur Umkehr zu führen. Trevrizent deckt Parzival die Zusammenhänge seiner Schuldverstrickung auf: Parzivals Verfehlung beginnt mit seinem Ausritt; sein hemmungsloser Drang nach ritterlicher Selbstverwirklichung ist Teil seiner gottvergessenen *hôchvart* (Hochmut), aus der, trotz der angeborenen Veranlagung zur *triuwe* (Treue) und zur *erbermde* (Barmherzigkeit), auch die Verfehlung auf der Gralsburg resultiert und die in Parzivals Gotteshaß ihren radikalsten Ausdruck findet. Parzivals erster Lebensabschnitt, der ihn ganz äußerlich zum strahlenden Artusritter werden läßt, ist also in Wahrheit ein permanenter Abfall von Gott, und steht darin in Analogie zu *Luzifers superbia*, der Ursünde schlechthin. Erst seine Umkehr schafft die Voraussetzung dafür, daß er den Gral wieder erlangen kann.

Innerhalb des Buches selbst wird Parzival schrittweise näher an dieses Ziel herangebracht. Nach der dritten Sigune-Szene stellt er es immerhin schon Gott anheim, ihm zu helfen: im Kampf mit dem Gralsritter gewinnt er ein Gralspferd; in der Karfreitagsbegegnung wird ihm erstmals wieder die Allmacht Gottes erkennbar, so daß er sich Trevrizent gegenüber einführen kann als *ein man der sünde hât* (456,30). Das Gespräch mit Trevrizent öffnet ihm dann die Augen über seinen bisherigen Lebensweg, über seine unwissentliche und unwillentliche Schuld, über seine *hôchvart*, „die Ursünde Lucifers, die Verabsolutierung des eigenen Selbst"[7]. Sie läßt ihn aber auch erkennen, daß er nur durch rechte *diemüete* die Haltung des *dienest-* und selbstbewußten Ritters zu überwinden und im festen Gottesvertrauen die wahre Minne, die Gott und alle Menschen umschließt, zu üben vermag.

4. Gawan-Handlung, II. Teil

Noch einmal wird in den Büchern 10 bis 13 Gawan in den Mittelpunkt gestellt, doch bleibt auch hier ständig präsent, daß Parzival der eigentliche Haupthel ist. Bumke hat sicherlich zu Recht darauf aufmerksam gemacht, daß man schon an der Emphase, mit der Wolfram die Parzival-Handlung jeweils wieder aufnimmt, und an den Entschuldigungen, mit denen er demgegenüber Gawan einführt, eine ungleiche Anteilnahme des Dichters ablesen könne. Er hat aber auch hervorgehoben, daß die Gawan-Handlung — wenn auch viele Querverbindungen eine Art gegenbildliche Entsprechung von Gralsritter und Artusritter herausarbeiten — doch zugleich ihr Eigengewicht hat.

10. Buch: Gawan trifft auf seiner Weiterreise eine Frau die einen verwundeten Ritter auf dem Schoß hält. Er verbindet ihn und verspricht, ihn zu rächen. Bei der Verfolgung des Gegners macht er die Bekanntschaft von *Orgeluse,* deren Schönheit ihn ganz gefangen nimmt. Doch sie reagiert auf sein Werben mit schnippischer Ironie. Wolle er sie erringen, so möge er mitkommen und ihr Pferd aus einem Baumgarten holen. Obwohl die Leute ihn warnen, bringt er ihr das Pferd. Als Dank erntet er Spott. Beim Weiterritt werden sie von *Malcreatiure,* dem häßlichen Bruder der Kundrie, eingeholt. Als dieser Gawan verhöhnt und beschimpft, wirft ihn Gawan vom Pferd und zieht nun mit zwei Pferden weiter. Sie kommen zu dem verwundeten Ritter, doch als sich Gawan daran macht, ihm auf das Pferd seiner Dame zu helfen, schwingt sich der vermeintlich Todwunde selbst auf Gawans Pferd und reitet unter höhnischem Gelächter davon. Gawan muß nun, zur Belustigung der Orgeluse, das elende Pferd Malcreatiures besteigen. Sie kommen an einen Fluß und an eine Burg, von der 400 Frauen herabschauen. Orgeluse läßt sich übersetzen, Gawan aber bleibt zurück und siegt in einem Zweikampf gegen *Gwelljus* trotz ungleicher und für Gawan sehr ungünstiger Bedingungen. Immerhin entdeckt er im Pferd des Gegners sein eigenes, so daß er jetzt wieder voll ausgestattet ist. Bei einem Fährmann und dessen Tochter verbringt er die Nacht.

11. Buch: Am nächsten Morgen fragt Gawan seine Gastgeber nach den 400 Frauen. Nur widerstrebend klären sie ihn darüber auf, daß der Zauberer *Clingsor* diese Frauen auf seiner Burg gefangen halte und daß sie nur durch das Bestehen schlimmer Aventiuren befreit werden könnten. Gawan macht sich daraufhin auf den Weg. In der Burg findet er in einem herrlichen Saal ein Ruhebett, das sich von selbst bewegt und auf das der Held nur mit einem gewaltigen Sprung gelangt. Nach anfänglichem wilden Umherrasen bleibt es plötzlich stehen und ein wahrer Regen von Pfeilen und Schleudersteinen ergießt sich auf den Helden, der sich indessen mit seinem Schild dagegen abdecken kann. Erschöpft steigt er schließlich vom Bett, doch nun springt ein wilder Löwe ihn an, den Gawan mit letzter Kraft bezwingen kann. Bewußtlos wird er von zwei Frauen gefunden, in deren Pflege er sich erholt. Als er erwacht, sieht er sich als Herrn der Burg, der die 400 Frauen erlöst hat.

12. Buch: Doch Gawan kommt nicht dazu, seinen Besitz zu genießen. In einer wunderbaren Säule, die auf 6 Meilen im Umkreis alles abspiegelt, erblickt er die geliebte Minnedame Orgeluse in Begleitung eines anderen. Trotz seiner schweren Wunden und trotz seiner Erschöpfung reitet er ihnen nach, besiegt den Ritter und wird von Orgeluse nun über den Fluß zu einem Garten geschickt, mit dem Auftrag, ihr einen bestimmten Kranz zu bringen. Nach abenteuerlichem Ritt, bei dem er in den Fluß stürzt und beinahe wieder sein Pferd verliert, gelangt er in den Garten. Hier trifft er einen Ritter, der Gawan das Brechen des Kranzes nur deshalb nicht verwehrt, weil er niemals gegen einen, sondern immer nur gegen zwei Gegner kämpft. Es handelt sich um den König *Gramoflanz*, durch dessen Hand Orgeluse ihren Mann verloren hatte. Er bittet Gawan, ohne ihn zu erkennen, der schönen *Itonje*, der Schwester Gawans, die sich unter den 400 Frauen auf Schastel marveil befindet, einen Ring zu überbringen. Voller Überheblichkeit erzählt er, daß er nur in einem Fall mit einem einzigen Ritter zu kämpfen bereit sei: mit Gawan, da dieser seinen Vater erschlagen habe. Gawan gibt sich nun zu erkennen und ein Kampf wird über Wochenfrist zu *Joflanze* anberaumt. Als Gawan jetzt zu Orgeluse zurückkehrt, ist diese völlig verwandelt. Sie habe, so bekennt sie ihm, ihn nur dazu bringen wollen, mit Gramoflanz, dem sie auf ewig feind sei zu kämpfen, da er ihren geliebten *Cidegast* erschlagen habe. Immer wieder habe sie versucht, Ritter für diesen Kampf zu gewinnen; viele hätten es auch versucht, seien aber dabei umgekommen. Nur einer hätte sicherlich siegen können, ein roter Ritter, aber der habe ihre Minne zurückgewiesen. Fröhlich reiten beide nun nach Schastel marveil, wo die Hochzeit vorbereitet wird. In einem Brief bittet Gawan den König Artus, zu dem Zweikampf nach Joflanze zu kommen.

Das *13. Buch* ist ein Fest der Freude und des Wiedersehens. Gawan gibt Itonje, seiner Schwester, ohne daß er sich ihr zu erkennen gibt, den Ring des Gramoflanz und sagt ihr, daß der König sie liebe und zu seiner Minnedame auserwählt habe. Er selbst feiert seine Hochzeit mit Orgeluse. Am nächsten Morgen läßt er sich das Wunderschloß Schastel marveil erklären. Es ist das Werk des Zauberers Clingsor, der als Herrscher von Kapua mit der Königin von Sizilien ein Liebesverhältnis hatte. Vom Mann dieser Königin wurden die beiden in flagranti überrascht und Clingsor entmannt. Wütend warf er sich daraufhin auf die Schwarze Kunst, mit deren Hilfe er die Zauberwerke von Schastel marveil entwarf, mit deren Hilfe er aber auch viele Frauen auf das Schloß entführte und zu Witwen machte. Mit seinen neuen Untertanen zieht Gawan dem König Artus entgegen. Es stellt sich übrigens heraus, daß sich unter den 400 Frauen nicht nur Gawans Schwester Itonje befindet, sondern

noch eine weitere Schwester, sowie seine Mutter *Sangive*, ja sogar seine Groß-
mutter *Arnive*. Die Freude des allgemeinen Wiedersehens ist allerdings etwas
getrübt, denn Gawan muß sich jetzt zum Kampf gegen Gramoflanz rüsten.

5. Dritter Teil der Parzivalhandlung

Das *14. Buch* nimmt insofern innerhalb der Komposition des Romans
eine besondere Stelle ein, als es die Gawanhandlung und die Parzival-
handlung miteinander verschränkt. Im Mittelpunkt dieses Buches
steht der Zweikampf zwischen Gawan und Parzival.

Gawan ist früh vom Lager aufgebrochen, als er einen rot gekleideten Ritter
trifft, den er, da er einen Blumenkranz vom Baum des Gramoflanz trägt,
irrtümlicherweise für den König selbst hält. Sie beginnen miteinander zu
kämpfen. Beide Kämpfer sind, wie der Erzähler es immer wieder einfließen
läßt, einander nicht nur ebenbürtig, sie sind sogar befreundet, ja miteinander
verwandt. Inzwischen stoßen die Boten des Königs Artus auf Gramoflanz, der
gerade im Begriff ist, zum Zweikampf aufzubrechen. Er erscheint, als sich der
Sieg dem roten Ritter zuneigt und als die beiden, einander in einer Ruhepause
erkennend, den Kampf abbrechen. Aber Gawan ist, nun da er die Strapazen
zweier Kämpfe hinter sich hat, aufs äußerste erschöpft.

Der Kampf gegen Gramoflanz muß daher vertagt werden. Doch auch am
neu festgesetzten Tag ist der Kampf nicht möglich, da nun Gramoflanz in der
Frühe auf Parzival stößt und mit ihm kämpft. Nur mit großer Mühe vermag
Artus die beiden Kämpfer zu trennen. Aber diesmal ist aufgeschoben auch
aufgehoben. Eine der Frauen, die Gawan und Gramoflanz kennt, hat von dem
bevorstehenden Kampf gehört und erkennt, daß Itonje entweder ihren Bruder
oder ihren Geliebten verlieren wird. Die Frauen geraten daraufhin fast außer
sich vor Angst. Mit Hilfe eines Liebesbriefes, den Gramoflanz an Itonje schickt,
gelingt es, Artus davon zu überzeugen, daß der junge König die Schwester
Gawans tatsächlich liebt. Da übernimmt es Artus, den Kampf zu schlichten.
Eine allgemeine Versöhnung findet statt. Gawans beide Schwestern, ja sogar
seine Mutter werden von Artus gleichzeitig vermählt. Nur einer ist unter den
vielen ausgelassenen Menschen traurig, Parzival, der sich nun voll Sehnsucht
nach Condwiramurs von der Tafel fortschleicht.

15. Buch: Im Wald trifft Parzival einen prächtig gekleideten orientalischen
Ritter. Ein wütender Kampf beginnt, über dessen Fortgang der Erzähler mit
steigender Sorge berichtet. Beide Kämpfer, so sagt der Erzähler, sind in Wahrheit eine Person: „Gott behüte die Söhne Gahmurets. Dieser Wunsch gilt
beiden, dem Christen wie dem Heiden, sind sie doch im Grunde eins . . .
(742,14 ff.)". Parzival kämpft also mit seinem Bruder, mit Feirefiz. Eine
tragische Konstellation: keiner kennt den anderen, und wer immer siegen
wird, hat, „wenn ihm Treue etwas gilt, die Freuden dieser Welt verspielt"
(742,24 f.).

Im Feirefiz-Kampf wird eines der Grundthemen des Werkes in radi-
kaler Form wieder aufgenommen, der Kampf mit dem unerkannten
Verwandten. War der noch unwissende Parzival, wie es Trevrizent im
Lehrgespräch des 9. Buches aufdeckt, im Ither-Kampf objektiv

schuldig geworden, so steht er hier in der Gefahr, durch die Erschlagung seines eigenen Bruders die damalige Schuld zu wiederholen, ja zu verstärken. Diese Gefahr wird dadurch noch unterstrichen, daß expressis verbis das Ither-Schwert als Waffe Parzivals genannt wird. Der Feirefiz-Kampf hebt sich nun dadurch aus allen Kämpfen des Romans heraus, daß Parzival zum ersten Mal der Unterlegene ist und daß die eigene Bedrohung nur durch die Großmut des Gegners von ihm abgewehrt wird. Parzival lernt hier, daß auch er auf Gnade, auf *erbermde*, angewiesen ist.

Parzivals Schwert zerspringt, als er zum tödlichen Schlag gegen Feirefiz ausholen will, doch der Gegner nutzt diese Situation nicht aus, sondern schlägt vor, den ungleichen Kampf erst einmal zu unterbrechen. Ja, er geht noch weiter: als der besiegte Parzival sich weigert, seinen Namen zu sagen, da nennt er den seinen zuerst; und er entwaffnet sich gleichsam selbst, indem er das Schwert, das er in Händen hält, weit von sich wirft.

Feirefiz leistet also das Ungewöhnliche, leistet was Parzival offenbar nicht leisten kann: er verhält sich so, als wäre er, nicht Parzival, der Unterlegene; er macht durch diesen freiwilligen Verzicht zugleich klar, daß Parzivals Leben in seiner Hand ist und daß es als ein Akt der Gnade angesehen werden muß, wenn er es ihm nicht nimmt. Der Feirefiz-Kampf hat also offenbar die Funktion, den Helden in eine Situation zu führen, aus der er sich nicht durch eigenes Verdienst und eigenes Können, sondern nur durch die großmütige Barmherzigkeit, die *erbermde* eines anderen zu befreien vermag.

Feirefiz und Parzival reiten nun ins Artuslager, wo Feirefiz als einer der mächtigsten Fürsten des Erdenrunds vorgestellt wird. In voller höfischer Harmonie wird jetzt das Fest von Joflanze gefeiert. Da erscheint Kundrie, wirft sich weinend Parzival zu Füßen und bittet ihn um einen freundlichen Gruß. Parzival überwindet sich und vergibt ihr, obwohl er ihr, wie es heißt, noch immer heftig zürnte. Sie meldet, daß auf dem Gral eine Inschrift erschienen und Parzival nun zum Gralskönig berufen sei. Seine Frage werde Amfortas die Heilung bringen. Parzival ist glücklich über die Botschaft und freut sich, daß nicht nur er, sondern auch Condwiramurs und sein Sohn *Lohengrin* in das Gralsamt berufen sind.

Wichtig scheint mir, daß an dieser entscheidenden Stelle noch einmal ausdrücklich auf die Familie Parzivals rekurriert wird; denn Parzival hat sich auf seiner Gralsuche nie als Einzelner begriffen, hat immer Condwiramurs und den Gral als seine beiden Ziele genannt. Hierin, d. h. in der strikten Rückbindung an seine Frau und seine Familie, unterscheidet er sich von den anderen Artusrittern und zumal auch von seinem Vater Gahmuret. Wichtig scheint zweitens, daß Parzival rückblickend noch einmal selbst die Einsicht formuliert, daß er auf der Gralsburg noch nicht in der Lage war, richtig zu fragen: *done was ez et dennoch niht mîn heil* (783,15). Schließlich ein Drittes: Kundries Gewand ist jetzt ganz mit Turteltauben übersät, den Zeichen des Grals: die Turteltaube aber ist nach mittelalterlicher Vorstellung der Vogel der Unschuld, Reinheit, Begierdelosigkeit und Friedfertigkeit. Es wird also, das ist aus dieser Zeichensymbolik zu schließen, mit Parzivals Erhöhung eine Zeit des Friedens beginnen können, die Zeit der Realisierung eines utopischen Glücks, und zum Zeichen dafür, daß diese Friedensordnung weltweit gelten soll, wählt sich Parzival den heidnischen Bruder zum Begleiter.

Das *16. Buch* beginnt mit einer nochmaligen Schilderung der Leiden des Amfortas. Er, der nur gegen seinen Willen am Leben erhalten wird, möchte jetzt endlich sterben. Doch schon naht ihm sein Erlöser Parzival, in Begleitung Kundries und Feirefiz'. Schon auf dem Weg werden sie von Gralsrittern eingeholt und sogleich zu Amfortas geleitet. Amfortas wiederholt noch einmal seinen Wunsch, sterben zu dürfen. Aber da wird schon der Gral gebracht, Parzival wirft sich dreimal weinend vor ihm auf die Knie, betet, und stellt dann die erlösende Frage. Amfortas gesundet.

Man wird Bertau recht geben müssen, daß dieser Schlußteil ein wenig opernhaft wirkt, zumal der Todeswunsch des Amfortas nicht mehr recht überzeugend sein kann, nachdem Kundrie bereits auf dem Weg ist, den designierten Gralskönig auf die Gralsburg zu holen[8]. Dennoch sollte man die Vorgänge nicht vorschnell als leeres Theater abtun. In ihnen wird formal erfüllt, was als formale Forderung von Anfang an Voraussetzung der Gralsherrschaft Parzivals ist; und daß Wolfram die Schicksalsfrage an den Oheim ins Persönliche wendet und damit zweifellos auch ein Ungenügen an der bloßen Erfüllung der Form signalisiert, scheint mir noch keineswegs zu besagen, daß er die Vorgänge des ganzen Buches überhaupt nicht mehr ernst zu nehmen vermag.

Inzwischen ist auch Condwiramurs von den Ereignissen benachrichtigt worden. Sie soll mit Parzival an der Stelle zusammentreffen, an der die Blutstropfen in den Schnee gefallen waren. Nach einem kurzen Besuch bei Trevrizent, der sich über die Gesundung des Bruders freut, reitet Parzival zum festgesetzten Treffpunkt, wo er das Wiedersehen mit der geliebten Frau feiert. Sein einer Sohn, *Kardeiz*, wird zum König von *Valois, Norgals, Kanvoleiz* und *Kingrivals* gekrönt. Lohengrin zieht mit den Eltern zur Gralsburg.

Auf der Rückreise besuchen sie die Klause der Sigune. Sie finden die Einsiedlerin tot und bestatten sie zusammen mit ihrem geliebten Schionatulander in einem Sarg. Bei dem feierlichen Gralsfest, das nach ihrer Ankunft auf Munsalvæsche gefeiert wird, vermag Feirefiz als Heide den Gral nicht zu sehen. Doch die Schönheit der Gralsträgerin Repanse sieht er wohl, und von ihr wird er so sehr gefesselt, daß er sich ihr zuliebe taufen läßt. Mit ihr als seiner Frau kehrt er in seine orientalische Heimat zurück. Die Gralsritter aber hassen nun, da Parzivals Frage erst nach so langer Zeit und nach so schweren Mühen ausgesprochen worden ist, alles Fragen. Und daher gilt von nun an: wenn ein Ritter nach der Bestimmung des Grals einem irdischen Reich zur Hilfe gesendet wird, darf er nur solange bleiben, als man ihn nicht nach seiner Herkunft fragt. Dies wird an der Lohengrin-Geschichte noch kurz angedeutet: von einem Schwan gezogen, kommt der Sohn Parzivals nach *Brabant*, um die Königin *Elsa* aus ihrer Notlage zu befreien. Bald aber muß er von ihr scheiden, da sie das Frageverbot nicht beachtet.

Mit der Versicherung, daß Kyot die Geschichte richtiger als Chretien erzählt habe und mit einigen sentenzenhaften Schlußwendungen endet das Werk.

Wolframs Parzival — Artusroman oder Gralsroman?

Hugo Kuhn hat in einer Abhandlung gezeigt, daß der *Doppelte Kursus* als Strukturmodell des Hartmannschen *Erec* anzusehen ist[9] (vgl. S. 137 ff.). Die Handlungsbewegung läuft hier vom Artushof über eine erste Aventiure-Reihe, in der sich der Held bewährt, zum Artushof zurück. Doch die Bewährung ist nur scheinhaft und vordergründig; ihr folgt die Krise, im Falle des *Erec* das *verligen* des Helden. Erst eine neue zweite Aventiure-Reihe, die der ersten spiegelbildlich entspricht, führt den Helden endgültig aus seiner Krise heraus, so daß er, nun sittlich geläutert, wieder am Artushof aufgenommen werden kann.

Damit sind generelle Strukturprinzipien des Artusromans aufgedeckt. Allerdings macht schon Hartmanns zweiter Artusroman, der *Iwein*, der Übertragung des Modells Schwierigkeiten: Ausgangspunkt ist zwar auch hier der Artushof; auch hier folgt der erste Aventiureweg, der Absturz in die Krise, auch hier führt der erneute Aventiurenweg zur Wiederaufnahme des Helden in den Artuskreis. Doch gegenüber diesem einfachen Modell sind Veränderungen bemerkbar: die Krise wird dadurch ausgelöst, daß sich Iwein gegenüber der Brunnenherrin verfehlt, mithin neben dem Artusbereich eine neue Legitimationsinstanz erscheint, auf die der Held in seiner Identitätssuche bezogen ist; der Artushof ist daher in diesem Roman auch nur der vorläufige Reintegrationsrahmen, die endgültige Rehabilitation des Helden erfolgt erst im Bereich des Brunnens.

Auch der *Parzival* läßt sich vom Strukturmodell des doppelten Kursus her begreifen, wenn auch, wie vor allem Dagmar Hirschberg gezeigt hat, in der Form des bereits modifizierten *Iwein*-Schemas.

Auch im *Parzival* folgt auf die erste Artus-Station die Gewinnung von Frau und Erbschaft (Condwiramurs). Daß die unterlegenen Kämpfer von Pelrapeire an den Artushof ziehen und dort den Ruhm des roten Ritters vermehren, läßt sich als Beglaubigung Parzivals durch den Artushof interpretieren. Wie im *Iwein* folgt im *Parzival* dem Aufbruch von der Dame die Verschuldung, wobei der Fristversäumnis strukturell die Unterlassung der Frage auf der Gralsburg entspräche; wie im *Iwein* wird der Held nach seiner Verschuldung durch eine Botin angeklagt bzw. verflucht. Dem Wahnsinn Iweins, der die Krise zum Ausdruck bringt, entspräche im *Parzival* die Gottesferne des Helden, der nach einem langen zweiten Aventiurenweg erst in die Artusrunde einkehrt und beim Fest von Joflanze im 15. Buch der strahlende Mittelpunkt der Tafelrunde ist. Hier erhält er die Gralsberufung, die ihn erst wieder voll in die Gesellschaft integriert, so daß die endgültige Rehabilitation des Helden in das zweite Zentrum des Werkes gehört.

Dennoch erschiene es etwas gewaltsam, den *Parzival*roman, auf diese Grundfigur zu reduzieren. Für die Erkenntnis des Werkes dürften die Änderungen wichtiger sein, die Wolfram, ob seiner Quelle folgend oder gegen seine Vorlage, am traditionellen Artusroman vornimmt.

Betrachten wir den Teil des Werkes, der dem ersten Kursus entspricht, so fällt als Hauptunterschied gegenüber dem traditionellen Artusroman auf, daß die Stationenfolge, die sich als kontinuierlicher Aufstieg des Helden zum vollkommenen Artusritter am Ende des 6. Buches, d. h. also als ein erster Aventiureweg ritterlicher Bewährung verstehen läßt, zugleich unter dem Gesichtspunkt der Gralsbewährung einen permanenten Abstieg bedeutet. Höhepunkt und Tiefpunkt fallen also am Ende des ersten Kursus zusammen, die Harmonie des Artusfestes erweist sich als scheinhaft, wobei dreierlei besonders interessant ist: zum einen wird Parzival, obwohl noch Artusritter, bereits mit den ethisch und religiös rigideren Maßstäben gemessen, die auf den künftigen Gralsritter zutreffen. Daß er sich in der Befolgung der Gurnemanz-Regel gerade höfisch-konform verhalten hat, wird ihm nicht als mildernder oder gar entschuldigender Umstand angerechnet. Zum anderen setzt die Krise nicht wie im Artusroman erst nach der mißglückten Integration in den Artuskreis ein; sie ist vielmehr bereits angelegt, als Parzival im äußeren Sinne durch die Aufnahme in die Tafelrunde an den Gipfelpunkt seiner Laufbahn gerät. Schließlich, und dies scheint die wesentlichste Differenz zum traditionellen Artusroman, ist Parzival seit seinem Ver-

181

sagen in Munsalvæsche bereits auf einem Weg, der strikt unterschieden ist von dem Bewährungszug der früheren Romanhelden. So hebt er in der zweiten Jeschute-Szene durch den Reinigungseid die Ehekrise des Minnepaares Orilus/Jeschute auf und zeigt damit, daß eine solche Krise (wie im *Erec*) hier nicht mehr zur Diskussion steht[10]; so macht er in der Blutstropfen-Episode deutlich, daß die Trennung von der geliebten Frau einzig und allein legitimiert wird durch die Gralssuche: durch sie werden Bedingungen geschaffen, unter denen solche Trennung nicht mehr nötig sein wird.

Fassen wir die Wegstrecke ins Auge, die dem zweiten Kursus des Artusromans strukturell entspricht, so ergibt sich als erste grundlegende Differenz, daß dort, wo die zweite Aventiure-Reihe beginnen müßte, der Held wechselt: Während Parzival von nun an bis zum 9. Buch nur noch gelegentlich am Horizont erscheint, tritt Gawan strukturell an Parzivals Stelle. Dies bedarf der Erläuterung.

In jedem der beiden Protagonisten verkörpert sich nach Wolfgang Mohr eine differente Art des Menschseins[11]. Parzival tritt als Tor in die Welt, lebt und handelt unbewußt, erkennt die Realitäten, lädt immer neue Schuld auf sich und muß durch einen mühsamen Prozeß zur Klarheit über sich selbst gebracht werden; Gawan dagegen, eine sensiblere Reinkarnation Gahmurets ist statisch angelegt, tritt fertig, ja perfekt vor uns hin, der vollendete Artusritter, der weder die Aufschwünge noch Abstürze kennt, die Parzivals Existenz auszeichnen.

Es ist nun sicherlich von Wolfram genau geplant, daß Gawan den ersten Aventiurenweg Parzivals insofern wiederholt, als auch er, wie Parzival zu Jeschute — Liaze — Condwiramurs, zu drei Frauen geführt wird: Obie — Antikonie — Orgeluse, wobei auch er die dritte zur Frau gewinnt. Doch während sich Gawan in allen drei Aventiuren als derselbe sensible, höfisch-galante Minneritter verhält, dessen Heirat mit Orgeluse kaum als endgültige Bindung vorstellbar ist, muß Parzival über die Stufen einer kindlichen Unerfahrenheit (Jeschute) und eines ersten zarten Minnegefühls (Liaze) erst auf das seiner angeborenen *triuwe* adäquate Erfahrungsniveau und damit zur Ehe als unwandelbarer Bindung geführt werden (Condwiramurs). Die beiden Helden werden im Parzival aber auch dadurch aufeinander bezogen, daß beiden eine Erlösungsaufgabe gestellt wird. Während aber Parzivals Erlösungswerk nach Mohr eine Tat der Nächstenliebe ist, wird von Gawan auf Schastel marveil eine der üblichen ritterlichen Mutproben verlangt. Man kann also sagen: mit Gawan tritt der typische Vertreter der ritterlichen Artuswelt an Parzivals Stelle und zeigt, wie dessen zweiter Aventiurenweg hätte aussehen können, wenn er ihn als Artusritter und nicht als potentieller Gralsritter ausgeschritten hätte. Gawans Aventiurenweg, der auf *minne* und Kampf konzentriert bleibt und sich allenthalben auf dem Wertniveau des Artusritters bewegt, hat kompositorisch die Funktion, den Parzivalweg im Spiegel eines traditionellen Aventiurenwegs zu beleuchten, gerät von daher aber auch in ein kritisches Licht.

Das wird auch daran sichtbar, daß Parzivals Aventiure, als er im neunten Buch wieder auftaucht, ganz anders aussieht als die Gawans; sie erscheint strikt auf das Ziel der Gralssuche ausgerichtet: Durch Sigune wird die Verfluchung jetzt aufgehoben und ihm die Spur zum Gral gewiesen; im Kampf mit dem Gralsritter erbeutet Parzival ein Gralspferd; der fromme Pilger weist ihm am Karfreitagmorgen den Weg zu Trevrizent; so legt er nun, und dies ist ein zutiefst symbolischer Akt, bei Trevrizent die Ritterrüstung ab, bevor er die geistliche Unterweisung erhält, so wie er bei Gurnemanz das Narrenkleid ablegte, bevor er die ritterliche Unterweisung erhalten konnte. Wie aber das Gralsrittertum ein tiefer und umfassender begründetes Rittertum ist, so ist auch die Lehre Trevrizents nicht spezielle Ritterlehre, sondern Familien- wie Menschheitsgeschichte, Grals- wie Heilsgeschichte.

Parzival lernt bei Trevrizent, daß sein bisheriger Lebensweg gerade seines ritterlichen Bewährungsdranges wegen immer wieder in die objektive Verfehlung geführt hat: Was er an Unheil und Leid um sich verbreitet hat, „fließt nicht aus einem bösen Charakter (noch auf dem Tiefpunkt seiner Entwicklung besitzt Parzival *wâriu zuht bî manheit* und *scham ob allen sînen siten* 319,5/7), sondern aus der falschen Richtung seines Strebens; ... daraus erwachsen all die schlimmen Wirkungen.“[12]

Daß Parzival bei Trevrizent über seinen bisherigen Irrweg belehrt wird, bringt ihn auf die rechte Bahn, doch ist er damit noch kein Gralsritter. Er muß sich erst einmal als solcher bewähren. Doch diese Bewährung wird im Unterschied zum Artusroman nicht gezeigt. Parzival entschwindet wieder dem Gesichtskreis und Gawan tritt erneut an seine Stelle.

Die Entscheidung Wolframs, diese bei Chretien angelegte Aufbauform zu übernehmen, ist wohl stärker kompositorisch als inhaltlich begründet; daher war es möglich, das neunte Buch als zentrales auch formal hervorzuheben. Hinzu kam, daß es für das Artusrittertum bereits bewährte Darstellungsschemata gab, für das Gralsrittertum dagegen keine Muster vorlagen. Und so entwickelte Wolfram für den Parzival des 14. bis 16. Buches auch nicht eigentlich neue Modelle, sondern griff hier auf die Artus-Schemata zurück. Die Kämpfe mit Gramoflanz, mit Gawan, ja selbst mit Feirefiz zeigen noch keine völlig neue Qualität, bewegen sich, was Parzival betrifft, durchaus auf der Ebene früherer ritterlicher Zweikämpfe.

Es mag noch ein anderer Grund hinzukommen: Gawan ist ja nicht nur als Exemplum des traditionellen Artusritters vorgeführt, sondern er ist zugleich, wie mir scheint, auch dessen Gegenbild. Wird die Artuswelt durch den sie überhöhenden Gralsbereich in Frage gestellt, so auch durch Gawan: Im Unterschied zum traditionellen Artusritter besitzt Gawan in der ihm eigenen Sensibilität, Offenheit und gelassenen Reife Eigenschaften, in denen Wolfram offenbar neue, das Artusrittertum transzendierende Qualitäten erblickte, die an dem ernsten, Gott suchenden, eigentlich nie heiteren Parzival nicht darstellbar waren.

Es ist vom Gesamtaufbau des Romans her nur konsequent, daß die Schlußeinkehr des Artusromans im *Parzival* in zwei Stationen aufgeteilt ist und daß diese Stationen, im Unterschied zur ersten Einkehr — Verfehlung in Munsalvæsche, scheinbarer Karrierenhöhepunkt am Artushof — hier in umgekehrter Reihenfolge erscheinen: Rückkehr in die Artusrunde, Erhebung zum Gralskönig in Munsalvæsche. Das Gralsrittertum, das Parzival repräsentiert, findet seinen adäquaten Darstellungsrahmen erst in der feierlich-geistlichen Atmosphäre der Gralsburg. Und dies wird noch durch einen deutlichen Akzent unterstrichen: Die Rückkehr an den Artushof ist selbst noch einmal problematisiert, insofern als Parzival in das Fest von Joflanze zunächst nicht integrierbar ist und, unglücklich unter den solchermaßen Glücklichen, die Tafelrunde wieder verläßt. Erst nach dem Feirefiz-Kampf kehrt er zurück und jetzt, da Kundrie bereits naht und die Tafelrunde in einem stark symbolischen Bild — sie bleibt zwischen den Feiernden unbenutzt — aufgehoben erscheint, erweist sich die Artuseinkehr als das, was sie im Zusammenhang dieses Werkes allein noch sein kann: Vorstufe für die eigentliche Reintegration des Heiden auf der Gralsburg:

Mit der Vorgeschichte und deren Wiederaufnahme durch den Gahmuret-Sohn Feirefiz am Ende des Werkes ist ein weiterer Rahmen geschaffen, der das Artus-Schema erneut durchbricht. Parzivals Weg wird in wesentlichen Stationen durch die Geschichte seines Vaters Gahmuret antizipiert, doch stehen beide im Verhältnis von Verheißung und Erfüllung: Gahmuret ist auf der Suche nach einem Glück, das die beiden Pole seiner Existenz, Minne und Aventiure, zur Deckung bringt; aber dies gelingt ihm nicht. Erst Parzival vermag nach seinem langen schmerzvollen Bewährungsweg beides zusammenzuschließen und damit das Ziel zu erreichen, das er in mehr oder weniger dunkler Ahnung von Anfang an in sich trug.

Bitte
frei-
machen

Westdeutscher Verlag GmbH

Postfach 58 29

D-6200 Wiesbaden 1

Sehr geehrter Leser,

diese Karte entnahmen Sie einem

 -Buch

Als Verlag mit einem internationalen Buch- und Zeitschriftenprogramm informiert Sie der Westdeutsche Verlag gern regelmäßig über wichtige Veröffentlichungen auf den Sie interessierenden Gebieten. Deshalb bitten wir Sie, uns diese Karte ausgefüllt zurückzusenden.

Wir speichern Ihre Daten und halten das Bundesdatenschutzgesetz ein.

Wenn Sie Anregungen haben, schreiben Sie uns bitte.

Bitte nennen Sie uns hier Ihre Buchhandlung:

Herrn/Frau/Fräulein

_____

_____

_____

Bitte füllen Sie den Absender mit der Schreibmaschine oder in Druckschrift aus, da es für unsere Adressenkartei verwendet wird. Danke!

Ich bin:

☐ Dozent   ☐ Lehrer   ☐ Praktiker

☐ Assistent   ☐ Student

Sonst.: . . . .

an der:

☐ Uni   ☐ PH   ☐ VHS   ☐ FH   ☐ Bibl./Inst.

Sonst.: . . . .

Bitte informieren Sie mich über Ihre Neuerscheinungen auf dem Gebiet:

☐ Soziologie   ☐ VWL

☐ Politologie   ☐ BWL

☐ Sozialpädagogik   ☐ Psychologie

☐ Rechtswissenschaft   ☐ Literaturwissenschaft

☐ Geschichtswissenschaft   ☐ Linguistik

Spezialgebiet: . . . .

Ich möchte zugleich folgende Bücher bestellen:

Anzahl	Autor und Titel	Ladenpreis

Datum   Unterschrift

Daß zum Schluß des Romans nicht Parzival und Gawan, sondern Parzival und Feirefiz vor dem Gral stehen, ist unter diesem Gesichtspunkt wiederum nur konsequent und zeigt noch einmal, daß die Artuswelt aus dem Gralsbereich ausgeschlossen bleibt. Zugleich aber formuliert Wolfram damit auch ein Programm. Die Gegensätze von Heidentum und Christentum, so soll diese Konfiguration besagen, sind überwindbar: Parzival, der Vertreter des Christentums, kehrt nach der Zeit seiner Gottferne demütig und bußfertig zu seinem Schöpfergott zurück; Feirefiz, der Heide, läßt sich taufen und wird im Orient die christliche Lehre verbreiten. Bumke hat den heilsgeschichtlichen Sinn dieses Nebeneinanders der beiden ungleichen Brüder, wie mir scheint, aus dem Zusammenhang der Rahmenhandlung heraus richtig gedeutet: ,,Es hat . . . den Anschein, als sei im ersten Buch eine vorchristlich-urzeitliche Heidenwelt gespiegelt, in der den Menschen, die noch nicht von Gott wissen, der Heilsweg *sola fide* offensteht, so daß Belacanes schwarze Reinheit der Taufe gleichgesetzt werden kann . . . Das letzte Buch zeichnet dann die Heidenwelt der Endzeit, in der die Botschaft Gottes den Unglauben überwindet. Dazwischen liegt die christliche Ära Parzivals, dessen Weg wiederum im geheimnisvoll-halbdeutlicher Weise auf die Stationen der Heilsgeschichte hinweist: am Anfang das ,paradiesische Waldleben', in das die Sünde einbricht; in der Mitte das Karfreitagserlebnis: Gottes Menschwerdung und Erlösungswerk; am Ende das endzeitliche Reich des Grals. Vielleicht liegt in dieser heilsgeschichtlichen Analogie der eigentliche Sinn der Gahmuret-Feirefiz Umrahmung".[13]

Wolframs Parzival — Sinn als objektiver Zusammenhang und als Prozeß subjektiver Erfahrung

1. Die Welt als objektiver Sinnzusammenhang
Betrachtet man Wolframs *Parzival* unter dem Aspekt seiner Beziehung zum Artusroman, so zeigt sich sehr schnell, daß hier, in Aufname und Durchbrechung des herkömmlichen Schemas, eine neue Sinnstruktur hergestellt wird, die die objektiven Momente der Stoff- und Darstellungstradition für die eigenen Zwecke nutzbar macht. Wir sahen bereits, daß Wolfram die Gestalten der Quelle und des traditionellen Artusarsenals nicht nur erweitert, indem er z. B. die Figuren der Vorgeschichte, Gahmuret, Belacane und Feirefiz einführt; er hat vielen, die in der Vorlage nur ihrem Status nach bezeichnet waren als ,,die Jungfrau" oder ,,der Knappe", erst einen Namen gege-

ben und damit die Voraussetzung geschaffen für eine Sinnkomponente, durch die der objektive Zusammenhang des Ganzen wesentlich verstärkt worden ist: die Einführung eines fast durchgängigen und lückenlosen Verwandtschaftsgefüges, durch das fast alle Figuren untereinander verbunden erscheinen und in eine Beziehung zueinander treten.

Dem entspricht auf der Ebene der Handlungslokalisierung und Szenenführung, daß in der Hauptgeschichte immer wieder dieselben Schauplätze, z. T. in kunstvoller Verschränkung, wiederkehren und den szenischen Rahmen für das Geschehen bilden: der Artushof, die Gralsburg, die Waldeinsiedelei der Sigune, die Blutstropfenstelle; daß an Orte, die im Roman nur einmal eine eigentliche Handlungsfunktion haben, – wie Soltane, der Gurnemanzhof, die Klause des Trevrizent – wiederholt vor- bzw. zurückerinnert wird; daß bestimmte, für den Roman entscheidende Szenenkonstellationen immer wieder auftreten und oftmals sogar gegen die Quelle eingeführt werden, wie z. B. die Verlassenheit der Frau, die den Mann im Kampf oder an die *aventiure* verliert, ein Schicksal, das fast alle Frauengestalten des Werkes miteinander teilen: Belacane, Herzeloyde, Condwiramurs, Sigune, Orgeluse, Amphlise, Liaze, Antikonie, Obie und, wenn auch in modifizierter Form, Jeschute; daß schließlich ein dichtes Netz von formalen Korrespondenzen das Werk überzieht.

Doch es sind darüber hinaus noch vielfältige andere Beziehungen, die das Ganze zu einem fast zufallslosen Sinngeflecht zusammenschließen. Um nur noch zwei Momente zu nennen: zum einen gibt Wolfram fast allen Figuren oder Ereignissen einen eigenen bedeutungsvollen geschichtlichen Hintergrund, sowie er ja auch die Gestalt des Helden darin geschichtlich konturiert, daß er ihm eine Vorgeschichte und eine – über viele unterschiedliche Stufen hin sich vollziehende – Lebensgeschichte gibt, durch die er sich von den weithin ungeschichtlichen Artusrittern deutlich unterscheidet; zum anderen stellt Wolfram durch den Rekurs auf astrologische Konfigurationen den Roman in kosmische Zusammenhänge.

Die geschichtliche Situierung wird daran ablesbar, daß Parzival, wiederum im Unterschied zum Artusritter, auf Lehre angewiesen ist, daß er Lehre befolgt, wie Lehre ihn auch verändert. Stufenweise, so scheint es, wird der Held in immer tiefere Weltzusammenhänge eingeweiht. Die Lehren der Mutter entsprechen seinem kindischen Gemüt, die Lehren Gurnemanz' der Statik des Artusritters, die Lehren Trevrizents erst enthüllen ihm die eigentlichen geschichtlichen, d. h. hier im besonderen heilsgeschichtlichen Zusammenhänge, in denen die eigene Verfehlungsgeschichte in die Gralszukunft eingebettet erscheint.

Eine konstitutive Szenenkonstellation des Romans scheint mir in der Verlassenheit und Leiderfahrung der Frau zu liegen, wie sie am ausführlichsten und bewegendsten im Zusammenhang der Herzeloyde-Geschichte gestaltet wird. Mutterwelt und Vaterwelt sind unvereinbar. Herzeloyde sucht den Sohn durch eine konsequente Gegenstrategie gegen die Vaterwelt abzuschirmen. Das gelingt ihr nicht. Parzivals ritterliche *art* setzt sich gegen den Willen der Mutter durch. Er bricht auf, wie der Vater Ritter zu werden, und tötet dabei, wenn auch unwissentlich, die Mutter, die es nicht erträgt, ihn wie Gahmuret zu verlieren. Zunächst sind mütterliche Lehren und Ausstattung für ihn noch unantastbar, doch je mehr er in die väterliche Ritterwelt hineinwächst, um so stärker trennt er sich von ihnen: er legt das Narrenkleid der Mutter ab, er erschlägt zum tiefen Leid vieler Frauen Ither; er entehrt Jeschute und zerstört ihre Ehe; er adaptiert bei Gurnemanz die Regeln der Männerwelt; er handelt wie Gahmuret, indem er Condwiramurs verläßt.

Das Verlassen der Condwiramurs, das strukturell das Verlassen Herzeloydes durch Gahmuret wiederholt, wird nun in der Blutstropfen-Episode wieder aufgenommen, und zwar so, daß sich Parzival hier der eigenen aggressiven Rolle gegenüber Condwiramurs bewußt wird: er hat ihr angetan, was alle ausziehenden Ritter ihren Frauen seit jeher angetan haben; er hat damit die Identifikation mit Gahmuret hergestellt. Doch das Verlassen der Condwiramurs war zugleich in beziehungsreicher Weise auch der Aufbruch zur Mutter, deren Geschick Parzival erforschen wollte. Er findet sie nicht, aber er findet stattdessen die Mutterwelt, den Gral: Die Gralsburg, die Burg des Mutterbruders Amfortas, ist seit Titurels Zeiten in der Erbschaft der mütterlichen Familie Parzivals; der Gral selbst kann nur von einer Frau getragen werden; in der Gralswelt sind spezifische Wertungen und Verhaltensnormen der ritterlichen Vaterwelt aufgehoben; die Ritter dieser Welt führen keine Angriffe, nur noch Verteidigungskämpfe; der Gralskönig liebt nur eine Frau und verläßt sie nicht.

Parzival hätte durch das Stellen der Mitleidsfrage und die dadurch bewirkte Heilung des Amfortas mit der Übernahme der Gralsherrschaft das Leid, das er durch das Verlassen der Mutter und Condwiramurs' in die Welt gebracht hat, wieder aufheben können. Stattdessen sieht er in dem merkwürdigen Angsttraum, den er in der Nacht auf der Gralsburg hat, vor sich unzählige ritterliche Zweikämpfe; d. h. hier auf der Gralsburg hätte eine entscheidende Zäsur gesetzt werden können, eine neue Zeit, die die alten Leiderfahrungen aus der Welt geschafft hätte, hätte hier beginnen können. Stattdessen muß Parzival jetzt wieder kämpfen; alpdruckhaft zeigt der Traum, daß Parzival für seine weitere Selbstdarstellung wieder an die Verhaltensformen der Vaterwelt verwiesen ist. Er wird wieder kämpfen müssen, er wird damit wieder in der Gefahr sein, wie im Itherkampf im Gegner den Verwandten zu töten; er wird Condwiramurs auch in Zukunft das Leid der Trennung und die Angst vor dem Verlust des geliebten Mannes nicht ersparen können.

In einem wichtigen Zusammenhang der Trevrizent-Lehre hat Wolfram die Erde als Adams jungfräuliche Mutter bezeichnet; ihr sei durch Kain die jungfräuliche Unschuld geraubt worden: „Adam war der Vater Kains, und Kain erschlug geringen Vorteils wegen seinen Bruder Abel. Als das Blut die jungfräuliche Erde netzte, war ihre Unschuld dahin. Adams Sohn Kain hat sie ihr geraubt, und seither herrscht Unfriede unter den Menschen" (464,16 ff.). Parzivals Erschlagung Ithers wiederholt den Brudermord Kains, durch den der Krieg und die Friedlosigkeit in die Welt gekommen ist und der den eigentlichen Sündenfall der Menschheit darstellt. Da nun Wolfram die gesamte Figuren-Konstellation als ein Netz von verwandtschaftlichen Beziehungen darstellt, so wäre zu schließen: nur durch die Aufhebung der Bedingungen, unter denen Krieg und Kampf und Friedlosigkeit auf der Welt herrschen, wird die Welt ihre mütterliche Unschuld zurückgewinnen können; nur durch die Aufhebung der väterlich-ritterlichen Kampf- und Kriegswelt im mütterlichen Friedensreich des Grals werden Voraussetzungen dafür gegeben sein, daß die für den Roman konstitutiven Leiderfahrungen der Frauen und deren Voraussetzung, die Erschlagung des Menschenbruders, aus der Welt geschafft werden können.

Über die geschichtliche Einbettung hinaus gewinnt das Geschehen noch einen kosmischen Rahmen durch seine Einbeziehung in stellare Konstellationen. Im Unterschied zu Chretien, bei dem dies völlig fehlt, sind die Planeten für Wolfram „Gleichnis, ja Symbol der augenblicklichen menschlichen Heilssituation; in ihren Irrbahnen wird die Verwirrung, in die die Menscheit nach ihrem Abfall von den Geboten und Gesetzen Gottes eingetreten ist, transparent".[14] So werden etwa, je näher der Saturn nach einer Umlaufzeit seiner ursprünglich von Gott zugewiesenen Ausgangsstelle kommt, die Schmerzen des Gralsherrschers stärker: seine Wunde wird eiskalt, was seine klimatische Entsprechung in Schneefall und Frost hat. Wolfram hat durch diese Zusammenhänge Szenen wie die Blutstropfen-Episode, die Karfreitags-Szene und den Anfang des 16. Buches aufeinander bezogen und auch sonst im Roman immer wieder durch den Rekurs auf die Sterne Beziehungen hergestellt.

2. Der Prozeß der Subjektivierung

Es scheint mir nun für Wolframs *Parzival* charakteristisch zu sein, daß die hinter allem Geschehen erkennbaren Zusammenhänge auf eine Weise ins Werk gebracht werden, durch die sie selbst, wenn nicht aufgehoben oder in Frage gestellt, so doch auf jeden Fall wieder relativiert erscheinen.

So erscheint nirgendwo, selbst nicht im 9. Buch, dem Zentrum der Unterweisung, Lehre als vollständige und endgültige Belehrung über Welt und Gott. Immer gewinnen wir mit den handelnden Gestalten, d. h. vor allem mit Parzival, nur Teilstücke des Weltzusammenhanges. Zum Teil schießen diese Stücke nach und nach zusammen, zum Teil bleiben sie isoliert, zum Teil bleiben sie kryptisch. Immer wieder zeigt sich, daß die Lehrenden selbst nur Teilstücke kennen, daß auch sie nicht das Ganze in Händen halten. Das gilt selbst für Trevrizent; und nicht nur an jener bemerkenswerten Stelle, an der es dem Publikum am Schluß des Werkes avisiert wird, beim Widerruf jener Gralsprämissen, die er Parzival im 9. Buch verkündet hatte: ,,Mich dauerte Eure, wie ich meinte, vergebliche Mühe. Es ist noch nie geschehen, daß jemand den Gral mit Gewalt errungen hätte, und ich wollte Euch gern von diesem Vorsatz abbringen. Nun aber ist alles ganz anders gekommen". (798,23 ff.).

Hätte Parzival auf den Oheim gehört, den er doch sonst als Lehrautorität betrachtet, hätte er die Gralssuche aufgegeben. Er hat es nicht getan. Doch leitete ihn dabei nicht klares Wissen, sondern dunkle Ahnung. Er tat das Richtige im Verkehrten. Wenn aber auf diese Weise Trevrizent des Irrtums überführt wurde, fiel dann nicht ein Schatten auch auf seine andere Lehre? War Gott, wenn er auf diese Weise sich abtrotzen ließ, was er eigentlich nur der Berufung vorbehalten hatte, wirklich der Gott, als der er in Trevrizents Lehre vorausgesetzt und beschrieben wurde? Es bleiben hier unaufgelöste Fragen, die auf der Ebene der Lehre eine Dunkelheit belassen, die mit dem systematischen Eifer, mit dem Wolfram Zusammenhänge zu verdeutlichen sucht, in offenbarem Widerspruch zu stehen scheinen. Paradox formuliert ließe sich sagen, daß das fast leidenschaftlich betriebene Aufdecken und Konkretmachen von Sinnbeziehungen, durch das sich Wolfram von Chretien unterscheidet, zugleich auch die Unklarheiten produziert hat, die es selbst aufheben möchte.

Dem entspricht auf der Ebene der Personenführung, daß eigentlich keine Gestalt endgültig beurteilbar ist und nur unter einer einzigen Perspektive erscheint. Nehmen wir etwa Gahmuret. Er ist der glänzende Ritter, dessen Faszination Wolfram seinem Publikum in ungewöhnlich plastischer Form mitzuteilen vermag. Daß er zugleich für seine beiden verlassenen Frauen als der erscheint, der grausam und narzißtisch, ohne Rücksicht auf die Umwelt seinen Weg geht, ja daß beide letztlich aus Schmerz über seinen Weggang den Tod finden, tut seiner hohen Wertung keinen Abbruch.

Ähnliches läßt sich an Herzeloyde zeigen: ihre bedenkliche Identifizierung des Sohnes mit dem zugleich geliebten und gehaßten Mann, durch die Parzival *an küeneclîcher vuore betrogen* (118,2; „um die ihm zustehende königliche Erziehung gebracht") wird, vermag Wolfram aus ihrer Situation heraus mit Verständnis, ja Sympathie darzustellen, ohne doch zugleich die Bedenklichkeit, die ihr Handeln unter dem Gesichtspunkt der weiteren Entwicklung des Haupthelden gewinnt, zu verschweigen. Doch hieße es den Roman zu flach interpretieren, wenn man nicht zugleich mit dem Erzähler bedächte, daß gerade das durch das Außenseitertum von Soltane produzierte Sosein Parzivals die Voraussetzung dafür ist, daß er nicht Artusritter bleibt, sondern Gralsritter zu werden vermag.

Schließlich zeigt sich dies auch am gleichwertigen Nebeneinander von Parzival und Gawan, die, wie Wolfram im Prolog zum 7. Buch entfaltet, darin ihre Begründung findet, daß beider Qualität relativ gesehen wird oder, um es mit Karl Bertau zu sagen: „Bei Wolfram ist die Gawan-Welt neben der Parzival-Welt nicht einfach das Gegenüber von gewöhnlichem und erwähltem Rittertum, weil das Erwählte nicht einfach erwählt, das Gewöhnliche nicht einfach gewöhnlich ist."[15] Der ernste Gottsucher kann nicht zugleich der heitere, sensible, für alle Erfahrung offene Minneritter sein.

Damit soll keineswegs gesagt sein, daß alle Negativität in diesem Roman von Relationalität aufgehoben erscheint. Nur: es steht hinter einem erzählerischen Verfahren, das die Artuswelt gegenüber der Gralswelt auch deutlich abwertet, grundsätzlich die Erkenntnis, daß Negativität und Positivität Resultate von Wertungen sind, deren Maßstäbe je nach der Ebene der Beurteilung wechseln. So kann das Artusrittertum von Parzival in der ersten Phase seines Aventiuren-Wegs als verklärtes Ideal angesehen werden; so kann aber auch Artus — und dies stellt eine unerhörte Kritik am herkömmlichen Artusbild dar — der etwas schwächliche, hilflose König sein, der dem roten Ritter sein Erbland nicht wieder herausgeben will und der, nur um Zeit zu gewinnen und um überhaupt etwas zu tun, auf Keies Rat hin Parzival, ohne dazu berechtigt zu sein, die Rüstung Ithers verspricht, ja den jugendlichen Helden zu opfern bereit ist. So kann das Artusrittertum durch Gawan neuen Glanz erhalten; so kann Artus der Mittelpunkt eines heiteren Festes sein, dessen ruhmreiche Tafelrunde durch Parzival entehrt erscheint, obwohl Parzivals Verfehlung doch auf eine ganz andere Ebene gehört als die des traditionellen Artusrittertums. So kann Artus der edle Schlichter im Streit und die Autorität in Minnefragen sein, der er der Tradition nach immer war; so kann Keie sich an seinem Hof unglaubliche Eigenmächtigkeiten erlauben und zugleich doch als Zuchtmeister gerühmt werden.

Diese Vielfalt von Wertungen und Perspektiven, unter denen ein und dasselbe Phänomen im Roman an verschiedenen Stellen erscheinen kann, ohne daß die eine durch die andere, die frühere durch die spätere aufgehoben zu sein braucht, hat Wolfram auch in die einzelnen Szenen hineingelagert. Der versunkene Parzival, der von den Blutstropfen im Schnee gebannt ist und bei seiner ernsten Betrachtung ein ernster Gegenstand der Dichtung ist, ist für Wolfram zugleich auch, und dies wieder in strikter Abweichung von der Vorlage, ein komischer Gegenstand. Die ersten Liebesnächte des jungen Parzival mit Condwiramurs, in deren behutsamer Zärtlichkeit Wolfram eine spezifische Menschlichkeit angelegt hat, werden zugleich auch leicht bespöttelt; ja selbst in die Sphäre der so heiligen Sigune reicht der unfromme Scherz Wolframs hinein. Ganz zu schweigen von der Itherszene. Bertau hat mit Recht darauf abgehoben, daß Wolfram fast immer lacht, wenn es ganz ernst ist. So auch hier. Als Parzival Ither vor der Stadt trifft, da ist er von oben bis unten rot und dieses Adjektiv wird in der Beschreibung so oft wiederholt, daß „der Mechanismus der Repetition das Objektorientierte der Beschreibung in grotesker Weise [vernichtet]" und das Farbadjektiv ‚rot' allein als „Stück Sprache" zurückläßt. „Hier zum erstenmal bezeichnet im Parzival eine Art irrsinniger Humor ein ernsthaft-unheimliches Symbol‘[16], wobei wiederum Rot als Farbe des Blutes ausgespart bleibt, obwohl oder gerade weil die Szene selbst ganz blutig enden wird. Mit Recht hat Bertau auch darauf hingewiesen, daß Ither den Knaben, der sein Mörder sein wird, im hymnischen Ton des *nunc dimittis* (Nun läßt du . . . ; Luc. 2,29) anspricht; was zwar auf einen späteren Gralskönig paßt, für den sich die Erschlagung Ithers im Nachhinein als so notwendige wie sinnvolle Stufe seines Lebensweges erweist, im Munde des Opfers aber einen makabren Ton gewinnt. Wenn es dann später von dem Toten heißt: *entwâpent wart der tôte man / aldâ vor Nantes ûf dem plân, / und an den lebenden geleget*

(156,21 ff.), dann gewinnt auch dies wieder einen eigenartigen Doppelsinn. Gewiß, aus dem *entwâpent* ist das darin enthaltene Substantiv leicht herauszulösen, so daß der vordergründige Sinn herauskommt: „auf der Ebene vor Nantes hat Parzival dem toten Ither dessen Rüstung geraubt und sie sich selbst angelegt". Nur: so steht es nicht da. Wolfram sagt wörtlich, daß der tote Mann dem lebenden angelegt wird, und in der Tat: Parzival wird von nun an Ither sein, der rote Ritter, und er wird als solcher, obwohl er zu den höchsten Artusehren aufsteigt, ein toter Mann sein, bis ihm Trevrizent die Augen über sich selbst öffnet.

Ein letztes Wort zur Gralshandlung des 16. Buches. Selbst in diese weihevoll-religiöse Sphäre reicht Wolframs — die Heiligkeit der Szene gegenkonturierender und ein Stück weit wieder auf die Erde herabziehender — Witz hinein. Feirefiz, der Heide, vermag den Gral nicht zu sehen, weil er nicht getauft ist. Aber er sieht die Gralsträgerin, Repanse, und obwohl er im Heidenland eine Freundin zurückgelassen hat, erfaßt ihn heißes Minneverlangen nach der Christin. Für sie, Parzivals Tante, will er sich denn auch taufen lassen, und diese Taufe wird in Gegenwart des Grals vollzogen, wobei Feirefiz auf die Frage des Priesters, ob er seine Seele vor dem Teufel retten wolle, die fast blasphemische Antwort gibt: „Wenns nur gegen meinen Kummer hilft! Tut's das, dann glaube ich, was ihr wollt. Belohnt sie mich mit ihrer Liebe, dann erfülle ich gern Gottes Gebot. Bruder, ich glaube an den Gott deiner Tante und an sie . . . Um des Gottes deiner Tante willen, laßt mich taufen!" (818,2 ff.). Daß er, so „ungläubig" getauft, sogleich den Gral sehen kann, setzt noch einmal einen verwunderlichen Akzent, der gleichwohl in die feierlich-förmliche Theatralik der letzten Szene etwas Spontanes, Menschliches hineinträgt. Wer so etwas erfindet, ist für alle das Subjekt entmachtende Weihe und mystische Entäußerung verloren. Selbst hier, in der Schlußapotheose der Gralserhebung, vermag sich Wolfram nicht untreu zu werden; selbst hier erfährt das objektiv Heilige seine subjektive Brechung. Selbst hier bleibt die Einsicht des Prologes wach, daß nichts, was auf der Erde geschieht, nur dunkel oder nur hell sein kann.

Walter Haug hat in einem wichtigen Aufsatz über die Symbolstruktur des *Parzival* die Aussagen des Prologs im Hinblick auf Wolframs Erzählhaltung und auf sein Verhältnis zum Publikum reflektiert.[17] Nach diesen Selbstaussagen des Dichters wandelt sich die Erzählung in dauernder Bewegung; wenn man sie zu verstehen meint, entzieht sich ihr Sinn und erscheint in einem neuen Licht. Nichts ist von vornherein überschaubar und eindeutig, nichts nur gut oder nur böse. Eins kann sich in das andere verwandeln und nur der, der „sich diesem Wechselspiel rückhaltlos überläßt, wird zu einem wirklichen Verständnis kommen".[18]

Gleichfalls wichtig scheint mir die Erkenntnis, daß Wolfram den Erwartungen eines Publikums, das solche idealtypischen Schemata sucht, entgegenwirken will und statt dessen einen Leser/Hörer fordert, der den Sinn des Ganzen im Prozeß subjektiver Erfahrung aufzufinden bereit ist und damit den Vorgang eines Dichtens wiederholt, in dem sich die Unsicherheit der Subjektivität und die Sicherheit des Objektiven dialektisch vermitteln.

Selbstbewußtsein, Zeitkrise, Utopie

Wenn für Wolfram eine gegenläufige Bewegung charakteristisch ist — auf der einen Seite das geradezu leidenschaftliche Bemühen, Verbindungen und Beziehungen, Verknüpfungen und Bedeutungszusammenhänge herzustellen und damit Sinnstrukturen zu schaffen; auf der andern Seite der in Witz und Ironie, in distanzierendem Humor und perspektivischer Relationalität wie vielfältiger Erzähleridentifikation zum Ausdruck kommende Drang, die Haltung immer wieder im Medium der eigenen Erzählersubjektivität zu brechen — so wäre jetzt zum Schluß zu fragen, wie diese eigenartige Gegenläufigkeit zu erklären ist.

Man wird darin, und dies wird etwa durch die Abhandlung von Karl Bertau über „Tote Witze bei Wolfram" bestätigt,[19] sicherlich den literarischen Ausdruck einer Verunsicherung oder, sagen wir es mit dem dafür eingebürgerten Wort, einer Krise sehen. Wolfram, so läßt sich sehr allgemein formulieren und so lassen es auch etwa die kritischen Darstellungen des Artushofes im Werk erkennen, befindet sich nicht im Einklang mit dem kulturellen Selbstausdruck der Epoche, den wir als „höfisch" bezeichnen. Dies gibt jedoch noch keinen Aufschluß darüber, weshalb ein so verunsicherter Autor zum Beispiel nicht eher ein subjektiv kritisches bzw. satirisches oder aber ein utopisches Werk schreibt; positiv gefragt: Weshalb die Gegenläufigkeit: Weshalb in ein und demselben Werk der Entwurf einer quasi objektiv gültigen Welterklärung, einer sinnstiftenden, heilsgeschichtlich abgesicherten utopischen Gralswelt, und zugleich das freie Walten einer fast vorwitzigen, die objektiven Sinnzusammenhänge auch wieder in Frage stellenden oder jedenfalls relativierenden Subjektivität?

193

Es ist eigenartig, daß Wolframs Fähigkeit, sich grundsätzlich mit gegensätzlichen Seiten ein und derselben Sache oder auch unterschiedlicher Sachen zu identifizieren, an einigen Stellen außer Kraft gesetzt wird. In den Stellen des Werkes nämlich, an denen er selbst Aussagen trifft, stellt er sich immer als *armman* vor, als einer, bei dem es zu Hause nur Mangel und Entbehrung gibt, als einer auch, der seinen Platz unter den eher gesellschaftlich Minderbemittelten und in der Hierarchie niedrig Angesiedelten zu suchen hat. Man darf daraus schließen, daß er, wenn er möglicherweise auch hier ständisch nicht einzuordnen ist, doch Grund hatte, sich als kleinritterlicher Hintersasse zu fühlen. Daher wird man sein Selbstbekenntnis, er sei Ritter und nicht etwa Literat, mit Bertau auch eher als ein Indiz dafür nehmen, daß er selbst offenbar vorwiegend als Literat angesehen wurde und es auch nicht mehr als selbstverständlich galt, im Literaten und Ritter eine einzige Person zu sehen.[20] Wenn dies richtig ist, so ist damit ein dichterisches Selbstbewußtsein vorauszusetzen, das die Differenz zwischen Literatur und Wirklichkeit aus Selbsterfahrung reflektiert.

Für ein solches dichterisches Selbstbewußtsein liegt es nahe, die Differenz zwischen der feudalen Anarchie der Zeit um 1200 und speziell dem Zusammenbruch des Imperiums seit *Heinrichs VI.* Tod einerseits, der literarischen Fiktionswelt der Artus-Romane mit ihren Idealisierungs- und Ethisierungstendenzen andererseits im Hinblick auf das eigene literarische Schaffen ins Auge zu fassen und im Auge zu behalten. Es wird ihm nicht mehr möglich sein, die Appellstruktur des traditionellen Artus-Romans so wie die Vorgänger zu wiederholen, weil sich der Weltzusammenhang, der in den traditionellen dichterischen Modellen als ein letztlich intakter oder wieder in die Ordnung zurückzuführender erscheint, der eigenen Erfahrung als ein negativer und in seiner Negativität nicht mehr aufhebbarer darstellte.

Sollte er dennoch weiterdichten, so wird dieses Werk die Züge seiner Reflexionssituation besitzen. Sollte er versuchen, der negativen Zeit ein literarisches Gegenbild entgegenzustellen, dann wird sich dieses nicht mehr nur am Schema des traditionellen Artus-Romans orientieren können. Er wird vielmehr ein utopisches Modell entwickeln, das zugleich als eine Kritik und als eine Überhöhung der Artuswelt erscheint. Dieses utopische Modell wird er mit allen Mitteln, derer die Literatur fähig ist, zu beglaubigen suchen und er wird bestrebt sein, es vielfältig in den objektiven geschichtlich-kulturellen, ja kosmischen Weltzusammenhang einzubinden.

Doch er wird dies tun im Bewußtsein der Differenz, von der er ausging und die als seine entscheidende Zeiterfahrung angesehen werden muß. Und das heißt konsequenterweise: Er wird sich selbst immer wieder in den Rücken fallen und wird seine so objektiv gesichert scheinende Utopie immer wieder selbst in Frage stellen müssen, indem er deutlich macht, daß sie eben nur Konstruktion, durch eigene Erfindung vermittelte Konstruktion, bleibt.

Wenn irgendwo, so ist hier Wolframs dichterische Leistung zu sehen. In einem wahrhaft antizipatorischen Verfahren nimmt er damit Erkenntnisleistungen vorweg, für die es in der mittelalterlichen Welt dieser Zeit kaum weitere Beispiele gibt. In seinem Werk wird zum erstenmal, und wie ich meine, mit planvoller Absicht darauf verzichtet, das eigene Entfremdungsbewußtsein in ein vom Subjekt abgelöstes und in sich geschlossenes, einen neuen selbständigen Sinnzusammenhang herstellendes und behauptendes Werk zu übersetzen. Zum erstenmal schlägt die Subjektivität eines Autors immer wieder voll durch den objektiven Zusammenhang hindurch, den er als Gegenmodell zur Wirklichkeit seiner Zeit und sicher auch aus der eigenen Verwurzelung im überkommenen Weltbild heraus, in seinem Werk darzustellen sucht. Und dies aus Gründen, die nicht zuletzt damit zusammenhängen, daß Wolfram Literatur ahnend-widerstrebend schon als das zu begreifen beginnt, was sie ihren höchsten Möglichkeiten nach zu sein vermag: eben Kunst, ästhetischer Ausdruck eines Ichs *in* der eigenen Zeit, eines Ichs *und* der eigenen Zeit.

(Helmut Brackert)

Anmerkungen

1   Im Folgenden werden die Übersetzungen zitiert nach: Wolfram von Eschenbach: Parzival. Aus dem Mittelhochdeutschen übertragen und herausgegeben von Wolfgang Spiewok. Leipzig 1977
2   Karl Bertau: Deutsche Literatur im Europäischen Mittelalter. Bd. II., München 1973, S. 836
3   Vgl. R. Rosskopf: Der Traum der Herzeloyde und der Rote Ritter. (Göppinger Arbeiten zur Germanistik 89), Göppingen 1972, S. 219 ff.
4   Karl Bertau, a. a. O., S. 841
5   Dieter Welz: Episoden der Entfremdung in Wolframs Parzival. In: Acta Germanica 9, 1976, S. 88 ff.
6   Zur Quellenfrage vgl. Joachim Bumke: Wolfram von Eschenbach. (Sammlung Metzler 36), 4. Aufl., Stuttgart 1976, S. 41 ff.
7   Joachim Bumke, a. a. O., S. 63
8   Vgl. Bertau, a. a. O., S. 1019 ff.

9 Hugo Kuhn: Erec. In: Festschrift Kluckhohn-Schneider. 1948, S. 122−147.
   (= H. K., Dichtung und Welt im Mittelalter. 2. Aufl., Stuttgart 1969,
   S. 133−150. = H. K. und Christoph Cormeau: Hartmann von Aue. (Wege
   der Forschung 359), Darmstadt 1973, S. 17−48)
10 Dagmar Hirschberg: Untersuchungen zur Erzählstruktur von Wolframs
   ‚Parzival'. (Göppinger Arbeiten zur Germanistik 139), Göppingen 1976,
   S. 158 f.
11 Vgl. zum Folgenden Wolfgang Mohr: Parzival und Gawan. In: Euphorion 52, 1958, S. 1−22
12 Bumke, a. a. O., S. 61
13 Bumke, S. 65 f.
14 Rosskopf, a. a. O., S. 226
15 Bertau, a. a. O., S. 981
16 Bertau, S. 797
17 Walter Haug: Die Symbolstruktur des höfischen Epos und ihre Auflösung
   bei Wolfram von Eschenbach. In: DtVjs. 45, 1971, S. 668−704, bes.
   S. 699 ff.
18 Haug, S. 704
19 Karl Bertau: Versuch über tote Witze bei Wolfram: In: Acta Germanica,
   Bd. 10, 1977, S. 87−137
20 Vgl. Bertau (Anm. 2), S. 772 ff., dessen souveräner Wolfram-Deutung ich
   entscheidende Einsichten verdanke

Literaturhinweise

Wolfram von Eschenbach. Sechste Ausgabe von Karl Lachmann. Berlin und
   Leipzig 1926

Es scheint mir unmöglich, aus der Fülle der wichtigen Sekundärliteratur eine
Auswahl zu treffen, wie sie der Rahmen dieses Buches nötig machte. Daher
verweise ich nur auf drei wichtige Hilfsmittel:
Joachim Bumke: Die Wolfram von Eschenbach-Forschung seit 1945. München
   1970
Joachim Bumke: Wolfram von Eschenbach. (Sammlung Metzler 36), 4. Aufl.,
   Stuttgart 1976, bes. S. 80 ff.
Ulrich Pretzel und Wolfgang Bachofer: Bibliographie zu Wolfram von Eschen-
   bach. 2. Aufl., 1968

6. Wolfram von Eschenbach: *Willehalm*

Wer war der Autor des *Parzival* und des *Willehalm*? Die Antwort ist einigermaßen schwierig. Es gab um 1200 keine Geburtsregister und keine öffentliche Verwaltung, die den Lebensweg eines jeden Menschen von der Wiege bis zur Bahre mit Akten belegte. Familienchroniken gab es nur bei höheren und höchsten Adelsgeschlechtern. Wer nicht zu den wenigen politisch Handelnden zählte, hatte kaum eine Chance, aufs Pargament einer Urkunde zu kommen. Der *normale* Autor des 12. und 13. Jahrhunderts gehörte nicht zu den Mächtigen, er diente ihnen, Diener aber bleiben unerwähnt. Selbst eine dichterische und politische Koryphäe wie *Walter von der Vogelweide* erscheint eher zufällig auf der Ausgabenseite des Rechnungsbuches eines Passauer Bischofs, der die Güte hatte, dem frierenden Kantor am 12. November 1203 fünf Schillinge für einen Pelzrock zu schenken. (Dazu S. 264).

Von *Wolfram von Eschenbach* zeugt keine Urkunde und kein Rechnungsbuch. Er war keine notierenswerte Existenz für die damaligen Verwalter der Bedeutsamkeit. Aber auch das ist eine Nachricht. Wolfram von Eschenbach gehört trotz seines adeligen Namens nicht zu den Herrschenden. Aber alles andere, was wir von ihm wissen, stammt von ihm selbst (ist also bestimmt persönlich gefärbt) oder aus Äußerungen von dichtenden Zeitgenossen (die möglicherweise seine Konkurrenten waren) und dichtenden Nachfahren (die in Gefahr waren, ihn zu verklären). Eine unsichere Quellenlage also. Karl Bertau hat zusammengefaßt, was wir heute guten Gewissens (wenn auch nicht ohne Spekulation) über Wolfram sagen können: „*Wolfram* selbst scheint ein mit gräflichem Grundbesitz zu *Eschenbach* in Südfranken immer wieder weitervererbter ritterlicher Hintersasse gewesen zu sein, dessen Gütchen ganz oder teilweise in Oettinger, Riedenburger, Rienecker, Wertheimer (?) oder des Deutschen Ordens Händen war, ein ‚armman‘, der wohl als Ausrufer und Reporter bei Turnieren und als vortragender Dichter bei Festlichkeiten kleinerer und größerer Herren im wesentlichen von Burg zu Burg ziehen mußte."[1]

Er war also ein kleiner, möglicherweise unfreier Adeliger, der seine Kunst ebenso anbieten und verkaufen mußte, wie (vermutlich) seine Kampfeskraft. Wie verträgt sich das aber mit seiner oft konstatierten Ich-Stärke, die ihn im *Parzival* sagen läßt: „Ich bin Wolfram von Eschenbach und kann auch ein wenig (= sehr gut?) dichten" (Pz. 114,12 f.) und im *Willehalm*-Prolog: „Ich, Wolfram von Eschenbach, habe von Parzival alles das erzählt, was in der Quelle stand — viele haben das hoch gelobt. Es gab aber auch einige, die mein Werk verspotteten und ihres zierlicher schmückten." (Wh. 4,20—24)? Und wie ist jene *Parzival*-Stelle zu interpretieren, in der er von sich behauptet: *schildes ambet ist mîn art* (Pz. 115,11)? Heißt das, wie lange verstanden wurde: „Ich bin ein Ritter aus ritterlichem Geschlecht"? Oder heißt das nicht einfacher: „Waffenhandwerk ist mein Beruf", oder brutaler, aber auch deutlicher: „Ich bin ein Soldat, und als solcher ein richtiger Mann"? Denn als Soldat will er von den Damen geliebt sein, nicht als Poet: die Stelle hat — wie die anderen zitierten auch — ihren Stellenwert im Gefüge des Romans, ist also nur aus dem Kontext richtig zu interpretieren. Das gilt auch für alles andere, was seinen dichterischen Äußerungen an Biographischem zu entnehmen ist. Man darf seine Werke nicht als eine große Konfession mißverstehen, aus deren Bruchstücken seine Biographie rekonstruiert werden könnte. Gewiß, sein Ich tritt oft lautstark hervor, aber es ist das Ich eines sich produzierenden Autors, der vor einem Publikum spricht, von dem er zumindest teilweise abhängig ist, und dem er sich — was seine artistische Kompetenz betrifft — zu Recht absolut überlegen fühlt: seine Äußerungen über sich selbst sind Reaktionen des selbstbewußten Künstlers auf die oft empfundene Verachtung durch die Mächtigeren, für die er dichten muß, wenn er überhaupt dichten will. Denn ein Autor wie Wolfram braucht einen Mächtigen (= Reichen), der ihm seine Arbeitsmaterialien (inklusive Vorlage) beschafft und ihn während der Arbeit an einem Werk mit Subsidien unterstützt. Der so Ausgehaltene mußte gegenüber dem Herrn Rücksicht nehmen, das Werk mußte Erwartungen befriedigen. Umsonst und aus lauter Liebe zur Dichtkunst unterstützte kein mittelalterlicher Potentat einen Literaten.

Worauf hatte Wolfram im *Willehalm* Rücksicht zu nehmen? Welche Erwartungen mußten befriedigt werden? Wo kommt er selbst zur Sprache? Angesichts der Vielfalt möglicher Fragestellungen zum *Willehalm* sollen diese unsere Leitfragen sein — die anderen Themen (z. B. Reichsidee, Kreuzzug, Toleranz) sollen jedoch nicht allzu sehr vernachlässigt werden. Antwort kann nur der Text geben, aber er wird schweigen, wenn nicht Zusatzinformationen ihn zum Reden bringen. Auch hier muß eine Auswahl getroffen werden, die auf die obigen Fragen Rücksicht nimmt.

Da das Verhältnis Künstler — Mäzen — Werk unserer Interpretation zugrundeliegen soll, drängt sich an dieser Stelle der *Gönner* geradezu auf. Die Literaturwissenschaft ist sich (nahezu) einig: es kann nur Landgraf *Hermann von Thüringen* gewesen sein, denn von ihm sagt Wolfram an formal ausgezeichneter Stelle im Eingangsgebet: *lantgrâf von Dürngen Herman tet mir diz mær von im bekant* (3,8 f.). Die Stelle ist so eindeutig nicht, wie es auf den ersten Blick den Anschein hat, denn *bekant tuon* heißt eigentlich erzählen und man kann sich schlecht vorstellen, daß der Illiterat Hermann dem Poeten den Stoff mündlich mitgeteilt hat. Er wird ihm, was von anderen Autoren und Werken öfters bezeugt ist, die französische Vorlage, die wir nicht genau bestimmen können, verschafft haben — mit dem Auftrag, sie für ihn und seine berühmt-berüchtigte Hofgesellschaft bearbeitend zu übersetzen.

Des Landgrafen Hof gilt den einen als „literaturberühmter" Musenhof (de Boor), den anderen als „Raritätensammlung" erstklassiger Unterhaltungskünstler und „ausgesucht schneidiger Kavaliere und Potenzprotze" (Rühmkorf). Hermann selbst kommt bei den Literaturwissenschaftlern immer schlecht weg, einer mag daher für alle stehen: „Landgraf Hermann I. von Thüringen war ein rechter Glücksritter, der sich stets auf die Seite dessen schlug, der ihm am meisten zu bieten vermochte. 1198, als er vom Kreuzzug heimkehrte, war es Otto, ein Jahr später wechselte er über zu Philipp . . . 1201 war dann schon wieder Otto sein Favorit, nicht ohne neues Schwanken. 1204 bezwang ihn schließlich der Staufer, was jedoch Hermann nicht daran hinderte, 1207 noch einmal Untreue vorzubereiten."[2] Ein rechtes Scheusal also — warum dienen ihm dann die Dichter?

Die gängige Beurteilung des Landgrafen ist nur teilweise richtig, vor allem aber geradezu gefährlich unpolitisch. Er gehörte einem Adelsgeschlecht an, das sich seit dem 11. Jahrhundert im Rodungs- und Siedlungsland Thüringens durch Tüchtigkeit, Skrupellosigkeit und durch eine geschickte Heiratspolitik in die Reihen der Mächtigen des Reiches hochgearbeitet hatte. Der Aufstieg zu Macht und Einfluß wurde 1131 durch den vom Kaiser eigens erfundenen Titel und Rang eines *Landgrafen* belohnt und bestätigt. Damit waren die Ludowinger in einer für Aufsteiger typischen Situation: beneidet (und angefeindet) von den früheren Genossen, nicht ganz akzeptiert von den neuen Standesgenossen, den Königen und Herzögen, zumal *Landgraf* als Titel genau die Zwischenposition wiederspiegelte. Er war Graf über ein Land, über mehr als eine Grafschaft, also in der

Position eines Herzogs, aber dennoch nur ein Graf, wenn auch ein Land-Graf. Folge war, daß die Landgrafen von Thüringen jede Anstrengung unternahmen, um anerkannt zu werden, politische, (pseudo-)genealogische und kulturell-repräsentative. Politische, indem sie sich als besonders treue Diener des Reiches gerierten; (pseudo-)genealogische, indem sie sich von den Mönchen des Hausklosters bescheinigen ließen, daß sie (wie die Staufer) von den Karolingern (und damit von den Trojanern!) abstammten, also wie diese prinzipiell zum Königtum befähigt waren; kulturell-repräsentative, indem sie möglichst viele und möglichst berühmte Künstler an sich zogen und für sich arbeiten ließen zu ihrem höheren Ansehen.

Im politischen Bereich gerieten die Ludowinger indessen in die Klemme, im realen wie im übertragenen Sinn. Um 1200, genauer nach *Heinrichs VI.* Tod 1197, stritten sich die beiden mächtigsten Adelsfamilien des Reiches, die Staufer *(Philipp von Schwaben)* und die Welfen *(Otto von Braunschweig-Poitou)* um den Thron des deutschen Königs und römischen Kaisers. Der eine, Otto, wurde am rechten Ort (Aachen) gekrönt, Philipp mit den echten Insignien, aber in Mainz. Für das Publikum eine unentscheidbare Situation, auch für die Fürsten, nach geltendem Reichsrecht mußten die Waffen entscheiden. Das heißt für Hermann, daß er zumindest subjektiv immer im Recht (und damit auf der Seite des Reiches) war, wenn er seine Politik an den Wechselfällen des Waffenerfolges ausrichtete. Dazu zwang ihn aber auch die Geographie: seit 1180, als die Welfen Bayern verloren hatten, lag die Hauptmacht der Staufer südlich, die Hauptmacht der Welfen nördlich Thüringens. Nach dem Gesetz, unter das Kleinstaaten zwischen großen Blöcken fallen, mußte Thüringen sensibel wie ein Seismograph auf Kräfteverschiebungen (= Ausgang von Kriegszügen, Änderung von Koalitionen etc.) reagieren. Hermanns vielgeschmähte Schaukelpolitik ist erklärbar, was Charaktermängel und politische Schurkenstücke zwar nicht entschuldigt, aber in den Bereich des politisch Normalen rückt: viele seiner Kollegen waren nicht besser als er, sie waren nur besser dran.

Wenn Landgraf Hermann Wolframs Mäzen zur Zeit der *Willehalm*-Entstehung war (der *Willehalm* ist nach dem *Parzival* entstanden, Hermann 1217 gestorben), dann kann man die Erwartung ungefähr abschätzen, der Wolfram gerecht werden mußte: Erklärung, wenn nicht Verklärung fürstlicher Familien- und Machtpolitik im Spannungsfeld der Reichspolitik.

Es wäre aber sicher falsch, wollte man in Wolfram einen dichterischen Erfüllungsgehilfen fürstlicher Politik sehen, der nichts anderes zu tun gehabt hätte, als landesherrliche Schachzüge in Literatur umzusetzen. Wolfram spiegelt nicht, sondern bricht Realität in tausend Facetten zu Kunst; indem er den Fürstenwillen erfüllt, gestaltet er souverän den Stoff. Auf Anhieb sind unsere Leitfragen nicht zu beantworten, zumal der *Willehalm* kein Stoff aus der Zeit um 1200, sondern aus der um 800 ist — und zudem in Frankreich mit seinen unterschiedenen Traditionen vorgeformt ist.

Der Heilige Willehalm (wir reden jetzt nur vom literarischen, nicht vom historischen) ist ein karolingischer Reichsfürst, lebt und wirkt in einer Zeit, die für den Reichsadel um 1200 Vorbildcharakter hatte. Der *Willehalm*-Stoff ist ein idealer für die Zwecke des Reichsfürsten Hermann: Weltleben (also Politik, Kampf, Tötung, Ausbeutung) und Heiligenleben (also Gottesdienst, Vorbildhaftigkeit, Tugendhaftigkeit) sind hier nicht getrennt, sondern vorbildlich in eins gesetzt. Religiöse Wahrheit und historische Realität sind in diesem Stoff nicht getrennt, sondern identisch. Wolfram hat dies so ausgedrückt: *diz mære ist wâr, doch wunderlîch* (Wh. 5,15; in dieser Geschichte ist alles Wahrheit, auch wenn sie voller Wunder ist). Der Zwang zum Glauben, dem der mittelalterliche Mensch ausgesetzt war, bringt es mit sich, daß das Leben und Handeln eines vorbildlichen Reichsfürsten (und späteren Heiligen) von der Religion abgesichert wird, also von dem Bereich, der der Existenz jedes Menschen erst Sinn und damit Berechtigung verlieh: was Willehalm tut, ist zwar nicht immer wohlgetan, aber seine Fehler und Versäumnisse verscherzen ihm nie Gottes Huld und den endlichen Platz im Himmel.

Die Vorgeschichte und Willehalms Niederlage

Wolframs *Willehalm* beginnt nicht wie andere Epen der Zeit mit einem Prolog, sondern mit einem Gebet. Das Eingangsgebet ist Kennzeichen der Heiligenlegende. Wolfram zeigt damit lange vor der Nennung seines Helden als Heiligen (4,13) mit Hilfe der Form an, daß es um mehr geht als um eine weltliche Geschichte, daß es um eine Heiligenvita geht — und so hat es sein zeitgenössisches und späteres Publikum auch verstanden, wie die Überlieferungsgeschichte zeigt.

Nicht zufällig beginnt Wolfram das Eingangsgebet mit einem Lobpreis der göttlichen Dreieinigkeit und nicht zufällig fährt er fort: „Die Tatsache, daß du (nämlich Gott in Christus) Mensch geworden bist, gibt mir die Gewißheit, daß ich (durch seinen Opfertod am Kreuz) mit dir blutsverwandt bin." (1,16–19.) Hier verwendet Wolfram mit den Wörtern *künne* und *sippe* im religiösen Kontext zwei

201

Begriffe, die in der adeligen Vorstellungswelt eine zentrale Stellung einnehmen. *künne* bezeichnet die diachronische Seite von Verwandtschaft, das Geschlecht, *sippe* bezeichnet die synchronische Ebene, das Geflecht der Beziehungen in einer Adelsfamilie zu einem bestimmten Zeitpunkt. Der Autor rückt am ersten Anfang seines Werkes religiöse und adelige Wertvorstellungen eng zueinander, verschmilzt sie und macht damit die adeligen Begriffe unbezweifelbar.

Der Held der Erzählung wird dann vorgestellt als einer, der vor Gott steht und Mittlerdienste übernehmen kann. Er kann das besonders für Ritter, weil er selbst ein Kämpfer war, und zwar aufgrund seiner adeligen Abstammung: *der schilt von arde was sîn dach* (3,24). *art* ist die Qualität, die einem Menschen aus seiner Zugehörigkeit zu einem Geschlecht zukommt. Willehalm stammt aus einem reichen Fürstengeschlecht und erst innerhalb dieses Zusammenhangs zeichnet er sich durch persönliche Qualitäten aus. Dieser Fürst, heißt es weiter (4,9−11), ist auch Fürst im Himmel. Damit verbindet Wolfram die himmlische mit der irdischen Hierarchie. Ein Fürst, der sich im Diesseits bemüht, ein richtiger Fürst zu sein, ist prädestiniert zum Himmelsfürsten. Wieder legitimiert das Jenseits das Diesseits. Der Himmelsfürst Willehalm wiederum tut dort, was ein Fürst auf Erden tut: dieser ist verpflichtet, seinen Vasallen, Untervasallen, Ministerialen und Hintersassen Schutz und Hilfe zu gewähren, jener nimmt die Stelle eines Nothelfers für alle adeligen Kämpfer im Himmel ein − nur insofern ist er ein Ritter-Heiliger.

Die schon zitierte Stelle 5,15 leitet über zur Vorgeschichte, in der erzählt wird, daß Graf *Heimrich von Narbonne* seine Söhne enterbt habe, damit sie sich bewähren könnten. Einer der Söhne, *Willehalm*, tritt in den Dienst *Karls des Großen* und später seines Sohnes, erwirbt sich dort große Verdienste, erobert die unter heidnischer Herrschaft stehende Provence, wird dort Markgraf. Auf einem der vielen Raubzüge begegnet er *Arabele*, der Frau des Heidenkönigs *Tybald* (Neffe des Königs *Marsilie* aus dem *Rolandslied*), beide verlieben sich und fliehen. Arabele wird unter dem neuen Namen *Gyburg* Christin und Ehefrau Willehalms. Die politische und militärische Auseinandersetzung ist so konkretisiert worden zu Menschen-, besser zu Fürstenschicksalen: Willehalm möchte seine Provence und seine Gyburg behalten, der Heidenkönig seine Arabele und sein Land wiedererobern. In der Adelswelt sind menschliches und politisches Schicksal eins; Politik ist offenbar nur als Familienpolitik vor-, zumindest aber darstellbar: der Adel *ist* sein Land. Damit ist die Exposition gegeben: Tybald hat nach einer Reihe verlorener Schlachten (43,26−28) Hilfe gesucht gegen Willehalm, und er hat sie bei seinem Schwiegervater *Terramer* (Neffe des Königs *Baligan* aus dem *Rolandslied*), dem unermeßlich reichen und mächtigen König von *Tenabri* gefunden. Ein gewaltiges Heer der Heiden steht in der Provence, gegen das Willehalm nur eine *hant vol* (13,9) Kämpfer aufbieten kann, einen Teil seiner Verwandten, unter ihnen seinen Bruder *Bertram* und seinen Neffen *Vivianz*, seine Untervasallen, zusammen ungefähr 20.000 Mann.

Die Schlacht ist unabwendbar, was in ihr geschieht, sagt Wolfram deutlich und distanziert: „Dort wurde so gekämpft, daß man es, sucht man das angemessene Wort, nur ein großes Morden nennen kann." (10,18—20.) (Mord ist hier das absichtliche Töten von Menschen als leidvolle, wenn auch als Adelsqualität bewunderte Notwendigkeit in der Schlacht. An ein Kriminaldelikt ist nicht gedacht.) Er schildert die Schlacht in Anlehnung an Kreuzzugsdichtungen als einen Kampf, in dem die Christen, wenn sie getötet werden, in den Himmel kommen (was sie freudig in den Tod gehen läßt). Die wörtlichen Anlehnungen an das *Rolandslied* sind unüberhörbar (nicht nur in der Schlachtschilderung). Wolfram hat damit den *Willehalm* bewußt in die literarische Karlstradition gestellt. Die berühmten, für das Mittelalter welthistorischen Kämpfe des großen Vorbildes Karl, der erst wenige Jahrzehnte zuvor heilig gesprochen worden war, finden für das Publikum Wolframs ihre Fortsetzung in den Kämpfen Willehalms, die dadurch erst richtig legitimiert werden. Willehalm selbst wird als Figur aufgewertet, er tritt die Karlsnachfolge an. Ein Thema wird erahnbar, das im Mittelteil unserer Darstellung dominieren wird.

Die rund 1000 Verse Schlachtschilderung müssen wir überspringen. Das Ergebnis der Schlacht ist niederschmetternd für Willehalm: er alleine bleibt übrig, Bertram ist gefangen, Vivianz und das ganze übrige Heer gefallen, die Heiden beginnen *Oransche* (Orange), die Hauptstadt Willehalms, in der Gyburg auf ihn wartet, zu belagern. Auf seiner Flucht nach Oransche besiegt der geschlagene Willehalm Terramers Bruder *Arofel*, aus Zorn und aus Rache richtet er den Wehrlosen hin, der für sein Leben alles herzugeben bereit ist. (Hier ist eine der Stellen, in denen eine Sünde Willehalms geschildert wird, die ihn dennoch Gottes Huld nicht kostet.) Wie Parzival *Ithers* Rüstung, legt Willehalm die Arofels an: in der prächtigen Rüstung des Heiden durchreitet er den Belagerungsring und erreicht endlich nach einem weiteren Zweikampf Oransche, wo er eingelassen wird, nachdem er sich als Markgraf Willehalm ausgewiesen hat.

Hier ist kurz einzuhalten. Das Experiment des alten Grafen von Narbonne, seine Söhne auf sich selbst gestellt Karriere machen zu lassen, ist in der Exemplargestalt gescheitert. Willehalms Versuch, in der Provence die Landesherrschaft zu erringen, hat so lange Erfolg, wie er einen Gegner hat, der ebenfalls auf sich selbst gestellt ist. In der Schlacht auf *Alischanz* (bei Arles) trat ihm aber nicht ein Einzelherrscher entgegen, sondern die geballte Macht einer auf *künne* gegründeten *sippe*. Der Ausgang der Schlacht ist nicht nur der Anfang der weiteren, sondern auch der Endpunkt einer falschen Entwicklung. Eine Rettung ist nur möglich, wenn der Defekt behoben wird. Willehalm muß versuchen, die Hilfe seiner *sippe* zu erreichen, was heißt: die Hilfe des Hauses Narbonne und die Hilfe des Gesamtreiches, denn seine Schwester ist mit dem römischen König verheiratet. Genau dies ist der Inhalt des Gesprächs, das Willehalm mit Gyburg führt (vgl. 94,5–96,5; 103,9–21). Das Ergebnis: Willehalm wird Oransche verlassen, um Hilfe zu holen, Gyburg wird mit den wenigen noch Kampffähigen die Stadt verteidigen. Sie kann das, weil zuvor ein symbolischer Herzenstausch stattfindet (109,6–16). Gyburg hat das tapfere und listige Herz des Mannes Willehalm, er ihr treues Herz. Als weltlicher Asket verläßt Willehalm Oransche. Bis zur Rettung Gyburgs wird er nichts anderes mehr zu sich nehmen als Wasser und Brot. Lammfrömmigkeit ist dadurch aber nicht beabsichtigt, wie sich bald zeigen wird. In der Rüstung Arofels reitet der Markgraf ungeschoren durch den Belagerungsring und weiter nach *Orlens* (Orleans), wo sich der Stadtvogt nach einem Zweikampf als Willehalms Bruder *Arnalt* zu erkennen gibt – eine Gelegenheit für den Autor, die Identität der Brüder zu feiern: „Schon immer war mein Herz das deine, und dein Herz soll das meine sein", sagt Willehalm (119,28 f.) zu seinem Bruder. Die Mitglieder der *sippe* der Narbonner sind untereinander identisch. Die Identitätsthematik des Eingangsgebetes wird fruchtbar gemacht für die Handlungsmotivation: „Unsere Familie würde geschändet, wenn man dir Gyburg wegnähme", sagt Arnalt (121,10 f.). Willehalms Problem wird hier zum ersten Mal, aber dann mehr und mehr zu einer Angelegenheit der ganzen Pairs-Familie der Grafen von Narbonne. Der Plan, der in Oransche geschmiedet wurde, nimmt als epische Realität langsam Gestalt an.

Von Arnalt erfährt Willehalm, daß drei Tage später in *Munleun* (Laon) ein Hoftag stattfinden soll, zu dem der König alle (adeligen) Franzosen geladen hat, besonders aber die mächtigsten seiner Vasallen, Graf Heimrich und Gräfin *Irmschart* von Narbonne, nebst vieren ihrer Söhne. Willehalm weiß nun, wo er die versammelte Macht des Reiches antreffen kann, er weiß, daß er nicht mehr allein ist. Fast euphorisch sagt er: „Wenn die Königin dorthin kommt, dann bedeutet das Hilfe für mich. Es wird ihr nicht zuviel Mühe sein, den König für mich um Hilfe zu bitten: Wenn sie das tut, dann handelt sie wie eine Schwester. Und wenn noch weitere Verwandte dorthin kommen, so wird auch sie meine Niederlage erbarmen. Wenn vor allem meine Brüder, die dort sein werden (schließlich bin auch ich ein Sohn Heimrichs), wirklich in brüderlicher Treue handeln, dann haben sie Mitleid mit meinem unendlichen Schmerz. Ich will zu Heimrich und zu Irmschart und zu den anderen meines durch Treue ausgezeichneten Geschlechts und auf ihren Beistand vertrauen." (122,14—29.)

Auffällt, daß Willehalm nicht sagt ,auf zum König', sondern ,auf zur Königin'. Von der königlichen Schwester erwartet er, daß sie schwesterlich handelt und den König um Hilfe angeht. Auffällt, daß Willehalm nicht sagt ,wie gut, daß alle Franzosen in Munleun sein werden, die ich um Hilfe bitten kann', sondern daß er sagt: „Ich will zu Heinrich und zu Irmschart und zu den andern meines durch Treue ausgezeichneten Geschlechts". Von den Fürsten erwartet er offenbar keine unmittelbare Hilfe, aber auch vom König nur eine auf Umwegen. In seiner Sicht läuft alles über seine Familie und deren Beziehungen und Bindungen.

Aus dem Plan wird allmählich eine Strategie, deren Umrisse jetzt schon gezeichnet werden können: Der Angehörigen seiner *getriwen art* ist der Markgraf sicher; sie werden ihm ebenso helfen wie Arnalt, der unmittelbar nach Willehalms Abschied alle seine ihm Dienstpflichtigen aufbot (124,30—125,2); seine Schwester wird das einer Frau mögliche tun (das war der Zweck einer politischen Heirat, man erinnere sich der Ludowingischen Heiratspolitik) und den König um Hilfe bitten, das ist ihre Pflicht als Schwester. Nur gemeinsames, geschlossenes Auftreten der *sippe* kann den Erfolg bringen. Man kann auch schon die Vermutung wagen, daß das Recht des Königs, des Reiches keine allzu große Rolle spielen wird. Es geht um die Verfügbarmachung der Reichskräfte für eine Adelsfamilie und deren gefährdetes Mitglied. Diplomatie wird erforderlich sein, aber keine besondere Rücksicht.

Der König und die Fürsten

Der Mittelteil des Romans beschreibt die mit Schwierigkeiten verbundene Umsetzung dieser politischen Strategie in die (fiktive) Praxis. Kaum je in mittelhochdeutscher Literatur ist das Spiel politischer Kräfte (wenn es je ein Spiel war), die Auseinandersetzung zwischen Zentralgewalt und Fürstengeschlechtern mit einer solchen literarischen Präzision beschrieben worden wie hier durch Wolfram, der natürlich auf der Seite seines Helden und dessen Familie steht: neutral ist er nicht. Die Interpretation muß die Parteinahme des Autors für eine Seite in dem sich abzeichnenden Konflikt mit ins Kalkül nehmen, den Text gegen den Strich lesen, wenn sie nicht gerade das als Ergebnis hervorbringen soll, was der Autor, parteilich wie er nun mal ist, bei seinem mittelalterlichen Publikum erreichen wollte. Und ein Weiteres ist zu beachten. In diesem Teil spielt das *rîche*, das Römische Reich (später: Deutscher Nation) eine große Rolle. Die germanistische Wissenschaft hat seit dem 19. Jahrhundert diese Thematik geschluckt wie einen Köder, war doch die Wiederherstellung jenes verklärt gesehenen mittelalterlichen Reiches zunächst eine politische Utopie, dann ein Ziel, schließlich eine mit heiligen Schauern erlebte Realität und endlich eine betrauerte Vergangenheit. Das Stichwort *Reich* hat die Interpreten oft bewogen, ein ganzes Konglomerat an Stimmungen, Hoffnungen, Apologien und Elegien des 19. und 20. Jahrhunderts in die Wertung des *Willehalm* einfließen zu lassen. Was not tut ist herauszufinden, was *rîche* im *Willehalm* bedeutet, das heißt, welchen Wert es in der Argumentation zwischen Reichsfürst, Fürstenfamilie und Königtum hat.

Willehalm, rostgefärbt, struppig und noch immer in Arofels Rüstung, kommt nach Munleun und erregt peinliches Aufsehen. Denn dort ist man festlich-friedlich gestimmt, von der Schlacht weiß man noch nichts, ein unbekannter Recke in exotischer Rüstung und bis an die Zähne bewaffnet wirkt so verschreckend wie ein Wolf in der Schafsherde (126,21–129,7; 129,14–17). Keiner begrüßt ihn, im Gegenteil, man schafft um ihn herum Platz, als hätte er eine ansteckende Krankheit. Dem König wird der Zwischenfall berichtet, er und die Königin wollen sehen, wer das ist, und schauen zum Fenster des Palas hinaus. Jetzt muß die Königin beweisen, daß sie weiß, was sie ihrer Familie schuldig ist. In Willehalms Augen (und wohl auch in den Augen des Autors) versagt sie jämmerlich: ,,Herr König, ich glaube, es ist mein Bruder Willehalm, den wir da unten sitzen sehen, der, dessen Kriegszüge allen Franzosen Grund zur Trauer gegeben haben. Nun will er schon wieder ein neues Heer, das um Gyburg mit den Heiden kämpfen soll. Ich will ihn nicht im Palas wissen. Keiner von euch geht jetzt hinaus; verriegelt die Tür! Und wenn er anklopft, dann weise man ihn ab." (129,19–130,1.)

Willehalms Plan ist zunächst einmal gescheitert. Seine Schwester hat ihn nicht wie erwartet mit offenen Armen aufgenommen, sondern ausgesperrt. Sie ist weniger Schwester als Königin, aus ihrer Rede darf man schließen, daß Willehalm nicht zum erstenmal ein

Heer verlangt, und weiterhin, daß die Stimmung nicht allzu günstig ist für den Markgrafen, wenn schon sein eigen Fleisch und Blut so reagiert. Willehalm jedenfalls ist schockiert, und er ist so zornig, daß er drauf und dran ist, den König umzubringen. Er läßt das nur bleiben, weil er sich sagen muß, daß ein Königsmord seine Position nur verschlechtern kann. Also wartet er den anderen Morgen und den Auftritt seiner Familie ab (139,1—15).

Die folgende Szene hat zentrale Bedeutung für unseren Interpretationsansatz und soll deshalb ausführlich geschildert werden.

Hochpolitisch-repräsentative Szene: Das Königspaar tritt auf. Wolfram braucht vier Zeilen dafür (140,23—26). Willehalm tritt auf. Er legt sein Schwert mit dem goldenen Griff quer auf den Schoß. Mehr braucht der Autor nicht zu schildern, denn dies ist ein szenisches Zitat, durch das er die Erinnerung der Zuhörer an die Zuspitzung der Handlung im *Nibelungenlied* (1780—1784) evoziert: Kampfansage, der Knoten ist geschürzt. Willehalm sitzt da, die personifizierte Provokation, regungslos. Währenddessen läßt Wolfram die Feudalherren die Provokation kommentieren (141,11—142,23). Sie wünschen Willehalm weit weg, an den Nordpol oder dorthin, wo der Pfeffer wächst, denn seine vielen Kriegszüge gegen die Heiden haben aus dem französischen Adel die *guote rîterschaft* ausgejätet wie ein Gärtner das Unkraut aus einem Beet. Und der Grund: Willehalm konnte seine Familie immer wieder bewegen, ihm zu helfen, die ist so mächtig und weitverzweigt, daß sie immer und überall Vasallen aufbieten kann. (Der scheinbare Widerspruch zu dem Obengesagten läßt sich einigermaßen erklären durch den Hinweis auf das Gesetz der Fabel, das sich oft unbekümmert um die Begründung im einzelnen durchsetzt. Hier muß gesagt werden, warum niemand dem Markgrafen helfen will.) Die Vasallen fürchten Fürchterliches: Man wird ihm noch am heutigen Tag ein Heer versprechen müssen, oder er läuft Amok, sagt einer. Nun, da die Spannung auf einem Höhepunkt ist, hier die Provokation Willehalm, da die sorgenvollen und hilfsunwilligen Fürsten, tritt die Familie der Narbonner auf (142,24—143,29). Brauchte Wolfram für das Königspaar vier Verse, so braucht er für die Pairs aus dem Süden 36 Verse. Bei der großen, uns heute kaum mehr vorstellbaren Bedeutung des Repräsentativen im Mittelalter war allein dadurch allen (d.h. den Figuren des Romans ebenso wie den Hörern oder Lesern) mit einem Mal klar, wer an diesem Hof die reale Macht auszuüben bereit war: die Familie Heimrichs von Narbonne.

Jetzt kann Willehalm aus seiner zum Symbol der Provokation erstarrten Haltung erlöst werden, denn die politischen Gewichte haben sich zu seinen Gunsten verschoben. Zornig und streitbar tritt er vor den römischen König: Ihr könnt froh sein, daß mein Vater neben Euch sitzt, sonst wärt Ihr mir wie ein Pfand verfallen. Ich habe Euch die Macht im Reich verschafft und Ihr wollt mich mit so wenig Belohnung abspeisen? Die Fürsten habe ich gezwungen, Euch zum König zu wählen. Eurem Vater und Euch habe ich in vielen Kriegen gedient, Ihr hattet den Nutzen davon (145,6—146,13). Willehalm spricht zu dem Karlssohn *Loys* wie ein Schöpfer mit seinem Geschöpf. So mochten sich die Reichsfürsten, die ja den König wählten und Lohn dafür erwarteten (und erhielten!), idealiter ihr Verhältnis zum König vorstellen. Willehalm, der literarische Fürst (und vergessen wir nicht: der vorbildliche Heilige), vertritt auf literarische Weise Fürsteninteressen. Und König Loys antwortet, wie sich Fürsten eine königliche Antwort vorstellen mochten in der Literatur: „Ihr habt keinen Grund für Euren Zorn auf mich. Ihr wißt doch, daß alles in meinem Land Euch gehört, was Ihr verlangt. Nehmt alles zu Eurem Nutzen." (147,1—5.) Es ist jene generöse Geste, die unverbindlich gemeint ist und sinnvoll sein mag, solange sie als unverbindliche akzeptiert wird. Nimmt aber jemand die Sache wörtlich (z. B. *Meljaganz* im *Iwein* 4530 ff., oder *Gandin* im *Tristan*, 13104 ff.), dann bricht die Katastrophe herein. Loys würde seine Herrschaft verlieren, nähme Willehalm das Angebot wörtlich. Um das abzuwenden, nimmt die Königin wörtlich (wieder vertritt *sie* und nicht der König die Reichsinteressen): „ . . . dann bliebe uns gar nichts mehr. Die erste, die er hinauswürfe, wäre ich. Mir ist es lieber, daß er uns dient, als daß ich um seine Huld flehen muß" (147,7—10). Das ist zuviel. Willehalm, der den Königsmord gerade noch vermieden hat, reißt seiner Schwester die Krone vom Kopf und nur das Dazwischentreten Irmscharts kann verhindern, daß er die Königin köpft. Sie rettet sich in die Kemenate und legt einen schweren Riegel vor die Tür.

Loys, mehr als peinlich berührt, wünscht sich wer weiß wohin, aber er ist ohnehin vorerst nicht gefragt. Heimrich begrüßt Willehalm, der sofort um Ersatz für seine Verluste bittet. Und dieses Mal hat er sich nicht verrechnet. Wieder geht die Trinitäts- und Identitätsthematik des Eingangsgebetes in die Argumente der Figuren ein: „Nur deine Tapferkeit und deine unbezweifelbare Treue können es verhindern, daß ich mit gebrochenem Herzen sterben muß: ich habe Gyburg in großer Not zurückgelassen. Und nun, wenn ich das sagen darf, befürchte ich, daß meine Familie [siehe die Schwester!] nicht mehr zu mir steht. Hilf mir um der immerwährenden Macht der dritten Person willen, ich meine den Geist, der Vater und Sohn verbunden hat. Durch die heilige Dreifaltigkeit bitte ich dich, daß du dich als Vater bekennst und mich als Kind aufnimmst. Dann wird deine unwandelbare Hilfe mich in meinem Unglück trösten." (149,12–28). Die Familienbande werden sakralisiert. Vater und Sohn sind gleich, die Identität wird gestiftet und bewirkt durch den *Geist*, die religiös legitimierte Vorstellung von *künne* und *sippe*.

Ohne zu zögern antworter der Vater: „Was ist mit dir geschehen, daß du an mir zweifelst? Dein Leid ist mein Leid ... Dein Zweifel an mir und der Familie paßt nicht zu deiner Tapferkeit ... Gott wird mir im Kampf den Arm führen. Viele Herzen der Heiden werden darum erkalten, die jetzt noch warm sind. Wenn König Tybald deine Mark verheert, dann wird man mich bei dir kämpfen sehen. Wo sind meine Söhne? Dieses Leid ist auch eures! Es ist nicht mein Sohn, der heimgesucht worden ist: *ich* bin entehrt *(ich pin der des lasters gibt)*." (150,1–24.)

Der Unterstützung durch die Familie ist Willehalm nun sicher. Aber es fehlt die Unterstützung des Königs (vor dem sich die ganze Szene abspielt!). Man könnte sich vorstellen, daß der Vasall Willehalm seinen königlichen Herrn direkt um Hilfe bittet. Daß er das nicht tut, läßt Rückschlüsse auf Wolframs Absichten zu. Für ihn ist der König nur über die Königin, die Schwester, also über die *sippe* ansprechbar, die normale vasallische Beziehung ist offenbar (nahezu) bedeutungslos geworden. Dazu aber muß die Königin rehabilitiert, d. h. sie muß zur Schwester werden. Ihre schöne Tochter *Alyze* übernimmt Vermittlerdienste, aber den Umschwung bringt der Bericht, daß ihr strahlender Neffe Vivianz (Wolframs Symbolgestalt für die erste Schlacht) für Willehalm gefallen sei. Die Königin verwandelt sich, ein typischer Zug mittelalterlichen Erzählens, ohne eine Spur psychologischer Begründung seitens des Autors unmittelbar in die Schwester: „Nach deinem Tod, Vivianz, wird mir die Freude am Hofleben für immer vergällt sein. Her zu mir, wer Geld braucht! Ich werde so viel geben, daß keine andere Königin mich übertreffen kann. Ich möchte meinen großen Schmerz so bald wie möglich rächen. Wo sind die Herren, die für Geld in den Krieg ziehen? *Buov* [ein Bruder Willehalms] versprich denen allen im Römischen Reich die Bezahlung durch die Römische Königin! ... Wie gut, daß mich mein Bruder am Leben ließ: *ich* werden den König und seine Kronvasallen um Hilfe bitten. Wenn sie echte Adelige sind, dann wird *unsere* Niederlage gerächt." (165,6–27.) Das schwarze Schaf hat sich besonnen, hat endlich die schwesterliche Pflicht erkannt: „Meine Brüder, die ihr hier seid, denkt daran, daß wir ein Leib sind. Ihr seid zwar Männer, und ich bin Frau, sonst aber gibt es keinen

Unterschied: wir sind alle ein Fleisch und Blut" (168,12—16). Wieder wird die Identitätsthematik Ausdruck der Sippeneinheit.

Der glücklich wiedervereinigte Clan kann nun politisch effizient werden. Er schmiedet ein Komplott, das in mittelhochdeutscher Literatur seinesgleichen sucht. Die Strategie ist die alte, die Taktik neu: Überrumpelung, politischer Druck, Einsatz ideologischer Elemente.

Die ranghöchste im Clan, die Königin, verlangt vom König Hilfe für Willehalm, da er sonst sein Ansehen verliere und Terramer weiter das *rîche* schänden könne. (Hier ist zum ersten Mal im politischen Zusammenhang die Rede vom Reich. Daß die Heiden das Reich angegriffen hätten, davon war bislang nichts gesagt: der Reichsbegriff wird ganz bewußt eingesetzt, er wird für Partikularinteressen nutzbar gemacht.) Der König, der vom Autor aus seiner ‚Erzählstarre' erlöst wird, hat (nach allem, was geschehen ist, verständliche) Bedenken und will sich beraten. Damit ist für die Narbonner Gefahr im Verzuge. Denn angesichts der Stimmung unter den Fürsten ist klar, wie das Beratungsergebnis aussähe. Also muß der König in Zugzwang gesetzt werden. Nacheinander treten die Königin und ihre Brüder auf und versprechen Willehalm öffentlich ihre Hilfe (170,1—172,30), zum Teil mit genauen Zahlen: sie führen dem König vor, wie sich richtige Herren verhalten, die nicht lange fackeln und palavern.

Der alte Heimrich stellt Loys eine Falle: Bitte, sagt er, Ihr habt ein Hoffest. Unseres Leides wegen soll das nicht ausfallen, Eure Gäste sollen das nicht büßen müssen (173,2—14). Der König schnappt nach dem Köder und hofft, sich ins Protokoll retten zu können: „Das Hoffest soll stattfinden, ich will es so" (173,19). In den Augen der Narbonner, in Wolframs Augen und wohl auch in denen des mittelalterlichen Publikums hat sich der König damit disqualifiziert. Denn statt zu handeln (und selbst eine Beratung wäre Handeln gewesen), flüchtete er in die Bequemlichkeit der Etikette und verstößt damit gegen einen ehernen Grundsatz: *recte faciendo regis nomen tenetur, peccando amittitur* (dem nach dem Recht handelnden König bleibt sein Amt, dem, der dagegen verstößt, wird es genommen). Symbolisch wird der Rangverlust vollzogen. Die Königin führt Willehalm in die Kemenate und läßt ihn seine Rüstung ablegen. Auf Alyzes Rat zieht sie ihm den Ornat an, den sich der König eigens für dieses Hoffest hat anfertigen lassen: der König ein Waschlappen, der Kronvasall im Krönungsornat, die Usurpation ist symbolisch schon Faktum, in die Realität (des Romans!) muß sie noch umgesetzt werden.

Währenddessen hat man getafelt und auch nicht an Alkohol ge-spart. Die entsprechenden Folgen macht sich Willehalm zunutze: „Er dachte: der König ist nun satt, er gewährt uns sicher, worum ihn die Königin gebeten hat. Jetzt verlange ich Hilfe. Ein Betrunke-ner beschließt schnell etwas, was er nüchtern nie wagen würde. Wenn er mir jetzt Hilfe verspricht, dann müssen ihn die Fürsten für verrückt halten, wenn er [wieder nüchtern] sein Versprechen nicht wahrhaben will" (177,15—23). Dies ist kühl und infam kalkuliert (von einem Heiligen!), denn der König ist als Amtsperson (und nirgends ist er mehr Amtsperson als auf einem Hoffest) *per definitionem* niemals ,außer sich': „Nach einem alten, auf den germanischen Königs-mythos zurückzuführenden Rechtssatz genießt das Wort des Königs auch unbeeidet vollen Glauben; der König lügt nicht".[3]

Die Überlegung wird umgesetzt in eine formvollendete Rede, deren Hauptargument wieder lautet: Die Provence ist Reichslehen. Also bin nicht ich geschlagen worden, sondern der König, also muß der König das Reich, die Provence, verteidigen. Noch einmal wendet Loys ein, er wolle sich beraten. Da verliert Willehalm, so wie es die Fürsten erwartet hatten, die Beherrschung. Er springt über den Tisch und herrscht den König an: „Beraten?, wenn Ihr es nicht sofort tut, seid Ihr niemals Karls Sohn . . . und ich kündige Euch alle meine Lehen auf." (179,4—13). Das heißt: ein König, der nicht hilft, verliert seine auf der Geschlechterfolge basierende Legitimation, ist treulos und damit nicht mehr König.

Das hilft. Die Königin bohrt noch ein wenig nach (Wolfram: „viel besser als am Morgen", 180,2) und Loys kapituliert: „Ich helfe euch um meines Ansehens willen" (183,3). Die Macht liegt jetzt bei den Pairs aus Narbonne, der König ist nur noch eine Art Erfüllungsge-hilfe, das Reich eine Materialbeschaffungsstelle für die Partikular-gewalt aus dem Süden: „Wer in meinen Diensten den Tod des Vivianz rächen will, der soll sich an mich wenden . . . Ich zeige den Helden, daß ich der König bin . . . Ich habe noch so viel Grundbe-sitz, daß jeder Fürst befriedigt werden kann, wenn ich es nur will." (184,8—20). So geschieht es; einige Fürsten wollen sogar aus purer Reichstreue mit in den Krieg ziehen. Mit den Kampftruppen ohne Rang und Namen sowie mit den einfachen Rittern wird anders ver-fahren. Ihnen wird gedroht, daß sie für vogelfrei erklärt würden, falls sie nicht gegen die Heiden kämpfen wollten (auch das entspricht geltendem Recht!).

Nach zehn Tagen steht das Heer in Munleun. Der König, schon ganz Gallionsfigur ohne Macht, reitet mit seinen Falken im Heerlager umher, macht die Honneurs und bittet zu einer letzten Heerschau nach Orlens, wo man ihm den Eid darauf ablegen soll, für den Glauben zu kämpfen. (Hier wird deutlich, daß auch der Heidenkampf zweckbestimmt eingesetzt wird. In Willehalms Überlegungen hatte er kaum eine Rolle gespielt.)

In Orlens darf der abgehaltfterte König noch einmal eine schöne Rede halten, bevor er aus der Erzählung verschwindet. Er mahnt das Heer zur Tapferkeit, verspricht mit dergleichen Geste wie in Munleun: „Alles, was ich zur Zeit besitze, will ich mit euch teilen" (210,12 f.). Jetzt hat das tatsächlich nichts mehr zu bedeuten, er hat schon alles gegeben. Er begründet mit nicht ganz zweifelsfreien Argumenten, weshalb er nicht mit in den Krieg ziehe, und hat schließlich nur noch eine einzige Aufgabe: den Oberbefehl an den besten, den würdigsten, den tapfersten Fürsten abzugeben, und das ist natürlich Willehalm (211,1—22).

Der Sieg der Fürsten aus Narbonne

Die Narbonner sind am Ziel. Alle Kräfte des Reiches unterstehen ihrem Oberbefehl, der König ist nur noch Repräsentant, aber nicht mehr Regent. Der ganze lange Weg hat sich gelohnt, der Plan ist geglückt. Reichs- und Territorialinteressen sind nun identisch, aber nicht in der Person des Königs und in der Institution des Königtums, sondern in einem Reichsfürsten, dessen Stellung durch die Hervorhebung des Kreuzzugsgedankens zusätzlich sakral legitimiert wird.

Indessen wird bis zum Ende des Epos die vorläufige Instabilität des neuen Territorialherren Willehalm und seiner Familie Thema. Alle anderen Themen und Motive lassen sich diesem zentralen Problem zuordnen (nicht unterordnen!): es geht weiterhin um das problematische Verhältnis Reich — Fürstentum, jetzt konkretisiert und in Erzählung umgesetzt im Verhältnis Reichskontigent (immer wieder betont Wolfram: „Die vom Römischen König gesandt sind") und Kampftruppen der Narbonner.

Während Willehalms Abwesenheit hat Terramer unentwegt versucht, Gyburg mit Gewalt und Überredung zurückzuholen, vergeblich. Gyburg ist nun ganz Narbonnerin (221,7—26), ganz liebende Gattin (220,11—29) und ganz Christin (215,10—217,8). (Diese thematische Klimax wird formal umgekehrt dargeboten, also relativiert. In allem ist nun alles: Status, Politik, Minne und Glaube verschmelzen zu einem unauflösbaren Legitimationszusammenhang

212

christlicher Fürstenherrschaft.) Die militärische Gewalt führt zu nichts, denn Oransche ist gut befestigt, und Gyburg ist listig genug (sie hat ja Willehalms Herz in der Brust!), selbst die Gefallenen zur Verteidigung heranzuziehen. Sie postiert sie so auf den Zinnen, daß die Belagerer über den steten Zuzug an Verteidigern verzweifeln (111,15—25 und 230,6—10). So zermürbt, gequält vom Gestank der Leichen, bitten Terramers Truppen um einen kleinen Erholungsaufenthalt am Mittelmeer. Terramer gewährt die Bitte, befiehlt aber zuvor einen letzten nächtlichen Sturmangriff, bei dem dann die Stadt Oransche in Flammen aufgeht und nur Willehalms Burg noch gehalten werden kann (222,12—223,21). Die Flammen leuchten durch die Nacht — und das sehen die anrückenden Christen. Willehalm, der Oransche von den Heiden erobert glaubt, befiehlt einen Angriff, die Verteidiger wiederum halten sein Heer für das der Heiden, die inzwischen längst abgezogen sind. Zum letzten Mal legt Gyburg den Harnisch an, zum letzten Mal sieht sie aus „wie ein Mann und gar nicht wie eine Frau" (226,30). Dann aber darf sie ihrem Mann sein Herz zurückgeben und wieder ‚ganz Frau sein' (vgl. 250,15—19).

Ausführlich (und das hat seine Bedeutung, ist nicht nur Lust am prunkvollen Erzählen) schildert Wolfram die Ankunft des neuen Heeres. Dabei fällt auf: das Reichsheer kommt sozusagen kollektiv an, die Narbonner haben jeder einen Einzelauftritt. Zuerst kommt Buov von Kumarzi, dann Bernard von Brubant. Wie eine Walze alles niedertrampelnd kommen die Scharen des alten Heimrich, darauf die Bertrams, Gyberts und Arnalds von Gerunde. Der letzte Bruder bekommt einen Sonderauftritt; er ist Soldritter geworden, der seine Kampfkraft und die seiner kleinen Schar dem zur Verfügung stellt, der ihn dafür bezahlt: ein Vorfahr der späteren italienischen Landplage der Condottieri (235,14—243,16).

Wir können hier in einem kleinen Exkurs die Möglichkeit enterbter (was in der Realität heißt: nicht erbberechtigter) Adelsabkömmlinge übersehen. Sie reichen vom Erobern eigener Territorien (wie Willehalm) über Dienst beim König (wie Arnalt) bis hin zum Auskommen als Söldnerführer. Wolfram ist damit nicht weit entfernt von der Wirklichkeit des 13. Jahrhunderts — mit der einen Ausnahme, daß er die Möglichkeit der kirchlichen Laufbahn (absichtlich?) nicht genannt hat.

Willehalm lädt seinen Vater, seine Brüder, die Fürsten, Grafen und Barone, „die der Römische König gesandt hatte" (245,23, vgl. 263,25) — man sieht wieder die Trennung in die Narbonner und *andere*, — zu einem Gastmahl in Oransche ein. Bei Tisch unterhält sich das Familienoberhaupt Heimrich mit Gyburg, fragt nach Einzelheiten der Belagerung. Die Markgräfin (die von Wolfram immer nur Königin genannt wird) antwortet unter Tränen, aber das ist dem Clanchef gar nicht recht: ,,Trauert in Maßen, und so, daß niemand anfängt sich zu fürchten, denn hier sind nicht nur Tapfere. Zwar kann ich für die Tapferkeit meiner eigenen Söhne bürgen, doch kann ich sie nicht mit denen vergleichen, die man als meine Standesgenossen bezeichnet. Es gibt so manche Fürsten, die nicht zum Kämpfen taugen. Wir müssen Optimismus verbreiten. Aufrichtende Worte machen Verzagte kühn'' (268,17—30). Das Heer Willehalms besteht also aus hundertprozentigen Helden, das sind die Narbonner, und aus präsumptiven Feiglingen, das sind die, ,die vom Römischen König gesandt' sind. Im Folgenden wird diese Trennung bis zur Groteske getrieben. Auch dies nicht ohne Grund. Heimrich hat ihn schon angedeutet: ,,Es gibt so manche Fürsten, die nicht zum Kämpfen taugen''. Es geht um zwei Möglichkeiten des Fürstseins. Die eine wird repräsentiert durch die Narbonner. Die andere durch die anderen Fürsten. Und wie sie in Munleun kampfesunlustig waren, so zeigen sie sich auch hier. Bei einer Besprechung argumentieren sie: Es genügt doch, daß wir Oransche befreit haben. Was sollen wir mit unseren vom Marsch erschöpften Soldaten weiterziehen? Warum sollen wir kämpfen, wenn die Heiden abgezogen sind? Die Gefangenen können wir freikaufen (302,18—30). Buov und Bertram entgegnen heftig, solch haushälterischer Krämergeist sei nicht am Platze, wenn es darum gehe, die Seele zu retten. Die Fürsten besinnen sich (im Sinne der Narbonner) und nehmen zur Bekräftigung ihres Gelübdes das Kreuz: alter Kreuzzugsgeist (siehe *Rolandslied*) siegt über neue Fürstenrationalität. Wolfram sieht das aber anders: kämpferische, selbstgewisse christliche Gesinnung siegt über verzagte Appeasement-Mentalität. Aber noch einmal kommt es zum Umfall derer, ,,die das Reich gesandt hat''. Zufällig steht auf dem Weg zum Schlachtfeld bei Arles ein geeigneter Berg, von dem aus das Heidenheer überblickt werden kann. Was man sieht, ist das Mittelmeer — und ein Meer von Zelten. Das macht viele unsicher, aber natürlich keinen Narbonner. Die Franzosen meinen, Ritterruhm könnten sie auch auf Turnieren ernten, wozu sollten sie die Zielscheiben für so viele Heiden abgeben. Also wollen sie lieber zurück nach Frankreich. ,,Ihr schändliches Umkehren mußte die Kreuze entweihen, die sie an sich trugen'' (321,25—27), sagt Wolfram, und Willehalm ruft ihnen noch ein höhnisches *bârslihtære* (322,21) hinterher, was so viel heißt wie heutzutage *Playboys* oder *Papagalli*.

Der Autor hat die französischen Fürsten systematisch demontiert und damit geoffenbart, daß für ihn nur eine Art des Fürstseins zählt: die der Recken im Sattel. Was in Munleun noch als Habitus aus der Feststimmung erklärbar war, ist nun vom Dichter als dominierender Charakterzug ‚entlarvt'. Wir werden noch auf dieses Problem zurückkommen.

Vor der Schlacht ergreift auch Gyburg noch einmal das Wort. Sie beklagt wieder (zuerst 253,6—259,12), daß sie Anlaß für so viele Kriege war. Dann aber richtet sie das Wort an die Heerführer: „Ihr vermehrt den Ruhm der Christenheit, wenn Gott es euch gönnt, daß Ihr auf dem Schlachtfeld von Alischanz den Tod des jungen Vivianz an meinen Verwandten und ihrem Heer rächen könnt. Sie sind nämlich alle sehr tapfer. Wenn Ihr sie aber besiegt, dann handelt so, wie es Sitte und Glaube befehlen; hört auf meinen laienhaften Rat: verschont sie, denn sie sind Gottes Geschöpfe" (306,19—28). Ihre Begründung: vor Christi Geburt waren alle Heiden, also Adam, Elias, Noah und Hiob, und jeder einzelne Mensch ist vor seiner Taufe unerlöster Heide. Die Gottesfeindschaft der Heiden beruht auf Verführung. Gott wird ihnen verzeihen wie denen, die ihn gekreuzigt haben. „Wenn Euch Gott den Sieg schenkt, dann seid ihnen gegenüber barmherzig" (309,5 f.).

Man hat diesen Abschnitt Gyburgs Toleranzrede genannt und behauptet, Wolfram habe die Fürstin „zur Trägerin einer neuen Frömmigkeit"[4] gemacht. Sicher sind solche Aspekte in dieser längsten Rede des *Willehalm* enthalten, aber darüber darf man zweierlei nicht übersehen:

1. Gyburg steht als Anlaß des Krieges unter einem besonderen Legitimationsdruck, der sich etwa so beschreiben läßt: Ich bin Christin geworden, deshalb hassen mich meine Verwandten, und die Christen hassen mich, weil sie glauben, ich hätte diese Kriege nur wegen meiner Liebe zu Willehalm riskiert. Aber ich trage dieses Leid um Gottes Willen und nur am Rande auch wegen des Markgrafen. Es gibt also keinen Grund, meinetwegen nicht gegen die Heiden zu kämpfen. Aber wenn schon gekämpft werden muß: auch meine frühere Familie ist adelig, König Tybald ohne Fehl und Tadel.

2. Gyburg rät nicht zur Toleranz, sondern zur Barmherzigkeit. Der Kampf selbst ist ihr nicht anstößig, nur nach dem Sieg sollen die Christen christlich sein. Sie bedauert, daß Gott seine Geschöpfe dem Verderben überantwortet. (307,26—28).

Die Kreuzzugsidee wird nicht abgelehnt, sondern modifiziert. Das ist zwar löblich, aber auch nicht allzu ungewöhnlich. *Arnold von Lübeck*, der weitgereiste Abt des Johannisklosters in Lübeck, der

1211 oder 1214 starb, läßt einen Muslim sagen: „ . . . es steht fest, daß wir, wenn auch unser Glaube verschieden ist, doch nur einen Schöpfer haben, und daß wir daher Brüder sind, nicht dem Bekenntnis nach, wohl aber als Menschen. Darum denkt an unseren gemeinschaftlichen Vater und schont der Brüder."[5]

Das Auffällige an der Rede ist also weniger der Inhalt, sondern daß der Aufruf zur christlichen Barmherzigkeit überhaupt notwendig scheint.

Bevor die zweite Schlacht auf Alischanz beginnt, läßt Wolfram, wie seine Vorlage, die feigen Fürsten wieder zum Heer zurückkehren. Wie das? Willehalms Neffe Vivianz war die Symbolfigur der ersten Schlacht, die der zweiten Schlacht ist der riesenhafte *Rennewart*, ein auf verschlungenen Wegen nach Frankreich verschlagener jüngerer Bruder Gyburgs, der am Hofe des Königs Loys als Küchensklave lebt, da er sich stolz weigert, Christ zu werden. Niemand außer der Prinzessin Alyze, mit der ihn eine Kinderliebe verbindet, weiß, wer er wirklich ist, nur daß er adelig ist, das merkt man. Durch seine Körperkraft erregt er die Aufmerksamkeit Willehalms, der läßt ihn sich schenken und rüstet den Jungen nach dessen Wunsch mit einer riesigen eisenbeschlagenen Keule als Waffe aus. Auf dem Weg nach Arles vergißt Rennewart immer wieder die Keule und muß daher umkehren, um sie zu holen. Beim dritten Mal begegnen ihm die fliehenden Franzosen auf einem schmalen Pfad, wo keiner sich an dem jungen Rübezahl vorbeimogeln kann. Der, vom Autor zum Sinnbild des bedingungslosen Kämpfers gestaltet, ist über seine Vergeßlichkeit und über die Feigheit der Franzosen so wütend, daß er erst einmal 45 von ihnen erschlägt und weiter wütet, bis sie ihm den Eid leisten, doch gegen die Heiden zu kämpfen. So ,überzeugt' kehren sie aufs Schlachtfeld zurück. Willehalm macht Rennewart zu ihrem Befehlshaber (und Bewacher). Gewissermaßen unter Kuratel gestellt, dürfen sie mitkämpfen.

Wird auf der einen Seite das Reich sozusagen privatisiert, wird auf der anderen Seite die bevorstehende Auseinandersetzung zu einer weltpolitischen und welthistorischen Entscheidung erhoben. Terramer verkündet seinem Heer, daß eigentlich er die römische Krone beanspruchen könne, da er von *Pompejus* abstamme, der der letzte rechtmäßige König Roms gewesen sei. Daher wolle man jetzt nicht nur Oransche zerstören, sondern gleich auch noch *Paris*; den Kaiserthron in *Ache* (Aachen) wolle er besteigen, nach *Rome* (Rom) ziehen, die Christen töten und Römischer König sein.

Die verstiegene Geschichtskonstruktion braucht hier nicht zu interessieren (es gibt aberwitzigere), wichtig ist: Willehalm und seine

Familie, die das Reich unter die Herrschaft der Territorialmacht gestellt haben, verteidigen eben dieses Reich in einem welthistorischen Kampf gegen antik-heidnische Usurpatoren. Ein Kampf um Rom, den eigentlich Loys führen müßte. Bezeichnenderweise glauben die Heiden bis zum Schluß, mit dem Römischen König zu kämpfen, wenngleich Terramer weiß, daß da andere dominieren: „Dort hetzt der Alte von Narbonne seine Kinder auf mich" (346,18 f.). Das Thema, das am Anfang nur erahnbar war, ist epischer Prozeß geworden: der Fürst, nicht der König mehr, repräsentiert und verteidigt das Reich. Und andererseits: nicht Staaten kämpfen gegeneinander um die Weltherrschaft, sondern Dynastien, die sich im Kampf erst als die besten (und daher zur Regierung fähigen) legitimieren.

Diese letzte Legitimation erringen sich die Narbonner in der zweiten Schlacht auf Alischanz (343,27—444,30), die Wolfram in großer Breite und Detailfreudigkeit erzählt (für ein Publikum, dem die Schlacht Berufsbewährung und alltäglich war, das sich also überhöht in den literarischen Helden wiederfindet). Mitten in der Schlachtschilderung hält der Autor ein und preist in etwa 60 Versen die besondere Kampfkraft und Erwähltheit der Pairsfamilie aus Narbonne, eines Geschlechtes, das in dieser Schlacht zum zweiten Mal in Blut getauft werde (405,24 f.) und damit Schutz vor dem Feind und Anrecht auf den Himmel erhält. Wieder zitiert Wolfram höchste sakrale Vorstellungen zur Hervorhebung seiner Heldenfamilie. So wie die Israeliten durch das Kreuz mit den drei Balken (Y), das sie in Ägypten an ihre Türen malten, vor der Rache Gottes an den Ägyptern verschont wurden (II. Moses 12, wo aber von der besonderen Form des Zeichens nichts steht), so sind die Narbonner vor den anderen ausgezeichnet: sie haben das *signum tau* (Y), das Symbol des Opfertodes und der Wiedergeburt, das in der Taufwasserweihe dem Heiligen Geist zugeordnet ist, auf ihre Rüstung geheftet. Der Rückgriff auf das alte Testament und die Auserwähltheit des Volkes Israel ist der eine Teil der Legitimation, der andere Teil knüpft an eine Tradition an, in der die Taufe in engem Zusammenhang mit der Herrscherweihe steht. Die Taufe Christi im Jordan, die Taufe Konstantins im Lateransbaptisterium (so die Legende) wurden als Investitur in die Herrschaft aufgefaßt. Die Taufe galt als Urbild der Herrscherweihe. Wenn also die Narbonner mit dem besonderen Zeichen noch einmal getauft werden, dann werden sie durch den Kampf für das Reich symbolisch zu Herrschern geweiht. Loys und seine Fürsten haben endgültig ausgespielt.

Der Kampf der Welten geht zu Ende, Willehalm besiegt Terramer im Zweikampf, schwer verletzt verläßt der Heidenkönig zu Schiff

Frankreich. Der Rest ist Trauer und Plünderung, die Suche nach den Überlebenden in den Leichenbergen (445,1—446,18), das tägliche Geschäft der adeligen Militärs.

Auch Willehalm sucht auf dem Schlachtfeld, denn er kann Rennewart nicht finden, der mit seinen Riesenkräften entscheidend zum Erfolg beigetragen hat. Seiner Trauer um den Verschwundenen gibt er in einem langen Klagemonolog Ausdruck, der sich in seiner Intensität bis zur Gotteslästerung steigert: „Mein Verlust ist deine Schande, Sohn der unbefleckten Jungfrau" (456,1 f.). Bernhard von Brubant, der Fürst und Bruder, bringt Willehalm wieder auf die Erde zurück: Du kannst dich doch hier nicht vor dem ganzen Heer wie eine Memme aufführen. Erobern und Verlieren haben uns die Ahnen als Erbe hinterlassen. Wir sieben Brüder aus dem Hochadel sind zur Herrschaft geschaffen. Niemand aber überläßt uns das Land und seine Erträge ohne blutigen Kampf. Du gebietest über Tybalds Land und Frau [die Reihenfolge ist verräterisch!], deshalb wird er noch Viele gegen uns in den Krieg schicken (457,3—19). In dem Satz *wir müezen landes hêrren sîn* (457,14) ist der Herrschaftsanspruch der Narbonner Territorialherren exakt formuliert: wir haben aufgrund unserer Herkunft *(künne)* und unseres Status *(sippe)* ein Anrecht, *domini terrae* zu sein. In diesen Begriff wird z. B. in den Reichsgesetzen Friedrichs II. die neue Lage gefaßt: die eigentlichen Träger der Reichspolitik sind nach dem Thronstreit *die* Fürsten, die Herren *(domini)* über ein abgegrenztes Territorium *(terra)* sind, das Territorialprinzip hat sich durchgesetzt.

Bernard, das fällt auf, spricht nicht mehr vom Reich und bis zum Ende wird das *rîche* nicht mehr erwähnt. Die Reichsidee erweist sich als Reichsideologie, die im Dienste der Interessen eines Fürsten und seiner Familie als Mittel im politischen Kampf eingesetzt wurde und nun obsolet ist.

Das Ende des *Willehalm* ist schnell erzählt, denn Wolfram hat etwas abrupt Schluß gemacht, wir wissen nicht warum. Der Markgraf, wieder auf den Boden der Realität geholt, besinnt sich auf seine Fürstenpflicht. Er befiehlt seinen Heerführern die Herausgabe gefangener Heidenfürsten, damit er für Rennewart, falls der gefangen sein sollte, ein Tauschpfand hat. Die toten Heidenkönige werden aufgebahrt, Gyburgs tote Verwandte einbalsamiert (sie sind Willehalm *sippe*), und alle zusammen in ihre Heimat überführt, sozusagen mit Grüßen an Terramer, dessen Wohlwollen Willehalm gern hätte, nur nicht um den Preis seines Christseins und seiner Gyburg (= seines Landes) (465,17—477,8).

218

Unsere Leitfragen waren die nach dem Verhältnis von Autor, Mäzen und Werk. Es ist nun ein kurzes Resümee zu ziehen. Die heute wohl anerkannte Meinung über den *Willehalm* hat Hellmann formuliert: ,,Man wird . . . den Willehalm im Kern als eine Verherrlichung des vorbildlichen großen Fürsten bezeichnen können, wie ihn sich Wolframs Auftraggeber und die weltlichen Fürsten allgemein großartiger und ihren Idealen entsprechender nicht wünschen konnten, und zwar unter Heranziehung menschlicher, kämpferischer, politischer, ethischer und religiöser Qualitäten und Leistungen . . ."![6]

Das ist richtig, aber die Parteinahme des Autors ist wie selbstverständlich akzeptiert und so noch in der Interpretation als Bestandteil enthalten. Übergangen wird dabei bewußt oder unbewußt, daß der Kern der Handlung Raubkrieg, Überrumpelung, Eigennutz und Gewalt ist; alles Elemente fürstlicher Machtpolitik. Wir müssen also relativieren: im *Willehalm* wird die keineswegs an Idealen ausgerichtete Politik der Fürsten religiös überstrahlt und sakral legitimiert, und zwar nicht nur für die Fürsten selbst, sondern vor allem gegenüber den von der Mediatisierung bedrohten fürstlichen Vasallen, aber auch gegenüber den Ministerialen und einfachen Rittern. Willehalm ist in der Darstellung Wolframs gleichsam der Schutzheilige und der dynastische Vorfahr der Territorialfürsten, gerade weil er seine Interessen und die seiner Familie so skrupellos vertritt wie die Territorialfürsten um 1200 die ihren.

Warum aber, so ist zu fragen, beharrt der Autor so penetrant auf der Vorbildlichkeit *einer* Form des Fürstseins, warum wertet er eine andere so sehr ab? Wolframs Stoff war, wie gesagt, in Frankreich vorgeformt. Dort war er Ausdruck der Forderungen französischer Vasallen gegenüber einem mächtigen König, der nicht im Traum daran dachte, ihre Forderungen zu erfüllen. In Deutschland sind die Ansprüche der Fürsten längst wahr geworden (in den Gesetzen von 1220 und 1232 wird das auch vom Kaiser bestätigt). Ein Teil des im Text enthaltenen Appells wirkt daher, wie es scheint, ins Leere. Wie im *Rolandslied Genelun*, so wird im *Willehalm* die Königin Opfer einer uns ungerecht erscheinenden Verurteilung. Sie, die wie die Fürsten der vernünftigen Überlegung fähig ist, daß Kriege Menschenleben und Geld kosten, kann sich gegenüber Willehalm und dem Autor nur dadurch rehabilitieren, daß sie sich kriegslüsterner und verschwenderischer zeigt als alle anderen. Die Fürsten werden als verweichlichte Jammergestalten gezeichnet, die von willigen Frauen, weichen Fauteuils und anderen feudalen Annehmlichkeiten mehr angetan sind als von harten Feldbetten und blutigen Schlachten. Die Forschung hat sich auch diese Einseitigkeit des Autors prompt zu eigen gemacht und spricht bis heute von der „verzärtelten Hofgesellschaft"[7], gegen die sich Willehalm und Wolfram wendeten. Aber sie wenden sich nicht gegen eine degenerierte Hofgesellschaft, sondern gegen eine neue, ihnen offenbar fremde und unheimliche Form des Fürstseins. Die Herausbildung des Territorialfürstentums erfordert einen neuen Fürstentypus (und umgekehrt). Je später, desto mehr ist nicht mehr der Haudegen gefragt, der blindwütige Recke, der sich vor seinen Leuten in die Schlacht stürzt, um zu siegen oder zu verlieren, sondern der nüchtern Nutzen und Nachteil kalkulierende, der sein Territorium arrondierende und konsolidierende Fürst, kurz: der verwaltende Fürst, der zwar den Krieg nicht ächtet, ihn aber als Mittel der Politik einsetzt und nicht als Lebensinhalt betrachtet. Diesem neuen Fürstentum, das die Umwandlung königlicher Lehen in „organisierte, wohlverwaltete, finanzkräftige Landesstaaten"[8] zielstrebig vorantreibt, ist Friede und Recht (wir können auch sagen: Ruhe und Ordnung) ein neues Ideal, unkontrollierte Gewalt ein Greuel, das Erreichen des politisch Möglichen die Richtschnur (vgl. unten zum *Tristan*).

Wolfram stellt in Willehalm seinem Auftraggeber und dessen Standesgenossen ein Idealbild vor, das (wohl auch zu deren Vergnügen) längst Vergangenes heroisiert. Aktuelles Interesse an einem solchen Ideal hatte nur eine soziale Gruppe, die Gruppe derer, die für den Kampf und sonst (außer vielleicht für die Ausbeutung ihrer Bauern) für nichts geeignet waren, die vom Erbe Ausgeschlossenen und Abgedrängten, die Abstiegsgefährdeten aus allen Etagen der Adelshierarchie. Insofern setzt sich in der Darstellung, ja in der Struktur des *Willehalm* gegen die Interessen des Auftraggebers die Intention der (durchaus nicht homogenen!) Gruppe durch, der Wolfram angehört — auch der Autor kommt zu Wort. Er spricht für sie, ihre Wünsche und Ansprüche gehen in die Leerstellen der Appellstruktur ein, denn die Entstehung des modernen Staates, in dem mehr und mehr Beamte gebraucht werden und weniger Helden, gefährdet sie in ihrer Existenz. Daher Wolframs Appell an die Fürsten, sich den alten Kämpferidealen wieder zuzuwenden, die allein den armen Kämpfern die Subsistenz sichern können, daher die Verunglimpfung des neuen Fürstenverhaltens als herrschaftlichen Krämergeist.

(Winfried Frey)

Anmerkungen

1 Karl Bertau: Deutsche Literatur im europäischen Mittelalter. Band 2, München 1973, S. 793
2 Hans-Uwe Rump: Walther von der Vogelweide. Reinbek 1974, S. 55
3 Heinrich Mitteis: Zum Mainzer Reichslandfrieden. In: ZRG GA 62, 1942, S. 35
4 Joachim Bumke: Wolframs Willehalm, Studien zur Epenstruktur und zum Heiligkeitsbegriff der ausgehenden Blütezeit. Heidelberg 1959, S. 168
5 Zitiert nach Siegfried Stein: Die Ungläubigen in der mittelhochdeutschen Literatur. Nachdruck Darmstadt 1963, S. 76
6 Manfred Hellmann: Fürst, Herrscher und Fürstengemeinschaft, Untersuchungen zu ihrer Bedeutung als politische Elemente in mhd. Epen. Diss. Bonn 1969, S. 246
7 Jörn Reichel: Willehalm und die höfische Welt. In: Euphorion 69, 1975, S. 388–409, hier S. 392
8 Hans Patze: Die Entstehung der Landesherrschaft in Thüringen. Köln 1962, S. 270

Literaturhinweise

Wolfram von Eschenbach: Willehalm. Text, Übersetzung und Anmerkungen von Dieter Kartschoke, Berlin 1968
Wolfram von Eschenbach. Herausgegeben von Albert Leitzmann, (ATB 15 und 16), 5. Auflage, Tübingen 1963, Heft 4 und 5
Walter Johannes Schröder, Gisela Hollandt: Wolfram von Eschenbach, Willehalm, Titurel. Text, Nacherzählung, Anmerkungen und Worterklärungen, 2. Auflage, Darmstadt 1973

Karl Bertau: Deutsche Literatur im europäischen Mittelalter. Band 1, München 1972, Band 2, München 1973
Joachim Bumke: Wolfram von Eschenbach. (Sammlung Metzler 36), 4. Auflage, Stuttgart 1976
Joachim Bumke: Die Wolfram von Eschenbach-Forschung seit 1945, München 1970
Joachim Bumke: Wolframs Willehalm, Studien zur Epenstruktur und zum Heiligkeitsbegriff der ausgehenden Blütezeit. Heidelberg 1959
Manfred Hellmann: Fürst, Herrscher und Fürstengemeinschaft, Untersuchungen zu ihrer Bedeutung als politische Elemente in mittelhochdeutschen Epen. Diss. Bonn 1969
Heinrich Mitteis: Zum Mainzer Reichslandfrieden. In: ZRG GA 62, 1942, S. 13–56
Hans Patze: Die Entstehung der Landesherrschaft in Thüringen. Köln 1962
Jörn Reichel: Willehalm und die höfische Welt. In: Euphorion 69, 1975, S. 388–409

7. Gottfried von Straßburg: *Tristan*

Entfaltung und Analyse des Gefühls: Prolog und Vorgeschichte

Der *Tristan Gottfrieds von Straßburg* ist ein Fragment, das heißt er ist aus Gründen, über die wir keine sichere Aussage machen können, nicht zu Ende geführt. Das ergibt sich daraus, daß er die Geschichte, die er aufgreift, unvollendet läßt. Auch der *Tristan* geht also auf einen gegebenen, d. h. in literarischer Form vorliegenden Stoff zurück und erzählt ihn neu. Die Ursprünge des Stoffes sind keltische Erzählungen, die auf dem Weg über die französische Literatur nach Deutschland kommen. Es hat also vor Gottfried andere literarische Bearbeitungen des Themas gegeben, französische und auch deutsche. Auf eine, die des Anglo-Normannen *Thomas* bezieht sich Gottfried ausdrücklich, als auf die, die den Stoff in der richtigen Interpretation gebe. Damit setzt er sich, ohne es ausdrücklich zu sagen, wohl auch ab von der älteren deutschen Bearbeitung des Stoffes durch *Eilhart von Oberg*, die die übliche Ebene der Rezeption darstellt. Seine Vorlage bearbeitet Gottfried, soweit erkennbar, einschneidend.[1]

Das sind ähnliche Verhältnisse wie bei *Hartmann* und natürlich tritt als Personal auch dieselbe soziale Schicht auf, wie im Artus-Roman, nämlich der feudale Adel. In der inhaltlichen Problematik allerdings, in der Art wie die Personen handeln, in welchen Beziehungen sie zueinander stehen usw., unterscheidet sich der *Tristan* entschieden vom Artus-Roman. Direkt und indirekt bedeutet er wohl eine Distanzierung, eine Kritik auch an dessen Konzeption.

Daß dies so ist, daß hier das literarische Gesellschaftsbild des Artus-Romans ganz offenbar nicht mehr einfach akzeptiert wird, ist ein Teil der Verständnisproblematik, die der *Tristan* stellt. Ich möchte deshalb zunächst von diesem Aspekt ausgehen, um an die Problematik des *Tristan* heranzukommen.

Der Tristan handelt von einer erotischen Beziehung, die *nicht* zur Ehe führt, die Beziehung zwischen *Isolde*, der Frau des Königs *Marke* und dessen Neffen *Tristan*. Es ist eine Beziehung, die trotz der Ehe der Isolde, trotz aller Schranken die aus offizieller Moral und realer Bewachung der Ehefrau des Königs sich ergeben, sehr konsequent und skrupellos verwirklicht wird. Dabei ist das keineswegs schwankhaft durchgeführt, sondern sehr ernst genommen. Die Erringung der Frau ist also nicht wie bei Hartmann von Aue notwendiger Teil der ritterlichen Karriere, die Frau ist nicht Mittel zum Zweck der Repräsentation der männlichen Vollkommenheit und Integriertheit in die Gesellschaft. Die Frau ist hier Partner in einer besonderen, sehr exklusiven und sehr intensiven Zweierbeziehung. Und dennoch handelt es sich um die Spitzen der Gesellschaft, zwischen denen dies geschieht, um Leute, die aufgrund ihrer gesellschaftlichen Stellung weiß Gott ‚Rücksichten' zu nehmen haben, die eigentlich andere Funktionen haben, als in einer ‚privaten' Leidenschaft aufzugehen. Aber das Problem dieser Beziehung wird bei Gottfried nicht als Spannung zwischen privater Leidenschaft und öffentlicher Funktion abgebildet. Beide Bereiche sind gleichermaßen *öffentlich*, d. h. direkt gesellschaftlich (es geht in dieser Liebe nicht um die Berechtigung eines privaten Glücks, es geht um die Möglichkeit von Glück überhaupt im gegebenen gesellschaftlichen Rahmen).

Im Artus-Roman waren letztlich die Ansprüche des einzelnen und die der Gesellschaft zu vereinen. Die erotischen Ansprüche und Triebenergien der Protagonisten stellen dort ein konstruktives Element dar, indem sie zur Ehe führen, sich nur in der Ehe verwirklichen, der Ehe als eines Teils ihrer Herrscherqualifikation. Dies gibt es im *Tristan* nicht, hier verwirklicht sich eine Beziehung gegen die Regeln der Gesellschaft als ehebrecherische Beziehung. Damit wird die Domestizierbarkeit der Emotionen — ein wichtiges Element im Artusroman — geleugnet.

Deutlich und programmatisch wird von Gottfried zu Beginn herausgearbeitet, daß es im *Tristan* nicht um allgemeine Harmonie geht, nicht um die festliche Selbstbestätigung und Selbstvergewisserung einer aristokratischen Gesellschaft, die sich ihrer Unangreifbarkeit und inneren Spannungslosigkeit in dem zugleich zeremoniell disziplinierten und durch ästhetischen wie latent erotischen Genuß gesteigerten höfischen Fest versichert. Gottfried akzentuiert einen Gegensatz zwischen denen, die immer nur das Vergnügen wollen, und einer offensichtlich kleinen Schar von Leuten, die eine gewisse psychische Spannweite haben, deren Erlebnisfähigkeit nicht im schnell und leicht errungenen Genuß ihr Ende findet. Er widmet seinen Roman im Prolog den Leuten, die zu komplexen Emotionen fähig sind, die Erfahrung von Widersprüchen und Unglück nicht nur aushalten, sondern geradezu bejahen (45 ff.).[2] Die Erlebnisfähigkeit, die sie auszeichnet, wird im paradoxen Spiel der Antithesen (58 ff.) zunächst eher formal, als Fähigkeit zum Aushalten widersprüchlicher Zustände benannt. Doch wird im weiteren Verlauf des Prologs (und des Romans) zugleich deutlich, daß darin die irrationale Erfahrung eines Glückverlangens gemeint ist, das deshalb in sich widersprüchlich sein muß, weil es sich der gesellschaftlich zweckhaften Logik entzieht. Dennoch muß die Emphase dieser Leidensbejahung (vgl. 115–118, 204–210) befremden, muß das Insistieren auf der Vorbildlichkeit des Leidens der angekündigten Helden (211–236) zum Widerspruch reizen, zur Frage zumindest, ob dieser Roman denn eine Perspektive gewinnt, aus der der Zusammenhang von Glück und Leid verstehbar wird — ob er einsichtig werden läßt, warum Glück und Versagung so eng zusammengehören sollen.

Denn andererseits wird schon im Prolog deutlich, daß auch die leidvolle Seite der Liebe vom Genuß gar nicht zu trennen ist. Sprachlich erscheint sie gar nicht leidvoll. Die Eleganz der sprachlichen Formulierungen korrespondiert mit dem Eindruck, den man bei genauer Prüfung gewinnen kann, daß hier so etwas wie Selbststilisierung spürbar wird. Es scheint mir schon fast ein narzißtisches Element in der Art zu sein, wie der Autor einem Kreis der Auserwählten die eigene Gefühls- und Leidensfähigkeit präsentiert und damit sich und die Gemeinde zugleich bestätigt (vgl. besonders 115 ff.).

Dem korrespondiert die Funktion, die der Autor seiner Erzählung für den Rezipienten zumißt: sie soll mehr sein als Unterhaltung, nämlich Leidenstherapie. Das schließt ein, daß ihr Sinn nur von dem aktiviert werden kann, der zu gleichlaufenden Erfahrungen disponiert ist. Gefühle zu haben — so wird deutlich — ist hier nicht nur Ausweis besonderer Persönlichkeitsstruktur, es bedeutet immer auch sie zu genießen.

Es bleibt noch der Hinweis auf ein formales Element: der Prolog beginnt mit einer Reihe von Strophen (vier Verse mit je gleichem Reim), die jeweils mit einem hervorgehobenen Buchstaben (Initiale) beginnen. Man kann diese Buchstaben fortlaufend lesen (*Akrostichon*) und erhält einen Namen: *Dieterich*. Dies ist wohl der Gönner, dem das Werk gewidmet ist. Man kann ihn als historische Gestalt allerdings nicht identifizieren. Solche Vierreimstrophen durchziehen den ganzen Roman. Sie bilden weitere Akrostichen mit dem Namen Gottfrieds, Tristans und Isoldes. Ihre Funktion ist immer auch die einer Zäsur zum Abschluß eines Handlungsteils. Mit ihnen beginnen häufig räsonierende Passagen, mehrfach ganze Exkurse, die reflektierend und kommentierend die Handlungsebene verlassen und bestimmte Probleme, Interpretationsmöglichkeiten in direkter Ansprache an den Leser/Hörer akzentuieren.

Nach dem Prolog beginnt die Erzählung ohne Umschweife, indem sie einen Fürsten mit Namen *Riwalin* vorstellt. Seiner an dramatischen Wendungen reichen Beziehung zu *Blanscheflur*, der Schwester des englischen Königs Marke, entstammt Tristan, die männliche Hauptfigur des Romans. In dieser Geschichte der Eltern des Helden werden nicht nur gewisse Konstanten angelegt, die dessen spezifischen Charakter und sein Schicksal bestimmen werden, in ihr werden sogleich wichtige erzählerische Akzente gesetzt, die die soziale und psychische Verfassung der Figuren, die Auffassung von der Minne usw. kennzeichnen.

Dieser Riwalin wird mit Sympathie und leichter Distanz als etwas unbekümmertes ritterliches Temperament geschildert. Er kann ohne Einschränkung als perfekter Ritter gelten, nur ist er etwas zu unbedacht. Kein Wunder, daß er sich in typisch feudale Händel mit seinem Nachbarn, dem Herzog *Morgan* einläßt. Dabei geschieht, was in solchen Fällen immer geschieht. Man verwüstet sich gegenseitig so lange das Land, bis der eine, in diesem Falle Morgan, kapitulieren und sich zu einem Frieden verstehen muß. Ganz nüchtern und desillusioniert und überdies sehr knapp wird dies bei Gottfried geschildert. Er arbeitet dabei nicht den Glanz ritterlicher Taten, sondern den Schematismus feudaler Fehden heraus. (Vgl. 366 ff.) Riwalin geht dann nach England an den berühmten Hof des jungen Marke. Dieser König Marke wird als späterer, immer wieder betrogener Eheman der Isolde keine rühmliche Rolle zu spielen haben. Hier zunächst erscheint er im vollen Glanz und in der ganzen Macht eines feudalen Herrschers. Sein politisches Gewicht, die breite Machtbasis und die allgemeine Anerkennung, die er erfährt, werden betont. Er ist nicht irgend ein kleiner König am Rande der Welt. Es scheint Gottfrieds Absicht, daß wir ihn uns als einen der Großen und Kultiviertesten seiner Zeit vorstellen. Diese letzte Eigenschaft ist es auch, die den jungen Riwalin anzieht — nicht das kriegerische Abenteuer.

Riwalin kommt nach *Tintajel*, dem Sitz Markes, als der im Begriff steht, ein Hoffest mit großem personellen und materiellen Aufwand zu feiern. Die geselligen Veranstaltungen des Festes sind hineinkomponiert in die Schilderung einer idealen, idyllischen Natur, die nach tradiertem literarischem Muster ausgemalt wird. Betont wird die Zwanglosigkeit; jeder kann tun, was er will. Natürlich bietet sich auch Gelegenheit zur Selbstdarstellung eleganter männlicher und weiblicher Schönheit. Blanscheflur und Riwalin sind Sterne erster Ordnung in diesem Reigen. Die Darstellung kommt schnell zu dem, was Gottfried wichtig ist: zu Riwalin und Blanscheflur. (Der Autor vermeidet die ausführliche Schilderung der Repräsentation des Reichstums und der kriegerisch-sportlichen Aktivitäten im Turnier. Beides wäre hier eigentlich ‚am Platze‘. Stattdessen wird breit die

Entwicklung und Struktur der Gefühle der Protagonisten entfaltet.)
Zunächst das Gerüst der Handlung:

Riwalin und Blancheflur verlieben sich, als sie sich auf dem Fest sehen. Beide sind zunächst verwirrt wegen dieses ungewohnten Zustands, können ihn dann aber identifizieren. Am Ende des Festes hat Marke einige Feinde zu bekämpfen. Riwalin kämpft mit und wird sehr verwundet. Er erwartet den Tod. Die Nachricht davon stürzt Blancheflur in stärkste Verzweiflung — sie entschließt sich den Todkranken aufzusuchen. Das wird in einer Nacht bewerkstelligt, die zugleich die erste Liebesnacht der beiden wird. Die Liebe verhilft dem Todkranken schließlich wieder zum Leben. Das Kind, das dabei gezeugt wird, ist Tristan.

Es folgt eine Zeit ungetrübten Glücks, bis das Schicksal die nächste Hürde bereithält: Morgan ist in Riwalins Land eingefallen, dieser muß zurückkehren. Blancheflur ist vor Schmerz wie paralysiert. Als Riwalin, völlig unfähig, die Tragweite der Situation zu erfassen, sich einfach höfisch-formell von ihr verabschieden will, wacht sie auf und macht ihm leidenschaftlich die Konsequenzen klar, die sein Weggehen hätte. Sie weiß, daß sie ein Kind erwartet, ihr Bruder würde sie umbringen, bliebe sie allein zurück. Daraufhin flieht sie mit ihm. Riwalin macht sie zu seiner rechtmäßigen Frau und geht in den Kampf gegen Morgan, in dem er das Leben verliert. Blancheflur bricht das Herz, als sie das hört, doch bringt sie noch ihren Sohn zur Welt. *Rual*, der treueste Vasall Riwalins, verwaltet das Land und erzieht Tristan. Um ihn vor den Feinden zu schützen, gibt er ihn als eigenen Sohn aus. Bei der Taufe schlägt er den Namen *Tristan* vor.

Diese erste Erzähleinheit läßt deutlich werden, worauf bei Gottfried offenbar der Akzent liegt: auf der Entwicklung und Explikation der emotionalen Sphäre. Es werden aber keine empfindsamen Gestalten geschildert, es geht wesentlich um die Aufklärung über die Entstehung und Art von Gefühlen. Dabei wird nicht nur die Minne als überwältigende Realität dargestellt, es geht offenbar zugleich darum, die Gefühle in ihrer Komplexität, teilweisen Widersprüchlichkeit und in ihrer Entstehung und Veränderung zu beschreiben. (Das setzt voraus, daß der einzelne und die Welt seiner Erlebnisse so ernstgenommen wird, daß es sich lohnt, sich mit ihm zu beschäftigen. Das ist nicht selbstverständlich, denn bisher ist der einzelne als Held vor allem in seiner militärischen oder politischen Funktion thematisiert.) Die Figuren des Romans treten in einen Prozeß der Selbstaufklärung ein. Und dabei ist es hier ganz eindeutig der weibliche Partner, der die Initiative hat.

Ich möchte das an zwei Stellen aus der Vorgeschichte etwas ver-deutlichen. Zunächst nimmt der Erzähler halb und halb die Perspek-tive Riwalins und der Blanscheflur ein, erzählt aus der Naivität der erstmalig von einem solchen Gefühl Befallenen heraus. Auf diesem Stand der Entwicklung erscheint Liebe als irritierend und beunruhi-gend, als *Bann* oder *Zauber* (841 ff., speziell: 1002–1007). Aber dies ist eine falsche oder doch vorläufige Perspektive, die Beurteilung derer, die den wahren Charakter dieses Gefühls nicht erkannt haben. Blanscheflur führt ihre Reflexion weiter und sie wird sich klar, daß es sich nicht um äußerliche magische Praktiken handelt, sondern daß es ihre eigene Faszination, ihre Wünsche sind, die sich auf den Mann Riwalin richten, die sie beunruhigen. Sie wird sich über den Charak-ter ihrer Wünsche klar (vgl. 1026–51 und 1057–68), sie bejaht sie und dies gibt ihr die Möglichkeit, aktiv zu werden, ihr Schicksal zu gestalten: Sie zeigt Riwalin ihre Zuneigung, bringt ihn dazu, um sie zu werben. Sie sucht ihn auf, als er verwundet ist und schläft mit ihm. Dabei wird von ihr reflektiert, daß sie die Grenzen dessen, was sich gehört überschreitet. Der persönliche Glücksanspruch wird offenbar und stillschweigend höhergestellt. Sexualität wird akzep-tiert, wird gelebt, nicht abgetrennt oder verschwiegen. Die angeb-liche Herrschaft der Sinne allerdings, der dämonische Triebanspruch, der sich hier manifestiere, ist offensichtlich nicht eine Dimension des Gottfriedschen Textes, sondern ein Problem der Interpreten, die den Text so lesen. Gegen alle Deutung, die so die Minne im Tristan als eine quasi-magische Gewalt sehen, als Dämonie der Sinnlichkeit usw.[3], ist festzuhalten, daß in dieser Minneerfahrung ein Moment der Selbstanalyse, der bewußten Bejahung des eigenen Verlangens und der aktiven Umsetzung des eigenen Glücksanspruchs liegt. Dieser Glücksanspruch wird gegen die Grenzen des gesellschaftlich Erlaubten oder auch nur Schicklichen konsequent durchgesetzt. Wenn er scheitert, liegt es nicht an der Verklemmtheit der Partner oder ihrer Initiativelosigkeit. Bedroht ist die Beziehung Riwalins und der Blanscheflur durch die Regeln der Gesellschaft und durch den Zufall, der hier so etwas wie ein Zufall mit Feudalcharakter ist.

Das erste wird deutlich in der Szene vor der Flucht der beiden (1418 ff.):

Riwalin will sich verabschieden. Doch Blanscheflur stellt ihm ihre Situation vor Augen: Sie erwartet ein Kind, erfährt dies ihr Bruder, wird er diese Schande an ihr rächen, er wird sie umbringen oder doch zumindest enterben. Das wäre eine einschneidende Minderung ihres gesellschaftlichen Ranges. Aber selbst wenn sie dies alles auf sich näh-me, gibt es noch den hochpolitischen Aspekt, daß durch das Bekannt-

werden einer solchen Geschichte das Ansehen des Reiches leiden
würde, und das würde voll auf ihre Person fallen. (Vgl. 1454—1510.)

Das heißt, Blanscheflur ist sich der Bedingungen, unter denen sie
lebt, bewußt. Sie weiß, daß ihr Glück vor den sozialen Normen un-
rechtmäßig ist und deshalb nicht akzeptiert wird. Sie weiß, welches
Leid ihr bevorsteht und woher es kommt. Sie ist aber auch entschlossen, es aktiv abzuwenden. (In diesem Fall wird also das Leid
als Komplement der Liebe konkreter begriffen, als dies im Prolog
den Anschein hat.)

Daß ihr das nicht gelingt, liegt an den Schicksalswendungen, die
von außen kommen: Deren Mechanik ist die der feudalen Anarchie.
Man greift selbst einen Nachbarn an; der tut, hat er wieder Kräfte
gesammelt, das gleiche. Dieses äußere, quasi objektive Geschehen
tangiert das innere. Das heißt auch, der Zufall erscheint hier zunächst als Gesellschaftliches. Wo er in der Riwalin-Handlung in das
innere Geschehen eingreift, ist es — nüchtern dargestellte — Feudal-
anarchie. Der Zufall wird nicht wie im Artus-Roman zur höheren
Orts veranstalteten Vorausplanung stilisiert.

Der ,,intelligente" Held: Tristans Jugend

Die jämmerlichen Umstände, unter denen Tristan die Welt erblickt
(1714 ff.), bedeuten nicht, daß dieses Kind sein Leben als Kümmer-
ling fortführen muß. Davor bewahrt ihn nicht nur seine gesellschaftliche Stellung, sondern vor allem seine ganz exzellente Begabung,
sein Lerneifer und seine Bereitschaft zum Wohlverhalten. Nun hat
es in diesen Epen des 12./13. Jahrhunderts nichts Überraschendes,
wenn der Held in jeder Hinsicht überragend ist. Werden doch selbst
die negativen Figuren immer wieder als ganz vorbildliche Ritter geschildert. Vordergründig hängt das sicherlich mit dem Prinzip der
Ungleichheit zusammen, das in der feudalen Gesellschaft gilt, wo
also ein Vertreter des besseren Teils der Menschheit so leicht nicht
negativ erscheinen kann. Es wirft aber auch ein bezeichnendes Licht
auf die Fiktivität, die partielle Märchenstruktur dieser Erzählliteratur, in die realistische Momente nur sehr gebrochen, stilisiert, als
Nuancierung allenfalls am idealen Bild eingehen. Die Vortrefflichkeit
Tristans ist folglich nicht auffällig, interessant ist allenfalls, worin sie
besteht:

So ist es sicherlich nicht ganz alltäglich, daß er zuerst eine ,wissen-
schaftliche' Ausbildung erhält: Lesen, Schreiben, und Fremd-
sprachen (2056 ff.). Er treibt dies und die anschließende musika-

lische Ausbildung so intensiv, daß er bald alle an Kenntnissen und Können übertrifft. Schon hier wird signalisiert, daß dieser Mensch unter einer besonderen Spannung steht: Völlige Unbeschwertheit kennt er nicht einmal als Kind.

An zweiter Stelle dann, die Reihenfolge dürfte nicht ohne Bedeutung sein, lernt er auch Fechten und Jagen. Mit vierzehn besitzt er erstaunliche Fähigkeiten und wird allgemein bewundert. Seine Besonderheit wird ihm gleich darauf zum erstenmal zum Verhängnis (2149 ff.): Als eines Tages norwegische Kaufleute in *Kanoel* vor Anker gehen, besucht auch Tristan ihr Schiff, um sich ihre Waren anzusehen. Er sieht — zufällig — ein Schachspiel, fordert die Kaufleute in ihrer Sprache zum Spiel auf, spielt mit ihnen und vergißt sich dabei. Er konversiert überaus gebildet vor allem französisch über das Spiel und singt auch. Den Kaufleuten gefällt dieser junge Mann mit seinem weltmännischen Auftreten und mit seiner stupenden Sprachenkenntnis. Er könnte ihnen für ihre Verhandlungen und natürlich zur Steigerung ihres Umsatzes ungeheuer förderlich sein. Sie beschließen, ihn zu entführen, tun dies auch, indem sie heimlich die Anker lichten und sachte davonfahren.

(Es ist dies übrigens eine der wenigen Stellen im Tristan, wo bürgerliche Mentalität *direkt* dargestellt wird: ihre Züge sind hier: Berechnung [in dem Sinne, daß man seinen Nutzen zu kalkulieren versteht] und Rücksichtslosigkeit, auch List.)

Auf dem Meer allerdings gibt es einen furchtbaren Sturm, der erst endet, als man Tristan am Ufer aussetzt. Es ist — zufällig — das von *Curnevale*. Leicht verständlich, daß Tristan zunächst deprimiert ist und Angst hat. Dennoch macht er sich auf den Weg, menschliche Behausungen aufzuspüren. Er trifft schließlich auf zwei Pilger. Typisch nun, daß Tristan trotz seiner Jugend und seiner Verlassenheit gleich ganz präsent ist und sich taktisch verhält. Auf die Frage der Pilger, woher er komme, erzählt er ihnen eine wirkungsvolle Geschichte, aber nicht die wahre (2692 ff.). Dieser Akzent wird verstärkt im folgenden Abschnitt, in dem Tristan den Schritt zum engsten Vertrauten des Königs tut. Der Anlaß dazu ist eine Vorführung von Tristans musikalischen Fähigkeiten (3505 ff.).

Es war am Hof ein Musiker erschienen, der sehr gut spielte. Tristan ist fasziniert. Da er als Kenner urteilt und überhaupt in Musik gut informiert zu sein scheint, wird er aufgefordert selbst zu spielen, was er nach einigem Zögern auch tut.

Sein Erfolg ist überwältigend. Das allgemeine Lob kennt keine Grenzen. Marke macht ihn schließlich zu seinem engsten Vertrauten (3721 ff.).

Ganz auf sich gestellt, als der vermeintliche Bürgerliche, nur mit seinen Kenntnissen und Fertigkeiten, mit seiner geistigen Präsenz und Klarheit ausgestattet, erringt er in kurzer Zeit die höchste Position am Hof neben dem König. Es scheint dabei etwas wie eine Korrespondenz von Zufall und Können zu geben. Auch das Schicksal von Tristan ist ja bisher von Zufällen einschneidend und negativ bestimmt. Aber sein Charakter scheint wie disponiert, darauf souverän zu reagieren. D. h. auch wenn die Zufälle hier ‚mechanischer‘ Art sind, so ist das, was daraus wird, eben nicht nur Glück (oder Unglück) sondern Verdienst des intelligenten jungen Tristan. Nun hatte auch der Artusroman Leistung exponiert. Nur scheint hier Leistung unabhängig von der Herkunft bewertet zu werden. Es ist auch nicht die ritterliche Leistung, sondern eindeutig intellektuelle und künstlerische, die Fähigkeit, der adeligen Lebensäußerung eine kultivierte Form zu geben, die geschätzt wird. Woher kommt diese Umakzentuierung? Welche Bedeutung hat sie? Tritt hier ein neues Wertsystem in Kraft, artikuliert sich das Selbstverständnis einer nichtadeligen Schicht? Kurz, hat man hier erste Indizien dafür, daß ‚bürgerliche‘ Elemente in die Literatur eingehen?

Ich rekapituliere kurz: die Geschichte spielt in adeliger Sphäre, daran ist kein Zweifel, aber:

Der Autor apostrophiert ein Publikum, das andere Interessen hat als das typische Artusroman-Publikum.

Ihn interessiert überhaupt das ganze ritterliche Brimborium herzlich wenig, er legt den Nachdruck auf die Darstellung psychischer Vorgänge.

Beobachtung und vielleicht melancholische Hingabe an die Bewegungen und Spannungszustände des Inneren ist selbstverständlich für ihn und den Hörer/Leser, den er sich vorstellt.

Schließlich schildert er die Höflingskarriere eines vermeintlich Nicht-Adeligen, der ohne Schwertstreich und ohne einen Tropfen vergossenen Blutes ganz nach oben kommt. Statt *aventiure* also Bildung und Kunst.

Sicher ist aber, daß das direkt mit bürgerlichen Qualifikationen, von denen ja die handelskapitalistische Version knapp aber deutlich im Roman erscheint, nichts zu tun hat. Es bleibt allein die Tatsache, daß Leistung und Können den Mann machen, seine Stellung und Einschätzung bestimmen, die an ein neues, an ein ‚bürgerliches‘ Gleichheitsprinzip zu erinnern scheinen. Nur ist diese legitimierende Leistung wiederum ganz eindeutig auf die adelige Gesellschaft und auf den Hof bezogen. Zudem wird im weiteren Verlauf der Handlung

Tristans adelige Herkunft aufgedeckt und die ritterliche Komponente stärker akzentuiert:

Rual hatte nach der Entführung eine Expedition gestartet, um Tristan zu finden (3757 ff.). Nach vielen Irrwegen kommt er als Landstreicher nach Tintajel. Dort gibt es ein Wiedersehen mit Tristan, er bringt ihn zu Marke und in einer langen Erzählung wird Tristans wahre Herkunft aufgedeckt. Typisch für die Gesellschaft, in der dieser Roman erzählt, ist die peinliche Situation, die entsteht, wenn der zerlumpte Rual am Hof auftreten soll (3977 ff.) — er gilt ja zunächst noch als Tristans Vater. Denn natürlich ist die Art des Auftretens, die Art der Kleidung keineswegs gleichgültig. Deshalb wird zuerst betont, daß Rual von kräftiger und langwüchsiger Statur ist, daß er ferner eine kräftige Stimme hat, eine souveräne Redeweise. Das heißt, wenn schon die aktuelle Erscheinung nicht stimmt, dann doch wenigstens die naturgegebene Ausstattung (die Figur usw.), denn so gewachsen kann nur ein vornehmer Mann sein. Natürlich wird er dann auch sofort neu eingekleidet und dann füllt er die repräsentative Kleidung tatsächlich auch aus, er weiß sich in ihr zu bewegen und das spricht für ihn. Gottfried hat offenbar ein Gespür und legt den Akzent auf den ‚diskreten Charme' der Aristokratie, der die sozialen Abgrenzungen so greifbar und überzeugend in der lange antrainierten und deshalb nicht leicht zu imitierenden Sicherheit des Verhaltens vor Augen stellt.

Nun werden auch die Verhältnisse zurechtgerückt. Was schwer begreifbar, aber immerhin nicht ganz unmöglich schien: die bürgerliche Herkunft Tristans erweist sich als falsch. Tristan wird in seinen wahren Stand eingesetzt und damit gewinnt seine Stellung an Markes Hof eine neue Dimension: er ist der nächste Verwandte Markes und damit auch potentieller Erbe des Thrones.

Marke arrangiert sogleich Tristans Schwertleite (4379 ff.). Das wäre die Gelegenheit, die Ausstattung von Mann und Pferd zu schildern, den mehr oder weniger spannenden Verlauf von Turnieren auszubreiten. Gottfried tut dies auch hier nicht (4555 ff.). Er sei nicht in der Lage, dem eine neue Nuance abzugewinnen, sagt er. Und so beginnt unvermittelt ein Exkurs über die Literatur von Gottfrieds Zeitgenossen in dem der Autor sein stilistisches Ideal in der Kritik an einem ungenannten Rivalen (wohl *Wolfram von Eschenbach*), dessen unregelmäßigen, undisziplinierten Stil er verabscheut, und dem Lob für die Klarheit des Hartmannschen Stils deutlich werden läßt.[4]

Dem Leser verbleibt die Aufgabe, darüber zu spekulieren, ob diese Ablehnung der im höfischen Roman ausgebildeten Kleider-, Waffen-

und Turnierschilderung als subalterne Aufgabe (5056—62), die zugleich so viel an literarischer Kenntnis und geschichtlicher Bildung enthüllt, zugleich eine Ablehnung der Sache ist.

Nach dem Fest kehren Tristan und Rual nach Parmenie zurück. Beim Abschied bittet Marke Tristan wiederzukommen, er werde zu seinen Gunsten darauf verzichten, sich zu verheiraten, um ihm das Erbe zu sichern. Tristan tritt zunächst in seine Herrscherrechte und -funktionen ein, die Großen seines Landes huldigen ihm. Wichtigste Aufgabe, die sich ihm dann stellt, ist, mit Morgan, dem Feind seines Vaters, abzurechnen. Das geschieht in nicht ganz offenem Kampf, aber letztlich erfolgreich.

Damit hat Tristan seine Verhältnisse geordnet, er hat seinen Vater gerächt, sein Land wieder in unmittelbarem Besitz. Es zu verwalten scheint ihn nicht zu locken, denn er entschließt sich, zu Marke zurückzukehren und sein Land Rual zu überlassen. Offenbar scheint auch ihm, wie seinem Vater Riwalin, der größere Hof größere Entfaltungsmöglichkeiten zu bieten.

Die Karriere am Hof: Tristan bei König Marke

Tristan kommt nach Curnevale zurück, als dort gerade *Morold* erscheint, um den Zins, den Cornwall und England dem König von Irland schulden, einzutreiben (5868 ff.). Dieser Morold ist eine furchterweckende Gestalt, ein gefürchteter, unbesiegbarer Kämpfer. Zu einer Zeit, als Marke noch ein Kind war, hat er sich mit *Gurmun*, dem König von Irland verbündet (seine Schwester *Isolde* die ältere ist mit Gurmun verheiratet), und sie haben alle umliegenden Länder unterworfen. Der Zins besteht nicht in Geld, sondern in je dreißig männlichen Kindern aus den führenden Adelsgeschlechtern Cornwalls und Englands. Jedes Jahr erscheint dieser Morold und in seiner Gegenwart losen die Barone des Landes darum, wer sein Kind abzugeben hat. Diese schändliche Prozedur wäre nur durch Kampf zu beenden, aber das Land ist zu schwach, und als Einzelner wagt keiner der Großen den Kampf. Tristan ist dieses Schauspiel widerwärtig und er ruft den Herren ihre Freiheits- und Ehrvorstellungen in Erinnerung (6063 ff.). Aber keiner aus dem ganzen englischen Hochadel ist bereit zu kämpfen. So gefürchtet ist der schreckliche Morold — oder so feige sind die englischen Großen.

Mit diesem Appell Tristans wird die Auseinandersetzung aus der politischen in die rechtliche und ethische Ebene verschoben. Wenn Tristan sich nun bereit erklärt, gegen Morold zu kämpfen, indem er den Zins aufsagt und sich auch von den heftigsten Gefühlsregungen Markes nicht vom Kampf abhalten läßt, dann hat er nicht nur den alteingessenen Adel blamiert, er hat auch das Recht auf seiner Seite. Er wird nicht irgendeinen Zweikampf gewissermaßen aus *aventiure*, sondern einen Kampf ums Recht führen — und ihn nicht zuletzt deshalb gewinnen. Der Kampf beginnt — er findet auf einer kleinen Insel vor der Küste statt — und es ist klar, daß Tristan sich allenfalls in der Defensive behaupten kann. Er macht auch sehr bald einen Fehler, so daß Morold ihn am Bein verwunden kann. Triumphierend macht er Tristan klar, daß dies keine alltägliche Wunde ist: sie ist vergiftet und nur Isolde, Morolds Schwester kann sie heilen. Wenn Tristan gegen alle Wahrscheinlichkeit nun noch den Kampf gewinnen soll, dann wäre das nur aufgrund fast übermenschlicher ritterlicher Fähigkeiten möglich. Letzteres entspräche ganz den Erwartungen eines Artusroman-Publikums. Gottfried erfüllt diese wiederum nicht. Und zwar sind es zwei Elemente in seiner Kampfdarstellung, die es ihm erlauben, spezifische Akzente zu setzen. Sie machen den Kampf einerseits realistischer, d. h. auch brutaler, lassen andererseits seinen Ausgang, den Sieg Tristans, rationaler erscheinen, was widerum heißt, daß der Ritterkampf nicht idealisiert wird zum individuellen und kollektiven Allheilmittel.

Gottfried spielt mit der rhetorischen Formel, daß Morold die Kraft von vier Männern besessen habe, indem er — scheinbar ernsthaft — auch auf Tristans Seite vier Kämpfer auftreten läßt (Gott, Recht, Tristan und die Entschlossenheit, 6866 ff., die allerdings zwischendurch ausdrücklich an ihre Pflicht zu kämpfen, gemahnt werden müssen, 6980 ff.). Mit ihrer Hilfe stürzt Tristan schließlich so heftig auf seinen Gegner los, daß der vom Pferd fällt. Als er wieder aufsitzen will, wartet Tristan nicht, sondern schlägt ihm den Helm vom Kopf. Dafür fällt der Tristans Pferd, denkt nun aber seinerseits nicht daran, den Kampf zu Fuß, d. h. von gleich zu gleich fortzusetzen, sondern holt seinen Helm, läuft zurück zu seinem Pferd und versucht, wieder aufzusitzen. Tristan allerdings läuft ihm nach und erwischt ihn gerade, als er — eine Hand am Zügel, einen Fuß im Steigbügel — wehrlos am Pferd hängt. Er schlägt ihm die linke Hand ab und spaltet ihm darauf den Schädel mit einem solchen Schlag, daß ein Stück aus seinem Schwert bricht und in Morolds Schädelknochen steckenbleibt.

Einerseits also (in der Vervierfachung der Kämpfer) ironische Akzente in der Darstellung, die erlauben, das Pathos der gerechten Sache einzubringen und zugleich das Mittel des Kampfes zu relativieren. Dieser Autor scheint den Kampf Mann gegen Mann nicht mehr ernst zu nehmen: ist er schon unumgänglich, so muß doch signalisiert werden, daß er eigentlich kein passendes, vielleicht ein überholtes Mittel ist.

Zum andern wird in der Entartung des ritterlich-rituellen Kampfes zur puren Schlägerei auf Tod und Leben zum Schluß ein denunzierendes Element deutlich. Erscheint schon Morold mit seinem vergifteten Schwert als skrupellos, so ist doch auch Tristan kein tumber Ritter, der nur fair kämpft, sondern ein rücksichtsloser, cleverer und vor allem entschlossener Kämpfer. Dieser Schluß entmythisiert den Kampf, und läßt auch Tristans Sieg erklärbar erscheinen. Daß Tristan bestehen konnte, verdankt er seiner Entschlossenheit und der absoluten Konzentration seines Willens und seiner Verstandeskräfte. Er leistet hier nicht das eigentlich Unmögliche — wie irgendein Tafelritter — er tut das Mögliche geschickt und sehr gut.

Da Tristans Wunde nicht heilt, muß er sich entschließen, nach Irland zu fahren, um von Isolde geheilt zu werden. Das ist lebensgefährlich für ihn, denn König Gurmun hatte — wütend über Morolds Tod — befohlen, alle Engländer, die nach Irland gelangten, zu töten. Tristan kann seinen Zweck nur durch Betrug und Verstellung erreichen. Deshalb setzt er seine Ankunft in Irland sorgfältig in Szene, indem er seine erprobten musikalischen Faszinationskünste und seine Fertigkeit im Erzählen fiktiver Lebensgeschichten ausnutzt (7420 ff.). Er gibt sich diesmal als höfischer Spielmann *Tantris* aus. Diese Geschichte, besonders aber seine Musik lassen ihn schnell an den irischen Hof gelangen, wo ihn die Königin Isolde heilt. (Gottfried betont, wie wichtig es gewesen sei, gegenüber den Iren seine Wunde zu verbergen, als er damals von der Insel zurückkam, 7885−92. Seine Voraussicht rette ihm nun das Leben).

Das ist deutlich auch eine Wiederholung des Aufstiegs an Markes Hof: die gleichen Fähigkeiten und Umgangsformen verhelfen ihm auch hier zu einem schnellen Erfolg. Hier wird er nach seiner Heilung sogar zum Lehrer der jungen Isolde gemacht. Sie lernt bei ihm alles, was er selber lernte und nun so einzigartig beherrscht. Gottfried hebt dabei den Unterricht in dem, was er *moraliteit* nennt, besonders hervor — Unterricht im Sozialverhalten in dieser Hofgesellschaft. Ihre perfekte Beherrschung bedeutet, möglichst vollkommen die gesellschaftlichen Standards — allerdings in ihrer fortgeschrittensten, der höfischen Form — beachten zu lernen. Hier ist nicht die Rede davon, die je besonderen Fähigkeiten der Person zu entwickeln, sondern das eigene Verhalten in ständiger Rücksicht auf die allgemeinen Normen und auf die Erringung der Zustimmung der anderen zu konditionieren.

War einerseits von Anfang an die Distanz Tristans zu seiner Umgebung, sein Aus-dem-üblichen-Rahmen-fallen, hervorzuheben, waren Momente namhaft zu machen, die wie eine Korrektur am durchschnittlichen Bild des (literarisch vermittelten) aristokratischen Verhaltens erscheinen, so ist andererseits die Quintessenz der Gebildetheit und der Fähigkeiten Tristans und nun noch der Isolde gerade ihre vollständige und beispielhafte Integriertheit in diesen Lebenszusammenhang, dem sie an solchen Stellen nicht neue Dimensionen, sondern erst den richtigen Ausdruck zu geben scheinen. Nur verkörpern sie einen für andere unerreichbaren Standard. Ihre Unvergleichlichkeit isoliert sie in dem Sinne, daß es nicht – um einmal mehr an Artus zu erinnern – eine ganze Reihe potentiell Gleicher gibt. Das macht sie noch nicht zu Individuen, aber es ist ein Ansatzpunkt für das Auseinandertreiben dieser Einzelnen und der Gesellschaft.

Tristans Stellung am irischen Hof bleibt dennoch unsicher. Er muß die Entdeckung seiner wahren Identität fürchten. Deshalb kehrt er bald an Markes Hof zurück, wo seine Rückkehr nicht nur eitel Freude auslöst. Es ist nun allmählich zuviel an Erfolg, die Bewunderung der Hofgesellschaft schlägt um in Diskriminierung (8316 ff.). Man spinnt eine Intrige gegen ihn, um ihn zu beseitigen: der Kronrat bearbeitet Marke, wieder zu heiraten. Isolde von Irland sei die richtige Frau für ihn. Und man schlägt Tristan als Werber vor, in der sicheren Annahme, daß er diesen Auftrag kaum überleben werde. Marke opponiert, aber Tristan nimmt an: er sei der geeignete Mann, aber die Herren Barone sollten ihn natürlich begleiten. Die hatten sich das so nicht gedacht, aber sie können sich auch nicht mehr entziehen, obwohl sie furchtbare Angst haben.

Wieder bereitet Tristan die Fahrt genau vor (was Gottfried in ausdrücklicher Ablehnung überlieferter Versionen betont 8584 ff.). Denn für ihn ist das eine taktisch angelegte Unternehmung, die er wieder einmal souverän zum Erfolg führen wird, während die mitgeführten Barone eine vor Angst zitternde Statisterie abgeben, deren einzige Hoffnung in dieser schwierigen Lage die Intelligenz Tristans ist.

Er geht in Irland allein an Land (8691 ff.). Die englischen Barone halten sich im Schiff versteckt. Noch einmal gibt er sich als Kaufmann aus, der durch Stürme hierher verschlagen sei. Seine geschickte Darstellung und sein Angebot, dem König eine großzügig bemessene Steuer für seinen ganzen Umsatz zu zahlen, sichern ihm Aufenthaltserlaubnis und Sicherheitsgarantie des Königs. Der weiteren Ausführung seines Vorhabens erweist es sich als günstig, daß in der Umgebung von Dublin gerade ein Drache sein Unwesen treibt (8900 ff.). Diese Landplage ist so gravierend, daß der König als Preis für den Sieg über sie seine Tochter ausgesetzt hat. Tristan weiß das, er macht sich auf und besiegt – natürlich – das Untier. Damit sind günstige Voraussetzungen für seine Werbung geschaffen. Daß er sie nicht einfach umsetzen kann hat zwei Ursachen: 1. wird er nach dem Kampf ohnmächtig, da die giftige Zunge des Drachens, die er sich als Beweis eingesteckt hatte, teuflische Ausdünstungen von sich gibt. 2. Gibt es in Dublin einen glühenden Verehrer der Isolde, den Truchseß, der sich schon häufig am Drachen versucht hat. Er ist wieder einmal zur Stelle, sieht den toten Drachen, aber keinen Drachentöter dabei, sondern nur noch ein halbes Pferd und ahnt, daß seine große Stunde gekommen ist. Er schlägt dem Drachen den Kopf ab und eilt zum Hof. Er gibt sich selbst als Besieger des Drachens aus und verlangt die Heirat mit der jungen Isolde. Dieser Truchseß ist einer jener negativ gezeichneten Altadeligen, feige, aber stolz auf seine Familie, deren Besitz und Einfluß am Hof.

Kein Wunder, daß die junge Isolde den partout nicht will, sondern eher ans Sterben denkt (9269 ff.). Aber die Königin hält nichts von schneller Resignation, ihre Mittel sind noch nicht erschöpft. Sie zieht ihre Zauberpraktiken zu Rate und erfährt so, daß der Truchseß lügt. Also beschließt sie, sich erst einmal auf dem Schlachtfeld umzusehen. Dort entdeckt Isolde Tristan und erkennt ihn als Tantris den Spielmann. Aus der Ohnmacht erwacht, muß er seine neueste Kaufmannsgeschichte erzählen und von seinem Sieg über den Drachen berichten. Das ist für die Isolden natürlich die Lösung. Die Königin nimmt die Dinge in die Hand. Auf dem Gerichtstag, auf dem über den Fall entschieden werden soll, lenkt sie ganz souverän und sehr ironisch gegenüber dem Truchseß die Diskussion, mit dem Ergebnis, daß er, der von seinen Ansprüchen nicht absteht, diese im Zweikampf beweisen muß, gegen den, den sie ihm als Gegner präsentieren wird.

Daß eine Frau so aktiv in ihr Schicksal eingreift, ist im Tristan nicht verwunderlich. Auch an anderen Stellen nehmen ja Frauen ihr Schicksal nicht einfach passiv an. Aber es gilt für die Königin Isolde das gleiche wie für Tristan: auch ihr Handeln ist von Bewußtheit und langfristiger Voraussicht gekennzeichnet. Wenn andere vor der Fatalität der Ereignisse in untätiges Klagen und nackte Angst verfallen, beginnen sie erst die Situation nach Auswegen zu befragen, die sich dann meist auch finden.

Ein Element der Planung tritt hier also in Erscheinung, einer Planung, die die Alternativen antizipiert und vorweg die Reaktionsmöglichkeiten überlegt. Darin scheint ein Moment der Emanzipation des einzelnen aus unbegriffen Vorgegebenem, aus bloß hingenommenen Zusammenhängen zu liegen. Man setzt sich dem Zufall nicht aus, sondern greift durch absichtsvolle Veranstaltungen in das eigene Schicksal ein. Es reitet hier kein Ritter aus, der mit den immer gleichen Mitteln des Kampfes sich einfach jedem Abenteuer stellt, das ihm begegnet. Diese Planung und die Langzeitkontrolle des Handelns scheinen tatsächlich eher in jenen gesellschaftlichen Bereich zu gehören, aus dem Tristan seine Masken nimmt, in den des Kaufmanns. Allerdings gilt es sich noch einmal klar zu machen, daß das Kaufmannsmotiv nur Teil der List Tristans ist. Das Kaufmannsschicksal wird nicht real, es ist Versatzstück, Teil einer Strategie, mit der er die starren feudalen Rollenabläufe umgeht.

Tristan kann sich nun als wertvolles Faustpfand der besonderen Pflege der drei Frauen erfreuen (9983 ff.). Aber noch einmal spitzt sich die Handlung dramatisch zu, steht das Leben Tristans auf Messers Schneide: die junge Isolde bedient Tristan im Bad. Dabei bewundert sie seine vollkommene Gestalt und es will ihr nicht gerecht erscheinen, daß ihr Träger von so inferiorer sozialer Stellung ist (10009–32). (So sehr ihre Überlegungen dabei vom typisch feudalistischen Vorurteil geprägt sind, daß die vollkommene leibliche Gestalt nur Ausweis adliger Herkunft sein könne, so enthalten sie doch auch das Bewußtsein davon, daß es Vollkommenheit auch außerhalb des aristokratischen Bereiches gibt.) Isolde betrachtet dann auch Tristans Waffen und entdeckt die Scharte im Schwert, erinnert sich des Stückes, das im Kopf ihres Oheims zurückgeblieben war – ihre Mutter hatte es damals in der Wunde entdeckt –, holt dies, und fatalerweise passen beide zusammen. Überdies merkt sie nun, daß die Namen Tantris und Tristan etwas miteinander zu tun haben. Damit weiß sie, wer vor ihr sitzt. Sie faßt das Schwert und will ihn umbringen. Dazu kommt es nicht, weil die Königin Isolde und die Kammerfrau *Brangœne*, die hinzu kommen, klaren Kopf bewahren und nicht vergessen, wie wichtig dieser Tristan in der momentanen Situation für sie ist. (Überdies, deutet der Autor an, wäre Isolde zu einer so „unweiblichen" Tat letztlich doch nicht fähig gewesen.) Tristan bringt darauf die Werbung Markes vor, und von Gurmun und der Königin Isolde wird die Gelegenheit zur politischen Heirat, d. h. zur Aussöhnung mit England, schließlich bereitwillig aufgegriffen. Und obwohl die junge Isolde weiterhin auf ihrem Haß gegen Tristan besteht, kann das Geschehen nun nach Plan über die Bühne gehen: die englischen Barone auf ihrem Schiff werden aktiviert, sie müssen als Staffage beim feierlichen Staatsakt dabei sein.

Offizielle Werbung und Freilassung der Geiseln und Vorbereitung der Überfahrt schließen das ganze ab. Zuvor treten noch einmal Tristan und Isolde im feierlich-zeremoniellen Rahmen des Hofes auf. Tristan in überreicher Kleidung, Isolde in unvergleichlicher Schönheit. Beide sind als Höhe- und Glanzpunkte so sehr Teil dieser Gesellschaft wie nur irgendeiner der Anwesenden (10885–10961). Die vollkommene Schönheit der Isolde ist als Inbegriff des sinnlich Schönen überhaupt, als ein Versprechen von diesseitigem Glück und Harmonie von singulärem Rang. Aber diese Schönheit ließ sich nur verwirklichen und folglich auch nur so darstellen, da sie genau den Möglichkeiten und dem Geschmack der aristokratischen Gesellschaft entsprach. So ist Isolde in ihrem Auftreten, im Sich-Präsentieren wie in ihrer einmaligen Eleganz, Produkt und vielbegehrter Höhepunkt einer Gesellschaft, über die hinaus es für sie in ihrer äußerlichen Konformität nichts zu geben scheint, die aber dann doch nicht den Rahmen abgeben kann für ein wirkliches personales Glück dieser Frau.

Hof und Stadt

Man hat versucht, die Besonderheit des jungen Tristan einzufangen, indem man ihn als Künstler beschrieb[5]. Das liegt nahe und ist solange richtig, wie man sich bewußt bleibt, daß dies nur eine Facette im Bild ist. Denn man darf im 13. Jahrhundert keineswegs den Künstler als den beispielhaften Typus für Schicksal und Lebensproblematik des einzelnen sehen wollen. Vielmehr sind die Züge, die bei Tristan u. a. als solche eines Künstlers ausgeprägt werden, viel eher auf einen neuen Typ des höfischen Adeligen zu beziehen, der im Entstehen begriffen ist.

Resümieren wir kurz: Tristan hat einen Sinn für Wirkung, Wirkung seiner Person, seines Auftretens, der sprachlichen und musikalischen Äußerung bestimmter emotionaler Inhalte, und er versteht, diese Wirkungen zu berechnen wie (auch) planmäßig einzusetzen. Er hat auch die Voraussetzungen dazu in Form von Bildung und Sprachenkenntnis. Er versteht sich perfekt auf Verstellung und Verkleidung. Er ist bei seinen Expeditionen nach Irland nie in Gefahr, sich durch spontane Regungen zu verraten. Er hat sich völlig in der Hand, ist vollkommen selbstbeherrscht. Seine Geistesgegenwart versetzt ihn in die Lage, sich im höfischen Intrigenspiel zu behaupten. Von Anfang an ist er der Mann des ästhetischen und kulturellen Raffinements. All dies sind zugleich Voraussetzungen für jenes diplomatische Geschick, das sich bei Tristan auch deshalb so gut bewähen kann, weil er selbst ohne jeden eigenen politischen Ehrgeiz ist. Um den sozialen Kontext fassen zu können, in dem solche Verhaltensweisen möglicherweise eine Rolle spielen, ist es notwendig das Phänomen *Hof* in seinen politischen und wirtschaftlichen Dimensionen genauer zu rekonstruieren. Norbert Elias hat in seinem Buch „Über den Prozeß der Zivilisation" gezeigt, wie sich in der feudalen Gesellschaft vor allem im Laufe des 12. Jahrhunderts die größeren Höfe als ökonomische und kulturelle Zentren herausbilden, an denen, einhergehend mit einer neuen Funktionszuweisung für den mittleren und niederen Adel, sich einschneidende Änderungen der Lebensformen entwickeln, die letztlich einen wichtigen Schritt in der Entwicklung der „Zivilisation" zu den heutigen Standards hin ausmachen. Ein wesentliches Element in dieser Entwicklung ist der veränderte Status der Gewaltanwendung in der Gesellschaft. Daß generell der feudale Staat ein Gebilde ist, in dem ganz anders als in der Gegenwart, antagonistische Kräfte ständig offen im Kampf, in „Fehde" liegen, ist für jeden leicht ersichtlich, wenn er bloß die äußeren geschichtlichen Ereignisse etwa des 12. und 13. Jahrhunderts betrachtet. Dieses gewaltsame Gegeneinander läßt sich unter anderem als eine Konkurrenz zentrifugaler und zentralistischer Kräfte beschreiben. In vereinfachender Kürze: die ganz überwiegend agrarische Produktionsweise bedingt eine starke Abschließung der Regionen gegeneinander, nicht ihre Verbindung. Das wirkt sich natürlich auch in der Herrschaftsstruktur aus, da Herrschaft im Feudalismus über den Grundbesitz vermittelt ist. D. h. die Herrschaftsfunktionen werden zwar theoretisch von der Zentralgewalt (dem König) delegiert, sind aber faktisch gegen sie verselbständigt, sind also wie der Besitz an Boden und Menschen dezentralisiert. Die Zentralgewalt legitimiert sich zwar ideologisch als Rechts- und Ordnungsfaktor, real hat sie aber ihre eigentliche Bedeutung bei der Expansion des Herrschafts- und Besitzbereichs, konkret in der Eroberung und Sicherung neuer Herrschaftsgebiete. Von einem Gewaltmonopol des „Staates" und d. h. von einer wirksamen Ordnungsfunktion kann im feudalen Staat nicht die Rede sein.

Wenn nun die Bedeutung der Höfe, also der Zentralisierungsinstanzen zunimmt, beruht dies darauf, daß in dem Augenblick, in dem durch die Entwicklung des städtischen Marktes Impulse auf die landwirtschaftliche Produktion ausgehen und dort die Werkzeuge und Methoden weiterentwickelt werden, die größeren Besitzeinheiten im Vorteil waren, weil sie mit ihrem Land- und vor allem Menschenpotential die Voraussetzungen für eine Trennung von agrarischer und einfacher gewerblicher Produktion besaßen. Sie werden ökonomisch führend, was sich politisch und militärisch als Zunahme des Gewichts gegenüber dem weniger besitzenden Adel auswirkt. Die Konsequenz ist, daß im Laufe der Entwicklung immer größere Teile des Adels ihre Selbständigkeit gegenüber den Höfen verlieren. Es setzt sich ein Mechanismus in Gang, der sehr langfristig gesehen das politische und auch das militärische Gewicht des einfachen Adels gegenüber den Fürsten reduziert. Die Eigenständigkeit des einzelnen „Ritters", das Sich-verlassen auf die eigene kriegerische Kraft kann es im Umkreis des Hofes nicht mehr geben. Denn dort wird sich die Stellung des einzelnen nun eher nach seinem Verhältnis zum Zentrum, d. h. zum Herrscher entscheiden. Der vergibt die Aufgaben, damit den Rang, die Bedeutung, die Qualifikationen.

Gezwungen, ein gut Teil seiner Selbständigkeit aufzugeben, sieht sich der einzelne überdies einer Schar von Konkurrenten gegenüber. Er muß sich auf diese Konkurrenzsituation einstellen und es liegt auf der Hand, daß dies bedeutet, daß er nun andere Qualitäten und Qualifikationen braucht als beim ritterlichen Kampf. Mit kriegerischer Bravour, mit Dreinhauen ist es nicht mehr getan. Es kommt jetzt darauf an, sich und andere zu beobachten und zu kontrollieren d. h. sich zurückzuhalten. Die Selbstkontrolle, die Beherrschung der spontanen Regungen, die Domestizierung der blinden Affekte wird zur Voraussetzung für das Reüssieren am Hof.

Und da fürs Überleben nicht mehr die ständige kriegerische Einsatzbereitschaft notwendig ist, da der Hof einerseits die Gewaltanwendung monopolisiert, dafür aber auch größere Sicherheit vor unmittelbaren gewalttätigen Angriffen bietet, werden die intellektuellen Fähigkeiten im weitesten Sinne mehr von Bedeutung. Taktieren, Menschenbeobachtung und -behandlung, zu der natürlich auch die Selbstbeobachtung gehört, sind die neuen und auf lange Sicht wichtigen Fähigkeiten. Das Zusammenleben vieler Menschen auf relativ engem Raum, das unter der Forderung nach gewaltfreier Regelung der Konflikte steht, muß die Bedeutung der Formen des Umgangs, der formalen und zeremoniellen Regelung der Verhaltensweisen und Beziehungsformen steigern. Der einzelne kann durch die ästhetische und modische Akzentuierung seiner Erscheinung seine Stellung dokumentieren. Unterhaltung, Kunst, Ästhetisierung der eigenen Person, der Umwelt und der Tätigkeiten (wie Jagd oder Geselligkeit) mußte so in doppelter Hinsicht eine Bedeutung erlangen, die sie in einer reinen Kriegergesellschaft nicht haben konnten. Denn einmal stimmt all dies mit der Tendenz zur Verbannung der Gewalt aus dem menschlichen Umgang und zur „Verfeinerung" und Kontrolle des

Verhaltens überein und zum anderen bietet es dem einzelnen die Möglichkeit sich auszuzeichnen.

Selbstverständlich gehört dazu auch die Kultivierung der psychologischen Analyse. Man kann und muß sich seinen Gefühlen zuwenden, entwickelt sie, unterwirft sie der bewußten Kontrolle oder — weil dies nicht aufgehen kann — umkreist gerade die Unzulänglichkeit der rationalen Kategorien angesichts der unmöglichen Domestizierbarkeit der psychischen Energien und Wünsche.

Es ist klar: all das ist ein Verhalten der Oberschichten, sogar nur von Teilen des Adels. Aber es sind jene Teile, die für die nächsten Jahrhunderte wichtige vorwärtsweisende Entwicklungen tragen. Damit ist aber auch gesagt, daß zu Beginn des 13. Jahrhunderts diese Entwicklung weder auf ihrem Höhepunkt, noch gar eine allgemeine war, d. h. den ganzen Adel betraf. Man muß von einem Nebeneinander von in diesem Sinne fortschrittlicheren und traditionelleren Bereichen ausgehen, einem Nebeneinander von höfischen Zentren und einem mittleren und niederen Landadel mit sehr divergierenden Normen. Dieses Nebeneinander muß sich auch im Unterschied des literarischen Geschmacks, d. h. im Nebeneinander verschiedener stilistischer und inhaltlicher Standards ausdrücken. Von daher wird ein Aspekt der spezifischen Avanciertheit des Gottfriedschen Tristan verständlich. Ein Bewußtsein von dieser Avanciertheit scheint der Autor dem Text ja von Anfang an aufzuprägen.

Ich meine, daß die Übereinstimmung dieser Tendenzen mit dem, was an Verhalten und Eigenschaften Tristans herauszuarbeiten war, auf der Hand liegt: da erscheint zunächst der Hof selbst, wird als Konkurrenzgefüge, als Raum der Rivalität und Intrige, die keineswegs harmlose Dimensionen hat, deutlich. Tristan macht mehrfach beispielhafte Karrieren an solchen Höfen, wenn auch seine ständische Inferiorität jeweils fiktiv ist. Dann: die Verschiebung der legitimierenden Leistung vom nur Kriegerischen weg, dagegen die Bedeutung von bewußt kontrolliertem Verhalten, Einsatz von Planung, List und Intelligenz, Bedeutung der intellektuellen und künstlerischen Leistung, schließlich die zivilisatorischen und Geschmacksstandards, die intensive ästhetische Durchformung der Lebensäußerungen und des Erscheinens. Und dies ist zugleich eine Dimension des Gottfriedschen Textes in der unerreichten Nuanciertheit und Sinnlichkeit seiner Sprache, der Subtilität seiner Wortspiele, der vollständigen Durcharbeitung und Glätte des Verses, aber auch im Pathos der Exklusivität.

Es ist allerdings festzuhalten, daß dieser Begriff der ,,höfischen Zivilisation'' nicht den Generalnenner für die Tristaninterpretation abgeben kann. Dies ist gewissermaßen nur der eine Pol, von dem aus vielleicht an den historischen Sinn des Tristan heranzukommen ist. Denn zu einer in diesem Sinne höfischen Kultur paßt wohl die Kultivierung der erotischen Beziehung, aber doch eher der flüchtigen, zu ihr paßt das galante Abenteuer mit immer wechselnden Partnern, oder anders: wohl der Sensualismus des *Tristan*, nicht aber die Bedeutung und Ausschließlichkeit der Tristan-Isolde-Beziehung.

Nun wäre zu fragen, ob sich auch historisch-biographisch eine Beziehung Gottfrieds zum Hof im definierten Sinn zeigen läßt. Allerdings wissen wir direkt und sicher über Gottfried so gut wie nichts. Doch es läßt sich einiges erschließen:

1. Den Namen des Autors, der sich wohl erst am Ende seines Werkes selbst genannt hätte, kennen wir von den Fortsetzern des *Tristan* (*Ulrich von Türheim* und *Heinrich von Freiberg*) und anderen Autoren aus der Mitte des 13. Jahrhunderts. Auch eine der Initialenfolgen im *Tristan* ergibt den Namen *Gote (frit)*.

2. Bei diesen Autoren wird Gottfried mit Straßburg in Verbindung gebracht. Sie nennen ihn zum Teil *Meister*, nirgends heißt er, wie andere sicher ritterliche Autoren *her*, außerdem hat er in der Minnesanghandschrift C kein Wappen. Das sind deutliche Indizien für nicht adeligen Stand, bürgerliche Herkunft. (Obwohl andererseits das Wort *Meister* vieldeutig ist. Das kann auch den Gelehrten, sogar Magister als akademischen Grad bedeuten auch Lehrer an einer Dom- und Stadtschule. Nur das letzte ist aus Gründen des Standes und der fehlenden urkundlichen Bezeugung unwahrscheinlich.)

Daten, die einige Wahrscheinlichkeit haben, sind also: Stadtbürger, Nichtritter, Nichtkleriker im engeren Sinn (aus Gründen der mangelnden urkundlichen Belege), ausgestattet aber mit der Bildung, die die geistlichen Schulen, vielleicht auch Universitäten der Zeit vermitteln, und mit einiger Wahrscheinlichkeit im Dienste der Stadt oder des bischöflichen Hofes, vielleicht als bürgerlicher Jurist oder Gelehrter oder als irgendein Ministerialer.

3. Die Abfassungszeit des *Tristan* ergibt sich aus der Beziehung zu Wolfram: *Parzival* und *Tristan* müßten etwa gleichzeitig entstanden sein. D. h.: die Zeitangabe um 1210 ist weder als sicher noch als unwahrscheinlich zu betrachten. Mit diesen möglichen bzw. wahrscheinlichen Daten, vor allem mit dem Ort Straßburg ist Gottfried in Beziehung zu teilweise antagonistischen sozialen Formationen gerückt: Dem Bischof und der Stadt Straßburg. Wenn deshalb Karl Bertau vom Spannungsfeld zwischen beiden schreibt, in das Gottfried irgendwie einzuordnen sei, dann ist dies zunächst ganz konkret zu verstehen[6]. Denn zwischen dem Bischof als Stadtherrn und der

Stadt, repräsentiert in patrizischen Geschlechtern, später auch Zünften, gab es Spannungen sehr konkreter Art: politisch-juristische Auseinandersetzungen um die Rechte bei der Regierung der Stadt. Dabei ist der Bischof, der feudale Herr der Stadt, der in seinem Kirchenamt zugleich ein feudales Herrscheramt hat, also Territorialherr ist, im Lauf des 13. Jahrhunderts der Verlierer, der nacheinander ein Recht ums andere abgeben muß. Die Stadt gewinnt dabei so langsam ihre eigene Verwaltung und Gerichtsbarkeit. Die zwischen 1180 und 1210 (z. Zt. also als Gottfried lebte) intensiven Auseinandersetzungen führen (im Stadtrecht von 1214) zur Konstitution eines Rates, der aus Ministerialen und Vornehmen, d. h. reichen Bürgern besteht.[7]

Diese Auseinandersetzungen sind im übrigen typisch, in allen vergleichbaren Städten, insofern sie einen bischöflichen oder sonstigen feudalen Stadtherrn haben, spielt sich ähnliches ab. Es geht dabei auch um Prinzipielles, um ein städtisch-demokratisches Regiment im Gesamtrahmen des feudalen Staates, um die Entwicklung kollegialer, oligarchisch-demokratischer Regierungsformen, um die rechtliche Gleichstellung schließlich aller Stadtbewohner. Grob gesprochen steht auf der einen Seite das feudale Prinzip der hierarchischen Herrschaftsausübung ohne plebiszitäre Elemente, wo die Macht des Herrschers sich nach seinem tatsächlichen politisch-militärischen Gewicht richtet, zwar an rechtliche Verfahrensprozeduren gebunden ist, aber je im einzelnen nicht legitimiert zu werden braucht.

Auf der anderen Seite steht ein Stadtregiment von gewählten Repräsentanten, die dem Rat verpflichtet sind, ihr Amt für begrenzte Zeit haben, ihre Stellung nicht durch Geburt und Herkunft, sondern allenfalls aufgrund von Besitz haben. Diesem Stadtregiment unterworfen sind Bürger von oft sehr unterschiedlicher Stellung und meist sehr geringen politischen Einflußmöglichkeiten, aber doch von einem Rechtsstatus, der nichts mit Unfreiheit zu tun hat. Die Kämpfe um die Stadtherrschaft sind damit zugleich Ausdruck unterschiedlicher Formen der sozialen Organisation und der Stellung des einzelnen in ihr. Und darin liegt die Relevanz dieser Entwicklungen auch für die Analyse des *Tristan*. Ich möchte deshalb in wenigen knappen Andeutungen dazu noch einige Hinweise geben.

Die Gesellschaft der mittelalterlichen Stadt ist von Anfang an ein Phänomen, das über die feudale, rein agrarische Produktionsweise hinausführt, weil sich in ihr weiterführende Entwicklungen organisieren. Die beiden Pfeiler gewissermaßen der städtischen Wirtschaft sind der Handel und das Handwerk. Zwar war beides zunächst auf die Bedürfnisse der aristokratischen Gesellschaft bezogen. Ein von der agrarischen Bedarfsdeckungswirtschaft getrenntes und spezialisiertes Handwerk konnte erst entstehen, als der Ertrag der landwirtschaftlichen Produktion so groß war, daß große Teile der Gesellschaft von der Aufgabe, sich selbst ihre Nahrung zu gewinnen, freigesetzt werden konnten. Dabei spielten natürlich die größeren Höfe und auch die Klöster eine Rolle.

Ist das Handwerk durch die Vermittlung des Handelskapitals dann lokal konzentriert in den damit entstehenden Städten, macht es die Entwicklung des regionalen Handels als Vermittler zwischen Produzent und Verbraucher, aber auch zwischen landwirtschaftlichen Produzenten von Nahrungsmitteln und städtischen Verbrauchern möglich und nötig. Dieser lokale Austausch allerdings ist nicht der wichtigste Teil des städtischen Handels. Die großen Reichtümer werden im Fernhandel gemacht, dessen enorme Risiken durch ebenso enorme Gewinnspannen vergoldet werden. Auch der Fernhandel setzt am Bedarf der feudalen Höfe an und dabei spielen zunächst die verfeinerten Luxusbedürfnisse des Hofes (Stoffe, Gewürze, Waffen) eine bedeutende Rolle. Aber zunehmend weitet sich der Bereich dessen, was über den Markt beschafft wird und werden muß, aus. Die Fernhandelskaufleute bilden den wesentlichen Teil des sogenannten Patriziats der Städte. Sie erkämpfen meist zunächst im Bündnis mit den Handwerkerzünften die Unabhängigkeit der Stadt. Es gelingt ihnen aber in aller Regel, den Einfluß der Zünfte wieder zurückzudrängen.

Handel und Handwerk der Stadt entwickeln sich also als Teil der feudalen Gesellschaft. Dennoch sind sie zugleich ein Angriff auf die feudalen Verhältnisse, die sie mit dem Prinzip der Geldwirtschaft, des Warentauschs, langsam aushöhlen. Das zeigt sich an Krisensymptomen der feudalen Gesellschaft, die im 13. Jahrhundert immer stärker werden. Oberflächlich ist das greifbar an solchen Phänomenen wie den Auseinandersetzungen der deutschen Könige/Kaiser mit den oberitalienischen Städten: dabei gelingt es der feudalen Zentralgewalt nicht, sich diese Städte auf Dauer zu unterwerfen. Zwar erreichen die deutschen Städte eine vergleichbare Stellung erst ein bis zwei Jahrhunderte später, aber Orte wie Straßburg, Frankfurt, Köln und andere sind auch zu Beginn des 13. Jahrhunderts schon bedeutend.

Das zunehmende politische Gewicht der Städte beruht auf ökonomischen Mechanismen. Denn die wachsende Ausdehnung des Geldsektors verändert die Bedeutung des Grundbesitzes als Basis von Reichtum und Herrschaft. Einerseits zieht die Handelsbourgeoisie durch die Stimulierung der Luxusbedürfnisse und dadurch, daß essentielle Dinge des aristokratischen Bedarfs, wie Waffen, Pferde, Stoffe und Soldaten über den Markt, d. h. mit Geld zu erwerben sind, den Reichtum des Adels ab, verteilt ihn gewissermaßen um. Zum andern sind damit diejenigen, die ihren Reichtum durch Auspressung der Bauern d. h. aus der vergleichsweise statischen argrarischen Produktion gewinnen (die Produktivität war hier immer nur sehr begrenzt zu steigern), bei einer Zunahme der Geld- und Warenmenge und damit auch bei steigenden Preisen bald an die Grenzen ihrer Ressourcen gelangt. Dies verstärkt den Differenzierungsprozeß im Adel. Niederer und hoher Adel unterscheiden sich immer stärker und es vergrößert sich der Sektor, in dem es soziale Mobilität gibt.

Obwohl die städtische Wirtschaft noch lange ein Wirtschaftssektor „in den Poren" einer noch ganz überwiegend agrarisch produzierenden Gesellschaft ist, ermöglicht sie doch ganz andere Spielräume für den einzelnen: In sehr viel größerem Maße lohnt sich nun Initiative und Unternehmungsgeist, weil der persönliche Einsatz vervielfältigte Effekte hat, die dem einzelnen selbst zugute kommen können. Eigenschaften wie Mut, Entschlußkraft, Überblick usw. werden in viel längerfristiger Perspektive von Bedeutung. Sie bekommen quasi eine abstraktere Dimension, wenn sie nicht mehr nur in der unmittelbaren Auseinandersetzung Mann gegen Mann gebraucht werden. Der Händler erreicht seine Ziele, weniger mit Gewalt als mit Geduld, List, Überredung, notfalls durch Bestechung. Er muß dazu gelernt haben, Fremdes nicht als bedrohlich oder vernichtenswert wahrzunehmen, sondern sich ihm anzupassen. Erfolg wird nur der haben, der es versteht, sich wendig wechselnden Situationen anzupassen, sich von negativen Zufällen nicht niederschlagen zu lassen. Das heißt, auch in diesem Bereich entsteht der Zwang zur Transformation der unmittelbaren Affekte und unmittelbaren Reaktionen, ist die Entwicklung von rationaler Analyse der Situation notwendig. Berechnendes Verhalten statt impulsiver Aktion und treuherziger Ehrlichkeit stehen auch von daher langfristig auf dem Programm der Entwicklung.

Die Welt und die eigene Stellung in ihr erscheint andererseits in stärkerem Maße machbar. Einfallsreichtum, Leistung der Person greifen bestimmend ein.[8]

Die Entstehung und Entwicklung der mittelalterlichen Stadt, so sehr sie uns zum typischen Bild des Mittelalters zu passen scheint, ist also Ausdruck einer Entwicklung, die letztlich ökonomisch und politisch zu einer Zerstörung der Feudalgesellschaft führen wird. Dieser so sehr global angesprochene Zusammenhang kann soviel klarmachen, daß in den frühen Formen einer Stadtgesellschaft, eines Bürgertums der Handelskapitalisten, der Handwerker, die selbst zum großen Teil antagonistische Interessen haben und deren Lebensformen sehr verschieden sind, ein neues Prinzip der wirtschaftlichen Organisation, der Vergesellschaftung, folglich auch der psychischen Organisation des einzelnen und des Denkens geschichtlich faßbar und relevant wird. Dieses Bürgertum der mittelalterlichen Stadt ist selbst erst ein Sektor in dieser Gesellschaft. Selbstverständlich sind die bürgerlichen Prinzipien, die später offensiv gegen den Feudaladel gewendet werden, vor allem das Postulat der Gleichheit der als Individuen sich verstehenden einzelnen, noch nicht in einiger Klarheit entwickelt. Dennoch waren Entwicklungen zu konstatieren, die die Rolle des einzelnen verändern und auch ein Bewußtsein dieser veränderten Position erzeugen. Die Rolle des einzelnen ist im Bereich der Stadt nicht mehr nur die Einordnung in den angeborenen Stand, er hat einen gewissen Raum der Initiative, sein materieller Erfolg kann in Relation zu seinen Fähigkeiten gedacht werden. Leistung – und zwar nicht im ständisch vorgesehenen Rahmen als kriegerische Leistung –, die auch Einfluß auf den sozialen Status hat, und im begrenzten Rahmen Rationalität sind neue Maßstäbe und Werte.

Es ist vielleicht deutlich geworden, daß damit eine gewisse Außenposition zur feudalen Gesellschaft erreicht ist, von der aus es möglich ist, den Hebel der Kritik an dieser Gesellschaft oder bestimmter Erscheinungen in ihr anzusetzen. Sicherlich keiner globalen Kritik, aber doch eventuell einer, die sich auf das bezieht, was mit dem einzelnen, seinem Können, seinen Ansprüchen, in ihr geschieht.

Diese ganzen Überlegungen können unmittelbar einige Züge am bisher dargestellten Teil des *Tristan* beleuchten. Ich denke etwa an die rationalen Züge, die festzustellen waren, auch an den zwiespältigen Charakter, den die Bedeutung der adeligen Geburt gewann. Problematisiert erscheint sie ja nicht nur in den zuletzt angeführten Überlegungen der Isolde zu Tristans Schönheit und seinem Stand, sondern auch in der Opposition zum hohen Adel, die immer wieder durchscheint und natürlich in den mehrfachen Karrieren Tristans aus dem gesellschaftlichen Nichts, die zwar fiktiv sind, aber immerhin denkbar. Insgesamt aber sollte vor allem eine Basis geschaffen werden, von der her bei der Interpretation des Schlußteils des *Tristan* argumentiert werden kann.

Man müßte also festhalten, daß die wahrscheinliche Annahme, daß Gottfried als Bürger oder Ministerialer in der Stadt Straßburg lebte, für ihn und für sein mögliches unmittelbares Publikum folgendes heißen kann: Er stand irgendwie, sei es durch eine Verwaltungsposition (Stadtschreiber ist eine Vorstellung, die immer wieder in der Sekundärliteratur auftauchte), sei es direkt mit den besitzenden Geschlechtern der Stadt, dem Patriziat, in Beziehung. Oder er stand in ähnlichen Beziehungen zum bischöflichen Hof, genauer zu den Ministerialen des bischöflichen Hofes und der Stadt.

Zwischen beiden Bereichen gab es jedoch nicht nur Spannungen, sondern auch Überschneidungen. Denn einerseits bestand das Patriziat der Stadt sowohl aus grundbesitzenden Adligen oder ministerialischen Familien als auch aus den Kaufleuten, die allenfalls sekundär zu Grundbesitz gekommen waren. Es verstand sich auch als Aristokratie der Stadt, sein Lebenszuschnitt, seine kulturellen Interessen waren an adligen Vorbildern eher orientiert als an Vorstellungen von sparsamer „bürgerlicher" Haushaltung. Es galt allerdings dem Adel nicht als seinesgleichen. Es gab andererseits daneben eine Schicht von bischöflichen Ministerialen, die tatsächlich zwischen den Bereichen wechselten. Von ihren Verwaltungsfunktionen her mit der Stadt verbunden, stand ihnen die Möglichkeit offen, aus dem adelighöfischen Bereich, zu dem sie gehörten, überzugehen in das Patriziat der Stadt. Sie konnten den Hofdienst in der gesellschaftlich dominierenden Formation vertauschen mit der Möglichkeit, als städtische Kaufleute möglicherweise Reichtümer in ganz anderen Dimensionen zu gewinnen, als dies am Hof möglich war. Und offenbar gab es nicht wenige, die zwischen diesen Bereichen pendelten.[9]

Wenn diese Leute beiden Sphären zugehörten, konnte das nicht nur bedeuten, daß sie in Loyalitätskonflikten standen, die sich in einer Unklarheit und Unsicherheit ihrer Perspektiven ausdrücken konnte. Es wäre auch verständlich, wenn sie an allen adligen Vorurteilen partizipieren würden und dennoch eine entschiedene Reserve gegenüber den Formen adeliger Existenz hätten, die ihren Tätigkeiten und ihrer Stellung widersprechen. Als wichtiger wäre aber wohl einzuschätzen, daß sie an beiden skizzierten Entwicklungen potentiell partizipieren. Selbst in einer Übergangssituation, die sie vielleicht gar nicht begreifen, die sie eventuell kompensieren durch die Kultivierung eines Elitebewußtseins, wie es sich in Gottfrieds Prolog ausdrückt, verkörpern sie doch vorwärtsweisende geschichtliche Bewegungen.

Liebe und Gesellschaft

Die eigentliche Brisanz des *Tristan* entwickelt sich in der zweiten Hälfte des Romans. Denn auf der Überfahrt Tristans mit Isolde nach

England trinken beide aus Versehen einen Zaubertrank (11660 ff.), der eigentlich zur Befestigung der Ehe mit Marke von der Königin Isolde gebraut war, der jetzt aber die Liebe zwischen Tristan und Isolde auslöst. Was man eigentlich schon früher erwartet hätte, was aber nicht entwickelt wurde vom Autor, obwohl doch die beiden sehr nahe zusammengerückt sind, das geschieht damit – als Zufall. Nur ein theatralischer Effekt, der die eigentümliche Dramatik dieser Personen wieder einmal unterstreicht? Oder ein sinnvoller „Zufall", der die Verhältnisse gegen die Konvention richtigstellt? Denn zunächst war das üblicherweise Richtige, das ständisch Richtige geschehen: die Verbindung der *König*stochter Isolde mit dem *König* Marke. Der Anstoß kommt also von außen, es bedarf des magischen Motivs, damit die Liebe entstehen konnte. Das Motiv gehört zur Überlieferung. Gottfried tilgt es nicht, aber er nimmt es stark zurück. Denn nach dem Trank, als sich sogleich die Verliebtheit bemerkbar macht, ist von diesem überhaupt nicht mehr die Rede, sondern nur noch von der Minne und ihrer Unwiderstehlichkeit. An keiner Stelle wird im folgenden der Trank irgendwie als Entschuldigung angeführt, es ist auch nicht mehr die Rede von einer zeitlichen Begrenzung, seiner Wirkung, also deren plötzlichem Aufhören, wie in anderen Fassungen des Stoffes.

Verändert aber nicht beseitigt, bewirkt er den Beginn der Liebe, die sich über ähnliche Stadien entwickelt, wie die von Riwalin und Blanscheflur. Nach einer Phase des inneren Kampfes (11741 ff.) folgt die Annäherung in einer sehr delikat und sensibel ausgeführten Szene (11935 ff.). Heimlich treffen sich Tristan und Isolde schließlich in der Kemenate. Brangæne ist die einzige Mitwisserin. Und für die Dauer der Überfahrt ist ihr Glück vollkommen.

So problemlos wie das Glück Riwalins ist dieses aber von Anfang an nicht. Denn beide wissen um ihre Bindungen, die ihr Schicksal determinieren, und so ergeben sie sich nicht kampflos diesem Gefühl, das aber doch so zwingend ist, daß sich keiner dagegen durchsetzen kann. Damit ist der Konflikt jedoch nicht ausgestanden. Er bleibt präsent für den Rest der Erzählung. Die Ehre, das heißt die Relation zur Gesellschaft und ihren Maßstäben, so sehr sie später teilweise veräußerlicht erscheint, ist nicht abzuschaffen oder als irrelevant zurückzuweisen. Der Anspruch der Person auf ein eigenes Glück reicht nicht aus, die offiziellen Ansprüche bewußt zu relativieren. Es bleibt bei der Konkurrenz der Verpflichtungen. Sosehr also der magische Trank die Verhältnisse richtigzustellen scheint, er muß doch die Motivierung eines solchen Zusammenkommens verschleiern. Der Anspruch der Personen auf eine in ihren Eigenschaften und ihrer Person motivierte Beziehung, der hier de facto durchgesetzt wird, erscheint durch ihn nicht als solcher. Er behält über die Stilisierung der Macht der Minne ein magisch zwanghaftes Element.

Das macht überhaupt die Konstellation in diesem Teil des Tristan aus: Die konkurrierenden Ansprüche treffen aufeinander, ohne daß eine Entscheidung für die eine endgültig zu treffen wäre. Allerdings bleibt es ein gewichtiges Faktum, daß überhaupt der subjektive Anspruch aufrechterhalten wird. Da setzt Gottfried auch ganz deutliche Akzente. Denn kurz nach dieser Schilderung schiebt er einen zweiten Exkurs ein, in dem er engagiert seine eigene Zeit und ihre Art der Liebesbeziehung kritisiert, die er als käuflich beschimpft (12202 ff.). Mag sich dieses Verdikt gegen die konventionellen Eheverbindungen, die immer auch aus Berechnung zustandekommen, oder gegen konventionalisiertes Spielen mit Gefühl ohne ernsthafte Konsequenzen richten, es ist zugleich eine entscheidende Bejahung der Tristan- und Isolde-Liebe.

Deren ungestörtes Glück kann nicht dauern, das ist ihnen selbst klar. Je näher der Tag der Landung kommt, desto mehr wird ihnen bewußt, in welchem Dilemma sie sich befinden. Ihre Beziehung wird sich nicht verheimlichen lassen, wenn Marke in der Hochzeitsnacht feststellen muß, daß Isolde nicht Jungfrau ist. Deshalb werden sie Brangæne in der ersten Nacht unterschieben und sie am Morgen, bevor es hell wird, gegen Isolde austauschen. Dieser Betrug gelingt auch, denn Brangæne muß letztlich einwilligen, da sie weiß, daß sie an der falschen Verwendung des Minnetranks schuldig ist (12435 ff., 12576 ff.). Bezeichnend ist diese Veranstaltung in doppelter Hinsicht: Einmal für die Situation von Tristan und Isolde, die, um ihre Liebe festzuhalten, in eine Kette der Verstellungen, Listen, Betrügereien hineingetrieben werden. Dabei erweisen sie sich nicht nur — wie gewohnt — als klug und überlegen, sie sind mehr und mehr auch die Schuldbewußten, die gegenüber der Macht und der Konvention in die Verteidigung gedrängt sind, teilweise vor diesem Druck der Normen psychisch degenerieren.

Ein Beispiel dafür ist die Szene, in der Isolde ihre Vertraute, Brangæne, wegen ihrer Mitwisserschaft durch zwei Mörder beseitigen lassen will, was aber mißlingt und mit einer Versöhnung der beiden Frauen endet (12696 ff.). Es ist dies eine ungeheuer harte Szene ohne jede Sentimentalität und doch von höchster Genauigkeit der Abläufe: Wo es um die Verteidigung der illegitimen Beziehung geht, werden Isolde und Tristan wenig Skrupel an den Tag legen — trotz der immer wieder betonten Konflikte zwischen Liebe und Ehre.

Das andere, was an der Geschichte der Hochzeitsnacht bedeutsam ist, ist das Verhalten Markes. Er wird hier zum erstenmal deutlich abqualifiziert, denn er merkt nichts. Er ist offenbar kein sensibler Liebhaber. Aber das bedeutet mehr: Er hat kein Organ für die psychischen und physischen Besonderheiten einer Frau. Er ist zwar weich und sentimental, aber ohne jene seelische Kultur, die nach Gottfried das exklusive Merkmal derer ist, von denen und für die allein sich zu schreiben lohnt. Dies meint aber zugleich, daß er unfähig ist zu einer personalen Beziehung, die sich nicht auf die Geschlechtseigenschaften allein, sondern auf einen besonderen Menschen richtet.

Nun war schon deutlich geworden, daß in der Besonderheit von Tristan und Isolde, folglich in der Personalität ihrer Beziehung nicht unvermittelt (gleichsam im Vorgriff) ein Begriff des Individuellen auftritt, sondern eine Steigerung der aristokratischen Exklusivität. Dennoch konstituiert sich diese beispielhafte Beziehung hier im Gegensatz zu dem, wozu Marke fähig ist: nicht aristokratisch, nicht über die sozial vorgegebenen Rollen, nicht über ihren funktionalen Wert. Sie gründet damit in den Personen selbst. Auch in ihrer Innerlichkeit, die wir aber zunächst nur fassen können als gesteigerte Gefühlsfähigkeit, im Paradox des gemischten Gefühls, im Zusammengehören von Liebe und Leid. Diesem Paradox wohnt aber eine Ablehnung von Berechnung, damit von Funktionalität inne.

Darum scheint es zu gehen, wenn diese Liebe gerechtfertigt wird und sich gegen alle Widerstände durchsetzen kann. Denn die Widerstände werden stärker, es beginnt die Serie der Fallen und der Listen.

Zunächst haben sich Tristan und Isolde mit ihrem Manöver freie Hand geschaffen, und unverdächtigt leben sie ihr Doppelleben. In der Hofgesellschaft verstehen sie es, doppeldeutig-beziehungsreich sich zu unterhalten, so daß nur sie verstehen, was ihre Worte eigentlich meinen. In der Nacht treffen sie sich heimlich. Ein Zufall kommt dazwischen. Tristans Gefährte *Marjodo* entdeckt in einer Nacht, in der ihn ein wüster Traum weckt, das Geheimnis der Beziehung zwischen Tristan und Isolde (13460 ff.). Selbst insgeheim in die Königin verliebt, wird er zum hartnäckigen Widersacher der beiden. Er entdeckt seine Beobachtungen Marke, der aber will nicht so recht glauben, weil ihm das seine Freude an Isolde stören würde. Doch ist mit dieser Nachricht Marjodos der Keim des Mißtrauens in ihn gesenkt, der ihn bis zum Ende beherrscht, und es beginnt der Zustand quälender Ungewißheit, ständigen Schwankens zwischen Mißtrauen, Verurteilung und Erleichterung, wenn die Unschuld der beiden sich zu bestätigen scheint.

Marke stellt zunächst Isolde in nächtlichen Gesprächen auf die Probe, wobei sie sich zweimal verrät, es ihr aber auch anschließend zweimal gelingt (durch Brangæne beraten), den Verdacht wieder zu zerstreuen. Inzwischen gewinnt Marjodo im Zwerg *Melot* einen weiteren Aufpasser. Beides engt den Spielraum von Tristan und Isolde so ein, daß Tristan aus Vorsicht den vertrauten Umgang mit Isolde aufgibt. Aber nun merkt Marke sehr wohl, daß beide diese Trennung unglücklich macht. Um Gewißheit zu bekommen, wird durch Melot eine Intrige gesponnen: Marke geht auf die Jagd, kehrt aber heimlich mit Melot um und versteckt sich mit diesem im Baumgarten auf einem Ölbaum (14583 ff.). Melot hatte herausbekommen, daß sich Tristan und Isolde hier heimlich zu treffen pflegten. Sie tun es auch in dieser Nacht, aber da es eine helle Mondnacht ist, erkennt Tristan, der zuerst ankommt, im Schatten des Baumes den Schatten zweier Männer. Er versteht sofort und reagiert geistesgegenwärtig. Da nun alles darauf ankommt, wie Isolde die Situation versteht, verhält er sich so förmlich zurückhaltend, daß sie, als sie kommt, sofort begreift, daß Gefahr im Verzug ist. Und deshalb redet sie ihn ebenso förmlich an, tadelt seine Bitte um ein Gespräch und ruft Gott zum Zeugen dafür an, daß sie niemals einen Mann geliebt habe als den einen, dem ihre Unschuld zuteil wurde.

Diese Rede ist nicht nur geschickt, sie ist in ihrem Kern vollkommen wahr, aber auf eine raffiniert betrügerische Weise. Denn Marke muß die heilige Empörung, das Pathos des Schwures so verstehen, daß er Isolde zu Unrecht verdächtigte. Und der Gott, so wie er hier angesprochen wird, ist offenbar vor allem ein Mittel zur gesellschaftlich wirkungsvollen Inszenierung von Reinigungseiden. Entweder er ist auf der Seite der Ehebrecher oder er wird nicht sehr ernstgenommen, wenn er unfähig sein sollte, den Inhalt, den diese Aussage der Isolde in dieser Situation annehmen muß, vor lauter formalistischer Korrektheit zu erkennen. Offenbar ist es nicht die Angst vor Gott und dem Jüngsten Gericht, die Isolde hier treibt, sondern die höchst reale vor Marke und dem Hof.

Hier nun, wie bei den unmittelbar folgenden List- und Versöhnungsgeschichten, lenkt das Geschehen zurück in das Nebeneinander-Existieren, in die Perpetuierung von Schein, Lüge und Liebe. Trotz weiterer Proben, die Melot veranstaltet, und die ebenfalls ein sehr zwiespältiges Ergebnis haben, verharrt Marke im Zustand gequälter Ungewißheit. Um einmal zu einer eindeutigen Entscheidung zu kommen, beruft er schließlich ein Konzil mit den weltlichen und geistlichen Würdenträgern ein, vor dem er die problematische Treue der Königin öffentlich verhandelt (15325 ff.). Die Diskussion geht hin und her, bis ein würdiger Bischof den Vorschlag macht, doch einmal die Betroffene selbst zu hören. Dies geschieht und Isolde hält vor dem Konzil eine Rede, in der sie sehr geschickt die Gefühle ihrer Zuhörer instrumentiert, indem sie darauf abhebt, wie bäurischtölpelhaft ein solcher Vorwurf der Untreue doch sei, daß sie aber an diesem Hof, wo sie keine Verwandten und Gefolgsleute habe, jeder dummen Nachrede schutzlos ausgesetzt sei. Aber sie erklärt sich zu jeder Sorte von Gericht bereit, um ihre Ehre zu beweisen. Marke schlägt ein Gottesurteil vor: die Probe des glühenden Eisens, und Isolde willigt ein. Ihre anfängliche Sorge überwindet sie schließlich, denn ,,sie hatte sich inzwischen eine List vorgenommen, ganz im Vertrauen auf ihres Gottes Courtoisie" (15550 ff.).

Und mit Hilfe Tristans, der sich als Pilger verkleiden, sie am Tag der Feuerprobe vom Schiff an Land tragen und mit ihr zu Fall kommen muß, so daß sie neben ihn zu liegen kommt, schafft sie die Voraussetzungen für einen Eid, der genau so formalistisch richtig ist wie ihre Beteuerung in der Nacht im Baumgarten, aber auch genau so unehrlich und irreführend: Sie schwört und trägt das glühende Eisen, ohne sich zu verbrennen (15731 ff.). ,,Da wurde offenbar und aller Welt bewiesen, daß der allmächtige Christus wetterwendisch wie ein Ärmel im Wind ist. Er verhält sich konform und paßt sich an, wo man versteht, ihn dazu zu bringen . . . Er steht allen zu Diensten, zur Treue und zum Betrug" (15733 ff.).

Mag sein, daß diese Stelle als Verurteilung der Institution des Gottesurteils gemeint ist und nicht als Gotteslästerung.[10] Dann bleibt dennoch die Baumgarten-Szene, wo von Gottes *höfscheit* die Rede ist, es bleibt die Tatsache, daß Isolde ihre Ehre und ihre Stellung mit einem falschen Eid rettet und Gott dabei hilft. Ehre wird hier doch offenbar bloß als eine Frage des äußeren Scheins oder als Problem der äußerlichen Unangreifbarkeit behandelt. Das entspricht nicht dem üblicherweise in der Literatur propagierten Verständnis von ihr, wo sie unteilbar ist, das heißt natürlich nach außen geht, aber doch das Handeln des einzelnen generell verpflichtet. Vielleicht wird hier aber gar nicht das Verhalten der Isolde der Kritik unterworfen, sondern das einer Gesellschaft, die solche veräußerlichten Rituale akzeptiert, weil sie gar nicht unterscheiden kann? Das würde bedeuten, daß ,,Ehre" äußerlich, das heißt als ein gesellschaftlicher Mechanismus gesehen ist, als ein Mittel, um im Verhältnis zur konkurrierenden Umwelt zu bestehen, als Selbstschutz also. So instrumental verstanden, ist Ehre natürlich kein höchster Wert. Wenn sie ohnehin Mittel des Subjekts zur Selbstbehauptung ist, dann ist es verständlich, daß alles, was dieser Selbstbehauptung dient, nicht die

Ehre beeinträchtigen kann. Das würde bedeuten: nicht sosehr Kritik an ihr liegt vor, als ein hoher Grad der Bewußtheit der Mechanismen, die hingenommen werden, weder verklärt noch verdammt.

Wenn dies stimmt, ist damit auch gesagt, daß die Gesellschaft, nämlich die adelige Hofgesellschaft, und ihre religiösen Legitimationsstrukturen doch sehr mit Distanz gesehen wird. Als bedrohlich einerseits, aber andererseits als von einem überlegenen Intellekt leicht zu beeindrucken und zu gewinnen. Einerseits als Zielpunkt, als Ort, an dem man vorhat, sich einen Platz zu sichern, andererseits als glattes Parkett, das einen zu ungewöhnlicher Leistung und natürlich zu Berechnung zwingt. Eine so gesehene Gesellschaft ist nicht mehr in allen Bereichen verpflichtend-normgebende Instanz. Ihr gegenüber lassen sich subjektive Ansprüche anmelden, unter anderem weil sie von keinem Schleier der durchgreifenden Harmonie und ausgleichenden Gerechtigkeit verklärt wird.

Auch nach dieser Szene kommt Tristan noch einmal an den Hof zurück und genießt noch einmal das Glück des Zusammenseins mit Isolde. Aber obwohl die beiden ihre Beziehung vorsichtiger als je verbergen, sieht Marke ihnen dennoch ihre Faszination an ihren Blicken an, und er rafft sich nun zur endgültigen Entscheidung auf. Öffentlich verbannt er die beiden von seinem Hof. Aber im Gegensatz zu früheren Fassungen werden sie nicht in ein ärmliches, unzivilisiertes Leben in der Wildnis verstoßen. Marke gibt sie einfach frei. Er gewinnt hier eine gewisse Größe zurück. Denn endlich zeigt er Entschlußkraft und den Willen zu klaren Verhältnissen, die er so lange vermissen ließ. Das macht aber auch deutlich, wie sehr seine Gestalt durch unklares Schwanken bestimmt ist, durch eine Abhängigkeit von Isolde ebenso wie von zwielichtigen Ratgebern, die ihn zu sehr unköniglichen Machenschaften verleiteten. Da dieser Marke als mächtiger König eingeführt war, liegt es nahe, in der Zeichnung dieser Gestalt eine vehemente Kritik am Königtum überhaupt gestaltet zu sehen. Friedrich Heer versteht den Tristan so.[11]

Vor dem geschichtlichen Hintergrund der ungeheuren Anstrengung der Staufer, die deutsche Königswürde wieder zur Geltung zu bringen, die alte sakrale Herrlichkeit des Amtes wieder zu erwecken, muß ein Marke wie eine höhnische Relativierung solcher Auffassungen und politischen Anstrengungen wirken, eine schneidend ironische Rückführung der feudalen Zentralfigur auf gewöhnliches Maß. Das mag sein. Nur darf man nicht vergessen, daß seine Zerrissenheit und Passivität auf seiner Gefühlsfähigkeit basiert. Auf einer Fähigkeit, die bei Gottfried sehr viel zählt. Er wird als Liebender zwar geradezu disqualifiziert, aber indem er leidet und versagt, partizipiert er an der negativen Seite jener Sphäre nicht nur oberflächlicher Gefühlserfahrung. Dies bestimmt sein Handeln, aber es verträgt sich nicht mit seinem Amt, seiner königlichen Funktion. Wenn also die Institution kritisiert wird, dann, meine ich, in diesem Sinne: Weil Marke menschlich anfällig ist, stellt er die Karikatur eines Königs dar. Damit liegt in seinem Versagen auch etwas wie Vorzug und Auszeichnung.

Begrenzte Utopie: Die Höhle der Liebenden

Tristan und Isolde verlassen zusammen den Hof. Sie ziehen in den Wald zu einer Höhle, die Tristan früher entdeckt hatte (16679 ff.). Diese liegt mitten in einer öden Wildnis, der Weg zu ihr ist schwer zu finden. Sie stammt aus dem vorchristlichen Zeitalter, wurde von Riesen gebaut und heißt „die Höhle der Liebenden" (16701). Trotz der nicht christlichen Herkunft ist das Gehäuse höchst bedeutsam perfekt ausgeführt: Es ist rund und hoch, die Wände weiß und ganz geglättet, das Gewölbe richtig geschlossen mit einem reichverzierten Schlußstein. Der Boden ist aus glattem grünem Marmor. In der Mitte steht ein Bett aus Kristall, nicht intim und gemütlich, sondern in repräsentativ dominierender Höhe und Ausdehnung. Ringsum ist ein Text eingemeißelt, der besagt, daß es der Göttin Minne geweiht ist. Oben sind drei kleine Fenster eingehauen. Verschlossen ist das Ganze mit einer Stahltür. Gottfried kommt auf diese Schilderung noch einmal zurück und deutet sie aus. Doch zunächst wird die Höhle in eine ideale Naturlandschaft eingebettet, wie wir sie vom Hoffest Markes her kennen. Um diese Idylle herum erstreckt sich eine Wüste ohne Weg, die offenbar nicht so leicht zu durchqueren ist.

Tristan und Isolde leben hier also geschützt und in besonderer Umgebung. Sie sind nicht gehetzt, sie leiden keine Not. Und noch mehr: Sie leben auch ohne Nahrungssorge, denn: „sie sahen sich an und davon ernährten sie sich" (16815 ff.), das heißt, sie lebten buchstäblich von der Liebe. Dieses Leben bekommt also einen besonderen Akzent, etwas Irreales, aber auch eine hervorgehobene Bedeutung. Der Autor betont, daß es ein *wunschleben*, ein vollkommenes Leben war. Und daran ändert auch die Tatsache nichts, daß sie allein waren, sie brauchten niemanden (16859 ff.).

Die sie umgebende Natur, die Linde, der Brunnen, die Blumen und natürlich die Singvögel, sind ihre Gesellschaft. Kurz: All diese Beteuerungen, die später noch einmal variiert werden, laufen darauf hinaus, daß sie hier kein Leben der Entbehrung führen, sondern einen vollkommenen Zustand im ungestörten Genuß ihrer Liebe erreicht haben. Ihr Fest war die Liebe, sie war mehr als Artus' Tafelrunde.

Die Beziehungen zweier Menschen als höchste Existenzform, in jeder Hinsicht selbstgenügsam und zugleich abgehoben von den üblichen Bedürfnissen: Man versteht, daß es nun wohl darum geht, diese Beziehung, wo sie befreit ist von allen äußeren Schranken und somit allem Zwang zur List, in ihrem ganzen Reichtum zu zeigen. Offenbar ist sie so etwas wie ein Modell. Schwierigkeiten macht hier zunächst nur eine Behauptung, die unendlich viel zitiert und diskutiert wurde: Vers 16875—77 („Sie hätten für ein besseres Leben keinen Deut gegeben, außer für ihre gesellschaftliche Reputation."). Das muß deshalb irritieren, weil diese „Ehre" doch in so merkwürdigem Licht erschien, weil sie schonungslos als äußerlicher sozialer Mechanismus dargestellt war. Darin deutet sich ein Problem an, das sich wiederfindet, wenn man nach dem Inhalt dieses vollkommenen Lebens fragt.

Doch zunächst gibt der Autor eine detaillierte allegorische Ausdeutung der Minnegrotte: Alle ihre einzelnen Bestandteile und deren Beschaffenheit stehen für eine bestimmte Eigenschaft der Liebe. Dies schließt mit der Beteuerung, der Autor selbst sei in der Höhle gewesen, habe sich fasziniert an ihre Schönheit verloren, aber auf dem Bett habe er nicht geruht.

Eine nochmalige Schilderung des Tagesablaufs der Liebenden schließt sich an, sie erzählen sich Geschichten von unglücklichen Liebespaaren der Antike, genießen ihr Gefühl, indem sie sie betrauern. Sie machen Musik, ihr Leben ist vollkommen, weil sie nur tun, wozu sie ihre Neigung treibt.

Dieses Leben endet, als Marke, durch einen weißen Hirsch (ein mythisches, ein besonderes Tier) zur Höhle geführt wird (17275 ff.). Durch die Fenster sieht er die beiden nebeneinander schlafen, zwischen sich Tristans Schwert. Dies, das Zeichen der Unschuld, bewußte List der beiden noch hier, denn sie hatten Markes Jagd gehört, rührt ihn so, daß er die Fenster abdeckt, durch die die Sonne auf Isolde scheint. Daran erkennen sie, als sie erwachen, daß Marke hier war und kehren noch einmal zum Hof zurück.

Wieder nehmen sie das Hofleben auf, halten sich voneinander getrennt, bis sie sich schließlich mitten am Tag im Baumgarten treffen (18115 ff.). Da kommt Marke dazu, sieht sie in ihrer Umarmung und weiß nun endlich unwiderruflich, woran er immer zweifelte. Er kehrt wortlos um und holt den Hof als Zeugen. Tristan und Isolde haben ihn aber gesehen und sie trennen sich in einer großen Abschiedsszene

(18245 ff.). Tristan flieht. Er beginnt jetzt ein Abenteuerleben, trifft auf eine andere Isolde, die mit den weißen Händen. Die Namensgleichheit irritiert ihn. Vorübergehend gerät seine Liebe zur anderen Isolde ins Wanken. Hier bricht Gottfrieds Text ab. Nach der Stofftradition hätte eine Reihe von Abenteuern, von Wiedersehen mit der blonden Isolde zu folgen, bis zum gemeinsamen Tod der beiden. All das braucht und kann nicht Gegenstand unserer Überlegungen zu Gottfried sein.

Es gibt noch eine ganze Reihe von intensiv herausgearbeiteten Szenen in diesem Schluß, die exponierteste ist aber zweifellos der vorübergehende Aufenthalt in der Höhle der Liebenden. Diese Szene wandelt das alte Motiv von der Verbannung um in die Schilderung eines glücklichen, zwangfreien Lebens. Damit wird verbindlich und deutlich diese Beziehung jenseits der Normen gerechtfertigt.

Wunderbar ist aber auch die Höhle selbst, ihre bedeutungsvolle Ausstattung und ihre Lage, ist die Natur um sie herum, die als völlig besänftigt geschildert wird, angelegt, zum Vergnügen des Menschen da zu sein. Das Innere der Grotte soll nicht nur durch seine sinnlich faszinierende Erscheinung wirken, es wird durch das allegorische Beschreibungsverfahren, das den eigentlichen Sinn der Phänomene heraushebt, mit besonderer Bedeutung versehen. Und: Dieser besondere Ort verbirgt kein schreckliches Geheimnis, hinter seiner idyllischen Fassade lauert kein furchtbarer Zwang zum Kampf und Bewährung, wie im Artus-Roman so häufig. Im Vergleich mit dem *Joie de la curt*-Abenteuer im *Erec* (vgl. S. 135 ff.) wird auch deutlich, warum dies so ist: hier ist die Absonderung zweier Menschen, die sich ganz auf ihr Glück richten, legitim, kein Fluch.

Das ist konsequent, wenn man sich klarmacht, wie vorurteilslos und klar im *Tristan* bestimmte Aspekte des gesellschaftlichen Zusammenlebens, bestimmte Verhaltensnormen des feudalen Adels vom Anspruch des als überragend gezeichneten einzelnen her relativiert werden. Der einzelne, der sich zu den allgemeinen Normen in Spannung befindet, ist nicht mehr notwendig der Verirrte, vielleicht Wahnsinnige, der alle Anstrengungen unternehmen muß, wieder aufgenommen, wieder akzeptiert zu werden.

Dann ist auch die Möglichkeit denkbar, daß das eigentliche Glück „außerhalb" zu finden ist, der Gesellschaft entgegengesetzt. Dies ist wohl kaum von der Hand zu weisen, schwieriger ist allerdings der utopische Inhalt dieser Szenen zu bestimmen.

Man hat die Frage, worum es bei dieser Waldidylle geht und was das Spezifische an der Tristanliebe ist, seit den 20er Jahren meist so beantwortet, daß hier so etwas wie eine Liebesreligion gestiftet werde. Dabei galt es als die große Entdeckung, daß im Tristan dezidiert Analogien zu zentralen Anschauungen der christlichen Religion gestaltet seien und daß damit dieses Geschehen in toto seiner banal-sinnlichen Immanenz entkleidet werde und die Qualität metaphysischen Geschehens oder doch überirdischer Einsichten gewinne.[12] Bei dem begrenzten Platz, der hier zur Verfügung steht, kann darauf im einzelnen nicht eingegangen werden. Daß allerdings in diesen und anderen Ansätzen Theologisches unzulässig verabsolutiert wird, zeigen unter anderem die Untersuchungen Rainer Gruenters.[13] Wenn, wie er zeigt, nicht nur Verfahrensweisen der mystischen Theologie angewendet werden, sondern auch „heidnische", das heißt antike Motive eingesetzt sind, muß man schließen, daß die strukturellen und vielleicht auch wirklich motivlichen theologischen Analogien vor allem als literarische Mittel zu verstehen sind, als Ausdrucksmittel, um neue Inhalte ausdrückbar zu machen. Ich möchte es formelhaft so bezeichnen: Gottfried bedient sich wohl ganz bewußt traditioneller Darstellungstechniken und Motive, um Bereichen menschlicher Subjektivität Ausdruck verleihen zu können, für die es eine allgemeine Sprache noch nicht gibt. Möglichkeit der Gestaltung von Innerlichkeit wäre also das Ziel, die religiösen und andere Anklänge wären Mittel des Ausdrucks.

Es bleibt das Problem des Inhalts der Minneutopie. Karl Bertau hat neuerdings stark die resignativen Züge in ihr herausgearbeitet.[14] Ist das berechtigt angesichts des ewigen Sonnenscheins über diesem Waldleben? Sicher ist, daß jeder Gegenstand, das ganze Ambiente der Personen und ihr Leben selbst, in einer ungeheuren Bedeutungsakzentuierung hervorgehoben sind. Das ist in keiner Hinsicht normale Realität. Exemplarische Bedeutung und Projektionscharakter, das heißt das Ineinander von Wirklichkeitsentfernung und Anspruch, erst wahre, vielleicht eigentliche Wirklichkeit zu sein, machen den utopischen Anspruch dieser Szene aus. Exemplarisch an dem Geschehen ist aber nicht bloß die Liebesbeziehung, deren Intensität, Beständigkeit usw., sondern die Tatsache, daß sie fern von der Gesellschaft, in der Verbannung, gegen sie ihre perfekteste Verwirklichung erfährt. Und diese Gesellschaftsferne ist nicht Notbehelf, sondern es ist der objektive richtige Ort. Er ist mit den Darstellungsmitteln der gewichtigsten Traditionen — der christlichen und der antiken — als der für diese Liebesbeziehung optimal ausgestattete Platz entfaltet: mit einem Raum, der der Sinnlichkeit ein illuminierendes Ambiente gibt, der körperlichen Liebe alles Diskriminierende, jede Heimlichkeit und Angst nimmt und mit einer Natur, die ganz auf die Bequemlichkeit und den Schönheitssinn des Menschen hin geschaffen zu sein scheint.

Dabei wird immer wieder betont, daß ihr Leben ohne äußere Zwänge war (ausgedrückt vor allem in der Tatsache, daß sie für ihre Reproduktion nicht zu sorgen und auch in ihrer Zeiteinteilung nur ihrer Neigung zu folgen brauchten). Dem in vielen Beziehungen direkten Zwangscharakter der feudalen Gesellschaft wird die Freiheit von jedem Zwang entgegengestellt. Diese Freiheit ist aber eine von zwei Subjekten und daß diese Subjekte ihre eigenen Ansprüche gegen die Gesellschaft behaupten, daß sie es wagen, von diesen Ansprüchen her ihre Abtrennung zu begründen, einen Gegenentwurf zu gestalten, das ist das zentrale utopische Moment. Das Subjekt grenzt sich einen Raum aus, von dem her es sich selbst zu bestimmen beginnt und in dem ein Teil seiner Selbstverwirklichung geschieht. Es ist nicht mehr in allem auf Gesellschaft bezogen.

Dies ist aber wohl auch die Grenze des utopischen Entwurfs. Einen eigentlichen Gegenentwurf gibt es nun doch nicht in diesem Waldleben. Denn die beiden in ihrer Einsamkeit tun genau das, was sie in Gesellschaft auch tun würden. Sie unterhalten sich, machen Musik und jagen. Der Autor betont mehrfach, daß die Natur ihnen alles das voll ersetzt, was die Gesellschaft sonst bietet: Feste, Unterhaltung, Artus' Tafelrunde. Und vielleicht das Merkwürdigste: Sie erzählen sich tragisch ausgehende Liebesgeschichten der Vergangenheit und kultivieren so ihr Zusammensein. Aber was soll die Vergegenwärtigung von Unglück und Leid in dieser Sphäre von Glück? Was soll Literatur, könnte man exponieren, in diesem irdischen Paradies? Ist dies ein Zeichen, daß das *wunschleben* vergänglich ist, eher eine vorübergehende Vision, als wirklich erreichbar? Der Gegenentwurf bleibt negativ an das Vorhandene gebunden. Er bildet die Gesellschaft noch einmal ab, indem er nur die Spuren von Zwang und Herrschaft tilgt. Es geht nicht um Neues und anderes, sondern um die Dokumentation des Anspruchs, daß auch hier bei diesen beiden all das (und mehr) zu finden ist, was die Gesellschaft bietet. Das Subjekt ist nicht ärmer als die Gesellschaft.

Es gibt kein Glück gegen die Gesellschaft, keines ohne sie. Die private Abspaltung kann keinen Glückszustand von Dauer produzieren, wenn sie nicht zurückwirkt auf die Verfassung des Ganzen. Es gehört zur spezifischen Qualität des Gottfriedschen Tristan, daß er dies nicht einfach überspringt durch ein Ausweichen in Traumbereiche. Er hat keine Perspektive der Veränderung, so bleibt ihm richtigerweise nichts als die Dokumentation des Anspruchs auf Subjektivität und Innerlichkeit. Die Genauigkeit seiner ästhetischen Arbeit besteht gerade darin, zugleich die Unmöglichkeit des Ausbruchs zu zeigen und doch seine Legitimität überzeugend zu machen.

Wichtig ist das Faktum dieses Anspruchs und wichtig ist der Anlaß, aus dem er resultiert, das als Beziehung von Personen gestaltete Geschlechterverhältnis. Das personale Element der Beziehung selbst ist aber im Grunde auch nur formal bestimmt: zum einen in ihrer Absolutheit, die als Gegensatz zu den durch die sozialen Positionen gegebenen Rücksichten und Berechnungen steht, zum anderen in ihrer inneren Antithetik, der Behauptung, diese Liebe sei nicht ohne Leid richtige Liebe, was als bewußte Entgegensetzung gegen die Hindernisse der Realität zu verstehen ist. Ich möchte es thesenartig so ausdrücken: Es gibt im Tristan noch nicht „eine in sich mehr oder weniger vollendete, inhaltlich erfüllte, rein innerliche Wirklichkeit" (Lukács),[15] mag sie auch in Umrissen gewissermaßen vorweggenommen, angestrebt sein.

Von daher wird vielleicht verständlich, warum die Ehre zwar zweideutig wird, aber trotz allem unverzichtbar bleibt, warum ganz äußerlich die Verbindung zum Hof nie ganz unterbrochen war und warum die beiden zu diesem Hof zurückkehren, als sich die Möglichkeit dazu bietet.

Es wird auch — weniger oberflächlich — verständlich, warum zur Liebe bei Gottfried das Leid gehört. So wie in den paradiesischen Glückszustand die Gesellschaft hineinreicht, so wird hier gesellschaftliche Beschränkung und Versagung in die Auffassung von dem, was Liebe sein soll, hineingenommen. Im Leidmotiv werden die äußeren Schranken hypostasiert, wird das, was gesellschaftliche, nicht personale Ursachen hat, zum Vorzug stilisiert (obwohl sogleich diese Ursachen teilweise auch bewußt gemacht werden).

Schließlich läßt sich verstehen, warum trotz aller Eloquenz und sprachlichen Nuancierungsfähigkeit Gottfrieds zentrale Begriffe so schwer faßbar bleiben, widersprüchliche Bedeutungen anzunehmen scheinen und warum die Sprache der Innerlichkeit als Anleihe religiöse Strukturen übernimmt, deren entsubjektivierende Tendenz doch auch einen Widerspruch darstellt. Um mit einem Paradox abzuschließen: Gottfried bleibt bei aller Virtuosität und blendenden Geschwätzigkeit doch auch sprachlos, die Subjektivität bleibt nur angedeutet.

Um die so eher allgemein gezeichnete Problematik zum Schluß noch einmal historisch konkreter zu lokalisieren, möchte ich kurz auf die skizzierte soziale Einordnung Gottfrieds zurückkommen. Die innere Widersprüchlichkeit, die ich versucht habe anzudeuten, ist spezifisch verstehbar von einer Position „am Rande" einer „aufgeklärten" Feudalgesellschaft aus, von der aus sowohl die Zwänge einsehbar und Leistung gegen Stellung qua Geburt ins Feld zu führen sind, für die aber die Struktur der Gesellschaft nicht zur Disposition steht. Diese „Randstellung" befähigt zur psychologischen Verfeinerung und zur Schulung der Wahrnehmung, wobei die konkret erfahrene reale Krise des feudalen Systems den Rahmen der Möglichkeit abgibt, um die Bedeutung des Subjekts zum Tragen zu bringen, ohne daß dieses Subjekt schon dem Bereich angehörte, in dem es sich allseitiger wird entfalten können.

(Dieter Seitz)

Anmerkungen

1   Zur Rekonstruktion der „Vorgeschichte" des Stoffes vgl. Friedrich Ranke, Tristan und Isold. München 1925. Vgl. auch: Karl Bertau, Deutsche Literatur im europäischen Mittelalter. München 1972/3, Bd. I, S. 437 ff., 515 ff.; Bd. II, S. 923 ff.

2   Zitate bzw. Textverweise nach der Ausgabe von Friedrich Ranke

3   Vgl. dazu v. a. die Arbeiten Gottfried Webers zum *Tristan*

4   Vgl. dazu auch den Beitrag von Helmut Brackert in diesem Band, S. 158

5   Vgl. die Aufsätze von Wolfgang Mohr, „Tristan und Isold" als Künstlerroman, in: Gottfried von Straßburg, hrsg. v. Alois Wolf, Darmstadt 1973, S. 248–79 und W. T. H. Jackson, Der Künstler Tristan in Gottfrieds Dichtung, ebda. S. 280–304

6   Karl Bertau, op. cit. Bd. II, S. 964

7   Vgl. Otto Langer, Der ‚Künstlerroman' Gottfrieds – Protest bürgerlicher ‚Empfindsamkeit' gegen höfisches ‚Tugendsystem'?, in: Euphorion 68, 1974, S. 1–41, S. 33 ff

8   Einführende historische Darstellung zum Komplex „Stadt" mit Literaturangaben: Jacques le Goff, Das Hochmittelalter. (Fischer Weltgeschichte Bd. 11), Frankfurt 1965 (S. 75 ff., 194 ff., 215 ff. Literatur: S. 313 und 321 ff.); Vgl. auch: Leo Kofler, Zur Geschichte der bürgerlichen Gesellschaft, Neuwied 1966

9   Vgl. dazu: Gustav Schmoller, Straßburgs Blüte und die volkswirtschaftliche Revolution im XIII. Jh., Straßburg 1875; Knut Schulz, Die Ministerialität in rheinischen Bischofsstädten, In: E. Maschke und J. Sydow (Hrsg.), Stadt und Ministerialität, Stuttgart 1973, S. 16–42

10 K. Bertau, op. cit., Bd. II, S. 959 ff.

11 Friedrich Heer, Die Tragödie des heiligen Reiches. Wien 1952, S. 336 ff.

12 Vgl. v. a. Die Aufsätze von Friedrich Ranke, Julius Schwietering und Gottfried Weber (genaue Angaben in der unten angegebenen Gottfried-Bibliographie)

13 Vgl. Rainer Gruenter, *das wunnecliche tal*, in: Euphorion 55, 1961, S. 341 bis 404

14 Karl Bertau, op. cit., Bd. II, S. 953 ff.

15 Georg Lukács, Die Theorie des Romans. Neuwied, 2. Aufl. 1963, S. 114

Literaturhinweise

Friedrich Ranke (Hrsg.): Gottfried von Straßburg, Tristan und Isold. Berlin 1930, Neuausgabe von E. Studer, Berlin 1958 u. ö.

Günter Kramer: Gottfried von Straßburg, Tristan und Isolde. Aus dem Mittelhochdeutschen übertragen und erläutert. 3. Aufl., Berlin 1976

Eine Bibliographie der Sekundärliteratur über Gottfried von Straßburg bis einschließlich 1969 bei:
Hans-Hugo Steinhoff: Bibliographie zu Gottfried von Straßburg. Berlin 1971

Wichtige Aufsätze der letzten 50 Jahre sind zusammengestellt bei:
Alois Wolf (Hrsg.): Gottfried von Straßburg. (= Wege der Forschung 320), Darmstadt 1973

Neuere Untersuchungen, auf die sich die vorliegende Einführung z. T. bezieht, auch wenn es nicht im einzelnen verzeichnet ist:

Klaus Peter: Die Utopie des Glückes. In: Euphorion 62, 1968, S. 316–344

Dieter Welz: Glück und Gesellschaft in den Artus-Romanen Hartmanns von Aue und im Tristan Gottfrieds von Straßburg. In: Acta Germanica 6, 1971, S. 11–40

Otto Langer: Der „Künstlerroman" Gottfrieds – Protest bürgerlicher „Empfindsamkeit" gegen höfisches „Tugendsystem"?. In: Euphorion 68, 1974, S. 1–41

Wolfgang Jupe: Die „List" im Tristan-Roman Gottfrieds von Straßburg. Intellektualität und Liebe oder die Suche nach dem Wesen der individuellen Existenz. Heidelberg 1976

Barbara Haupt: Zum Prolog des „Tristan" Gottfrieds von Straßburg. In: Literatur – Publikum – historischer Kontext. (Beitr. zur Älteren Deutschen Literaturgeschichte Bd. 1), Bern 1977, S. 109–36

8. Walther von der Vogelweide

Dichter und Dichterbild

Die zahlreichen Details, die in nunmehr fast vier Jahrhunderten *Walther*-Forschung über den Dichter und sein Wirken zusammengetragen worden sind, würden, trotz vieler Widersprüche im einzelnen, den Stoff für eine romanhafte Biographie des bedeutendsten mittelalterlichen Lied- und Spruchdichters deutscher Sprache abgeben.

Wohl arm, aber ritterlichem Geschlecht entstammend — so wird meist unterstellt —, soll Walther nach 1190 als junger Mann aus seiner tirolischen Heimat an den aufstrebenden Hof der Babenberger nach Wien gekommen sein, wo ihn der *poeta laureatus* und spätere Rivale *Reinmar* in der höfischen Kunst des Minnesangs unterrichtete. Nach dem Tode seines Gönners, Herzog *Friedrichs I. von Österreich*, begann für den Sänger das wechselvolle Leben eines Fahrenden, der zunächst in den Dienst König *Philipps von Schwaben* trat, nach der Jahrhundertwende auch zeitweilig zum Gefolge des Landgrafen *Hermann von Thüringen* (über ihn S. 199 f.), des Passauer Bischofs *Wolfger* und anderer Fürsten gehörte. Am Hofe des Markgrafen *Dietrich von Meißen* traf Walther den Minnesänger *Heinrich v. Morungen* und später wieder auf der Wartburg wohl auch *Wolfram von Eschenbach*. Auf seinen Reisen, die ihn von der Seine bis zur Mur und vom Po bis hin zur Trave (31,13 f.)[1] führten, wird Walther mit Sicherheit die Liedkunst der vagantischen Kleriker kennengelernt haben.

Die umfangreiche überlieferte politische Lyrik aus seiner Wanderzeit, welche für uns gleichzeitig Lebensstationen des Dichters markiert, spiegelt die bewegten Auseinandersetzungen jener Epoche, in welcher die ultramontanen und partikularen Interessen die zentrale Königsgewalt und damit die frühe Herausbildung eines deutschen Nationalstaates entscheidend hemmten. Walther selbst war von dem überwölbenden politischen Konflikt zumindest mittelbar betroffen, wie ihn nach seinem Wechsel zur welfischen Partei *Ottos IV.* auch der Bannstrahl des Papstes indirekt getroffen haben muß. Nachdem Ottos Stern gesunken war, ergriff Walther für den Staufer *Friedrich II.* das Wort und erhielt als späten Dank von diesem ein Lehen in

Würzburg. Später finden wir Walther noch im Dienst des Reichsverwesers *Engelbert von Köln.* Der Kreuzzug Friedrichs II. (1228/29) ist das letzte historische Ereignis, auf das seine Dichtung Bezug nimmt.

Überprüft man die Angaben im einzelnen, so wird rasch das sehr unsichere Fundament unserer biographischen Kenntnisse sichtbar: Fast alles läßt sich nur aus seinen Dichtungen schließen und manches, insbesondere was seine Herkunft, seinen Stand und seine politischen Überzeugungen betrifft, entspringt nahezu ausschließlich dem Vor-Urteil von Literarhistorikern, das freilich in langer Tradierung den Anspruch von Faktizität gewann.

Einen Höhepunkt der Mythenbildung um die Person unseres Dichters bildet die national-liberale Epoche des späten 19. Jahrhunderts, und wir dürfen getrost behaupten, daß Walthers neu erwachte Popularität zu jener Zeit, in der rund zwanzig Orte ihn für sich reklamierten und z. T. Denkmäler errichteten, vor allem politische Ursachen hatte. Gefeiert wurde der „staufische Ritter" und „Herold des Reiches", der sein Vaterland tapfer gegen äußere und innere Feinde verteidigt hatte. Wurde es damals geradezu als Ungeheuerlichkeit betrachtet, etwa Walthers vornehme Abkunft in Zweifel zu ziehen, so zeugt de Boors Ansicht: „Daß er ritterlichen Standes war und aus dem gehobenen Standesgefühl des Ritters gedichtet hat, sollte so wenig bezweifelt worden sein, wie daß sein Name ,von der Vogelweide' seinen Heimatsitz bezeichnet"[2], für jene Befangenheit, die einen kritischen Zugang zu seinem Werk bis in die Gegenwart erschwert. Prüft man sämtliche Hinweise (Zeugnisse von Zeitgenossen und Dichterkollegen, Aussagen der Handschriften), so spricht allerdings sehr viel mehr für den „lohnabhängigen" Spielmann, der keine andere Waffe besaß als sein Wort.

Daß keine Urkunde des Mittelalters den großen Künstler erwähnt, ist leicht verständlich, wenn wir uns die rein funktionale Bedeutung der Kunst bis zum Zeitalter der Renaissance vor Augen führen. Mit der höfischen Dichtung feierte die herrschende Feudalschicht ihren Selbstwert und sicherte ihren gesellschaftlichen Anspruch zugleich ideologisch ab. Die Autoren, welche sich an gültige Topoi zu halten hatten, erfuhren allenfalls die Wertschätzung von Kunst-Handwerkern und auch das nur im günstigsten Fall, d. h. wenn sie selbst der Klasse angehörten, deren Standeskultur sie pflegten. Die Masse der umherziehenden Spielleute, jene *gernden,* die *guot umb êre* heischten (Lohndichter, die durch ihre Kunst das Ansehen ihrer Mäzene steigerten), rangierten mit den Jahrmarktsgauklern in der untersten Kaste der Recht- und Ehrlosen.

Das einzige direkte Lebenszeugnis erwähnt unseren Dichter zu einem Zeitpunkt, als er sich im Verein mit einem solchen umherziehenden Völkchen im Troß des Passauer Bischofs befunden hat. In dessen Reiserechnungen findet sich nämlich unter dem Datum des 12. November 1203 beiläufig erwähnt, daß ein *walther[o] cantor[i] de vogelweide pro pellicio V. sol. longos* erhalten habe (für einen Pelzrock 5 große Solidi = 150 Silberpfennige). *cantor* (Sänger) nennt die Urkunde Walther, und das meint wohl weniger eine Amts- als eine Berufsbezeichnung.

Mehr Einblick in Walthers Bedeutung als Dichter gewährt uns sein Zeitgenosse *Thomasin von Circlaere*. Der Kleriker aus italienischem Stadtpatriziat verfaßte 1215 eine umfangreiche Lebenslehre unter dem Titel: *Der Wälsche Gast*. Im VIII. Kapitel nimmt er auf ein satirisches Lied Walthers gegen die Opferstock-Praxis der Kurie Bezug und beklagt, dieser habe

112,23 ... *tûsent man betoeret,*
daz si habent überhoeret
gotes und des bâbstes gebot.[3]
(Er hat Tausende verleitet, das Gebot Gottes und des Papstes zu ignorieren.)

Das Dichterwort besaß Autorität, die von ihm und nicht von der Person des Autors ausging. Zahlreich sind die Kränkungen und Demütigungen, gegen die sich Walther nicht anders zu wehren vermochte als durch seine scharfe Zunge. Typisch hierfür ist ein Scheltlied gegen das Kloster Tegernsee, wo man den Einkehrenden mit einem Becher Wasser abgespeist hatte (104,23). Wir dürfen annehmen, daß einem Mann von Adel eine so schnöde Behandlung kaum widerfahren wäre.

Die Walther-Forschung hat ihre Axiome selten kritisch in Frage gestellt. So wurde beispielsweise die verlockende Annahme, daß unser Dichter seine Tage als Lehnsmann des Kaisers beschließen konnte (was allein aus dem Jubelruf nach einem erfolgten Lehnsversprechen 28,31 geschlossen werden kann), nie ernsthaft angezweifelt, obwohl Walther auch nach 1220 keineswegs aufhörte, in der Art der *gernden* zu dichten und sich bei ihm auch eine Strophe findet (27,7), die herber Enttäuschung über eine Belehnung Ausdruck gibt, deren hoher nomineller Wert ihm gleichwohl keine realen Einkünfte bescherte.

Das Schwergewicht der philologischen Forschung richtete sich auf die Datierung und Zuordnung von Strophen zu politischen Ereignissen, wobei jedoch längst nicht für alle Texte eine gesicherte äußere und innere Chronologie erreicht worden ist. Wesentlich erscheint auch, und darum hat sich eine weit geringere Zahl der Arbeiten bemüht, das Besondere und für Walthers Kunst Typische zu erhellen. Die Rekonstruktion eines authentischeren Walther-Bildes setzt aber gleichzeitig die Bereitschaft voraus, sich von all jenen ansprechenden Vorstellungen zu lösen, in denen sich vorrangig der Geist moderner Zeit spiegelt.

Ir sult sprechen willekomen

Walthers berühmtes Preislied (56,14) ist ein besonders gravierendes Beispiel dafür, in welchem Maße Befangenheit zum Verkennen mittelalterlicher Dichtung führte. Schon im ausgehenden 18. Jahrhundert wurde es als „vaterländische Hymne" betrachtet, und *Hoffmann von Fallersleben* empfing von ihm die Anregung zu seinem 1841 entstandenen „Deutschlandlied". In der Folgezeit fand es sich in zahlreichen Anthologien und Lesebüchern, mit Überschriften versehen, wie „Deutschlands Ehre" oder „Deutschland über alles".

I   *Ir sult sprechen willekomen,*
       der iu maere bringet, daz bin ich.
       allez daz ir habt vernomen,
       daz ist gar ein wint: nû frâget mich!
       Ich wil aber miete:
       wirt mîn lôn iht guot,
       ich gesage iu lîhte daz iu sanfte tuot.
       seht waz man mir êren biete.

II   *Ich wil tiuschen frowen sagen*
       solhiu maere daz si deste baz
       al der werlte suln behagen:
       âne grôze miete tuon ich daz.
       Waz wold ich ze lône?
       si sint mir ze hêr,
       sô bin ich gefüege und bite si nihtes mêr,
       wan daz si mich grüezen schône.

III   *Ich hân lande vil gesehen*
       unde nam der besten gerne war.
       übel müeze mir geschehen,
       kunde ich ie mîn herze bringen dar
       daz im wol gevallen
       wolde fremeder site.
       nû waz hülfe mich, ob ich unrehte strite?
       tiuschiu zuht gât vor in allen.

IV   *Von der Elbe unz an den Rîn*
       und der wider unz an Ungerlant

mugen wol die besten sîn,
die ich in der werlte hân erkant.
Kan ich rehte schouwen
guot gelâz unt lîp,
sem mir got, sô swüere ich wol daz hie diu wîp
bezzer sint danne ander frouwen.

V *Tiusche man sint wol gezogen,*
rehte als engel sint diu wîp getan.
Swer si schildet, derst betrogen,
ich enkan sîn anders niht verstân.
Tugent und reine minne,
swer die suochen wil,
der sol komen in unser lant, da ist wünne vil.
lange müeze ich leben dar inne!

VI *Der ich vil gedienet hân*
unde ie mêre gerne dienen wil,
diust von mir vil unerlân,
iedoch tuot si leides mir sô vil.
Si kan mir versêren
herze und den muot.
nû vergebez ir got dazs an mir missetuot!
her nâch mac si sichs bekêren.

(Willkommen sollt Ihr mich heißen, weil ich es bin, der Euch Neuig-
keiten zu bringen hat. Dagegen ist all das, was Ihr bislang vernom-
men habt, gar nichts. Also fragt mich jetzt. Allerdings verlange ich
Lohn dafür, und fällt dieser reichlich aus, so werde ich Euch verkünden, was Euch sehr gefallen wird. Nun schaut, was Ihr mir anzubieten habt.

Den deutschen Damen will ich solches Lob spenden, daß ihr Ansehen vor aller Welt steigen soll. Dafür verlange ich nicht einmal
etwas. Welchen Lohn könnte ich von ihnen schon fordern. Für mich
sind sie viel zu vornehm erhaben. Deshalb will ich mich mit ihrem
freundlichen Gruß zufriedengeben.

Ich habe viel von der Welt gesehen und überall die Besten gerne
wahrgenommen. Doch soll mir Schlimmes widerfahren, wenn ich je
mein Herz so weit bringen könnte, daß es an fremder Art Gefallen
fände. Was wollte es mir helfen, in den Streit mit Unwahrheiten zu
treten? Deutsche (höfische) Kultur ist allen anderen überlegen.

Von der Elbe bis zum Rhein und wieder bis an Ungarns Grenze habe
ich die Besten der ganzen Welt gefunden. Wenn ich mich recht auf
Anstand und Schönheit verstehe, dann schwöre ich wohl bei Gott,
daß hier die Frauen besser sind als andernorts die Herrinnen.

Die deutschen Männer besitzen (höfische) Bildung, geradezu als
Engel aber erscheinen die Frauen. Wer immer sie herabsetzt, der
muß nicht recht bei Verstand sein: Eine andere Erklärung für ihn
habe ich nicht. (Höfische) Tugenden und edle Minne, wer die sucht,
der soll sich in unserem Land umsehen, da gibt es des Herrlichen
viel! Möge ich lange darin leben!

Die Herrin, der ich lange gedient habe und auch in Zukunft stets
gerne dienen will, werde ich niemals freigeben. Und doch fügt sie
mir viel Leid zu. Sie beschwert mir Herz und Sinn. Gott vergebe ihr,
wie sie sich an mir versündigt. Noch kann sie ihre Haltung ja ändern.)

266

Hat Walther hier nicht mit dem Preis „deutscher Art" und der Abwertung des Fremden nationalistische, ja chauvinistische Töne angeschlagen, war er nicht gar ein Vorläufer der deutschtümelnden Bewegungen, die, von der verinnerlichenden Neuromantik der Jahrhundertwende bis hin zur mystifizierenden Geistesgeschichte der 20er und 30er Jahre, sich um den ideologischen Überbau des Wilhelminischen wie auch des III. Reiches verdient machten? Nun, die Übereinstimmungen erscheinen nur dann frappant, wenn man den historischen Kontext ignoriert. Deutschland war um 1200 ein stammesmäßig gegliederter feudaler Vielvölkerstaat, also ein sehr lockerer Staatsverband, in dem die ethnischen wie gouvernementalen Voraussetzungen für ein modernes Nationalbewußtsein durchaus fehlten. Es müssen daher andere Solidaritätsmerkmale sein, auf die Walther reflektiert.

Versuchen wir zunächst, einigermaßen gesicherte Grundlagen für eine Interpretation zu gewinnen.

Walthers Preislied wurde nach einer Rückkehr des Dichters (1200 oder 1203?) am Wiener Hof vorgetragen. Auch dieses Lied ist der Tradition des Minnesangs verpflichtet, wie insbesondere die letzte Strophe beweist. Ferner fallen zwei Bezugnahmen auf: zum einen auf Reinmars Preislied (MF 165,10)[4] und zum anderen auf die Herabsetzungen deutscher Hofkultur in Schmähversen provenzalischer Troubadours.

Nur wenn wir von diesen Prämissen ausgehen, offenbart die Struktur des Preisliedes jene besondere Technik des Autors, deren Intentionalität uns hinter der Folie von Aussagestereotypen zumindest in Konturen seine Person sichtbar werden läßt.

In der Eingangsstrophe des Preisliedes setzt Walther sein Ich mit großer odysseeischer Gebärde unübersehbar in Szene. Nichts ist hier zu spüren von höfischer Zurückhaltung. Mit dem bombastischen Auftreten eines Jahrmarkt-Künstlers baut er sich seinem Publikum gegenüber als Bringer unerhörter Nachricht auf: *der iu maere bringet, daz bin ich.* Und rücksichtslos schließt er die unverblümte Lohnforderung an: *ich wil aber miete.* Walther ist hier nicht der umworbene Dichter, sondern der fordernd Werbende, der seinen (unverlangten) Dienst der Wiener Hofgesellschaft „verkaufen" muß. Die Brutalität eines solchen Abhängigkeitsverhältnisses spiegelt sich in zahlreichen Strophen vagierender Lohnsänger, die als Vertreter in Sachen „Public Relations" gewiß nicht immer reüssierten. So beklagt beispielsweise *Kelin* die schlechte Marktsituation der Spielleute: *êren koufaere ist niht vil, verkoufaere ist genuoc*[5] (Käufer für „Ehre" gibt es nicht viel, Verkäufer hingegen genug). Der Unerbittlichkeit jener Verhältnisse, die Gunst oder Ungunst zur Existenzfrage erhoben, entspringt es, daß die beschriebene Geste des Eingangs nicht nur ein effektvolles Sich-in-Positur-Werfen, sondern gleichzeitig auch die Herabsetzung des Rivalen zum Ziel hat.

Reinmar hatte in seinem Preislied die für ihn typische Haltung melancholischen Trauerns angenommen:

165,10   *Swaz ich nu niuwer maere sage,*
        desen darf mich nieman vrâgen: ich enbin niht vrô . . .
        (Niemand soll mich danach fragen, was ich etwa an Neuem zu verkünden hätte: Ich bin unglücklich . . .).

Der sublime Reiz dieser manieriert wirkenden Verse wird von Walthers prosaischem Impetus respektlos zerstört. Gewiß war Walther, wie zahlreiche Textstellen belegen, ein entschiedener Gegner der Reinmarschen Minne-Konzeption, und in seinen *Mädchenliedern* gelangte er zur positiven Überwindung der Konvention. Hier aber geht es nicht um den Streit zwischen zwei theoretischen Positionen, sondern um die sehr handfeste Auseinandersetzung mit der Konkurrenz. Wie anders wäre es zu erklären, daß Walther eben jenes Lied Reinmars nach dessen Tod als eine Unsterblichkeit verleihende *rede* gerühmt hat (82,34 ff.). Nun konnte er es sich leisten, den Kollegen zu loben, was ja schließlich dem eigenen Ansehen zugute kam. Vor seinem Wiener Publikum hingegen hängt für ihn alles davon ab, ob er sich durchzusetzen vermag. In dem daraus resultierenden Spannungsverhältnis zwischen dem *ir* und *ich* liegt die dialogische Struktur der 1. Strophe begründet.

Die zweite Strophe bedeutet nun keineswegs eine, wie meist angenommen wurde, schickliche Zurücknahme seines fordernden Auftretens, sondern sie transponiert das Thema auf die Ebene der *Minne-Konvention*, die den *Frauenpreis* als pflichtmäßige rühmende Übertreibung zum Selbstzweck erhoben hatte. In diesem Genre ist es dem Sänger von vornherein verwehrt, mehr als symbolischen Lohn, nämlich den *minneclichen gruoz*, zu fordern. Wichtig ist, die Dialektik der beiden Strophen zu erfassen, die das dichterische Existenzproblem des *guot umb êre* auf zwei Ebenen spiegelt, denn selbstverständlich steht auch hinter dem Minnesang des Lohnabhängigen (anders als bei den adligen Dilettanten!) die Hoffnung auf materielles Entgelt.

Panegyrikus (Lobrede) und minnesängerischer Frauenpreis — diese beiden Ebenen lassen sich durch alle Strophen verfolgen, und hinter beiden wird als Ziel des Dichters die *captatio benevolentiae* (werben um Wohlwollen) erkennbar. Freilich, das jeweilige Genre erlaubt keine Vermengung. Die Komplimente an die umworbenen

Gönner (Preis ihrer *site, zuht, tugent*) verlassen nicht den Boden denkbarer Realität; dem Preis der Frauen hingegen eignet die spezifische Hyperbolik des Minnesangs *(rehte als engel sint diu wîp getân)*.

Klar wird jetzt die Struktur des Liedes erkennbar: Strophe I wendet sich, das private Anliegen des Dichters aussprechend, an die Herrschaft des Wiener Hofes. Strophe II leitet als geschickte Kontrafaktur über in den Minnesang. Die III. Strophe rühmt die höfische Herren-Kultur, während IV wieder mit II korrespondiert. Die V. Strophe faßt beide Ebenen verdichtend zusammen.

Einige Rätsel gibt die letzte (Minnesang-)Strophe auf, die deshalb häufig als unecht angesehen worden ist, eine Annahme, die sich stilkritischen Untersuchungen gegenüber jedoch nicht als stichhaltig erweist. Bildet die letzte Strophe nur den höfischen Gegenklang zur persönlichen Forderung des Eingangs oder verkörpert auch sie, in kaschierter Form, eine Hoffnung des Dichters? Da ein naives autobiographisches Verständnis im Sinne von Erlebnislyrik bei den Bemühungen, jene rätselhafte Minne-Konvention zu entschlüsseln, heute als überholt angesehen werden darf, stellt sich erneut die Frage nach dem realen Kern ihres Inhalts.

Es ist uns in der Tat möglich, die letzte Strophe unter Zuhilfenahme anderer Textstellen zu dechiffrieren. Die Strophe 117,15 beginnt fast mit den gleichen Worten, nämlich:

> *Ich han ir gedienet vil,*
> *der werlte, und wolte ir gerne dienen me,*
> *Wan dazs übel danken wil . . .*
> (Ich habe stets der höfischen Gesellschaft gedient und würde ihr auch in Zukunft gerne dienen, wenn diese sich nicht so schlecht aufs Danken verstünde . . .).

Die Identität von „Welt"- und Minnestrophe legt die Vermutung nahe, daß der *gernde* Dichter unter dem Bild der Minneherrin an die Gesellschaft bei Hofe appelliert. Das mag uns heute sonderbar erscheinen, aber im Mittelalter konnten dichterische Aussagen gleichzeitig wörtlich (im Sinne der konventionellen Fiktion) und auch allegorisch verstanden werden, wobei die lehnsrechtlichen Vorstellungen der Konvention das materielle Anliegen des Sängers unterstützten. Walther unternimmt im Preislied den Versuch, den höfischen Minnekult gleichzeitig als Vehikel zur Durchsetzung eigener Interessen zu gestalten. Daß dieses Eigeninteresse darauf abzielte, in Wien *ze fiure* zu kommen (eine feste Anstellung zu erhalten), hat Walther in vielen Strophen bekräftigt. Der *wünnecliche hof ze Wiene* (84,10) war stets Zielpunkt seines Strebens.

Um diesem Ziel der (Wieder-)Aufnahme bei der Wiener Hofgesell-schaft näherzukommen, verstand es Walther, noch andere und mög-licherweise wirksamere Register zu ziehen, als sie die beiden konven-tionellen Preisgattungen für ihn darstellten.

Schon seit langem ist bekannt, daß wenige Jahre bevor Walther mit seinem Lied um Gunst am Wiener Hofe warb, provenzalische Troubadours, wie *Peire Vidal* oder *Peire de la Cavarana*, aus dem Gefühl höfischer Überlegenheit heraus die deutsche Adelsgesellschaft mit Schmähversen beleidigt hatten, die ihr unhöfisches und bäu-risches Wesen unterstellten.[6] Wenn Walther sich anschickte, jene „infamen" Angriffe zurückzuweisen *(swer si schildet, derst betrogen)*, durfte er sich der Gunst der Angegriffenen gewiß sein. Und Walthers Technik hierbei ist ebenso simpel wie wirkungsvoll. Er kämpft mit typischer Dichterwaffe und kontert, indem er unter Beweis stellt, daß er besser zu loben versteht als der Angreifer. Die Zeile: *nû waz hülfe mich, ob ich unrehte strite*, läßt das Motiv des Wettstreits deut-lich erkennen. „Von der Rhône bis nach Vence und vom Meer bis zur Durance" sei sein Land das höfischste und herrlichste, hatte Peire Vidal geschwärmt. Schon die geographische Dimensionen des Provenzalen in seiner polemischen Korrespondenz weit übertreffend, schwört Walther, daß in Deutschland bereits *diu wip* (er verwendet hier bewußt die weniger vornehme Bezeichnung) *bezzer* — und das meint in diesem Zusammenhang höfischer — seien als anderswo die *frouwen*. Mit dem Hinweis, der Angreifer müsse offenkundig nicht recht bei Verstand sein, wird dieser im Frontalangriff zur Strecke gebracht.

Entscheidend ist aber auch hier wieder, daß Walther seinen priva-ten Wunsch, in dem „gelobten" Land eine sichere Existenz zu finden, als Summe seines Preises wirkungsvoll in der Schlußzeile unter-streicht: *lange müeze ich leben dar inne!*

Es ist also nichts mit der „Deutschen Nationalhymne um 1200". Auch dürfen wir Walther kein patriotisches Empfinden unterstellen. Unser Dichter war in erster Linie ein Anwalt der eigenen Sache, und wenn der Dienst für eine gesellschaftliche Konvention ihm selbst nicht zugute kam, so nahm er keinen Anstand, dieser Konvention abzuschwören und seinen Dienst aufzukündigen. Das ist, vielleicht ein wenig verkürzt, der Hintergrund für Walthers Abwendung vom *hôhen sanc*, zu seiner gegenhöfischen Wendung.

Das Paradoxon der *hôhen Minne* liegt weniger im Zwang zur Entsagungsgebärde als in der Überhöhung von Nicht-Erfüllung. Das „schöne Trauern" zeugt von einer Verinnerlichung der Konvention, die bei Reinmar so weit geht, daß sich das Bewußtsein aktiv gegen die Erkenntnis der Vergeblichkeit und Wertlosigkeit des Bemühens sträubt. Auch wenn mein Dasein in Wirklichkeit nicht glücklich zu nennen ist, so will ich in meiner Imagination doch daran festhalten, versucht sich Reinmar zu trösten (MF 153,5 ff.). Dergleichen Selbstverleugnung ist eben nur verständlich vor dem Hintergrund jener *wân*-Minne, die den Gegenstand ihrer primär geistigen Strebungen, die Minneherrin, hypostasiert und ins Transzendente steigert, wobei das Ich gleichzeitig eine Abwertung erfährt. Heinrich v. Morungen hat dieses Verhältnis im Bild der Sonne-Mond-Konstellation ausgedrückt (MF 124,35 ff.). Reinmar, der sich seiner Zentralsonne gegenüber *vollecliche gar unmaere* (MF 159,11; ohne jeglichen Wert) dünkt, berichtet von der wunderbaren Erfahrung des Minners, auch vergebliches Dienen bereitwillig zu akzeptieren (MF 166,18 f.). Er bescheidet sich mit der genießenden Betrachtung eigener Seelenzustände, eine Fähigkeit, die er kultiviert und kokettierend zur Schau trägt. Dafür verlangt er von der Gesellschaft die lobende Anerkennung, daß niemand sein Leid so schön wie er zu zeigen verstehe (MF 163,5 ff.).

Walther hat andere Forderungen an die Adressaten seiner Kunst. Ich dichte für sie, *daz si gedenken min* (91,12; damit sie meiner gedenken), erklärt er unumwunden. Ebenso unzweideutig hat auch ein anderer Fahrender, *Rumsland*, das Verhältnis zu den Mäzenen beschrieben: „Ich will den Herren singen, sagen und lachen, daß sie meiner Kunst und ich ihrer Großzügigkeit teilhaftig werden. Ich vermag sie zu erfreuen, und sie beglücken mich mit mancherlei Gaben".[7]

In immer neuen Variationen hat Walther damit gedroht, seinen Dienst der höfischen Gesellschaft aufzukündigen, wenn diese sich nicht erkenntlich zeige. Ungelohntes Dienen ist nicht seine Sache. Weit davon entfernt, die Ideologie des Minnekultes verinnerlicht zu haben, weiß Walther sehr genau, daß die Werte der Konvention nichts mit den Interessen seines Standes gemein haben, und er ist ihnen nur insoweit verpflichtet, als er persönlichen Nutzen davon hat: Wegen einer Sache, die *sie* als höfische Zucht bezeichnen, so betont er, habe ich auf manches verzichtet. Steht es draußen so übel, daß ich keinerlei Nutzen mehr davon habe, so will ich meine Tür verschließen (62,1 ff.).

Der Minnesang muß für den *gernden* Berufssänger ein heikles Geschäft gewesen sein. Entsagungsvolle Inbrunst, Werben als Selbstzweck, all das paßte schlecht zu einem recht- und ehrlosen Spielmann, auch wenn wir die Lieder als höfische Unterhaltung begreifen und keine biographischen Bezüge unterstellen. Das adlige Publikum seinerseits dürfte mit Empfindlichkeit auf den Minnesang plebejischer Dichter reagiert haben, galt doch die Regel: *Swer getragener kleider gert, der ist niht minnesanges wert* (wer getragene Kleider als Lohn nimmt, ist unwürdig, die Kunst des Minnesangs zu üben).[8] Walther behauptet denn auch, diese Art von Spielmannslohn stets verschmäht zu haben (63,3; was wir ihm nicht unbedingt glauben müssen, vgl. die Strophe 32,17), doch gehört er *de facto* zur Gruppe der Fahrenden und bekennt freimütig *den hornunc* (Februarfrost) *an die zehen* gefürchtet zu haben (28,32). Sicher ist, daß sich auch für ihn der Minnesang zuweilen als brotlose Kunst erwiesen hat, auch wenn er dies an keiner Stelle so offen ausspricht wie z. B. der Fahrende *Steinmar*: Ich weiß sehr gut — es ist eine alte Geschichte — daß ein armer Minnesänger ein rechter Märtyrer ist. Schaut, zu deren Zunft habe auch ich gehört, die will ich verlassen und ein einträglicheres Leben beginnen.[9]

Immerhin, auch Walther erklärt sich bereit, seine Leier nach den Wünschen des Publikums zu stimmen: Wenn sie Unhöfisches vorziehen, dann werde ich ihnen eben damit den Hals stopfen. In Österreich lernte ich hohen Sang und dichten, dort will ich mich auch zu allererst beklagen. Finde ich bei Leopold höfischen Lohn und Schutz, so ist mein Zorn schon verraucht. (32,13 ff.)

In diesem Scheltlied ist der Autor nicht an die Fiktion gebunden, und gerade hier erscheint das *genre objectif* in seinen Realitätsbezügen transparenter.

Walthers Minnesang diente offenbar der Unterhaltung eines größeren Publikums bei Hofe. Der Dichter bekleidete kein Hofamt, sondern war Neid und Mißgunst ausgesetzt und hatte sich gegen die Konkurrenz anderer Sänger zu behaupten (was in der Strophe 31,33 des *Unmutstons* noch deutlicher zum Ausdruck kommt). Besonders interessant ist die Schlußzeile, die nicht nur die Fixierung des Sängers auf den Mäzen unterstreicht, sondern als typische Minnesang-Formel („Wenn sich die Herrin gnädig zeigt, so ist all mein Kummer dahin") die aus der Preislied-Interpretation gewonnene

Hypothese bekräftigt, daß dieser umworbene Gönner mit der *frouwe* des *gernden* Dichters identisch ist.

Die Topoi des Minne-Werbens erweisen sich somit als Chiffren für ein sehr viel prosaischeres Bemühen um Gunst. Dem Herrn des Hofes werden die Strophen allerdings häufig nur indirekt zu Ohren gekommen sein (vgl. auch Strophe 32,27), was ebenfalls dafür spricht, daß Walther den „unehrlichen" Spielleuten zuzurechnen ist. In einem entscheidenden Punkt aber hebt er sich von dieser Gruppe ab: Er bedient sich nicht nur okkasionalistisch etablierter Liedgattungen, er weiß nicht nur den höfischen Minne-Katechismus herunterzusagen, sondern er verändert die Konvention und etabliert unter vagantischem Einfluß alternative Muster. In seiner konsequenten gegenhöfischen Wendung übertrifft Walther auch die ministerialischen Dichterkollegen *Hartmann*, Wolfram und Heinrich v. Morungen, welche ebenfalls in einigen ihrer Lieder das ungelohnte Dienen, die *wân*-Minne, verwarfen, jene erotische Sublimierung und Überhöhung der Vasallitätsbeziehung, worin sich die reale Abhängigkeit ihres Standes spiegelt.

Walthers Kritik am Ideal der hohen Minne deutet sich bereits in einem den frühen Liedern zugerechneten „Wechsel" an (85,34). Hier bezieht die Minne-Herrin einen realistischen Standpunkt, der zu diesem sonst durchaus konventionellen Text eigentümlich kontrastiert. In ihren Worten behauptet sich die Autonomie des Subjekts, während in den Liedern *Hausens*, Reinmars u. a. gerade ihr Verlust Gegenstand ästhetischer bzw. erotischer Reflexion wird. Sie verzichtet auf bedingungslose Hingabe unter Hinweis auf die für das Individuum negative Konsequenz. Und noch unter anderem Aspekt erfährt die Konvention eine korrigierende Kritik: Der Wert der Herrin ist kein absoluter mehr. Die feudalethischen Traditionswerte der Höfischkeit, *schoene* (höfische Pracht) und *wolgetaene* (glanzvolles Ansehen), sind wertlos — so betonen beide Dialogpartner — ohne das Pendant inneren Adels, welcher sich in Vorzügen des Charakters zu erweisen hat.

Die hier im Part des Minnenden noch spürbare Zurückhaltung und Befangenheit in der Fiktion wird später immer mehr aufgegeben. In der Zeile *stirbe ab ich, sô bin ich sanfte tôt* (86,34), klingt noch ein wenig die Reinmarsche Haltung an (vgl. z. B. MF 158,28: *stirbet si, sô bin ich tôt*). Bald schon werden eigene Geltung und Ansprüche im Vordergrund stehen.

273

73,11   *Dô mich dûhte daz si waere guot,*
      wer was ir bezzer dô dann ich?
      Dêst ein ende: swaz si mir getuot,
      des mac ouch si verwaenen sich:
      Nimet si mich von dirre nôt,
      ir leben hât mînes lebens êre: stirb ab ich, sô ist si tôt.
      (Als ich mir noch einbildete, sie wäre edlen Sinnes, war ihr niemand
      mehr gewogen als ich. Das hat nun ein Ende: Was sie mir antut, das
      wird auch ihr bevorstehen. Nimmt sie diese Not von mir, so hat ihr
      Dasein meines Lebens Ehre; sterbe ich jedoch, so ist auch sie tot.)

Die Bedeutung seines Dienstes für die Gesellschaft unterstreichend
(Strophe 73,5), meldet der Autor seinen persönlichen (gesellschaftlichen) Anspruch an, indem er, und das ist angesichts seiner realen
Position ganz unerhört, Ehre kraft eigener Dignität zu spenden behauptet. Hatten insbesondere Kleriker auf den Widerspruch in der
gesellschaftlichen Praxis enkomiastischer Dichtung hingewiesen,
nämlich Ansehen durch Ehrlose zu beziehen,[10] so betont Walther,
der sich auf keine andere Prätention berufen konnte, den Zusammenhang von Macht und Würde seines Dichterwortes mit dem Wert
seiner Person.

Wir begegnen hier einem Selbst-Bewußtsein, das den Rahmen der
Konvention notwendig sprengen mußte. Die Formeln und Versatz-
stücke des tradierten Minnesangs wirken dort, wo er sich ihrer bedient, wie ein Anzug, der ihm nicht paßt. Die Versuche des Empi-
risten in jener nur spirituell faßbaren Erlebnissphäre wirken seltsam
gekünstelt, wie es auch nicht anders erwartet werden kann bei einem
Bewußtsein, das ideologische Ansprüche der Gesellschaft stets unter
dem Gesichtspunkt eigenen Nutzens kritisch befragt.

49,20   *Daz kît „mir ist umbe dich*
      rehte als dir ist umbe mich".
      Ich wil mîn lop kêren
      an wîp die kunnen danken.
      Waz hân ich von den überhêren?
      (Für mich gilt: „Wie du mir, so ich dir". Mein Preis wird in Zukunft
      den Frauen gehören, die zu danken verstehen. Was habe ich denn
      von den allzu vornehm Erhabenen?)

Mit der Forderung nach gleichberechtigter Gegenseitigkeit des Ver-
hältnisses und der expliziten Ablehnung ständischer Ansprüche der
Konvention sind die wesentlichen Programmpunkte eines neuen
Minne-Code bereits fixiert. Den Kritikern, die den Minnesang als
Adelsdomäne reklamieren möchten, antwortet er in seinem „Mäd-
chenlied" 49,25:

II   *Sie verwîzent mir daz ich*
          sô nidere wende minen sanc.
          Daz si niht versinnent sich
          waz liebe sî, des haben undanc!
          Sie getraf diu liebe nie.
          die nâch dem guote und nâch der schoene minnent,
          wê wie minnent die?
III   *Bî der schoene ist dicke haz,*
          zer schoene niemen sî ze gâch.
          Liebe tuot dem herzen baz,
          der liebe gêt die schoene nach.
          Liebe machet schoene wip.
          desn mac die schoene niht getuon, sin machet niemer lieben lîp.
          (Sie werfen mir vor, daß ich meinen Sang an Mädchen aus niederem
          Stand richte. Verwünscht sollen sie sein, da sie nicht begreifen
          können, was wahrhaft Liebe ist. Nie hat sie die wirkliche Liebe er-
          griffen. Ach, was ist das für eine Liebe, die sich nach Besitz und Vor-
          nehmheit richtet?
          Bei der vornehmen Schönheit wohnen meist Falschheit und Miß-
          gunst, um diese Schönheit lohnt es sich nicht zu werben. Wahrer
          Liebreiz hingegen ist dem Herzen angenehm. Er steht weit höher als
          jene. Der Liebreiz macht die Frauen wirklich schön, äußere Schön-
          heit hingegen vermag niemanden liebenswert zu machen.)

Stereotype Wendungen des Minnesangs (Anrede, Liebesbeteuerung,
Frauenpreis und Klage), bilden in diesem Lied lediglich den äußeren
Rahmen (vgl. Strophen I, IV und V). Sein Inhalt ist keineswegs die
Summe jener Topoi, sondern konstituiert sich in seiner expliziten
Ablehnung. Bereits die Anrede des einfachen Mädchens als *herze-
liebez frouwelin* (49,25; von Herzen geliebte kleine Herrin – vgl.
auch 74,20 f.), ist als bewußter Affront gegen die feudale Exklusivität der Konvention zu werten. In der „theoretischen" Auseinandersetzung (Dialektik der III. Strophe!) begnügt sich Walther nicht
mehr mit der Forderung: *güete bi der wolgetaene* (86,4; s.o.S. 273),
sondern unterwirft den Minne-Codex einer radikalen Umwertung.
Das idealistisch-erzieherische Ethos (Versuch einer Harmonisierung
der Widersprüche durch das ergänzende Postulat „inneren Adels")
wird zugunsten einer im Wortsinne revolutionären Veränderung aufgegeben. In der totalen Negation feudalethischer Standeswerte mani-
festiert sich die politisch-soziale Sprengkraft dieser Dichtung, und
wir würden ihre Anfeindungen gewiß falsch verstehen, wenn wir die
Gegner als *merkaere* oder *huote*, also im Sinne der Rituale des
Minnetheaters zu deuten versuchten.

    Am großartigsten freilich vermochte sich Walthers Liedkunst dort
zu entfalten, wo die Auseinandersetzung überwunden und auch die

hohle Schale des Minnesangs abgelegt ist. Walthers vagantische Pastourelle *Under der linden*... (39,11) ist bis heute frisch und lebendig geblieben und gehört gewiß zu den schönsten Liebesliedern deutscher Sprache.

I   *Under den linden an der beide,*
dâ unser zweier bette was,
Dâ mugt ir vinden schône beide
gebrochen bluomen unde gras.
Vor dem walde in einem tal,
tandaradei,
schône sanc diu nahtegal.

II   *Ich kam gegangen zuo der ouwe,*
dô was min friedel komen ê.
Dâ wart ich enpfangen, hêre frouwe,
daz ich bin saelic iemer mê.
Kust er mich? wol tûsentstunt,
tandaradei,
seht wie rôt mir ist der munt!

III   *Dô het er gemachet alsô rîche*
von bluomen eine bettestat.
Des wirt gelachet innenclîche,
kumt iemen an daz selbe pfat.
Bî den rôsen er wol mac,
tandaradei,
merken wâ mirz houbet lac.

IV   *Daz er bî mir læge, wessez iemen*
(nu enwelle got!), sô schamt ich mich.
Wes er mit mir pflæge niemer niemen
bevinde daz wan er unde ich,
Und ein kleinez vogellîn,
tandaradei,
daz mac wol getriuwe sîn.

(Unter der Linde auf der Heide, wo unser beider Bett war, da könnt ihr schön gepflückte Blumen und Gras finden. Vor dem Walde in einem Tal – tandaradei – sang herrlich die Nachtigall.

Als ich zur Au gegangen kam, war mein Liebster schon da. Dort wurde ich empfangen, heilige Madonna, daß ich immer glücklich sein werde. Ob er mich küßte? Wohl tausendmal – tandaradei – schaut nur, wie rot davon noch mein Mund ist.

Dort hatte er aus Blumen ein reiches Bett bereitet. Darüber muß freudig lachen, wer auf dem gleichen Pfad vorübergeht. An den Rosen kann er wohl – tandaradei – sehen, wo mein Kopf ruhte.

Daß er mit mir schlief, wüßte dies jemand (was der Himmel verhüten möge!), so müßte ich mich schämen. Was er alles mit mir tat, sollen einzig und allein er und ich wissen. Und ein kleines Vöglein – tandaradei –, das wird wohl verschwiegen sein.

Mit naiver Sinnlichkeit erzählt das Mädchen von der beglückenden Liebesbegegnung, wobei die „Indizien" (das Blumenlager, der vom Küssen rote Mund) das Geschehen plastisch und ohne Prüderie, doch gleichzeitig fern jeder Vulgarität schildern. Der besondere Reiz des Liedes liegt im willentlichen Durchbrechen einer repressiven Norm (Sexual-Moral), was vom lyrischen Ich als beglückend empfunden und vom Rezipienten „freudig lachend" aus der Perspektive des Voyeurs miterlebt wird. Dieser Reiz des Verbotenen wird durch die verhüllend-erthüllende Aussage unterstrichen.

Von bewegender Einfachheit und Eingängigkeit wie die rhythmische Klangstruktur erscheint auch die Szene, die als *locus amoenus* gestaltet wurde. Dieses Lied unterscheidet sich von der „Gedankenlyrik" oder besser: „Ideenlyrik" des Minnesangs nicht zuletzt durch das Einbeziehen der Natur ins Erleben. Sie liefert die Chiffren zur Darstellung der Erlebnisqualität, eine geradezu renaissancehafte Entdeckung, die hier zur befreienden Überwindung der scholastischen Minne-Kasuistik beiträgt. Dieser neue, an den Bedürfnissen des Individuums orientierte Realismus (vgl. auch 69,5 f.) steht in engem Zusammenhang mit jenem ethischen Realismus, welcher in der Auseinandersetzung die höfische Fiktion entlarvte und verwarf.

Der damit angedeutete literarhistorische bzw. bewußtseinsgeschichtliche Stellenwert von Walthers Auseinandersetzung mit tradierten Formen und Inhalten läßt sich präziser darstellen, wenn wir die ethischen Forderungen des Dichters in Gattungen untersuchen, deren Realitätsbezug weniger verschlüsselt vorliegt.

Spruchdichtung

Seit Karl Simrock pflegt man in der mittelalterlichen Lyrik Minnesang und Spruchdichtung gattungsmäßig streng zu trennen. Simrocks formales Hauptkriterium, die angenommene Einstrophigkeit der Sprüche, erscheint fragwürdig, wenn man sich den engen Zusammenhang einzelner Spruchstrophen bei Walther vor Augen führt. Wichtiger aber noch sind inhaltliche Erwägungen. Wurde die Spruchlyrik einer gnomischen Gattung zugeordnet, so muß bei Walther doch auffallen, daß eine didaktische Intention auch zahlreichen Minneliedern eignet.

Fruchtbarer als das Zusammentragen von literarischen Gattungskriterien — ein stets zwanghaftes Unterfangen, das nie frei von Zirkelschlüssen bleibt — ist die unbefangene Suche nach Spezifika von Walthers Dichtungen in sämtlichen seiner Strophen, ganz gleich, ob sie der enkomiastischen Art, der Minnelyrik, religiöser Thematik, politischen Zuständen oder rein privaten Angelegenheiten des Dichters verpflichtet sind.

Fast wie ein roter Faden durchzieht die Forderung zahlreiche der uns überlieferten Strophen, die Menschen nach ihrem (inneren) Wert zu beurteilen. In dem an Auseinandersetzungen reichen vielschichtigen Minnelied 47,36 findet sich u. a. die Klage, daß die Frauen zu wenig Wert auf den Charakter der Männer legten. Der gleiche Gedanke taucht, positiv gewendet, in der Spruchstrophe 103,6 auf, die sich mit dem Dienst bei Hofe auseinandersetzt. Immer solle man zu ergründen versuchen, rät Walther, wie es um das Herz eines Menschen bestellt sei. Nur der solle bei Hofe Ansehen genießen, der stets rechtschaffen handele.

Unterschieden werden möchte Walther vor allem in seinem Metier, dem Bereich der Dicht- und Liedkunst. Besser als tausend *snarrenzaere* (Notenquetscher), so versichert er einem Grafen von Katzenellenbogen, würde ihn ein *meister*, womit er ohne Frage sich selbst meint, durch seine Kunst zu Ehre und Ansehen bringen (80,32 f.). Auf seine reiche Kunst beruft er sich auch, als er von Friedrich II. ein Lehen erbittet (28,2). Daß er in solchem Zusammenhang gern Distanz betont, zeigte schon die ,,Preislied‘‘-Analyse. Eindrucksvoll ist die Palette der Schimpfwörter, die Walther für Schranzen, Neider und vor allem für die liebe Konkurrenz bereithält. Er schilt sie *lechelaere* (30,12; hinterlistige Freundlich-Tuer), *frösche* (65,21), *Rüemaere unde lügenaere* (41,25; Speichellecker und Betrüger), *hovebellen* (32,27; üble Schranzen); *miuse* (32,28; Mäuse); er nennt sie die *vil armen* (73,33; die Armseligen), die *losen* (58,30; die Frechen), die *ungefüegen* (117,27; die Ungezogenen), die *schamelosen* (64,4; 73,36; die Unverschämten) oder die *niederen* (Unedlen), die im gesellschaftlichen Rang jedoch keineswegs unter ihm gestanden haben müssen. Vielmehr spielt er hier mit der ständisch-moralischen Doppeldeutigkeit des Wortes:

66,33   *Lât mich an einem stabe gân*
   und werben umbe werdekeit
   mit unverzageter arebeit,
   als ich von kinde habe getân:
   Sô bin ich doch, swie nider ich sî, der werden ein,
   genuoc in mîner mâze hô.
   daz müet di niederen; ob mich daz iht swache? nein,
   die werden hânt mich deste baz.
   Diu wernde wirde diust sô guot,
   daz man irz hoehste lop sol geben.
   ezn wart nie lebelîcher leben,
   swer sô dem ende rehte tuot.

(Selbst wenn ich am Bettelstab ginge und mit steter Mühe mich um Ansehen bemühte, wie ich es von Kindheit an getan habe, so wäre ich doch, wie niedrig von Geburt ich auch sein mag, der Ehren-Werten einer und genügend in meinem Rang erhöht. Das ist den wahrhaft Niedrigen ein Ärgernis. Ob mich das herabsetzt? Nein! Die innere Würde ist so achtbar, daß man ihr den höchsten Wert zuerkennen muß. Niemand vermag rühmlicher zu leben, als jener, der stets rechtschaffen handelt.)

Diu wernde wirde ist kein gesellschaftlich sanktionierter Standeswert, sondern entspringt einer kämpferischen Ethik der Unterdrückten. Der Postulierung eines Persönlichkeitsideals, das auch vom sozial Verachtetsten realisiert werden kann, muß angesichts des statischhierarchischen Gesellschaftssystems im Feudalismus eine systemverändernde Kraft beigemessen werden.

Den Apologeten des Ständesystems, etwa Thomasin von Circlaere, galt das Streben über den von Gott zugewiesenen Rang hinaus als Ursünde, nämlich als *hôhvart* und *übermuot* (Hoffahrt und Hochmut). Im VIII. Buch des *Wälschen Gast*, das die ausführliche Polemik gegen Walther enthält, mahnt der Kleriker:

120,41   *Swer die hôhvart schiuhen wil,*
          der sol dar an gedenken vil
          waz er was und waz er sí.
          (Wer die Hoffahrt meiden möchte, der soll stets eingedenk sein, woher er kommt und was er ist.)

Während den konservativen Autoren die Zugehörigkeit zu einer Gesellschaftsklasse gleichbedeutend ist mit der *nature* des Menschen, versuchten frühbürgerliche Dichter bereits zu Beginn des 13. Jahrhunderts die herrschende Standesideologie durch wichtige Akzentverschiebungen, wodurch neue ethische Richtwerte propagiert wurden, aufzubrechen.

Wer charakterliche Vorzüge besitzt, lehrt *Freidank*, sollte als rechtschaffen von Geburt gelten. Durch tugendhaftes Verhalten könne selbst ein Leibeigener in die Gesellschaft der Edlen aufsteigen.[11] Der Begriff des Tugendadels und der Primat des Verstandes haben in diesem Zusammenhang programmatischen Charakter und sind als Kampfansage gegen den Überbau der Feudalordnung zu verstehen.

Während der soziale Kontext solcher Aussagen bei Freidank und anderen Spruchdichtern in jüngerer Zeit zunehmend von der Forschung wahrgenommen wird, ließ das noch weitgehend ungebrochene Vorurteil vom ritterlichen Sänger, der, über den Parteien stehend, angeblich höherer Wahrheit verpflichtet war, Walthers Vorgang in der geschilderten Auffassung nicht bewußt werden. Dabei steht er an Deutlichkeit der Aussage kaum hinter Freidank zurück. Auch er stellt die Werte von Geburt und Besitz entschieden unter die zu erwerbenden ethischen: Den armen Mann mit rechtschaffenem Sinn soll man höher schätzen als den Reichen (20,22 f.; vgl. ferner Str. 31,13). Eine Beurteilung nach dem äußeren gesellschaftlichen Rang wird entschieden abgelehnt. Nach der „Farbe" solle sich niemand richten, gar mancher Mohr sei reich an innerem Wert (35,34 f.).

Aussagen von Spruchstrophen helfen uns darüber hinaus, den sozial-ethischen Realitätsbezug Waltherscher Minne-Programmatik zu deuten. Im Minnelied 63,8 wird der Begriff „Herrin" durch den der „Freundin" ergänzt. Freundin und Herrin in einer Gestalt möchte der Minner in der Geliebten gleichzeitig erblicken.

Klar bezieht die Spruchstrophe 79,17 Position zu den o. g. Begriffen. Freundschaft sei besser als adlige Sippschaft, doziert Walther. Verwandtschaft stelle lediglich *ein selbwahsen ere* dar (79,22; eine zufällige Ehre, für die niemand etwas kann), einen Freund hingegen müsse man sich erst verdienen.

Die Zielrichtung beider Argumentationen wird vollends klar, wenn wir uns den konkreten Hintergrund von Walthers *werben umbe werdekeit* vor Augen führen. Der Dichter möchte sich nicht nur als Ruhmredner, sondern auch als Ratgeber fürstlicher Mäzene eingestuft wissen (ein wenig realistischer Wunsch allerdings; wenn wir die soziale Verachtung gegenüber seinem Stand in Rechnung stellen). Im Spruch 83,27 beklagt sich Walther, daß er Verachtung wahrlich nicht verdient habe, denn er wisse den Herren in rechter Weise zu raten. Einen solchen Lehrer aber solle der Kaiser als seinen höchsten Ratgeber erwählen.

Wenn ein idealistisches Literaturverständnis aus solchen Zeilen den „Praeceptor Germaniae" herauszulesen versuchte, so erscheint dies heute kaum noch diskutabel. Hier geht es auch nicht um eine Tasso-Problematik, sondern um den materiellen gesellschaftlichen Anspruch, um den Walther in immer neuen Variationen der Argumentation gekämpft hat.

Als besonders wirkungsvoll darf angesichts des zutiefst religiös geprägten Massenbewußtseins die Verkleidung seines Anspruchs in frommes Gewand angesehen werden:

Wer, Herrgott, ohne Furcht deine zehn Gebote sprechen will und eines davon bricht, der ist ohne rechten Glauben. Dich nennt gar mancher Vater, wer gleichzeitig aber in mir nicht seinen Bruder sieht, der spricht dies erhabene Wort aus falscher Gesinnung. Wir entstehen alle auf die gleiche Art, der Nahrung sind wir alle bedürftig, die stets gleichermaßen wertlos wird, wenn wir sie zu uns genommen haben. Wer könnte Herrn und Knecht voneinander unterscheiden, wenn er ihr nacktes Gerippe fände, nachdem Würmer das Fleisch verzehrt, selbst wenn er sie zu Lebzeiten gekannt hätte? Dir dienen Christen, Juden und Heiden, alles Lebendige wird durch deine Wunder erhalten (22,3).

Wenn wir uns die übrigen Zeugnisse des Mittelalters vor Augen führen, in denen soziales Unrecht mit Hilfe religiöser Argumentation angeprangert wird (z. B. *Notkers Memento mori*, das Gedicht *Vom Rechte* u. a. sowie insbesondere mittellateinische Dichtungen), und gleichzeitig die sich ebenfalls auf Gott und die Bibel berufenden feudalen Stände-Lehren dagegenhalten, fällt es leicht, Walthers Position einzuordnen.

Unser Autor wußte stets — und das spricht für eigene ideologische Unbefangenheit — sich die Denkweise seiner Zeit advokatorisch zunutze zu machen, eine Fähigkeit, die ihm auch in seinem Metier als *êren verkoufaere* an hochgestellte Gönner zustatten kam.

Panegyrikus und Scheltlied

Bereits der Spruch 18,29, mit dessen Hilfe sich Walther nach seinen ersten Wiener Jahren bei Philipp von Schwaben einzuführen gedachte, darf als Beispiel einer ausgefeilten ideologischen Technik gelten. Um diese jedoch zu verdeutlichen, muß der historische Hintergrund kurz aufgezeigt werden.

Nach dem Tode Heinrichs VI. kam es 1198 in Deutschland zu einer verhängnisvollen Doppelwahl, welche die zentrale Königsgewalt weiter schwächte und den Aufstieg partikularer Fürstenmacht sowie die Herrschaftsansprüche des Papstes begünstigte. Während die staufischen Parteigänger den Bruder des Verstorbenen, Philipp von Schwaben, zum König wählten, erhob eine gegnerische Fronde den Sohn Heinrichs des Löwen als Otto IV. auf den Schild. Dessen Inthronisation erfolgte immerhin am vorgeschriebenen Krönungsort durch den legitimierten Würdenträger. Gegenüber diesen Vorteilen der welfischen Partei konnten die Staufer nur den Besitz der echten Reichsinsignien geltend machen. Und genau an diesem Punkt setzen Walthers spitzfindige Legitimierungsbemühungen ein:

Die Krone ist bekanntlich älter als der König Philipp. Dennoch — und darin darf man wahrlich ein Wunder erblicken — hat der Goldschmied sie ihm genau angepaßt. Sein kaiserliches Haupt ziemt ihr so sehr, daß sie niemand rechtmäßig voneinander scheiden darf. Jedes erhöht da den Wert des anderen. Strahlend leuchten sie einander an, das edle Gestein wirft seinen Schimmer auf

281

den jungen erlauchten Herrn: Solche Augenweide wird von den Fürsten gerne gesehen. Wer nun immer noch in Reichsdingen zweifelt, der soll nachschauen, über wessen Nacken der große Edelstein erglänzt. Dieser Stein muß aller Fürsten Leitstern sein. (18,29)

Freilich entfaltet diese Argumentation Überzeugungsmacht nur vor dem Bewußtseinshintergrund mittelalterlicher Magie und der Orientierung an konkret-dinglichen Rechtszeichen. Die abergläubische Fiktion, nämlich daß passende Requisiten den rechtmäßigen Besitzer ausweisen, dürfte auch heute noch aus der Märchenüberlieferung bekannt sein. Walther verfeinert das okkulte Grundmuster und führt es zu künstlerischer Vollendung, indem er es mit den Vorstellungen von der Wunderkraft edler Steine und der biblischen Legende von den nach Bethlehem eilenden morgenländischen Fürsten verquickt, wobei der Analogieschluß das nun gebotene Verhalten „abendländischer Fürsten" verdeutlicht. Dieser raffinierte Eklektizismus verfehlte seine propagandistische Wirkung gewiß nicht, hinderte aber andererseits ihren Erfinder keineswegs, den gepriesenen Herrscher von Gottes Gnaden (vgl. auch Strophe 19,5) in geradezu impertinenter Weise an das Gebot der Freigebigkeit zu erinnern:

König Philipp, wer dich genau kennt, behauptet, du verstündest nicht, freigebig zu sein. Mich will bedünken, daß du auf diese Weise weit mehr verlieren wirst. Du solltest lieber tausend Pfund freiwillig dahingeben als dreißigtausend unfreiwillig. Offenbar hast du keine Ahnung, wie man durch reiche Gaben Ruhm und Ehren erwirbt. Sei eingedenk des freigebigen Saladin, welcher verlangte, daß Königshände durchlässig sein sollten, damit ihnen gleichzeitig Ehrfurcht und Liebe entgegengebracht werden. Erinnere dich auch an den Engländer, um welchen Preis ihn seine schenkende Hand erlöste. So ist ein Verlust gut, wenn er doppelten Nutzen einbringt. (19,17)

Zwar ist die *milte*-Forderung so unabdingbar Bestandteil patriarchalischer Ordnung, daß sich der Dichter ohne weiteres auf sie hätte berufen können; in diesem Falle aber beweisen die äußerst boshaften Anspielungen, daß sich Walther von dem einstigen Mäzen nichts mehr erhofft und in Wahrheit bereits zu einer anderen Fahne übergelaufen ist. Nicht genug damit, den christlichen Herrscher an die Tugend eines berühmten Heidenfürsten zu erinnern, rührt er noch an eine peinliche „Familienangelegenheit". 1192 wurde Richard Löwenherz auf dem Rückweg vom Kreuzzug gefangengenommen und von den Staufern erst zwei Jahre später nach Zahlung einer horrenden Summe freigelassen. Die Anspielung an dieses Verbrechen an einem Kreuzfahrer stellt Philipp in besonders ehrenrühriger Weise bloß.

Doch selbst dieser rücksichtslose Ausfall ist nichts gegen die Beleidigungen des „Spießbraten-Spruches" (17,11), welcher, nachdem ein Anbiederungsversuch (16,36) offenbar gescheitert war, offen für die Fürstenopposition Partei ergreift. Auch hier ist die Kenntnis historischer Reminiszenzen Voraussetzung für das Verständnis der im Spruch enthaltenen Anspielungen. Philipps Schwiegervater, der oströmische Kaiser Isaak II., wurde zweimal auf schmähliche Weise der Regentschaft beraubt. Sein Sohn und Philipps Schwager Alexios IV. weigerte sich, gegebene Versprechungen gegenüber KreuzfahrerFürsten einzuhalten und scheiterte ebenfalls kläglich. Vor diesem Hintergrund spinnt Walther eine beziehungsreiche Parabel, die trotz allegorischer Verfremdung allgemein verstanden werden mußte. Bei den Fürsten, um deren reichlicher zu bemessende Anteile es hier geht, denken wir vor allem an den intrigenreichen Thüringer Landesfürsten, der von Walther als einer der *tiursten* (35,8; edelsten und rechtschaffensten) gepriesen wurde in der Zeit, als er sich zu seinem *ingesinde* zählen durfte. (Übrigens: Wolfram berichtet uns, nicht ohne spöttische Ironie, an jenem Braten, von dem Walther am Thüringer Hof sang, hätte *sîn frouwe* — sic! — genug zu essen gehabt. Willehalm VI, 286,19—22.)

Die in den o. g. Strophen erkennbare demagogische Qualität entfaltet sich am stärksten in der Heptade der Anti-Papst-Sprüche, die fraglos ein wichtiges politisches Propaganda-Instrument der kaiserlichen Partei in der aufgewühlten Zeit unmittelbarer päpstlicher Intervention in die deutschen Verhältnisse mit ihren bürgerkriegsähnlichen Zuständen darstellten.

34,4 *Ahî wie kristenlîche nû der bâbest lachet,*
    swenne er sînen Walhen seit „ich hânz alsô gemachet!"
    daz er dâ seit, ern sold es niemer hân gedâht:
    er gibt: „ich hân zwên Almân under eine krône brâht.
    Daz siz rîche stoeren unde brennen unde wasten!
    ie dar under füllen wir die kasten:
    ich hâns an mînen stoc gement, ir guot ist allez mîn.
    tiuschez silber vert in mînen welschen schrîn:
    ir pfaffen, ezzent hüenr und trinkent wîn,
    und lânt die tiutschen leien magern unde vasten".

(Ei, wie christlich der Papst jetzt lachen kann, wenn er seinen Welschen verrät: „Ich hab' es so gedreht!" [Was er da sagt, dürfte er nicht einmal gedacht haben.] Er sagt: „Zwei Deutsche habe ich unter eine Krone gebracht, damit sie das Reich schwächen und verwüsten. Währenddessen füllen wir unsere Truhen. Ich habe sie an meinen Opferstock getrieben, ihr Gut gehört jetzt mir. Ihr deutsches Silber wandert in meinen welschen Schrein. Ihr Pfaffen, eßt jetzt Hühner und trinkt Wein und laßt die deutschen Laien abmagern und fasten.)

Neid und Fremdenhaß werden in diesem Spruch bedenkenlos geschürt, wobei Primitivität und Anschaulichkeit bei den Unterstellungen im Verein mit Ironie und dynamisch-plastischer Sprache ein Höchstmaß an manipulativen Wirkungen erreichten. Daß Walther gerade hier von klerikaler Propaganda gelernt hat, beweist seine Strophe 10,33:

Mein alter Klausner, von dem ich seinerzeit gesungen habe, als uns der frühere Papst so sehr zusetzte, fürchtet nun abermals um die Gotteshäuser, daß ihre Priester sich als schwach erweisen möchten. Er sagt uns, daß wir, wenn sie die Guten mit dem Bann belegen und den Bösen die Messe singen, unverzüglich und hart zurückschlagen müssen. Dann soll es ihnen an Pfründen und Kirchen übel ergehen. Es gäbe jetzt viele, die darauf hofften, sich um des Reiches willen ihren Besitz im Kampf zu verdienen.

In gleicher Manier hatten Prediger der Kreuzzüge den christlichen Rittern reiche Beute in Aussicht gestellt, wenn sie im Kampf um Christi willen das Heilige Land befreiten.[12] Daß sich Walther eines Klausners bedient, um indirekt zur Plünderung des Kirchenbesitzes aufzurufen, darf als rhetorischer Trick angesehen werden, worauf im nächsten Abschnitt noch einzugehen ist.

Ob nun rühmlich oder nicht, in seinen Schelt- und Schmähstrophen entfaltet Walther erheblich mehr Talent als in seinen Byzantinismen. Im Vergleich macht sich etwa seine Huldigung an Herzog *Ludwig I. von Bayern*, wenngleich eine persönliche Motivation zugrunde liegt, eher wie eine konventionelle Pflichtübung aus:

Gott möge sein Ansehen mehren. Alles Glück fließe ihm zu, kein Wild möge seinem Schuß entkommen, seines Hundes Gebell und seines Hornes Klang sollen stets ruhmreich ihm erschallen (18,24 ff.).

Das ist kaum mehr als fade Lobhudelei, die beinahe peinlich wirkt. *indignatio facit versum*, auf keinen Dichter trifft diese Erklärung mehr zu als auf Walther. Allein in der streitbaren Auseinandersetzung vermag die Fulminanz seiner Rhetorik sich zu entfalten. Ob es sich um einen übermütigen Junker Gerhart Atze handelt, der zu Eisenach mutwillig Walthers Pferd erschoß oder um knauserige Herren, sie alle wurden rücksichtslos beschimpft und dem Gespött preisgegeben. Auf diese Weise Dichterrache auszukosten, war gewiß nicht ungefährlich. Strophen in jener Manier konnte der Sänger wohl nur zum besten geben, nachdem er dem Schauplatz seiner Kränkung den Rücken gekehrt hatte.

Zorn und Empörung des streitbaren „Liedermachers" sind hier unzweifelhaft ehrlich, und den Herren, die mit den Taschenspieler- tricks gesellschaftlicher Prätention ihn zum Narren hielten, die trotz gegebener Versprechungen ihn um den Lohn für seinen Dienst betro- gen (vgl. z. B. Strophe 26,24), setzt er seinen Plebejerstolz entgegen, so in der Strophe 37,34 (bei Maurer unter „Zweifelhaftes"), deren ungemein bildkräftige Verse das falsche Spiel des „Herrentrugs" ent- larven:

Zahlreiche Herren gleichen Gauklern, welche geschickt zu blenden und zu be- trügen verstehen. So einer spricht: Schau her, was steckt unter diesem Hut? Hebe ihn auf, da steht ein wilder Falke. Nimm den Hut weg, so steht ein stol- zer Pfau darunter. Nimm ihn fort, da ist es ein Meeresungeheuer. Wie weit sie es auch treiben, am Ende ist es allenfalls eine Krähe. Freund, ich durchschaue dein Spiel, haha. Behalte deine falsche Taschenspielerbüchse. Wäre ich so stark wie du, schlüge ich sie dir an den Kopf. Deine Asche stiebt mir in die Augen. Dein Blasgeselle will ich nicht länger sein, wenn du mich in Zukunft nicht besser vor solchen Lugbildern schützen wirst.

Die Gleichsetzung der Herren mit Gauklern entbehrt hier nicht einer gewissen Delikatesse, wurde Walther doch selbst dem Stand der *ioculatores* zugerechnet.

Rücksichtslose Offenheit und fast brutale Aufrichtigkeit zeichnen zahlreiche Strophen aus. Im Nachruf auf den Rivalen Reinmar er- klärt er unumwunden: *dich selben wolt ich lützel klagen* (83,5; um deine Person würde ich nicht klagen) und von sich selbst kann er sagen: *ich bin aller manne schoenest niht* (115,36; ich bin gewiß nicht der schönste unter den Männern). Insbesondere aber begegnet diese Haltung in den zahlreichen Invektiven gegen Hochgeborene. Otto IV. schmäht er wegen seines angeblichen Geizes: *ir sît der bœste man* (26,30; ihr seid der geizigste Mensch), und *Leopold von Österreich*, der ihn von Hofe entfernen will, schlägt er vor, statt dessen sich selbst in die Wildnis zurückzuziehen (35,26). In gleicher Manier hatte er auch die Minneherrin kurzerhand für verrückt er- klärt, weil sie behauptet habe, ihm fielen keine Loblieder mehr ein (Strophe 45,7), ja er erlaubt sich sogar den ungeheuerlichen Rache- wunsch, ein jüngerer Nachfolger möge *ir alten hût mit sumerlaten* (73,22; ihr altes Fell mit frischen Ruten) gerben. Besonders auf- schlußreich sind Walthers Drohungen. Was da im Minnesang als Auf- kündigung des Dienstes (z. B. Lied 47,36) oder Beendigung des Singens für die Hofgesellschaft (z. B. Lied 72,31) der Gattung gemäß mehr oder weniger versteckt ausgesagt wird, kann im Spruch auch sehr drastisch formuliert werden: *si solten geben, ê dem lobe der kalc würd abe geslagen* (28,30; die Herren sollten zahlen, ehe ihrem Lob der Putz heruntergehauen wird).

Unmutsäußerungen der geschilderten Art sind nur eine „Gebärde" des Dichters in seinem Kampf um Selbstbehauptung. Zu seinem beachtlichen Fundus gehören auch andere Rollen, in die er bei Bedarf zu schlüpfen versteht.

Kostümzwang

Flexibilität und ein unbedenklich gehandhabter Eklektizismus bilden die Voraussetzung dafür, daß Walther unter dem Banner herrschender Ideologie eigene Ansprüche verfechten kann, die keineswegs von gültigen Normen gedeckt wurden.

So nimmt es nicht wunder, wenn der Dichter, dem sein niedriger Stand vorgehalten wurde, im Minnesang sich mit Vorliebe auf höfische Bildung und Gesittung beruft (z. B. 62,2 ff.) und in der Auseinandersetzung mit Rivalen sich zum Verteidiger rechter Höfischkeit aufschwingt (z. B. 64,31 ff.). Da ist sogar ein Reinmar vor dem Vorwurf der *unfuoge* (Mangel an höfischer Zucht) nicht sicher (Lied 111,22)! Es bedarf allerdings schon des selektiven Wahrnehmungsvermögens eines konservativen Romantizismus, um hier den „geborenen Anwalt höfischer Ordnung" zu erblicken, versteht es Walther doch stets, Hofsitte so auszulegen, daß seine *milte*-Forderung Unterstützung findet (z. B. 36,1 ff.). Zum gleichen Zweck werden auch die *alten sprüche* (26,27; alte Sprichwörter) bemüht. Wo sich der alternde Dichter durch jüngere Konkurrenten verdrängt sieht, beklagt er die Zuchtlosigkeit und betont die Würde des Alters, in Strophe 23,26 unter Hinweis auf Salomonis Lehre und in Strophe 102,15 unter Berufung auf eine mystische Seher-Gabe.

Durch ein souverän gehandhabtes Rollenspiel versteht Walther es immer wieder, die Autorität seiner Worte zu steigern und sein Anliegen zu legitimieren. In den Strophen 20,5; 56,14 und 84,14 begründet er seinen Anspruch als Bringer *niuwer maere*; der Spruch 101,23 zeigt ihn in der Rolle eines Erziehers, und in 12,6 empfiehlt er sich dem Kaiser gar als Bote Gottes. In 9,37; 10,33; 34,33 und 62,10 hält er einen ehrwürdigen Klausner parat, durch dessen Mund er seine Anliegen verkündet. Mit Vorliebe betont Walther seine Fähigkeiten als Ratgeber (z. B. 29,15 f.). Er kann sogar behaupten: *ez gât diu werlt wol halbe an mînen rât* (171,16; die halbe Welt läßt sich von mir beraten). Den Meißner will er glauben machen, es stünde in seiner Macht, politischen Schaden von ihm abzuwenden. In seinen Angriffen gegen Papst und Klerus bedient sich Walther vorwiegend religiöser Argumentation, wohl aus der Erkenntnis heraus, daß es am vorteilhaftesten ist, den Gegner mit dessen eigenen Waffen zu schlagen.

Es wäre verfehlt, die rhetorische Absicht der Sprüche ungeprüft mit den persönlichen Auffassungen des Dichters gleichzusetzen. Das trifft übrigens auch für die vermeintlich „autobiographische" sog. Elegie (124,1) zu, wie Haubrichs kürzlich nachgewiesen hat.[13] Vielmehr gilt es, an Hand des situativen Kontextes — soweit er sich erschließen läßt — zu überprüfen, in welchem Maße er *pro domo* und wie weit er in eigenem Namen spricht.

In den berühmten Strophen des „Reichstons", welche sich über die rechte ethische, politische und kirchliche Ordnung auslassen, tritt Walther als Denker, Seher und Prophet auf. Datierung und historische Zuordnung fallen beim 2. Spruch (8,28) leicht, mit dem Walther die Wahl Philipps von Schwaben unterstützt:

Ich hörte ein Wasser rauschen und sah die Fische schwimmen. Ich sah alles, was es auf Erden gab; Feld, Wald, Laub, Rohr und Gras. Was immer kreucht und fleucht und sein Bein zur Erde krümmt, das sah ich und habe folgendes zu künden: Keines lebt unangefochten dahin. Die wilden Tiere und das Gewürm fechten harte Kämpfe aus, genauso kämpfen die Vögel untereinander, aber sie alle zeigen darin die gleiche Vernunft: Sie kämen sich nichtig vor, wenn sie keine starke Rechtsordnung geschaffen hätten. Sie wählen Könige und Gesetze und bestimmen Herren und Knechte. Doch weh dir, deutsche Zunge, wie steht es um deine Ordnung! Selbst die Mücke kennt ihren König, und deine Größe schwindet in solcher Weise dahin. Kehre um, kehre um, die Fürstenkronen sind zu mächtig. Philipp, setze die Krone auf und weise sie hinter dich zurück!

Walther verleiht der Tierfabel einen genuin politischen Gehalt, indem er die der Gattung immanente Allgemeingültigkeit und Unverbindlichkeit der Aussage politisch aktualisiert und konkretisiert. Und ein Zweites fällt auf: Die geforderte Rechtsordnung in einer durch gewaltsame Auseinandersetzungen geprägten Gesellschaft beruht auf einem rein weltlichen *contrat social* und verzichtet — höchst unzeitgemäß — auf jede religiöse Legitimation. Hier, so glauben wir feststellen zu dürfen, spricht der Dichter selbst. Denn die Vorstellung von der weltlichen Autonomie gesellschaftlich-politischer Zustände findet sich bei Walther sogar in religiösen Strophen, wie 21,25 mit ihrer operativen Schlußwendung, die den Menschen als den Gestalter seiner Geschicke ausweist.

Auch Walthers religiöser „Leich" spricht von innerweltlicher Verursachung, also auch Vermeidbarkeit beklagenswerter Zustände: *daz kam von simonîe gar* (6,39; daran war die Simonie schuld), konkretisiert er die Ursache des Übels, und er erbittet von Gott und Maria nicht dereinstige Erlösung, sondern den praktischen Rat, wie christliches Bekenntnis und die Zustände in der Christenheit wieder zusammengeführt werden könnten.

Betrachten wir abschließend jenen viel gedeuteten „Güterternar" des 1. Spruches im Reichston *Ich saz ûf eime steine* . . . (8,4). Auch hier handelt es sich nicht um Manifestation religiöser Ethik, sondern um Kritik an den politischen Wirren (*gewalt vert ûf der strâze*), die zur Zeit des Doppelkönigtums im Reich herrschten. *êre* und *varnde guot* (Besitz) erscheinen unter der Voraussetzung eines wirksamen Landfriedens als durchaus vereinbar, während *gotes hulde* (die Gnade Gottes) mehr die legitimierende Gloriole abgibt, worum es in der Substanz des politischen Spruches gar nicht geht. Vielmehr ist er jenem durchaus verwandt, der um die Mitte des 13. Jahrhunderts gedichtet wurde, und der sich in der provenzalischen Handschrift Wolfenbüttel findet:

In Wahrheit sag ich Euch:
Wenn die, die hoch und reich,
gebrauchten ihre Macht
zu Recht und hätten acht,
daß sie die Witwen stützten,
den kleinen Waisen nützten
und allen, die in Nöten,
und wenn sie Hilfe böten
aus ihrem Überfluß
dem Mann, der hungern muß,
und für das Recht sich rührten,
die Falschheit überführten,
wenn sie zu allen Dingen
ihr Bestes wollten bringen:
brauchten sie nicht zu meiden
die Welt, sich nicht zu scheiden
von ihrem Gut und Reich.
Sie könnten so zugleich
das Zeitliche versehen,
im Ewigen bestehen.[14]

Plebejischer Materialismus

Die Dieseitigkeit von Walthers Betrachtungen entspringt einer empirisch-pragmatischen, in jedem Falle anti-ideologischen Grundhaltung, welche auf das Erkennen materieller Kausalzusammenhänge wie auf die Wahrnehmung eigener materieller Interessen ausgerichtet ist. Am klarsten tritt uns diese Haltung – nur scheinbar paradoxerweise – wieder in religiösen Strophen entgegen.

Sein „Gebet" (26,3) schließt Walther mit dem erstaunlichen Bekenntnis seiner Unbußfertigkeit:

26,10   *Wie solt ich den geminnen der mir übele tuot?*
        mir muoz der iemer lieber sîn der mir ist guot:
        vergib mir anders mîne schulde, ich wil noch haben den muot.

288

(Wie sollte ich den lieben können, der mir Schlechtes erweist? Mir muß derjenige lieber sein, der mir Gutes tut. Vergib mir auf andere Weise meine Schuld, diese Einstellung jedenfalls werde ich nicht aufgeben.)

Christliche Ethik für den, der sie sich leisten konnte! Dem Fahrenden mußte angesichts der Härte seines Existenzkampfes das christliche Gebot der Feindesliebe unverständlich erscheinen. ,,Was habe ich konkret davon?", diese Frage, die sich ihm ständig aufdrängt, führte zu einer spontan-materialistischen Kritik, die nicht bei den beklagten Zuständen stehenblieb, sondern sich auch auf den religiösen Überbau der Gesellschaft erstreckte. Walther war zu sehr Weltkind, um die abstrakte Spiritualität einer Religion zu akzeptieren, deren Gott sich um diesseitige Belange offenbar nicht kümmerte. So wenig Walther Atheist war und sein konnte, so verständnislos stand er andererseits der Theodizee gegenüber. Wenn Gott in der Bibel schon ein gerechter Richter genannt werde, dann solle er gefälligst die Gerechten von den Ungerechten scheiden; und zwar nicht am Jüngsten Tag, sondern hier und jetzt solle er die Bösen mit einem Mal der Schande zeichnen. (30,19 ff.)

Das Jenseits ist für Walther kaum einer Reflexion wert, und im Spruch 33,21 fordert er alle Menschen auf, Gott zuzurufen, wie lange er denn noch schlafen wolle, statt den Papst zur Raison zu bringen, der zu einem Wolf unter seinen Schafen geworden sei. Von scholastischer Rabulistik der Pfaffen hält er nicht viel (27,14). Für das, was nach mittelalterlicher Vorstellung in ausgeklügelter Hierarchie den Himmel bevölkert, was man, wie er in anderem Zusammenhang sagt, *niht begrîfen mac, gehœren noch gesehen* (27,11; nicht anfassen kann, noch hören oder sehen), für das, was also nichts leistet und dennoch mit Ansprüchen auftritt, kennt Walther nur derben Spott von ganz erstaunlicher Kühnheit:

Euch Engel soll ich auch ehrfürchtig grüßen, aber da müßte ich ein rechter Narr sein. In welcher Weise habt ihr den Heiden denn bislang geschadet? Ihr, die niemand sehen oder hören kann, sagt schon, was habt Ihr denn dazu beigetragen? (79,1 ff.)

Ganz entspricht es auch seiner Haltung, wenn er Gott auffordert, für ihn zu sorgen, *daz an mir iht erwinde / dîn vil götelich gebot* (24,31 f.; daß nicht dein göttliches Gebot an mir zunichte wird).

Wenngleich Walther nichts ferner gelegen haben dürfte als die fromme Inbrunst der Ketzer, so könnten die genannten Strophen doch dazu beigetragen haben, daß er von Thomasin in deren Nähe gerückt wird, eine übrigens keineswegs ungefährliche Denunziation, wie die von Thomasin nicht ohne Zynismus begrüßte Praxis der Ketzerverfolgungen eindrucksvoll belegt (W. G. 12683 ff.).

Bausteine zu einem Anti-Denkmal

„ . . . es gibt bis zu Walther und es gibt in seiner Umgebung keinen anderen Dichter, der so von sich selbst spricht, so in eigenem Namen spricht. Keiner zwingt uns so wie er den Eindruck persönlicher Präsenz auf", urteilt Alfred Mundhenk.[15] Das bewußte Ich-Sagen ist vielleicht das Auffälligste an Waltherschen Texten. In über der Hälfte aller Sprüche redet der Dichter in der 1. Person, und rund ein Drittel handelt ganz von eigenen Anliegen. Stets aber befindet sich dieses *ich* mit einem *ir* in Auseinandersetzung, stets ist ein Gegenüber präsent. Streit, und sei es Wettstreit, ist so sehr Prinzip, daß dieses Motiv selbst in seinen Mailiedern noch auftaucht: *Du bist kurzer, ich bin langer, / alsô strîtents ûf dem anger, / bluomen unde klê.* (51,34 ff.; Du bist kürzer, ich bin länger, so stritten auf der Wiese Blumen und Klee.)

Walthers streitbare Haltung entspringt indes nicht nur seinem Temperament. Er selbst nennt vielmehr die Härte seines Existenzkampfes als eigentliche Ursache:

29,1   *Ich bin ze lange arm gewesen ân mînen danc,*
        ich was sô voller scheltens daz mîn âtem stanc
        (Ich habe ohne eigene Schuld zu lange in Armut leben müssen und war so voller Schelten, daß mein Atem stank.)

So falsch es ist, Walther eine „höhere Verantwortung", etwa gegenüber dem Reich, anzudichten, so unangemessen erscheint es, dem Autor indirekt seine „Produktionsbedingungen" vorzuwerfen. Walther erkannte die Widersprüche der Feudalgesellschaft schärfer als andere Zeitgenossen, weil er, der als Dichter herrschender Ideologie zu dienen verpflichtet war, als Person ständig die soziale Verachtung gegenüber dem Recht- und Ehrlosen erfuhr. Seine Dichtungen sind keine bloßen Artefakte, weshalb der Versuch scheitern muß, ihren literarischen Rang und ihre Wirkung rein ästhetisch zu begründen. Vielmehr verarbeiten sie Erfahrungen, ziehen Bilanz und behalten auch als Auftragsdichtungen stets das eigene Anliegen im Auge. Und gerade deshalb sind sie heute für uns nicht nur von musealem Wert, spüren wir in ihnen doch etwas vom Atem jener Zeit, an deren bewegten Auseinandersetzungen sie *cum ira et studio* teilnehmen. An ihrem historischen und bewußtseinsgeschichtlichen Ort dienen sie, indem sie mithelfen, die Genese der Moderne erfahrbar zu machen, unserem historischen Selbstverständnis.

(Alois Kircher)

Anmerkungen

1 Die Walther-Textstellen werden nach der gebräuchlichen Zählung Karl Lachmanns zitiert, so daß sie auch in neueren Ausgaben mit Hilfe von Konkordanzen leicht nachgeschlagen werden können. Als Textgrundlage diente: Walther von der Vogelweide: Sämtliche Lieder. Hrsg. von Friedrich Maurer, München 1972 (UTB 167)

2 Helmut de Boor: Die höfische Literatur. Vorbereitung, Blüte, Ausklang 1170–1250. (Geschichte der deutschen Literatur von den Anfängen bis zur Gegenwart Band 2). 6. Auflage, München 1964, S. 293

3 Der Wälsche Gast des Thomasin von Zirklaere. Hrsg. von Heinrich Rückert (Bibl. d. gesammten deutschen National-Literatur Band 30), Quedlinburg und Leipzig 1852; Neudruck Berlin 1965

4 Des Minnesangs Frühling. Bearbeitet von Hugo Moser und Helmut Tervooren, 36. Auflage, Stuttgart 1977

5 Minnesinger. Hrsg. von Friedrich Heinrich von der Hagen, Teil 1–4 Leipzig 1838, Teil 5 Berlin 1856, unveränderter Nachdruck Aalen 1963, Band III, S. 22, II,4

6 Vgl. Wilhelm Nickel: Sirventes und Spruchdichtung. (Palaestra 63), Berlin 1907, S. 20 ff.

7 Minnesinger, Band III, S. 59, IV, 23

8 Der von Bûwenburg, Minnesinger, Band II, S. 154, VI,3

9 Minnesinger, Band II, S. 154, I,1

10 Z. B. Berthold von Regensburg. Vgl. Anton E. Schönbach: Studien zur Geschichte der altdeutschen Predigt. In: Sitzungsber. d. Kaiserl. Akad. d. Wiss. zu Wien, Phil.-hist. Klasse 142, 1900, VII. Abh., S. 60

11 Fridankes Bescheidenheit. Hrsg. von H. E. Bezzenberger, Halle 1872, unveränderter Nachdruck Aalen 1962, 54,6 ff.

12 Vgl. Karl Bertau: Deutsche Literatur im europäischen Mittelalter. Band 2, München 1973, S. 857 f.

13 Wolfgang Haubrichs: Grund und Hintergrund in der Kreuzzugsdichtung. Argumentationsstruktur und politische Intention in Walthers ‚Elegie' und ‚Palästinalied'. In: Philologie und Geschichtswissenschaft, hrsg. von Heinz Rupp, Heidelberg 1977, S. 12–62

14 Übertragung von Karl Vossler: Romanische Dichter. 3. Auflage, München 1946, S. 26

15 Alfred Mundhenk: Walthers Selbstbewußtsein. In: DVjS 37, 1963, S. 406

Literaturhinweise

Walter von der Vogelweide: Sämtliche Lieder. Hrsg. und übersetzt von Friedrich Maurer (UTB 167), München 1972

Walther von der Vogelweide: Werke. Mittelhochdeutscher Text, Übersetzung,
Worterklärungen. Hrsg. von Joerg Schaefer, Darmstadt 1972

Walther von der Vogelweide: Gedichte. Mittelhochdeutscher Text und Übertragung. Hrsg. von Peter Wapnewski (Fischer Bücherei 732), 6. Auflage,
Frankfurt am Main und Hamburg 1968

Manfred Günter Scholz: Bibliographie zu Walther von der Vogelweide. (Bibliographien zur deutschen Literatur des Mittelalters Heft 4), Berlin 1969

Konrad Burdach: Walther von der Vogelweide. In: Allg. Deutsche Biographie
41 (1896), S. 35—92

Kurt Herbert Halbach: Walther von der Vogelweide. (Sammlung Metzler Band
40), 3. Auflage, Stuttgart 1973

Wolfgang Haubrichs: Grund und Hintergrund in der Kreuzzugsdichtung. Argu-
mentationsstruktur und politische Intention in Walthers ‚Elegie‘ und
‚Palästinalied‘. In: Philologie und Geschichtswissenschaft, hrsg. von Heinz
Rupp, Heidelberg 1977

Alois Kircher: Dichter und Konvention. Zum gesellschaftlichen Realitätspro-
blem der deutschen Lyrik um 1200. (Literatur in der Gesellschaft Band 18),
Düsseldorf 1973

Register

Der Anlage der Bände entsprechend soll das Register nicht alle und jede Stelle verzeichnen, wo immer ein Name oder Begriff auftaucht, sondern es soll Orientierungshilfe sein. Daher sind vorwiegend Sammelbegriffe aufgenommen, also z.B. „Reich" für alle Begriffe im Umfeld: rîche, Imperium, Reichsgewalt, Reichsgedanke etc.

Einzelne Werke und Autoren sind nur dann im Register zu finden, wenn sie nicht im Titel der Beiträge erscheinen, aber im Text mehr als nur beiläufig behandelt werden.

Die Verfasser

Helmut Brackert (Wolfram von Eschenbach: *Parzival*)

Peter Czerwinski (Das Nibelungenlied)

Winfried Frey (Wolfram von Eschenbach: *Willehalm*)

Alois Kircher (Walther von der Vogelweide)

Hartmut Kokott („Frühhöfische" Dichtung)

Hans Herbert S. Räkel (Minnesang)

Walter Raitz (Artusroman: Hartmanns von Aue *Erec* und *Iwein*)

Dieter Seitz (Gottfried von Straßburg: *Tristan*)

Grundkurs Literaturgeschichte

Von herkömmlichen Literaturgeschichten, die sich oft in blo-
ßer Nennung und apodiktischer Wertung erschöpfen, unterscheiden sich die Einführungen im GRUNDKURS LITERA-
TURGESCHICHTE durch die exemplarische und methodenbe-
wußte Anlage. Sie wollen „nicht das Schrifttum zum Stoffge-
biet der Historie" machen, sondern die Literatur als „Organon
der Geschichte" (Walter Benjamin) verstehen helfen.

Winfried Frey/Walter Raitz/Dieter Seitz u.a.
**Einführung in die deutsche Literatur
des 12. bis 16. Jahrhunderts**

Band 2
Partiziat und Landesherrschaft — 13.–15. Jahrhundert
1982. 319 Seiten. 12 X 19 cm. Br.

Band 3
Bürgertum und Fürstenstaat — 15.–16. Jahrhundert
1981. 294 Seiten. 12 X 19 cm. Br.

Gisbert Lepper/Jörg Steitz/Wolfgang Brenn u.a.
**Einführung in die deutsche Literatur
des 18. Jahrhunderts**

Band 1
Unter dem Absolutismus
1983. 372 Seiten. 12 X 19 cm. Br.

Band 2
Zwischen Französischer Revolution und Restauration
1985. Ca. 260 S. 12 X 19 cm. Br.

Westdeutscher Verlag